Simon Marshall | Lesley Paterson

SIEGERDENKEN

Wie du Blockaden überwindest und immer deine sportliche Bestleistung bringst

Bibliografische Information der Deutschen Nationalbibliothek
Die Deutsche Nationalbibliothek verzeichnet diese Publikation in der Deutschen Nationalbibliografie.
Detaillierte bibliografische Daten sind im Internet über https://dnb.de abrufbar.

Für Fragen und Anregungen
info@m-vg.de

Wichtiger Hinweis
Sämtliche Inhalte dieses Buches wurden – auf Basis von Quellen, die die Autorin und der Verlag für vertrauenswürdig erachten – nach bestem Wissen und Gewissen recherchiert und sorgfältig geprüft. Trotzdem stellt dieses Buch keinen Ersatz für eine individuelle Ernährungsberatung und medizinische Beratung dar. Wenn Sie medizinischen Rat einholen wollen, konsultieren Sie bitte einen qualifizierten Arzt. Der Verlag und die Autorin haften für keine nachteiligen Auswirkungen, die in einem direkten oder indirekten Zusammenhang mit den Informationen stehen, die in diesem Buch enthalten sind.

Ausschließlich zum Zweck der besseren Lesbarkeit wurde auf eine genderspezifische Schreibweise sowie eine Mehrfachbezeichnung verzichtet. Alle personenbezogenen Bezeichnungen sind somit geschlechtsneutral zu verstehen.

5. Auflage 2025
© 2018 by riva Verlag, ein Imprint der Münchner Verlagsgruppe GmbH
Türkenstraße 89
80799 München
Tel.: 089 651285-0

Die amerikanische Originalausgabe erschien 2017 bei Velo Press unter dem Titel *The brave athlete*.
© 2017 Simon Marshall und Lesley Paterson. All rights reserved.

Alle Rechte, insbesondere das Recht der Vervielfältigung und Verbreitung sowie der Übersetzung, vorbehalten. Kein Teil des Werkes darf in irgendeiner Form (durch Fotokopie, Mikrofilm oder ein anderes Verfahren) ohne schriftliche Genehmigung des Verlages reproduziert oder unter Verwendung elektronischer Systeme gespeichert, verarbeitet, vervielfältigt oder verbreitet werden. Wir behalten uns die Nutzung unserer Inhalte für Text und Data Mining im Sinne von § 44b UrhG ausdrücklich vor.

Übersetzung: Simone Fischer
Redaktion: Desirée Šimeg
Umschlaggestaltung: Marc-Torben Fischer
Umschlagabbildung: shutterstock/jorgen mcleman
Illustrationen: Chi Birmingham
Fotos: S. 319o David Friend, S. 319u Larry Rosa
Satz: Satzwerk Huber, Germering

Druck: Florjancic Tisk d. o. o., Slowenien
Printed in the EU

ISBN Print 978-3-7423-0462-9
ISBN E-Book (EPUB, Mobi) 978-3-95971-993-3

Weitere Informationen zum Verlag finden Sie unter

www.rivaverlag.de

Beachten Sie auch unsere weiteren Verlage unter www.m-vg.de

Simon Marshall | Lesley Paterson

SIEGER DENKEN

Wie du Blockaden überwindest und immer deine sportliche Bestleistung bringst

INHALT

Vorwort 7

Einleitung 11

DIE GRUNDLAGEN

1 Hallo, Hirn!
Ein Einblick in unsere 1,5 Kilo schwere verrückte Hirnmasse 17

HERZ LEIDENSCHAFT, MOTIVATION UND IDENTITÄT VERBESSERN

2 Ich würde mich gerne mehr wie ein Sportler fühlen
Das beschädigte Denken über unsere sportlerische Identität
in Angriff nehmen 37

3 Ich glaube nicht, dass ich das kann
Selbstbewusstsein und Selbstvertrauen aufbauen 63

4 Zielsetzung ist für mich kein Problem
Das Geheimnis des Tuns 91

FLÜGEL MIT HÜRDEN, RÜCKSCHLÄGEN UND KONFLIKTEN UMGEHEN

5 Andere Sportler wirken zäher, glücklicher und viel mehr wie
harte Typen als ich
Die Macht und Gefahr von Vergleichen 113

6 Ich fühle mich dick
Der Umgang mit dem Körperbild in der Sportlerwelt 129

7 Ich komme nicht gut mit Verletzungen zurecht
Reaktion auf kleine und große Rückschläge 153

8 Andere machen sich Sorgen um mich
Sportsucht und das unablässige Bedürfnis, mehr zu tun 185

KAMPF *NEUE KAMPFFÄHIGKEITEN ERLANGEN*

9 Ich verlasse nicht gerne meine Komfortzone
Die Überwindung der Angstbarriere — 211

10 Wenn es schwierig wird, falle ich hinter die Zähen zurück
Dem Drang widerstehen, das Handtuch zu werfen — 227

11 Ich muss mich verdammt noch mal abhärten
Lernen, das Ätzende zu umarmen — 241

12 Ich vermassel es immer
Jedi-Konzentrationsfähigkeiten entwickeln, um ein besserer Sportler zu werden — 255

13 Ich kann nicht gut mit Druck umgehen
Stress, Ängste und Erwartungen am Wettkampftag bekämpfen — 279

Epilog — 315

Über die Autoren — 318

Danksagung — 322

Quellen — 325

Stichwortverzeichnis — 331

*An all die selbstbewussten,
motivierten, gut ausbalancierten und glücklichen Sportler:
Dieses Buch ist nichts für euch.*

VORWORT

»Der kann mich mal kreuzweise!« Mit diesen Worten kam eine in Tränen aufgelöste Lesley herein – und beendete damit mit gerade mal 20 Jahren ihre Karriere als professionelle Triathletin. Sie war während ihrer gesamten Laufbahn von Physiologen und Erbsenzählern mit Abschlüssen in Sportwissenschaft trainiert worden und hatte während dieser Zeit die Schattenseiten des neuen Musterbeispiels an wissenschaftlichem Training nur zu gut kennengelernt. Nach einem schlechten Rennen ignorierten die Trainer sie einfach, Leistungsrückmeldungen erhielt sie in Form von Excel-Tabellen statt im persönlichen Gespräch, und dass man ihr lapidar mitteilte, sie würde niemals eine gute Schwimmerin oder Radfahrerin werden, raubte ihr das letzte bisschen Inspiration und Motivation.

Diese Leere und all die Energie, die sie aufwenden musste, um stundenlang völlig sinnlos eine Bahn nach der anderen zu schwimmen, zu laufen und Rad zu fahren, führten zu einem Wendepunkt in ihrem Leben. Seit ihrem 14. Lebensjahr trieb Lesley auf internationalem Niveau Sport, doch nun war sie desillusioniert und hatte sich emotional von ihrem Sport distanziert. Sie hatte den Eindruck, dass ihre Trainer sie nur als Ansammlung von Beinen und Lungen ansahen, auf ihre Gedanken und Gefühle jedoch überhaupt nicht achteten. Sie war nicht so naiv zu glauben, dass es nicht hauptsächlich die Ergebnisse waren, die zählten. Natürlich waren sie das Wichtigste. Doch wer machte sich die Mühe herauszufinden, wie man das Beste aus ihr als Sportlerin herausholen konnte? Lesley konnte mit der Philosophie ihrer Trainer nicht mehr leben, also zog sie sich aus dem Profisport zurück – fluchend und völlig erschöpft. Der perfekte Zeitpunkt zum Heiraten ... Ähem.

In der Zwischenzeit beschäftigte ich (Simon) mich damit, zu viele College-Abschlüsse in Sportpsychologie zu machen und die Sportler, die ich betreute, dabei zu unterstützen, schneller, besser und stärker zu werden, indem sie ihren Kopf effektiver einsetzten. Durch meine Arbeit mit Athleten aus den verschiedensten Sportarten wurde mir bald klar, dass all das Lernen an der Uni mich nicht auf den Umgang mit echten Menschen vorbereitete. So einfach oder klar wie in den Kursen am College oder in meinen Arbeitsbüchern war das Leben in der realen Welt einfach nicht. Viele der Techniken, die die Weisen in ihren Elfenbeintürmen entwickelt hatten, stellten sich als völlig unsinnig heraus, als ich sie an echten Sportlern testete. Viel schlimmer noch: Die Sportler logen oft hinsichtlich dessen, was funktionierte und was nicht. Also gab ich auf. Ich legte meinen Posten in der Sportpsychologie nieder und nahm eine neue Stelle an einer wissenschaftlichen Fakultät für Verhaltensmedizin an einer großen Universität an.

An diesem Punkt standen wir nun also: eine zurückgetretene Profisportlerin und ein zurückgetretener Sportpsychologe, die nun verheiratet waren – und immer noch darüber grübelten, wie man Sportler am besten dabei unterstützen könnte, ihr volles Potenzial zu entfalten. Wir hatten also noch einiges zu erledigen.

Wir bündelten unser Wissen und unsere Erfahrungen, um unsere eigene Philosophie zum Training von Sportlern zu entwickeln, in der der Athlet als vollständige Person und nicht nur als Datensatz gesehen wird und die auf Beweisen beruht – auf praxisbasierten Mentaltechniken, die wirklich funktionieren. Unser Schwerpunkt liegt dabei auf den Themen, die die Trainingsbücher nie wirklich abgedeckt haben: wie man seine psychologische und emotionale Stärke verbessert und dadurch in seinem Sport besser zurechtkommt, die eigene Leistung steigern und Erfolg haben kann. Blöd nur, dass Sportler gar nicht danach fragen, psychologisch und emotional gestärkt zu werden. Sie sagen stattdessen Dinge wie »Irgendwann kommt der Punkt, an dem ich einfach aufgebe«, »Ich muss mich verdammt noch mal besser abhärten«, »Ich kann nicht gut mit Verletzungen umgehen«, »Ich trainiere und trainiere und fühle mich immer noch fett« oder »Unter Druck bin ich einfach nicht gut«.

Genau diese Art von Problemen wollen wir mit unserem Ansatz lösen. Für unsere erste Fallstudie musste meine Gattin Lesley Paterson höchstpersönlich herhalten. Wir wollten schließlich unseren Worten Taten folgen lassen. Lesley kehrte also aus ihrer »Rente« zurück und hatte wieder Spaß an ihrem Sport. Sie tat sich mit Vince Fichera, einem Radsport-Coach aus San Diego, zusammen, dessen Trainingsmethoden ähnlich unorthodox waren, und sie öffnete ihre neue mentale Wunderkiste. Innerhalb von fünf Jahren gewann sie drei Weltmeistertitel im Cross-Triathlon und erkletterte mehrere Treppchen bei Ironman-70.3-Wettbewerben.

Heilige Scheiße, es funktionierte wirklich! Unser neuer, erfolgreicher Ansatz war für mich so inspirierend und begeisternd, dass ich das Sicherheitsnetz einer Festanstellung als Professor aufgab und mich voll und ganz der Ausbildung von starken, mutigen Athleten widmete.

Wir gründeten die Firma Braveheart Coaching und haben im Laufe der Jahre Sportler aus allen Altersklassen mit den unterschiedlichsten Talenten und völlig verschiedenen Motivationsleveln gecoacht: Ehemänner und Ehefrauen, Teenager, Großeltern und sogar ganze Familien waren ebenso dabei wie junge Profis, Altersklassenathleten und Weltmeister, Menschen, die mit einer psychischen Erkrankung kämpfen, Menschen in unglücklichen Beziehungen, Frischvermählte auf Wolke sieben und Menschen, die unter einer schwächenden körperlichen Erkrankung oder einer chronischen Krankheit leiden. Und auch Leute, die es einfach satt und genau davon die Schnauze voll hatten. Von all diesen unterschiedlichen Menschen haben wir eine essenzielle Lektion gelernt: Die Hintergrundgeschichte eines Sportlers muss als Ausgangsbasis dienen, um ihn aufzubauen. Wir erlebten hautnah, welchen Wandlungseffekt Ausdauertraining auf Körper und Seele hat. Es führt zu einer Lebensweise, mit der man nicht nur fitter und schneller wird, sondern die auch zu einem gesteigerten Selbstbewusstsein und einer positiven persönlichen Entwicklung führt und die Grundlagen für wirkliche Durchbrüche in dem, was möglich ist, schafft und das Leben und den Sport bereichert.

Nach über 20 Jahren des Coachings, der Beratung und der Teilnahme an Wettbewerben im Ausdauersport haben wir unsere Erkenntnisse zu Papier gebracht. In diesem Buch verraten wir Ihnen unser Geheimrezept. Egal, ob Sie für Ihren ersten 5000-Meter-Lauf trainieren, ein erfahrener Amateur sind, der bessere Ergebnisse erzielen möchte, oder ein Profisportler, der konstante Ergebnisse in seinen Rennen erreichen will: Dieses Buch hilft Ihnen dabei, mit den Gedanken und Gefühlen, die Sie davon abhalten, besser umzugehen. Jedes Kapitel beschäftigt sich mit einer allgemeinen psychologischen oder emotionalen Herausforderung, auf die wir im Laufe unserer Karrieren gestoßen sind. Diese Herausforderungen werden hier genau so dargestellt, wie sie die Sportler beschreiben. Sie werden sich wahrscheinlich in zumindest einer davon selbst wiederfinden. Wir decken den psychologischen Aspekt jeder dieser Gedankensperren auf und geben Ihnen Ratschläge, wie Sie diese überwinden können. Unser Ziel ist es, Ihnen die idealen Werkzeuge an die Hand zu geben, damit Sie ein starker, mutiger Sportler werden.

EINLEITUNG

Jedem von uns ist zu irgendeinem Zeitpunkt im Leben schon einmal gesagt worden: »Du musst jetzt tapfer sein!« Wahrscheinlich haben Sie diesen Satz zum ersten Mal von Ihrer Mutter oder Ihrem Vater gehört, als Sie weinend mit einer Schramme am Knie dastanden, oder als Ihnen klar wurde, dass diese riesige Spritze, die die Krankenschwester in der Hand hielt, für *Ihren* Arm bestimmt war. Tapfer zu sein bedeutet, körperliche oder mentale Unannehmlichkeiten mutig zu ertragen. Und Mut ist die Fähigkeit zu handeln, obwohl alles in einem danach schreit, wegzurennen, sich zu verstecken oder tot zu stellen.

> Mutig zu sein bedeutet nicht, ohne Angst oder Sorge zu handeln.
> Ganz im Gegenteil. Mutig zu sein bedeutet, die Angst zu fühlen
> und trotzdem zu handeln.

Es gibt nur wenige Umstände, unter denen Sie sich Hals über Kopf völlig *ohne* Angst in Gefahr stürzen würden:

1. Sie haben zu wenig Zeit, um darüber nachzudenken, worin die Gefahr überhaupt besteht.
2. Sie unterschätzen die Gefahr völlig.
3. Sie sind einfach völlig bekloppt.

Bei manchen Menschen trifft von allem ein bisschen zu. Ganz egal, wie mutig Sie auch sind, Sie sollten grundsätzlich darauf vorbereitet sein, dass auch Sie manchmal die Hosen voll haben werden. Das ist völlig normal.

In diesem Buch verwenden wir eine recht lockere Definition der Begriffe Mut und Angst. Das geschieht nicht nur aus dem offensichtlichen Grund, dass ein Ausdauersportler sich nicht gerade wirklichen Gefahren stellen muss – also Situationen, in denen es um Leben und Tod geht. Echter Mut ist und bleibt den Menschen vorbehalten, die sich selbst in Lebensgefahr bringen, um anderen zu helfen. Wir möchten diese Leistung auf keinen Fall abwerten. Wir möchten jedoch auch würdigen, dass **wir alle manchmal Dinge tun sollten, die uns Angst einjagen, egal wie klein sie sind, und dass wir dafür unsere ganz persönliche Form von Mut aufbringen müssen.**

Denn Dinge zu tun, vor denen wir Angst haben, ist eine erstaunlich gute Medizin für unser Gehirn. Indem wir Erfahrungen sammeln, wie wir mit beängstigenden Situationen umgehen, kann unser Gehirn diese verarbeiten und stellt sich physisch darauf ein, in Zukunft besser vorbereitet zu sein. Ja, unser Gehirn strukturiert sich im wahrsten Sinne des Wortes um und reagiert künftig nach dem Motto »Alles im Griff«. Wissenschaftler nennen dies Neuroplastizität, wir nennen es »sich verdammt noch mal abhärten«. Denken Sie daran, wenn Sie sich das nächste Mal vor einem Rennen vor Angst fast in die Trainingsklamotten machen.

Wir alle haben manchmal Angst, doch unsere Reaktion darauf fällt unterschiedlich aus, je nachdem welche Erfahrungen wir bisher gemacht haben und wie wir mit den Gefühlen umgehen, die wir erwarten, wenn wir an die Zukunft denken. Ein Beispiel: Manche Sportler sind vor einem Wettkampf aufgeregt, weil sie genau wissen, was sie erwartet, wohingegen andere aufgeregt sind, weil, na ja, Unwissenheit ein Segen ist. Manche sind wie gelähmt bei dem Gedanken an einen Wettbewerb, obwohl sie noch nie ein Rennen gelaufen sind, andere sind erfahrene Athleten, die sich ganz gezielt ein bestimmtes traumatisches Ereignis ins Gedächtnis rufen, um dadurch eine Spannung für ein künftiges Geschehnis aufzubauen.

Unter dem Strich schleppen wir alle unser Päckchen mit uns herum. Ja, auch Sie. Aus diesem Grund sollte jeder starker Sportler sein Herz immer gut schützen. Ob Sie nun zum ersten Mal an einem Wettbewerb teilnehmen und unter dem Gewicht, sich »wie ein Idiot« zu fühlen, fast zusammenbrechen, oder ein Spitzensportler sind, der mit der emotionalen Achterbahnfahrt einer chronischen Krankheit ringt – dieses Buch hilft Ihnen. Vielleicht sind Sie auch einer dieser Sportler, der gerade auf sicherem Boden steht. Ohne Fragen, ohne Probleme. In diesem Fall können Sie dieses Buch als eine mentale Grippeimpfung betrachten. Frischen Sie einige Ihrer Fähigkeiten auf, lernen Sie ein paar neue Tricks dazu und wappnen Sie sich auf diese Weise dafür, wenn sich irgendwann doch überschüssiges (emotionales) Gepäck bei Ihnen ansammelt. Vielleicht nehmen Sie sich auch einfach mal die Zeit, um etwas Mitgefühl für Ihre Sportlerkollegen zu entwickeln, die sich immer so unbehaglich fühlen und leiden. Der schottische Autor und Theologe Reverend John Watson sagte einst: »Hab Mitleid, denn jeder Mann trägt einen harten Kampf aus.« In einem moderneren und weniger sexistischen Sprachgebrauch bedeutet dies schlichtweg, dass Sie nett sein sollten, weil jeder Mensch sich mit etwas herumschlägt und Sie vermutlich schlichtweg nichts davon wissen. Seien Sie also kein Idiot und begegnen Sie Ihren Mitmenschen mit Liebe, statt sie zu verurteilen! (Und im Gegenzug versprechen wir, nie wieder solches Zeug von uns zu geben.)

Für manche mag es überraschend sein (für einige eine sehr positive Überraschung), dass Talent enorm überbewertet wird. Ihr Körperbau, Ihre Reaktion auf das Training und Ihre persönlichen Rekorde sagen wenig darüber aus, wie gut Sie sind. Um ein starker Sportler zu werden, benötigen Sie ganz spezielle Fähigkeiten. Keine übermenschlichen Fähigkeiten, aber dennoch solche, die weit über das körperliche Training, den richtigen Einsatz von Geräten und die passende Ausrüstung hinausgehen. Sie brauchen Fähigkeiten, die Ihnen dabei helfen, sich Ihren Ängsten zu stellen, starke körperliche Schmerzen zu überwinden, den Glauben an sich selbst und Selbstvertrauen zu entwickeln, Motivation aufzubauen und den Wettkampf zu genießen. Und am allerwichtigsten: alles im richtigen Gleichgewicht zu halten. Egal, in welcher Situation Sie sich befinden, und egal, wie unüberwindbar ein Problem erscheint, Ihre erste Verteidigungsmaßnahme sollte immer sein: **Erst mal runterkommen.**

Die Grundbausteine, um ein starker, mutiger Sportler zu werden, verkörpern in diesem Buch das geschützte Herz, die Flügel und ein Schwert. Mit Begriffen wie »integrierte Regelung«, »Ego-Depletion« und »Kausalzusammenhang« schlagen wir uns daher gar nicht erst herum, denn solche dämlichen Wortkreationen können sich nur Psychologen ausdenken. Die Themen, die wir in diesem Buch behandeln, decken sicher nicht alle mentalen Herausforderungen ab, denen sich Sportler gegenübersehen können. Es sind jedoch unserer Erfahrung nach diejenigen, die am häufigsten auftreten. Wenn Sie ein knallhart guter Sportler werden wollen, müssen Sie sich ein paar neue Tricks draufpacken: Entwickeln Sie ein gigantisch großes Herz, lassen Sie sich ein paar Flügel wachsen und schärfen Sie Ihre riesengroßen Waffen (natürlich im übertragenen Sinn). Herzlich willkommen im Trainingslager für starke, mutige Sportler!

Werfen wir mal einen Blick ins Arsenal und prüfen, wo es bei Ihnen noch hapert.

Herz: Ihre Leidenschaft und Motivation bestimmen Sie als Sportler. Deswegen tun Sie, was Sie tun. Starke Sportler sind nicht perfekt, aber sie wissen, warum sie tun, was sie tun, sie glauben an ihre Fähigkeiten und können ihre Absichten in Handlungen umwandeln.

Flügel: Sie symbolisieren die Fähigkeit, sich über Hindernisse, Rückschläge und Konflikte hinwegzusetzen. Starke Sportler behalten unter allen Umständen immer den Überblick, entwickeln eine gesunde Grundeinstellung und bewältigen ihre inneren Konflikte, die mit Herausforderungen, sozialen Vergleichen und Beurteilungen einhergehen.

Kampf: Dies ist die Fähigkeit, immer das Beste zu geben, wenn es darauf ankommt. Starke Sportler fechten ihre inneren Kämpfe, wie etwa Stress oder Ängste zu bewältigen, zu ehrgeizig zu sein, unter Druck fokussiert zu bleiben und körperliche Schmerzen zu ertragen, immer aus, ohne jemals aufzugeben.

Wenn Sie sich diese Fähigkeiten aneignen, sind Sie bestens gerüstet, um Ihren Sport mit Freude, Hingabe und Kampfgeist anzugehen. Wenn Sie allerdings auf der Suche nach allegorischen Geschichten von athletischer Härte oder inspirativen Anekdoten von Sportlern sind, die es von Null auf Hundert geschafft haben, werden Sie hier enttäuscht. Natürlich würde Sie so etwas zum Weiterlesen motivieren, aber eine lahme Motivationstrainerrede bringt Sie echt nicht weiter. Was Sie brauchen sind nachhaltige praktische Fähigkeiten. Betrachten Sie dieses Buch als Ihr

Schweizer Taschenmesser. Sie erhalten hier eine ganze Reihe praktischer Strategien, die auf der Hirnforschung basieren und die Ihnen dabei helfen, schneller und glücklicher zu werden. Jetzt müssen Sie nur noch loslegen: Identifizieren Sie Ihre Schwächen und wählen Sie die dazu passenden Techniken aus, die Sie dann im Training und bei Ihren Wettkämpfen einsetzen können.

DIE GRUNDLAGEN

1

HALLO, HIRN!

EIN EINBLICK IN UNSERE 1,5 KILO SCHWERE VERRÜCKTE HIRNMASSE

Ich traue niemandem, der nicht zumindest ein kleines bisschen neurotisch ist.
— MOHADESA NAJUMI

Begeben Sie sich mit uns auf eine Reise in das menschliche Gehirn, um zu verstehen, warum diese rund anderthalb Kilo schwere Masse für Sie als Sportler nicht nur Ihr bester Freund, sondern auch Ihr schlimmster Feind ist. Für diejenigen unter Ihnen mit der Aufmerksamkeitsspanne einer Fliege hier die Kurzfassung: Über Millionen von Jahren wurde das menschliche Gehirn dazu optimiert, uns vor Schaden zu bewahren. Es veranstaltet ein unglaubliches Theater, um uns rechtzeitig zu warnen, bevor uns etwas passiert und die Kacke richtig am Dampfen ist, und es verfügt über uralte Kräfte, die dafür sorgen, dass wir ihm auch wirklich zuhören. Allerdings weiß dieser uralte Teil unseres Hirns nicht, dass wir mittlerweile ein recht banales Leben führen. Wir werden nicht mehr von Säbelzahntigern gejagt und auch das Risiko, im Schlaf von einem riesigen Wollhaarmammut zerquetscht zu werden, ist mittlerweile ziemlich gering. Die Realität sieht doch eher so aus, dass unser modernes Vorstadtleben uns eine tägliche Angstportion beschert, die so schlimm ist, wie in die Brustwarze gezwickt zu werden – was auch nervig ist, aber ganz bestimmt keiner ernsthaften Gefahr gleicht, bei der man sich die Hosen vollmacht. Dummerweise hat sich niemand die Mühe gemacht, unserem Gehirn diese Tatsache mitzuteilen, und deswegen reagiert es oft zu heftig. Na ja, da müssen wir eben durch.

Dank der Evolution können wir aufrecht gehen und Marmeladengläser öffnen, während wir gleichzeitig darüber diskutieren, wie hart es ist, sich für den Boston-Marathon zu qualifizieren.

Die Evolution hat uns aber auch ganz schön gelinkt. Oft reagiert unser Gehirn über und wir wollen die Kerzen auf dem Geburtstagskuchen mit einem Feuerlöscher auspusten, als stünde ein Inferno bevor. Bevor wir aber lernen, was wir dagegen tun können, schauen wir uns erst mal ein bisschen spannende Evolutionsbiologie und Neurobiologie an, damit wir verstehen, warum wir überhaupt in diesem Schlamassel stecken.

Wir sind Fische auf dem Trockenen

Unsere Vorfahren waren alle professionelle Schwimmer. Ja gut, das ist eine etwas freie Auslegung der Terminologie und der Evolutionsbiologie, aber die Wissenschaft ist sich darüber einig, dass wir von Fischen abstammen. Eigentlich haben wir uns aus einer einzelligen Bakterie entwickelt, bevor es überhaupt Wasser auf der Erde gab, aber so genau wollen wir das gar nicht betrachten. Wir sind also aus Fischen entstanden (für überängstliche Triathleten ist das grausame Ironie). Vor über 350 Millionen Jahren haben sich frühe Amphibien, ausgestattet mit wabbeligen Flossen und merkwürdigen kiemenartigen Hybridlungen, platschend und plumpsend auf die matschigen Strände und an Land begeben. Warum sie das getan haben, kann niemand eindeutig beantworten. Vielleicht hatten sie einfach keine Lust mehr zu schwimmen (was ich gut nachvollziehen kann) oder wollten einfach mal Nahrung finden, die nicht glitschig war. Warum auch immer sie es gemacht haben, wir sollten ihnen dankbar dafür sein. Wir tragen immer noch Überreste unserer fischigen Vergangenheit in uns, wie etwa Schluckauf zu bekommen oder die kleine Kerbe über unsere Oberlippe. Googeln Sie bei Interesse, warum das so ist.

Als unsere fischige Familie ihre Hintern auf die matschigen Strände bewegte, stellte sie schnell fest, dass sie für ein Leben an Land ziemlich schlecht ausgestattet war. Also musste sich etwas ändern. Dank Darwin wissen wir heute, warum und wie das passiert ist. Glauben Sie bloß nicht, dieser Wandel hätte schnell stattgefunden! Es dauerte ganze 30 Millionen Jahre, bis eine Körperform entstanden war, die vernünftig krabbeln konnte. Kaulquappen schaffen diesen Wandel heutzutage in sechs Monaten. Pah, die Kinder von heute! Uns fehlten damals aber nicht nur die Lungen und die Wendigkeit, wir benötigten auch mehr Hirnleistung, um mit der neuen Welt zurechtzukommen. Das Gehirn, mit dem wir damals auskommen mussten, bestand aus nicht viel mehr als einem Stammhirn mit einigen wesentlichen Teilen, in etwa wie ein Kleinhirn – eine Art Minigehirn, das die Fäden unserer glitschigen Nerven und Muskeln zog. Wir haben zwar immer noch ein Kleinhirn, wenn auch ein neueres Modell. Dieses Kleinhirn unterstützt uns bei der Koordination körperlicher Bewegungen und hilft uns dabei, neue Bewegungen zu erlernen. Es befindet sich unterhalb unseres modernen Gehirns und oberhalb des Stammhirns und genau an dieser Stelle liegt es seit Millionen von Jahren. Es macht fast den Eindruck, als wäre es auf die stille Treppe des Gehirns geschickt worden (wer schon einmal einen Blick darauf werfen möchte, findet dazu ein Abbildung auf Seite 21).

Spulen wir nun ein paar Hundert Millionen Jahre vor bis zu dem Gehirn, das wir als das menschliche Gehirn betrachten. Wir besitzen nach wie vor weitere alte Gehirnteile, wie zum Beispiel das limbische System. Diese alten Hirnregionen sind in unserem Kopf verblieben, weil sie für unser

Überleben und unseren Spaß am Leben unglaublich wichtig sind. Doch dazu später mehr. Da die Evolution unaufhaltsam weitergeht, hat sich die Größe des menschlichen Gehirns in den letzten 7 Millionen Jahren verdreifacht, wobei der größte Teil dieses Wachstums in den letzten 2 Millionen Jahren stattgefunden hat. Denken Sie darüber mal einen Moment nach. Es hat 4 Milliarden Jahre gedauert, das menschliche Gehirn zu entwickeln (wobei wir seine Spur erst aufgenommen haben, als wir vor gerade mal 350 Millionen Jahren das Wasser verlassen haben), doch der größte Teil des Wachstums und der Entwicklung vollzog sich während der letzten 2 Millionen Jahre. Die unglaubliche Geschwindigkeit dieses Wachstums hat bis vor Kurzem sogar Wissenschaftler verblüfft.[1] Doch heute schrumpft das menschliche Gehirn wieder. Im Laufe der letzten 10 000 bis 20 000 Jahre haben wir Hirnmasse in der Größe eines Tennisballs verloren – was vielleicht daran liegt, dass die Menschen sesshaft geworden sind und das Gehirn effektiver geworden ist. Das Hirn passt sich außerdem der Körpergröße an, die ebenfalls abnehmend ist. Das ist schwer zu glauben, wird aber deutlich, wenn man die Größe von Skeletten über Tausende von Jahren betrachtet und nicht nur die der überdimensionierten Körper der letzten 50 Jahre. Wenn Sie jetzt nicht total gespannt darauf sind, wie sich das im Laufe der nächsten 2 Millionen Jahre weiterentwickeln wird, sollten Sie mal den Streber in sich wachrütteln!

Neue wissenschaftliche Methoden haben die Geheimnisse unseres Gehirns entschlüsselt

Unsere anderthalb Kilo schwere Hirnmasse ist wirklich beeindruckend und großartig. Das moderne menschliche Gehirn hat Wissenschaftler seit Jahren wegen der enormen Komplexität seiner Struktur und seiner Funktionen und weil es aufgrund seiner enorm guten Polsterung kaum zerstörbar ist, in Erstaunen versetzt. Neurowissenschaftler haben in den letzten Jahren dank neuer Messmethoden ganz neue Einsichten darüber gewonnen, was das Gehirn tut und sogar wann, wo und warum es das tut. Die funktionelle Magnetresonanztomografie (fMRT) erlaubt uns beispielsweise in Echtzeit zu beobachten, wo bei Stimulation verschiedener Gedanken, Situationen oder geistiger Aufgaben der Blutfluss im Gehirn stattfindet. Betrachtet man den Blutfluss, sieht man gleichzeitig auch, wo Sauerstoff und Glukose (also die Nahrung für das Hirn) fließen. Dort, wo Sauerstoff und Glukose strömen, wird Energie verbraucht, was bedeutet, dass an dieser Stelle eine neurologische Aktivität stattfindet. Der Blutfluss im Gehirn zeigt uns also an, welche Hirnteile aktiv sind. MRT-Studien haben dazu beigetragen, dass einige weit verbreitete Mythen widerlegt wurden, wie zum Beispiel der Irrglaube, dass es Menschen gibt, bei denen die rechte oder linke Hirnhälfte dominiert oder dass wir nur 10 Prozent unserer Hirnleistung nutzen. Diese beiden modernen Märchen hat die Wissenschaft mittlerweile als völligen Blödsinn entlarvt.[2]

Wir biegen uns die Wissenschaft für unsere Zwecke ein bisschen zurecht

Im Folgenden erklären wir Ihnen grob vereinfacht, wie das menschliche Gehirn funktioniert. Wir stellen die Wissenschaft nicht deshalb so vereinfacht dar, weil wir Sie bewusst in die Irre führen wollen oder Ihnen nicht die nötige Intelligenz zusprechen, die ein Verständnis der komplexeren Zusammenhänge erfordert, sondern weil wir das Gehirn (und die Streiche, die es uns spielt) in einer Art und Weise betrachten müssen, die es uns erleichtert, die Probleme, die das Hirn uns im täglichen Leben beschert, zu lösen. Eine dieser Vereinfachungen besteht darin, Anatomie und Funktion zusammenzufassen.

Die moderne Neurowissenschaft hat herausgefunden, dass das Studium der Anatomie des Gehirns (die physischen Strukturen und deren Lage) die Komplexität dessen, was das Gehirn tatsächlich tut (seine Funktionen), nicht präzise spiegelt. Die Aufgaben des Gehirns sind also nicht exklusiv in einer Hirnregion angesiedelt. Wir benötigen für unsere Arbeit aber ein »Funktionsmodell«, das in Bezug auf die Wissenschaft beständig ist und, was ganz wichtig ist, nicht die biologische Realität angreift. Wir streben einen praktischen Nutzen an – wir möchten, dass Sie mehr hilfreiche und produktive Gedanken und Gefühle entwickeln und weniger psychologische und emotionale Erfahrungen machen, die dazu führen, dass Sie sich in die Hosen machen, sich die Haare ausreißen, sich kneifen, einfach abhauen oder sich in irgendeiner anderen Form geißeln.

Unser Funktionsmodell des Gehirns basiert daher fast ausschließlich auf Metaphern und Analogien, die größtenteils noch nicht einmal von uns stammen. Der Einsatz von Metaphern und Analogien zur Erläuterung wissenschaftlicher Fakten irritiert manche Leute, vor allem jene mit wissenschaftlichem Hintergrund, eben weil dabei so stark vereinfacht wird. Wir machen es aber trotzdem, weil es ein wichtiger Bestandteil der Wissenschaftskommunikation ist und weil wir festgestellt haben, dass es wirklich funktioniert.[3] Und außerdem macht es so viel mehr Spaß!

Ein Blick in unser zweitliebstes Organ

Wenn Sie sich an den Biologieunterricht in der Schule erinnern (die meisten wahrscheinlich nicht wirklich), wissen Sie, dass das menschliche Gehirn in drei wesentliche Regionen unterteilt ist.

Das **Stammhirn** verbindet das Großhirn und das Kleinhirn mit dem Rückenmark und ist für unbewusste Funktionen wie Atmung, Herzfrequenz, Verdauung, Schlucken, Schlafrhythmus und Ähnliches verantwortlich. Unser Stammhirn ist schwer erziehbar.

Das **Kleinhirn** sitzt auf der stillen Treppe unterhalb des Großhirns und ist zuständig für die Koordination von Körperbewegungen und für die kognitiven Prozesse wie Sprache und Erinnerung. Unser Kleinhirn ist ein bisschen lernfähig.

Das **Großhirn** macht den größten Teil unseres Gehirns aus und beinhaltet die rechte und linke Gehirnhälfte. Es ist tatsächlich so groß, dass es zusammengefaltet und gequetscht werden muss, um in unseren winzigen Schädel zu passen (deswegen sieht es auch so fürchterlich runzlig aus). Unser Großhirn steuert alle bewussten Bewegungen und verarbeitet alle eingehenden Sinneseindrücke. Es ist außerdem für all die »höheren« Funktionen, die uns zu Menschen machen, verantwortlich, wie zum Beispiel Logik, Gefühle, die Fähigkeit, abstrakt zu denken und zu lernen und so weiter. Das Großhirn macht aber noch viel mehr. Jede Hirnhälfte besteht aus vier Regionen oder Lappen: Stirnlappen (Frontallappen), Schläfenlappen (Temporallappen), Scheitellappen (Parietallappen) und Hinterhauptlappen (Okzipitallappen). Jeder dieser Hirnlappen hat seinen eigenen Aufgabenbereich, dennoch arbeiten sie nie isoliert voneinander. Alleingänge gibt es bei Hirnlappen nicht. Unser Großhirn ist sehr lernfähig. Es liebt das Lernen sogar so sehr, dass es immer nach neuem Lernstoff sucht, selbst wenn wir überhaupt keine Lust haben, gerade etwas zu lernen.

Schauen wir uns das mal etwas genauer an. Unser Gehirn besteht aus einem Mix aus alten und neuen Teilen. Der alte Teil des menschlichen Gehirns stellt unser Überleben und unsere Fortpflanzung sicher (und natürlich noch andere Dinge), wohingegen der neue Teil uns komplexes Denken und Intelligenz beschert. Unser neues Gehirn ermöglicht es uns sogar, über unser Denken nachzudenken. Das nennt man *Metakognition*, eine Fähigkeit, die nur sehr wenige Spezies beherrschen. Wir werden später beleuchten, warum die Metakognition eine Schlüsselstrategie bei der Befreiung Ihrer verstopften Mentaltoilette ist. In der Abbildung auf Seite 25 sind einige der alten und neuen Hirnregionen abgebildet.

Mit den unaussprechlichen medizinischen Begriffen brauchen Sie sich nicht aufzuhalten, aber schauen Sie sich mal an, wofür die einzelnen Hirnregionen zuständig sind. Das ist nämlich wichtig, zum Beispiel wenn Sie am Beckenrand stehen und sich darüber Sorgen machen, dass Sie in Ihren Badesachen fett aussehen, oder wenn Sie sich schon allein bei dem Gedanken an Ihren ersten Marathon die Hosen vollmachen. Denn diese Abbildung ist eine erste Erklärung, warum das so ist. Selbst wenn Sie keines dieser Probleme haben und noch nicht mal ab und zu »Ich will nicht wie ein kompletter Idiot dastehen« denken, bietet sie gute Hinweise darauf, wie Sie Ihre Gedanken und Gefühle am besten in die gewünschte Richtung lenken können.

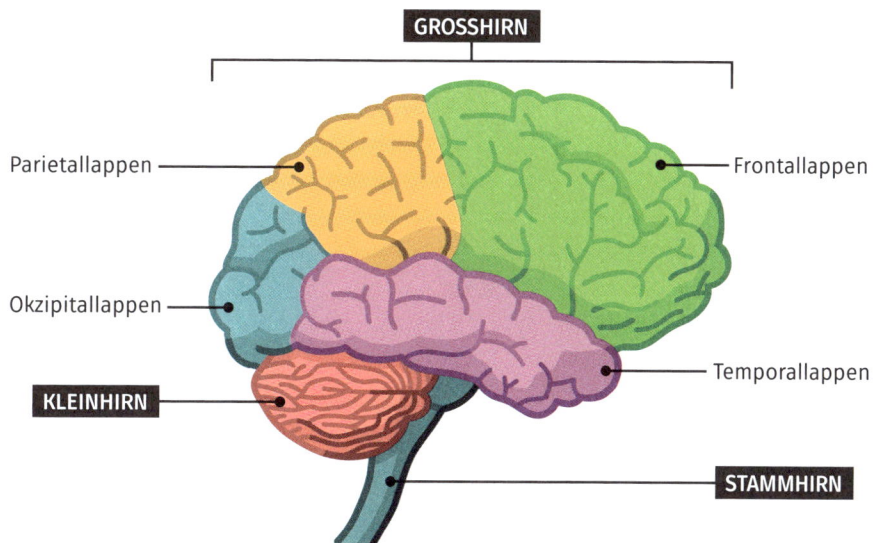

Warum verträgt sich unser Gehirn nicht mit sich selbst?

Unser altes und neues Gehirn streiten sich ständig. Stellen Sie sich mal vor, Sie hätten einen Bodyguard, der Sie täglich 24 Stunden beschützt. Was glauben Sie, bei welchen Themen Sie Meinungsverschiedenheiten hätten? Dass Ihr Bodyguard manchmal anderen Menschen gegenüber zu aggressiv auftritt? Dass er Sie ständig daran erinnert, wie gefährlich das Leben ist? Solche Streitpunkte ficht unser neues Gehirn mit unserem alten regelmäßig aus. Auch Probleme wie der Umgang mit körperlichen Beschwerden während eines Rennens fallen in diese Kategorie. Oder die Frage, ob man wirklich das komplette Glas Erdnussbutter in einem Rutsch wegnaschen muss (ja, Lesley Paterson, du bist gemeint). Oder es geht darum, ob Sie mal eben 10 000 Euro für ein neues Rad ausgeben müssen oder ein komplettes Monatseinkommen, um ein einziges Rennen davon zu bestreiten. Es muss sich aber auch gar nicht um Sport drehen. Möglicherweise verlieben Sie sich grundsätzlich in den falschen Mann oder die falsche Frau oder andere Leute nutzen Sie schamlos aus. Unser Gehirn muss sich um all diese Dinge kümmern.

Diese Auseinandersetzungen im Gehirn geschehen so schnell, dass wir davon in der Regel gar nichts mitbekommen (wofür vor allem der Fasciculus uncinatus verantwortlich ist). Wir werden meist einfach dazu »gezwungen«, die Entscheidungen, die unser Hirn uns weitergibt, umzusetzen. Ein paar Beispiele gefällig? Wir bleiben in unserer Komfortzone; wir schrecken vor brenzligen Situationen zurück; wir kaufen etwas, das wir uns eigentlich gar nicht leisten können; wir geben auf, wenn es zu schwer wird; wir stopfen uns nachts mit Süßigkeiten voll et cetera. Manchmal sind wir uns dessen sehr bewusst, sind dem Hin und Her aber machtlos ausgesetzt. Schauen wir uns daher im Folgenden einen Gehirnstreit an, den Triathleten sehr gut kennen: mit der Auftaktdisziplin, Schwimmen in offenen Gewässern, klarzukommen.

Triathleten während eines Schwimmstarts im offenen Gewässer hinter die Stirn geschaut

Beim Triathlon ist die erste Disziplin in der Regel das Schwimmen und das findet in 99,9 Prozent der Fälle in einem See, in einem Fluss oder im Meer statt (also in offenen Gewässern). Beim Triathlon beginnen alle gemeinsam. Nur bei sehr großen Veranstaltungen wird gesplittet, sodass die Gruppen nach Altersklasse oder Geschlecht aufgeteilt sind. Nichtsdestotrotz kommen schnell mal ein paar Hundert Menschen zusammen, die alle gleichzeitig ins Wasser drängen. Die ersten Minuten eines Triathlons fühlen sich daher wie der Schleudergang in einer Waschmaschine an. Man kann kaum etwas sehen, alles ist voll mit Armen und Ellbogen, man schluckt viel mehr Wasser, als einem guttut, und die ganze angelernte Technik und auch der Atemrhythmus sind völlig vergessen. Und genau in diesem Moment packt einen jemand am Fußgelenk. Und dann am Bein. Dann bekommt man mehrfach einen Knuff ab und wird unter Wasser gedrückt.

Im Folgenden das nicht ganz so freundliche Gespräch der Hirnregionen des alten und des neuen Gehirns während dieses Auftakts[4]:

Amygdala (die Emotionszentrale) brüllt: Wenn du das noch einmal machst, werde ich dich verdammt nochmal ersäufen!

Orbitofrontaler Kortex *(er hilft uns dabei zu erkennen, womit wir durchkommen – führt also Verhaltensregulierungen im Hinblick auf Konsequenzen wie Belohnung und Bestrafung durch)*: Moment mal, du kannst den nicht einfach ertränken! Das lassen die dir nicht durchgehen!

Fasciculus uncinatus *(der gerade versucht, zwischen vernünftigem und dummem Handeln zu vermitteln)*: Bleibt mal beide ruhig, wir müssen hier einen Kompromiss finden. Du kannst nicht einfach, nur weil du in einem Rennen bist, jemanden ertränken. Du wirst damit nicht leben können. Wie wär's denn mit einem schnellen Schlag in die Fresse?

Dorsolateraler präfrontaler Kortex *(der sich ausschließlich mit Fakten und Logik beschäftigt)*: Jetzt hört doch mal mit diesem emotionalen Gesülze auf! Hat das wirklich ein und dieselbe Person gemacht? Wie stark bist du denn verletzt? Blutest du? Laufen wir Gefahr unterzugehen? Ich brauche Beweise. Ich bleibe ruhig und bedacht und lasse euch wissen, was wir tun werden.

Ventromedialer präfrontaler Kortex *(der uns an die Gefühle anderer Menschen erinnert)*: Hört auf, so egoistisch zu sein. Wo ist euer Mitgefühl? Die anderen gehen durch dieselbe Hölle und sind deswegen eben ein bisschen aggressiver als sonst. Sie wollen auch nur überleben!

Hippocampus und Gyrus cinguli *(die uns helfen, Gefühle, Schmerz und Erinnerungen zu steuern)*: Ich habe unseren Datenspeicher zurate gezogen und festgestellt, dass uns das früher schon passiert ist und wir das gut überstanden haben. Außerdem können wir noch viel mehr ertragen. Die Daten sehen voraus, dass diese Prügeleien in etwa sechs Minuten beendet sein werden. Sollten sie trotzdem weitergehen, können wir für einige Sekunden aufhören zu schwimmen und die anderen einfach anbrüllen. Das reicht meistens völlig aus.

Amygdala *(die Emotionszentrale)*: Ist mir alles sowas von scheißegal! Tut ihnen einfach weh, damit sie endlich aufhören!

Hier liegen verdammt viele Hirnteile miteinander im Clinch, und einer dieser Teile muss letztlich die Kontrolle übernehmen. Wollen wir hoffen, dass es nicht derjenige ist, der den anderen Schwimmer ertränken oder verletzen will. Manchmal schafft es das zwar gesellschaftsfähige, aber hinterhältige Gehirn, sich durchzusetzen, indem es etwas sagt wie: »Mit drei kräftigen Tritten ins Gesicht ist das Problem gelöst!« Manchmal übernimmt der rationale Frontallappen die Kontrolle und bestimmt: »Schwimm einfach ein Stück weiter nach links und alles ist gut.«

Welcher Teil des Gehirns die Zügel in der Hand hält, variiert abhängig von Ihrer Persönlichkeit. Wie auch immer es ausgeht, so sehen Sie sicher, dass es ungemein wichtig ist, ruhig zu bleiben, wenn in Ihrem Gehirn das Chaos ausbricht. **Es liegt an diesem internen Kräftezerren, dass Sportler häufig seelisch aufgewühlt sind, weil es negative Gefühle erzeugt, von der anstehenden Aufgabe ablenkt und sie fast immer ausbremst.** Und es ist einfach viel zu kompliziert. Die Dinge sollten einfacher sein. Der größte Übeltäter des alten Gehirns ist das limbische System. Im neuen Gehirn ist der Frontallappen die Schlüsselfigur und der Verteidiger aller Vernunft.

Das Gehirn hat immer zwei Seiten, die um die Kontrolle wetteifern

Die unterschiedlichen Hirnregionen beziehen eindeutig Stellung, wenn die Schlachtlinien gezogen werden. Auf der einen Seite steht das limbische System, auf der anderen der Frontallappen. Bevor Sie entscheiden, welche der beiden Sie anfeuern, rufen Sie sich noch einmal ins Gedächtnis, dass Sie beide Regionen benötigen, um am Leben und gesund zu bleiben. Das Modell des zweigeteilten Gehirns ist dennoch sehr hilfreich, weil es die Grundlage dafür bildet, ein Verständnis für unsere inneren Konflikte und Entscheidungen zu erlangen. Schauen wir uns das mal genauer an.

Das **limbische System** enthält alle alten Hirnregionen – Amygdala, Gyrus cinguli, Hippocampus und Hypothalamus. Es ist eine Gefühlsmaschine, die nur auf Triebe und Instinkte reagiert, die wir als Gefühle und Eindrücke wahrnehmen. Wenn unser limbisches System das Sagen hätte, hätten wir keinerlei Probleme mehr. Wir wären so dumm wie ein Stück Brot, müssten uns aber vor niemandem verantworten. Wir hätten ein Gehirn, das rein auf Reaktion ausgelegt wäre. Unsere Amygdala und unser Hypothalamus würden sich zusammentun und uns sagen, was wir zu tun und zu lassen hätten, indem sie uns mit Gefühlen und Eindrücken speisen würden. Unser Hippocampus würde uns mithilfe von Erinnerungen ins Gedächtnis rufen, dass es verdammt gut ist, der King zu sein. Wir würden alles Mögliche klauen. Wir würden wild rumvögeln. Wir würden den Leuten ins Gesicht sagen, was wir von ihnen denken. Wir würden wahrscheinlich auch häufig töten. Und im Knast enden. Deswegen landen manche Menschen auch im Gefängnis – weil ihr Gehirn im wahrsten Sinne des Wortes von ihrem limbischen System kontrolliert wird.

Der **Frontallappen** enthält alle neuen Hirnregionen – den dorsolateralen präfrontalen Kortex, den Fasciculus uncinatus, den ventromedialen präfrontalen Kortex und den orbitofrontalen Kortex. Er ist viel besonnener als das limbische System. Unser Frontallappen beschäftigt sich ausschließlich mit Fakten und Logik und steuert unsere Empathie, unser moralisches Urteilsvermögen und unser soziales Bewusstsein. Der Frontallappen ist der einzige Teil unseres Körpers, der denken kann. Zumindest in der Art, wie wir Denken definieren: indem wir unseren Verstand nutzen, um etwas zu prüfen und daraus zu schlussfolgern. Der Rest unseres Gehirns ist einfach nur eine Maschine. Wenn wir darüber nachdenken, wer wir sind, über unsere Werte, Glauben, Hoffnungen und Träume sinnieren, dann ist unser Frontallappen am Werk. Kurz gesagt ist er unser eigentliches Ich. Wir mögen den guten alten Frontallappen, weil er wie ein Vater ist: hilfsbereit, unterstützend und dazu in der Lage, Regale aufzubauen. Zugegebenermaßen ist er vielleicht nicht die erste Person, zu der wir gehen würden, wenn wir eine Schulter zum Ausweinen brauchen, aber er kann uns bestimmt bei der Steuererklärung helfen und weiß, warum der Motor beim Kaltstart stottert.

Mit einer guten Metapher wird der Kampf der Gehirne verständlicher und kann vielleicht sogar gewonnen werden. Da viele Psychologen das Modell des zweigeteilten Gehirns anwenden, wurden dazu schon viele Metaphern gefunden. Manche bezeichnen das limbische System wegen seiner urzeitlichen Pläne beispielsweise als »Reptilienhirn« oder »Echsenhirn«. Jonathan Haidt, Autor des Buchs *Die Glückshypothese: Was uns wirklich glücklich macht*, weist dem zweigeteilten Gehirn die Bezeichnungen »Elefant« (limbisches System) und »Reiter« (Frontallappen) zu.[5] Daniel Kahneman, Träger des Wirtschaftsnobelpreises und Autor von *Schnelles Denken, langsames*

HALLO, HIRN: ALT TRIFFT NEU

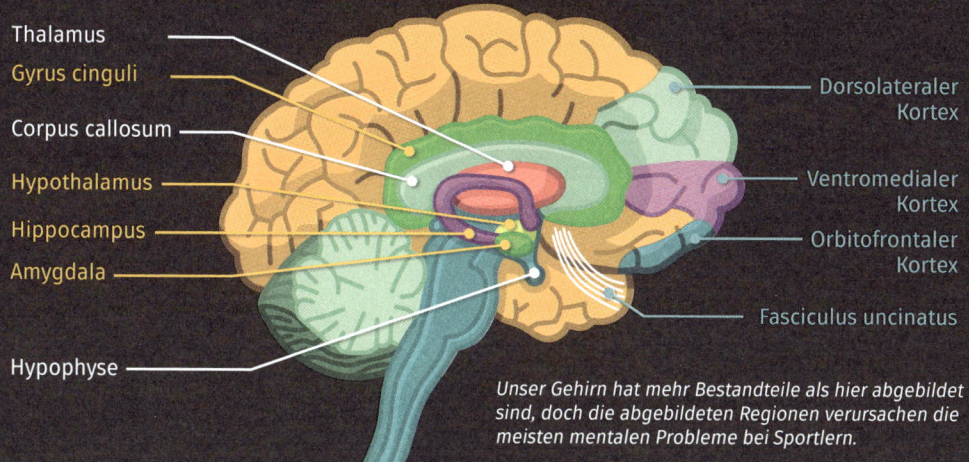

- Thalamus
- Gyrus cinguli
- Corpus callosum
- Hypothalamus
- Hippocampus
- Amygdala
- Hypophyse
- Dorsolateraler Kortex
- Ventromedialer Kortex
- Orbitofrontaler Kortex
- Fasciculus uncinatus

Unser Gehirn hat mehr Bestandteile als hier abgebildet sind, doch die abgebildeten Regionen verursachen die meisten mentalen Probleme bei Sportlern.

LIMBISCHES SYSTEM [ALTES GEHIRN]

Die **Amygdala** ist die Zentrale der Gefühle. Sie erhält Informationen auf direktem Weg von unseren Sinnen und setzt sich unmittelbar mit den anderen Hirnregionen in Verbindung, damit wir schnell reagieren können. Sie ist die Quelle unserer Gefühle und Launen und unserer Überlebensinstinkte, wie zum Beispiel Angst. Würde sie chirurgisch entfernt, wären wir nie wieder nervös oder sauer. Wir würden uns aber auch nie wieder verlieben oder Sex genießen. Man kann eben nicht beides haben.

Der **Gyrus cinguli** unterstützt uns bei der Steuerung von Gefühlen und Schmerzen. Er ist außerdem an der Filterung von Erinnerungen beteiligt. Der anteriore cinguläre Kortex, der ein Teil des Gyrus cinguli ist, reguliert Selbstbeherrschung und Leistung.

Der **Hypothalamus** hält die Amygdala unter Kontrolle, indem er Körperfunktionen, Instinkte und Energie in Balance bringt. Er arbeitet wie ein Thermostat für die vier Bereiche Essen, Spaß, Leidenschaft und Sex und verwaltet die endokrinen Funktionen (Hormonsekretion).

Der **Hippocampus** ist der Gedächtnisproduzent des Gehirns und speichert alle guten und schlechten Erinnerungen. Wenn er zerstört wird, geht es uns wie Lucy in dem Film *50 erste Dates*.

FRONTALLAPPEN [MODERNES GEHIRN]

Der **dorsolaterale präfrontale Kortex** beschäftigt sich mit der Analyse, dem rationalen Denken und der Logik. Er ist so etwas wie unsere geistigen Pferdestärken. (Technisch gesehen ist er keine anatomische Struktur, sondern eine Funktion.) Er ist erst vollständig ausgereift, wenn wir Mitte 20 sind – was wir alle am eigenen Leib erfahren haben.

Der **Fasciculus uncinatus** ist ein 4 bis 5 Zentimeter großes Nervenfaserbündel, das wie eine Hotline zwischen vernünftig und dämlich vermittelt (und auch zwischen Überlebensinstinkten und Logik). Niemand scheint genau zu wissen, was er tut, es ist aber wahrscheinlich, dass er Informationen zwischen Gefühlszentren und Vernunftzentren in Lichtgeschwindigkeit übermittelt.

Der **ventromediale präfrontale Kortex** hält unsere Überlebensinstinkte und Gefühle unter Kontrolle. Er hilft uns dabei, moralisch und sozial vertretbare Entscheidungen zu treffen, ermöglicht uns, Mitgefühl für andere Menschen zu empfinden, und erkennt Ironie und Sarkasmus.

Der **orbitofrontale Kortex** hilft uns ebenfalls dabei, verantwortungsvolle Entscheidungen zu treffen, indem er unsere Impulse und Gefühle steuert, ist aber zusätzlich dazu in der Lage, die Konsequenzen von Belohnung und Strafe abzuwägen. Er ermöglicht es uns, herauszufinden, womit wir vermutlich davonkommen können. Einer der Gründe, warum gerade keiner von uns im Knast sitzt.

Denken, kennzeichnet sie einfach als »System 1« und »System 2«.[6] Die wohl beste Analogie liefert jedoch Dr. Steve Peters, ein britischer forensischer Psychiater und Sportpsychiater, der das limbische System als Schimpansen bezeichnet. Diese Metapher passt sehr gut zum limbischen System, weil sich Schimpansen oft aufspielen, Wutanfälle haben und ziemlich zerstörerisch sein können. Schimpansen können aber auch ruhig, verschlafen, bewundernswert und knuddelig sein. Was am wichtigsten ist: Schimpansen möchten uns nicht wirklich etwas Böses tun, sie wissen es einfach nicht besser. Sie sind eben einfach nur Schimpansen. Wir finden diese Metapher klasse und haben sie deshalb in unser Funktionsmodell eingebaut. Danke, Steve! Wir stellen dem Schimpansen für den Frontallappen die Bezeichnung »Professorenhirn« gegenüber, weil dieses immer logisch denkt und sich nur nach Tatsachen und Wahrheiten richtet.

Wenn es ein Buch gibt, das jeder Sportler im Regal haben sollte, ist es Dr. Peters Buch *The Chimp Paradox*.[7] Es ist kein sportspezifisches Buch, hilft uns aber, den Schimpansen in allen Bereichen unseres Lebens besser zu verstehen und in den Griff zu bekommen.

Schimpanse kontra Professor: Da geht es richtig ab!

In einer idealen Welt wären unser Schimpansen- und Professorenhirn nette Nachbarn, die am Gartenzaun miteinander quatschen und sich ab und zu etwas ausleihen. Höflich und rücksichtsvoll. Das ideale Szenario sähe so aus:

- Unser Schimpanse verspürt den Drang nach [hier Instinkt Ihrer Wahl einfügen: Essen, Verstecken, Rennen, Sex…].
- Der Schimpanse bittet den Professor um Erlaubnis, diesem Drang nachzugehen.
- Der Professor prüft diese Anfrage sorgfältig, indem er die Fakten in Betracht zieht und logisch darüber nachdenkt.
- Wir treffen dann eine Entscheidung, die im besten Interesse unseres Schimpansen- und Professorenhirns liegt.
- Jeder ist glücklich. Happy End.

Wenn es doch nur so einfach wäre! Ist es aber nicht. Denn in Wahrheit haben wir ein riesiges Problem: Unser Schimpanse ist ein Rüpel. Und dieser Rüpel hat superschnelle Reflexe und übermenschliche Überzeugungskräfte.

Lernen Sie Ihren inneren Primaten kennen – das Schimpansenhirn

Wissenschaftliche Studien in der Neurowissenschaft und kognitiven Psychologie haben bewiesen, dass unser Schimpansenhirn ein kleiner zäher Drecksack ist. Er ist mit biochemischen Kräften (Neurotransmittern) ausgestattet, die es ihm ermöglichen, unseren Professor so lange zu tyrannisieren, bis er einknickt. Unser Schimpanse verhält sich nicht wie ein höflicher, rücksichtsvoller Nachbar, sondern richtet sich beim Professor häuslich ein und benutzt seinen Krempel, so wie er will. Ein paar Fakten über den Schimpansen:

- Er kontrolliert den Flucht-Kampf-Starre-Mechanismus, eine wirksame Reaktion auf Gefahr.
- Er bekommt alle sensorischen Informationen zuerst. Forschungen haben bewiesen, dass unser Schimpansenhirn bis zu fünfmal schneller auf sensorische Eingangsdaten reagiert als das Professorenhirn.
- Er hat sehr starke Triebe in Bezug auf Essen, Macht, Sex, Ego, Akzeptanz anderer Menschen, Sicherheit, Neugier und so weiter. Der Schimpanse schützt diese Triebe jederzeit.
- Er setzt leistungsfähige Neurotransmitter wie Dopamin, Serotonin, Oxytocin, Acetylcholin und Noradrenalin ein, um unsere Aufmerksamkeit zu erregen und uns zum Handeln zu bewegen.
- Er denkt in schwarz und weiß, grau kennt er nicht. Nur richtig und falsch.
- Er ist paranoid infolge eines tief sitzenden Sicherheitsbedürfnisses. Er ist extrem wachsam, um uns zu beschützen.
- Er macht Mücken zu Elefanten: Bedrohungen sind immer eine Frage von Leben oder Tod.
- Er handelt irrational, schert sich nicht darum, ob etwas vernünftig oder praktikabel ist.
- Er ist unfehlbar, hat das letzte Wort und ist gnadenlos.

Wir haben diesen überemotionalen Mitbewohner, der darauf fixiert ist, elementare Triebe und Instinkte zu erhalten, indem er Gefühle und Eindrücke einsetzt, also am Hals, auch wenn wir nie nach seiner Hilfe gefragt haben. Unser Schimpanse brüllt uns an, damit wir ihn auch sicher hören, und zum Schluss sind wir total beunruhigt und haben Angst. Hier nur ein paar Beispiele von dem Chaos, das der Schimpanse bei unseren sportlichen Leistungen anstellen kann: *Was, wenn ich fallen gelassen werde? Ich muss ein gutes Rennen für meinen Trainer laufen. Wenn ich nicht aufs Treppchen komme, war dieses Rennen für die Katz. Ich sehe in diesem Radtrikot wie eine Presswurst aus. Wenn ich schlecht abschneide, schreiben mich meine Sponsoren ab ...* Oder die unzähligen anderen Dinge, aufgrund derer wir uns schlecht fühlen.

Unser Schimpansenhirn ist aber nicht ausschließlich schlecht. Wenn unser Leben wirklich in Gefahr ist, wird es uns unglaublich mutige Dinge tun lassen. Es zwingt uns dazu, Larven zu essen, bevor wir verhungern, und es bringt uns dazu, uns zu verlieben und es wie die Karnickel zu treiben. Glauben Sie bloß nicht, dass all Ihre Probleme gelöst wären, wenn Sie Ihren Schimpansen loswürden! Wir brauchen unseren Schimpansen nämlich. Wir müssen ihn nur gut trainieren.

Lernen Sie die Stimme Ihrer Vernunft kennen – das Professorenhirn

Unser Professorenhirn ist der einzige Teil von uns, der tatsächlich *denken* kann (in dem Sinne, dass es sich seiner selbst bewusst ist, logisch und abstrakt denken kann et cetera). Das Professorenhirn hilft uns dabei, unser Geld zu verwalten, ein Haus zu kaufen, einen Partner auszuwählen, Kuchen zu backen, einen Arzt aufzusuchen, unser Trainingsprogramm zu planen und über moralische und ethische Probleme nachzudenken. Es hat uns durch die Schule und die Uni geschleift. Das Professorenhirn wird von Fakten und Logik gesteuert, von Ehrlichkeit, Mitgefühl und Selbstkontrolle angeregt, handelt mit einem Gewissen, sucht nach dem Sinn des Lebens und strebt nach Erfolgserlebnissen. Es erledigt die intellektuelle Schwerstarbeit, die guten Entscheidungen vorangeht.

Was Sie sich vor allem über das Professorenhirn merken sollten, ist: **Es befasst sich ausschließlich mit Fakten, Wahrheiten und Logik.** Wenn unser Professorenhirn das Sagen hätte, würden wir immer nur clevere, rationale Entscheidungen fällen. Weil es aber immer etwas dauert, bis alle Vor- und Nachteile abgewogen sind, mögliche Alternativen bedacht sowie alle Regeln und Vorschriften in Betracht gezogen wurden, ist unser Professor notorisch langsam. Und wenn der Schimpanse seine mächtigen Neurotransmitter während dieses Entscheidungsprozesses ins Spiel bringt, wird das Professorenhirn in die Ecke gedrängt oder ausgetrickst.

Studien in Kognitionswissenschaft und Verhaltensökonomie haben gezeigt, dass das Professorenhirn ständig geschubst, drangsaliert und hereingelegt wird. Warum würden wir uns sonst wohl nach 20 Uhr noch tonnenweise Lakritze reinschieben, haben orangefarbene, knallenge Jeans im Schrank oder kaufen uns noch ein sündhaft teures Trainingsoutfit, das so viel kostet, wie eine ganze Familie im Monat für Lebensmittel ausgibt?

Lernen Sie Ihr Betriebssystem kennen – das Computerhirn

Wir fügen der Mischung nun ein drittes Gehirn hinzu. Bitte, was? Es ist natürlich technisch gesehen kein eigenes Gehirn, sondern eher eine Funktion vieler verschiedener Hirnregionen, die uns dabei hilft, automatische Programmierungen wie Gewohnheiten und Routinen abzuspielen. Es setzt außerdem unsere Erinnerungsdatenbank ein, um Erwartungen, die wir von Menschen oder Situationen haben, zu gestalten. Man kann es sich wie ein Betriebssystem bei einem Computer vorstellen, da es im Hintergrund läuft, unglaublich schnell ist und uns dabei unterstützt, Programme zum Umgang mit den verschiedensten Situationen zu starten. Um wieder mit Dr. Steve Peters zu sprechen: Es ist wie ein Computerhirn.[8]

Die Neuroanatomie des Betriebssystems des Gehirns ist enorm komplex und es findet in vielen unterschiedlichen Hirnstrukturen Einsatz. Hauptsächlich hilft uns das Computerhirn dabei, mithilfe programmierter Gedanken und Taten automatisch zu handeln. Es speichert wie ein Computer Erinnerungen. Wie ein Nachschlagewerk lagert es Informationen über Überzeugungen und Werte. Wir brauchen das Computerhirn, weil vieles von dem, was wir denken und tun, automatisiert ablaufen muss, damit wir die unglaubliche Anzahl an Entscheidungen, die jeden Tag getroffen werden müssen, überhaupt bewältigen können (Schätzungen zufolge sind es täglich rund 35 000!). Wenn wir uns bestimmte Fähigkeiten angeeignet haben, übergeben wir sie an das Computerhirn, damit dieses sie verwalten kann.

Bei unserer Geburt ist die Festplatte unseres Computerhirns noch leer. Während wir aufwachsen, füllt sie sich nach und nach mit Informationen, die auf unserer Ausbildung und unseren Erfahrungen beruhen. Jegliche gespeicherte Information auf dem Computer haben der Schimpanse und der Professor ihm zur Verfügung gestellt. Wenn der Schimpanse Informationen abspeichert, beruhen diese auf Schimpansenlogik (paranoid, verhängnisvoll, angstbasiert). Speichert der Professor Informationen, beruhen diese auf Professorenlogik (Fakten und Beweise). Unser Computerhirn besitzt eine unbegrenzte Speicherkapazität, jedoch werden Dinge, die mit starken Emotionen verknüpft sind, gesondert behandelt – ein weiterer Beweis dafür, dass unser Schimpansenhirn das Blatt zu seinen Gunsten beeinflusst. Der Schimpanse müllt den Computer mit Unmengen von Schwachsinn zu, um seine Lieblingsthemen wie Überleben, das Belohnen von Instinkten, den Trieb nach Essen, Sex, dem Ego, Sicherheit, sein Hoheitsgebiet, Neugier et cetera voranzubringen. Wir konzentrieren uns sehr oft nicht auf Tatsachen und Logik, sondern rufen stattdessen nur emotional aufgeladene Erfahrungen auf, um zu entscheiden, was wir von einer bestimmten Sache halten. Manchmal erzeugt das ein sehr extremes Verhaltensmuster, das sich jeglicher Logik und jeglichem Verstand widersetzt, aber trotzdem fortbesteht. Und genau das löst Phobien und irrationale Ängste aus.

Wir alle haben Fehler im Betriebssystem

Unser Computerhirn ist viel schneller als unser Schimpansenhirn und unser Professorenhirn. Es ist sogar das schnellste unserer Gehirne. Auf unsere schmerzhaften, angsterfüllten oder unangenehmen Erinnerungen werden wir mit einer so irren Geschwindigkeit hingewiesen, dass die darauffolgenden emotionalen Reaktionen oft schon eintreten, bevor wir uns dessen überhaupt bewusst sind. Wenn die Gefühle nicht in Relation zur tatsächlichen Gefahr stehen oder wir dazu neigen, auf eine bestimmte Art zu reagieren, obwohl wir das gar nicht möchten, ist das wie ein Fehler im Betriebssystem. Wir bezeichnen das als »Virus im Computerhirn«.

Die Angst, mit dem Rad einen Unfall zu haben oder beim Schwimmen zu ertrinken, ist beispielsweise ein solcher Virus. Oder wenn man nie in offenem Gewässer trainiert, weil man Angst vor Haien hat. Oder wenn man richtig gerne trainiert, aber totale Panik vor dem Wettkampf hat. Auch das Herunterspielen von superguten Erfolgen beim Triathlon mit Sätzen wie »Ich bin ja *nur* ein...«. Und der Gang zum Kühlschrank, weil man so unglaublich gelangweilt ist? Sie ahnen es schon: ein Virus im Computerhirn.

Nur damit das klar ist: Niemand ist frei von diesem Virus – auch Sie nicht. Er gehört zu unserem Normalzustand. Jeder von uns hat sein ganz bestimmtes Päckchen voller emotionalem Ballast zu tragen oder reagiert auf merkwürdige Sachen komisch. Die Methoden für das Auflösen der psychologischen und emotionalen Blockaden, die in diesem Buch vorgestellt werden, sind Bestrebungen, um sozusagen unser Betriebssystem zu säubern und ein Antivirenprogramm zu installieren.

Da wir nun die grundlegende Anatomie und Funktion des Gehirns kennengelernt haben, ist es an der Zeit, sich darauf zu konzentrieren, wie das Hirn unser Denken und unsere Leistung beim Sport vermasselt. Wie Sie wissen, ist es in ständigem Konflikt mit sich selbst. Sehen wir uns dazu ein Beispiel an, wie Schimpanse, Professor und Computerhirn auf die Angst vor einem Rennen reagieren, die aufgrund von hohen Erwartungen entsteht (siehe Kasten »Der Tag des Rennens... Hurra! Oder auch nicht«).

DER TAG DES RENNENS... HURRA! ODER AUCH NICHT

DER ÖRTLICHE HALBMARATHON STEHT AN. Sie kommen am frühen Morgen an der Rennstrecke an und machen sich vor Angst fast in die Hose, manchmal nicht nur fast. Sie hatten einige wirklich gute Erfolge (ein Platz auf dem Treppchen, Presseberichte, einen Erzrivalen geschlagen et cetera), aber an diesem Morgen fühlen Sie sich nicht gut. Die Beine sind ein bisschen schwer und aus irgendeinem Grund sind Sie nicht richtig motiviert. Dann sehen Sie zwei Sportler Ihrer Altersgruppe, die Sie zu Ihren Erzrivalen zählen. Beide sehen unglaublich fit, stark und selbstbewusst aus. Ihr Thalamus (eine Struktur im Schimpansenhirn) erhält diese Information zuerst von Ihrem visuellen System. Ihre Amygdala (eine weitere Struktur im Schimpansenhirn) flutet Ihr Gehirn daraufhin mit Neurotransmittern, die Gefühle wie Besorgnis, Nervosität und leichte Übelkeit auslösen. Jetzt machen Sie sich Sorgen, dass Ihre Siegesserie hier und heute beendet werden könnte, machen sich Gedanken darüber, was die anderen von Ihnen halten werden, wenn sie ein suboptimales Ergebnis abliefern, und überlegen, ob Sie das Rennen nicht doch wegen Ihrer Halsschmerzen absagen sollten.

Ihr Computerhirn berechnet, dass Sie nie ein gutes Rennen abliefern, wenn Sie kränkeln und nicht motiviert sind und dann auch noch gegen all ihre Rivalen antreten. Sie fühlen sich sowieso schon wie ein Depp. Der Schimpanse übernimmt nun das Ruder. Er setzt noch eins drauf, indem er Sie mit der chemischen Keule schlägt und mit Neurotransmittern vollpumpt, damit sich auch ja nichts in die Schimpansenreaktion einmischt. Ihr Schimpanse ist felsenfest davon überzeugt, dass Ihr Leben auf dem Spiel steht. Er ist jetzt im Alarmzustand und bereitet sich auf den Kampf um Leben und Tod vor. Der Professor würde gern übernehmen und wirft ein: »Es ist alles gut, es ist ja nur ein Rennen.« Doch gegen den Schimpansen hat er keine Chance.

Als Sie zur Startlinie gehen, müssen Sie schon zum vierten Mal aufs Klo. Beim Rennstart legen Sie viel zu schnell los und haben nach zwei Minuten bereits massiven Sauerstoffmangel. Also müssen Sie sich zurückfallen lassen und verlieren den Anschluss an die Gruppe, mit der Sie laufen. Ihr Professorenhirn motzt, weil Sie es zu schnell angegangen sind. Sie passieren die 5-Kilometer-Marke weit über Ihrer angestrebten Zeit und beginnen sich zu sagen, dass Ihr Rennen eigentlich längst vorbei ist. Ihre Rivalen liegen schon zwei Minuten vor Ihnen, und obwohl Sie noch eine Schippe drauflegen können, wissen Sie doch, dass Sie im letzten Abschnitt eigentlich immer abgehängt werden. Jetzt sind Sie wütend auf sich selbst. Unnötig zu erwähnen, dass Sie natürlich Ihre Erwartungen erfüllen und das Rennen als Achter in Ihrer Altersklasse beenden, vier Minuten langsamer als die Konkurrenten, die Sie hätten schlagen sollen. Nach dem Rennen treffen Sie Ihre Familie. Jetzt hat Ihr Professorenhirn wieder das Sagen und beginnt sich bei Ihrer Familie dafür zu entschuldigen, dass sie ihre Zeit verschwendet haben und so früh aufgestanden sind, nur um eines Ihrer schlechtesten Rennen zu sehen. Und das Computergehirn erhält neue Informationen, die den Virus noch vergrößern: Sie sind nicht gut bei Wettkämpfen, wenn Sie unter Druck stehen. Klingt bekannt, oder?

Kurz zusammengefasst

Das Professorenhirn beschäftigt sich mit Tatsachen, Wahrheiten und Logik. Das Schimpansenhirn ist für Stimmungen, Eindrücke und Gefühle zuständig und stützt sich auf Instinkte und Triebe. Das Computerhirn verhält sich wie eine Maschine, die Befehle vom Schimpansen oder Professor entgegennimmt und gespeicherte Programme, die auf unseren Erfahrungen und Erinnerungen basieren, laufen lässt, damit wir nicht darüber nachdenken müssen. Diese Hirnsysteme liegen ständig im Clinch miteinander und kämpfen um die Kontrolle.

Zu lernen, wie man runterkommt und sich für alle Situationen wappnet, bedeutet zu begreifen, welches Gehirn gerade am Ruder ist, und dann etwas Gehirngerangel zu betreiben, damit das richtige Gehirn wieder die Kontrolle übernehmen kann.

Woher Sie wissen können, welches Gehirn gerade die Kontrolle hat

Abgesehen von der bereits beschriebenen MRT-Methode lässt sich ganz leicht feststellen, welches Gehirn gerade das Sagen hat. Dr. Steve Peters schlägt vor, sich einfach die Frage zu stellen: »Möchte ich so denken oder fühlen?« Wenn die Antwort Nein lautet, ist der Schimpanse am Ruder. Wenn sie Ja lautet, hat der Professor gerade die Macht. So simpel ist das!

Die Forschung hat festgestellt, dass manche Menschen bis zu 95 Prozent des Tages damit verbringen, sich zu wünschen, anders zu denken oder zu fühlen. Somit haben also viele von uns ein Problem mit ihrem Schimpansen. Unser Gehirn wird ständig von diesem Schimpansen gekapert, der die Macht übernimmt und uns Dinge denken oder fühlen lässt, die wir gar nicht wollen. Da aber der Schimpanse die Aufgabe hat, uns zu beschützen, reagiert er auf jede wahrgenommene Gefahr. Eingehende sensorische Informationen werden direkt an eine Zentrale im limbischen System (den Thalamus) geleitet, die dann Alarm schlägt. Unsere Amygdala hört den Alarm und flippt aus. Der Schimpanse brüllt: »Hilfe! Hilfe! Tu was!« Wir können ihm aber deswegen nicht böse sein, er ist doch nur ein Schimpanse. Wären wir sauer auf einen Hund oder auf ein kleines Kind? Okay, vielleicht. Wir können dem Schimpansen die Schuld aber nicht einfach in die Schuhe schieben. Er agiert ja nur aus dem Bedürfnis heraus, uns zu schützen. So ist er nun mal verkabelt und wir können daran nichts ändern, auch wenn wir gerade gar nicht gerettet werden müssen.

Unser Professorenhirn weiß, dass die Reaktion des Schimpansen lächerlich ist. Schließlich absolvieren wir gerade nur eine Trainingseinheit oder ein Rennen. Niemand wird sterben. Der Haken ist aber: Unser Schimpanse lässt sich nicht so leicht zügeln. Er denkt fünfmal schneller als der Professor und hat fünfmal so viel Willenskraft. Kurz gesagt wird er nicht einfach die Schnauze halten und in seinen Käfig zurücktraben. Das ist eigentlich auch gut so, denn der Schimpanse soll uns ja beschützen. Aber eben vor echten Gefahren. Weil er nun aber ein Schimpanse ist, hat er nicht den Intellekt, um zu unterscheiden, was echte und was unechte Gefahren sind. Für ihn ist die Teilnahme an einem Spaßrennen genauso bedrohlich wie der Gang über einen Schützengraben im Ersten Weltkrieg. Wir müssen daher sicherstellen, dass sich unser Schimpanse sicher und geborgen fühlt, bevor wir uns weiter unseren eher langweiligen und ungefährlichen Vorhaben wie Rennen, Radfahren oder Schwimmen widmen.

Ein Angriffsplan für unser Problem mit dem Schimpansen

Wir müssen unseren Schimpansen zunächst einmal kennenlernen, und dazu sollten wir zuerst unser gedankliches Modell verstehen (zum Beispiel dieses Buch lesen). Die goldene Regel im Umgang mit dem Schimpansen lautet: **Versuchen Sie nie, wirklich niemals, Ihren Schimpansen mit brutaler Gewalt unter Kontrolle zu bringen. Sie werden verlieren. Garantiert.** Denn der Schimpanse ist viel stärker als Sie und kann viel schneller reagieren.

Wir müssen hier viel gerissener vorgehen. Wir müssen lernen, unseren Schimpansen zu erziehen, indem wir erst mal herausfinden, was ihn auf die Palme bringt. Das bedeutet, dass wir sicherstellen müssen, dass die grundlegenden Bedürfnisse des Schimpansen gedeckt sind (Instinkte und Triebe). Wenn man Sie zum Beispiel als extrem konkurrenzorientierten Menschen beschreibt (also jemanden, der Kopf-an-Kopf-Rennen liebt, es hasst zu verlieren und aus allem einen Wettbewerb macht), liegt das häufig daran, dass ein grundlegendes Schimpansenbedürfnis nach Anerkennung und Akzeptanz früher irgendwann mal ignoriert wurde. Hier setzt die Sportpsychologie ein, deren Aufgabe es unter anderem ist, herauszufinden welche Schimpansenbedürfnisse erfüllt werden müssen, damit wir mit einem glücklichen Schimpansen trainieren und in den Wettkampf gehen können. Jetzt müssen wir nur noch seine Ausbrüche steuern und ein Virenschutzprogramm installieren.

Was schon mal für uns spricht, ist, dass der Schimpanse nicht allein agieren kann. Er muss immer unsere Erlaubnis einholen. Eigentlich bietet er uns nur eine Vorgehensweise an. Ja, er zwingt uns oft zur Unterwerfung, indem er seine chemischen Boten (Neurotransmitter) einsetzt, aber wir haben immer noch die Wahl. Dennoch: Unserem Professorenhirn wieder das Zepter in die Hand zu geben, kommt ungefähr der Aufgabe gleich, einen volltrunkenen Geschäftsmann unter seinem Schreibtisch hervorzuziehen, auszunüchtern und dazu zu bringen, seine Firma wieder ordentlich zu leiten.

Genau hier beginnt unsere Reise.

HERZ

LEIDENSCHAFT, MOTIVATION UND IDENTITÄT VERBESSERN

2

ICH WÜRDE MICH GERNE MEHR WIE EIN SPORTLER FÜHLEN

DAS BESCHÄDIGTE DENKEN ÜBER UNSERE SPORTLERISCHE IDENTITÄT IN ANGRIFF NEHMEN

Wir sehen die Dinge nicht so, wie sie sind, wir sehen sie so, wie wir sind. – ANAÏS NIN

»Erzähl mir etwas über dich als Sportler.« Die Antworten von Athleten auf diese einfache Frage würden Sie in helles Erstaunen versetzen. Oberflächlich betrachtet ist diese Frage eine Einladung, um über die Routine und messbaren Aspekte des Sportlerlebens zu sprechen: die Disziplin, in welcher der Sportler antritt, Art und Umfang des Trainings, neueste Ergebnisse, die persönlichen Rekorde und so weiter. Es ist jedoch viel aufschlussreicher, wie die Athleten über sich selbst sprechen – welche Begriffe sie verwenden, was sie als Erstes betonen, was als Zweites und vor allem, was sie gar nicht ansprechen. Hier drei Antworten von verschiedenen Sportlern:

> Klar. Ich bin ziemlich gut. Wahrscheinlich wechsle ich bald ins Profilager. Ich habe als Mountainbiker angefangen und habe dort ein paar Jahre lang zur Elite gehört. Das habe ich aber hingeschmissen. Ein Typ, gegen den ich immer Rennen gefahren bin und den ich regelmäßig geschlagen habe, ist zu XTERRA gewechselt und hat sich da direkt ziemlich gut geschlagen. Vielleicht kennst du ihn [nennt den Namen eines Top-Profis bei XTERRA], ich kenne ihn recht gut. Jedenfalls habe ich es deswegen auch bei XTERRA probiert und war richtig schnell erfolgreich. Ich habe im [Rennen X] in meiner Altersklasse gewonnen und den dritten Platz bei den Nationalmeisterschaften geholt. Direkt in meiner ersten Saison habe ich mich für die Weltmeisterschaft qualifiziert. Wüsste nicht, dass das außer mir schon jemand geschafft hat.
>
> Dave, 27, Off-Road-Triathlet

Ich mache olympische Distanz und ab und zu mal einen Ironman 70.3. In den nächsten Jahren möchte ich gerne die Langdistanzen angehen, weil ich das Gefühl habe, dass ich dort mehr erreichen kann. Ich glaube nämlich, dass mir für die Kurzdistanzen einfach die Schnelligkeit fehlt. Ich bin sehr realistisch bei der Einschätzung, wie lange es dauert, um in einer Ironman-Distanz wirklich gut zu werden, aber ich möchte diese Stufe gerne erreichen. Ich bin sehr diszipliniert und habe einen enormen Antrieb. Meine Familie hält mich für etwas verrückt, aber sie versteht, wie sehr ich das alles liebe und kommt zu all meinen Rennen. Und das bedeutet mir viel.

Stephen, 44, Triathlet

Ich weiß nicht, ob ich mich als Athletin bezeichnen würde. Also, ich versuche, eine zu werden. Ich bin nur so endlos langsam. Ich bin wahrscheinlich diejenige, die den anderen im Weg rumsteht. Ich glaube, mir fehlt ein bisschen Selbstvertrauen. Mir macht das echt Spaß, aber … [lange Pause] … na ja, wenn ich da zum Beispiel an meine Gruppenläufe denke. Ich hasse es, immer abgehängt zu werden, nicht nur weil ich so langsam bin, sondern auch weil ich mich bei dem Gedanken, dass die anderen auf mich warten müssen, richtig beschissen fühle. Ich bin mir ziemlich sicher, dass sie alle so was denken wie: »Na toll, jetzt müssen wir schon wieder auf die warten.« Glaubst du, ich bin ein hoffnungsloser Fall? Arbeitest du nur mit Leuten, die schnell sind?

Katherine, 46, Läuferin

Das sind natürlich nicht die vollständigen Antworten von Dave, Stephen und Katherine, aber bei diesen Auszügen bekommt man schon ein Gespür dafür, wie sie über sich selbst als Sportler denken. Vielleicht können Sie sich sogar mit einem von ihnen identifizieren? Dass sie alle in praktisch jedem Gespräch, das wir mit ihnen führten, eine gleichbleibende Selbstwahrnehmung beibehielten, war ebenfalls sehr aufschlussreich. Dave ließ sich ständig darüber aus, wie toll er sei, Stephen war nachdenklich und realistisch und Katherine kritisierte sich permanent selbst. Man muss natürlich nicht jedes einzelne Wort, das jemand über seine Athletik sagt, auf die Goldwaage legen oder jeder Aussage bei einem eigentlich lockeren Gespräch über den Sport zu große Bedeutung beimessen. Wir glauben aber, dass die Art und Weise, wie jemand über seinen Sport und über sich als Sportler redet, ein Fenster zu seinem tief empfundenen Glauben, seinen Erwartungen und Erfahrungen ist. Natürlich gibt es auch Gesprächspartner, die überall versteckte Bedeutungen einbauen oder einem eiskalt ins Gesicht lügen. Im Kasten »Nerd-Alarm« finden Sie heraus, warum manche Menschen genau das tun.

Kognitive Verzerrung, Impression-Management und die Wissenschaft des Selbstbetrugs

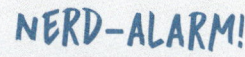

»ICH WÜNSCHTE, mein Sportler wäre mir gegenüber einfach ehrlich.« Diesen Satz hat jeder Trainer mindestens schon einmal gesagt. Die Sportler sagen im Übrigen genau dasselbe über ihre Trainer. Wenn Sie so etwas sagen wie »Quatsch, mein Trainer/Sportler ist mir gegenüber immer ehrlich«, sind Sie auf dem Holzweg. Rein wissenschaftlich gesehen leiden Sie an einem Bestätigungsfehler mit einem Hauch von Illusion der Transparenz, aber das müssen wir hier nicht vertiefen. Die Wissenschaft hat ganz ausdrücklich gesagt, wie es wirklich ist: Wir alle sind Lügner und Manipulatoren. Diese Aussage müssen wir ein wenig verdeutlichen. Wir reden hier nicht von einer Art der vorsätzlichen und willkürlichen Täuschung, wie wir sie bei Gebrauchtwagenhändlern, untreuen Ehepartnern oder fiesen Kredithaien vorfinden. Die Art der Täuschung, über die wir hier sprechen, ist viel harmloser, selbstgesteuert und mühelos. Herzlich willkommen zu der aufregenden Wissenschaft der kognitiven Verzerrung!

Wenn Sie sich selbst davon überzeugen, dass Sie *unbedingt* das 10 000 Euro teure Superrad brauchen, um in Ihrer Altersklasse ein wettbewerbsfähiger Triathlet zu sein, leiden Sie an einer schweren Form von Selbstbetrug. Wenn Sie Ihren Trainer dafür verantwortlich machen, dass Sie nicht schneller geworden sind, obwohl Sie doch nur 60 Prozent der Runden absolviert haben, haben Sie einen etwas, sagen wir mal, freien Umgang mit der Wahrheit. Wissenschaftler bezeichnen diese kleinen Selbsttäuschungen als »kognitive Verzerrungen« und sie sind so normal wie das Atmen. Sie resultieren aus systematischen Fehlern in unserem Denken, die uns dazu bringen, auf die eine bestimmte Art zu denken oder zu handeln, auch wenn die Logik ein anderes Denken oder Handeln vorsehen würde.

Das menschliche Gehirn ist so anfällig für Selbsttäuschung, dass viele Wissenschaftler mittlerweile der Meinung sind, dass dies der Sicherung unseres Überlebens dient. Aus welchem anderen Grund sollten wir uns sonst auf 70 verschiedene Arten selbst belügen?[9] Wissenschaftliche Studien belegen, dass wir unser eigenes Gehirn wesentlich öfter täuschen, als wir andere Menschen irreführen, und meistens merken wir es nicht mal. In der Regel ist dies nicht schädlich und vielleicht sogar »natürlich«, wir sollten uns aber zumindest ab und zu mal selbst kontrollieren, damit diese Selbsttäuschung nicht aus dem Ruder läuft (indem wir zum Beispiel Sachen kaufen, die wir uns eigentlich nicht leisten können).

Bei der Steuerung unserer Sportleridentität liegt eine kognitive Verzerrung ganz vorn: soziale Erwünschtheit. Dieser hochtrabende Begriff sagt nichts anderes aus, als dass wir dazu tendieren, den Menschen Dinge zu erzählen, die uns in ein gutes Licht stellen. Jeder gute Trainer weiß, dass die Aussage von Sportlern, sie würden »echt diszipliniert arbeiten«, mit Vorsicht zu genießen ist und man erst einmal die Beweise, die dieser Aussage folgen müssten, abwarten sollte, denn Athleten sprechen manchmal eine ganz andere Sprache als

> Trainer. Die soziale Erwünschtheit gehört zu einer Familie in der kognitiven Verzerrung, die kontrollieren will, wie wir von der Welt gesehen werden. Psychiater nennen das »Impression-Management«. Beinahe jeder von uns tendiert auf ganz natürliche Weise dazu, sich auf Impression-Management einzulassen, denn schließlich steht ja unsere äußere Identität auf dem Spiel (also unser Ansehen und unsere Persönlichkeit). Stellen Sie sich mal vor, jemand würde eine Software entwickeln, die permanent Daten an die Welt ausgeben würde, die die öffentliche Meinung über Sie fachmännisch steuern würde. Die Softwareentwickler wären ganz schnell Milliardäre! Nein, warten Sie mal – das Ding heißt Facebook beziehungsweise Impression-Management-Software. Denken Sie einfach mal daran, wenn Sie das nächste Mal einen Post von jemandem sehen, der einen Screenshot seiner Trainingsstatistiken postet. Wir beschäftigen uns in Kapitel 5 noch intensiver mit Impression-Management und dem Blödsinn, den die Leute auf Facebook treiben.

Ein Aspekt unserer Innenwelt ist unsere Sportleridentität, die sich aus dem Grad, zu dem wir uns selbst als »Sportler« betrachten, und inwieweit wir andere Menschen brauchen, um unseren Glauben an unsere Sportlichkeit zu bekräftigen und zu bestätigen, zusammensetzt. Die Sportleridentität ist das, was wir über uns als Sportler denken und fühlen. Sie hat nichts damit zu tun, wie schnell wir sind, an wie vielen Wettkämpfen wir teilnehmen oder wie oft wir trainieren. Obwohl diese Dinge durchaus Zeichen einer gereiften Sportleridentität sein können, sind sie dennoch nicht dafür notwendig. Wenn Sie sich damit näher beschäftigen möchten, empfehlen wir Ihnen einen der wissenschaftlichen Artikel, die diese Diskussion in Gang gebracht haben.[10] Was macht also eine gereifte Sportleridentität aus?

1. Sie betreiben aktuell Sport oder trainieren.
2. Sie fühlen sich wohl dabei, sich selbst als Sportler zu bezeichnen.
3. Sie fühlen sich wohl dabei, wenn andere Sie als Sportler bezeichnen.
4. Sie erkennen Ihre sportlichen Fähigkeiten an. Sie sind Ihnen weder peinlich, noch müssen Sie sich diesbezüglich vor anderen beweisen.
5. Sie sind nicht übermäßig selbstkritisch und auch nicht übertrieben selbstlobend (indem Sie allen immer erzählen, wie unglaublich toll Sie sind), wenn Sie über Ihre Fähigkeiten oder Leistungen sprechen.
6. Sie bewahren eine gesunde Balance zwischen Ihrem Sport und anderen Interessen. Ihre Fähigkeiten und/oder Leistungen beim Sport sind nicht das Einzige, woraus Sie Ihren Selbstwert ziehen. Sie haben Freunde, die keine Sportler sind, und Sie unterhalten sich auch ab und zu mal über etwas anderes als Sport.
7. Ihre emotionalen Reaktionen, wenn etwas so richtig schiefläuft (wenn Sie zum Beispiel verlieren, es nicht hinbekommen, eine Strafe erhalten, verletzt werden et cetera), verlaufen so, dass die meisten Menschen sie als vernünftig einstufen würden.

Die Tatsache, dass Sie dieses Buch lesen, ist bereits ein gutes Zeichen dafür, dass Sie eine gewisse Sportleridentität besitzen. Sie besteht aus zwei Elementen, wie aus unserer Definition vielleicht schon ersichtlich geworden ist: Ihre tiefsten Gedanken und Gefühle über sich selbst als Sportler und inwieweit andere Menschen Sie als Sportler betrachten (oder genauer: wie Sie es wahrnehmen, was andere über Sie als Sportler denken).[11] Mit Ausdauersport entwickeln wir unsere innere und äußere Sportleridentität – wir erwerben Fähigkeiten und Techniken, wir erlangen Fitness und wir interagieren mit anderen Sportlern. Ein Zeichen für eine reifende innere Sportleridentität ist der Gebrauch unserer Disziplin, um uns selbst als Sportler zu definieren: *Ich bin Triathlet. Ich bin Crossfit-Athlet. Ich bin Läufer.* Wenn wir feststellen, dass uns andere Menschen auch so bezeichnen, ist das ein Anzeichen für eine stärker werdende äußere Sportleridentität.

Das A und O zum Aufbau einer reifen Sportleridentität

Um ein tapferer Sportler zu werden, ist eine reife Sportleridentität unabdingbar. Wir verwenden hier bewusst das Wort »reif« und nicht »stark«, um die ideale Sportleridentität zu beschreiben. Denn eine reife Identität ist voll ausgebildet und wurde nicht auf Kosten anderer Identitäten (wie zum Beispiel des Partners, der Arbeitskraft, der Freunde et cetera) entwickelt. Eine reife Sportleridentität facht Selbstvertrauen, Courage, Zufriedenheit und ein gesundes Konkurrenzdenken an. Diese Qualitäten werden von einer »starken« Sportleridentität zwar auch gefördert, diese zieht aber meist einen Rattenschwanz negativer Konsequenzen nach sich. So haben beispielsweise Leute mit einer starken Sportleridentität Probleme damit, mit Verletzung zurechtzukommen, und leiden emotional extrem, wenn sie nicht trainieren können.

Um ein besseres Verständnis für die Entwicklung einer Sportleridentität zu bekommen, müssen wir ein wenig tiefer nach deren psychologischen Wurzeln graben, die der merkwürdige Begriff »Selbstschema« beschreibt. Dieser Begriff bezieht sich auf die Gedanken eines Menschen über sich selbst in gewissen Teilen seines Lebens, also eine Art mentales Konzept darüber, wer er ist, was er tut und wie er die Wahrnehmung anderer Menschen über sich empfindet. Ein Selbstschema können Sie sich wie ein kognitives Gerüst vorstellen, wie ein Selbstklischee darüber, wie die eigenen Gedanken über die verschiedenen Teile des Ichs zusammengesetzt sind. »Och, ich bin gar nicht so ehrgeizig« oder »Ich bin ein sehr aufgeschlossener Mensch« sind typische Selbstschema-Aussagen.

Wir alle haben ein Selbstschema über verschiedene Aspekte unseres Lebens – unsere Identität als Liebespartner, als Angestellter oder als Schüler, als Elternteil, Freund, Sportler oder was auch immer. Diese Identitäten fließen alle in unser weiter gefasstes »Selbstkonzept« ein. Dies ist eine allumfassende Wahrnehmung darüber, wer wir sind, welches unsere Eigenschaften sind und welche Dinge uns aus welchem Grund wichtig sind. Die Stärke unseres allumfassenden Selbstkonzepts wird von der relativen Wichtigkeit bestimmt, die wir den einzelnen Identitäten beimessen. Wenn Sie zum Beispiel der Meinung sind, dass es wichtiger ist, ein guter Vater oder eine gute Mutter zu sein (Ihre Elternidentität) als ein guter Sportler (Ihre Sportleridentität), trägt Ihre Elternidentität mehr zu Ihrem allumfassenden Selbstkonzept bei als Ihre Sportleridentität.

Und – wie könnte es anders sein – Ihre individuellen Selbstschemata sind miteinander verbunden und reden miteinander. Gedanken und Gefühle existieren nun mal nicht im luftleeren Raum. Wenn wir uns bei einem Aspekt unseres Lebens mies oder total genial fühlen, kann sich das also auf unsere anderen Identitäten übertragen. Das wiederum ist richtig klasse, weil es bedeutet, dass eine Verbesserung unserer Gedanken und Gefühle über uns selbst als Sportler einen positiven Dominoeffekt im Hinblick auf andere Bereiche unseres Lebens haben kann!

Unser sportlerisches Selbstschema speist sich aus den Erinnerungen an unsere Erfahrungen, wird aber auch durch die Erwartungshaltung darüber, wie wir uns in künftigen Situationen selbst sehen, beeinflusst. So wäre beispielsweise Ihr Selbstschema als Läufer stark, wenn Sie im College Langstrecke und Cross-Country laufen würden; Sie könnten aber genauso das grundlegende Selbstschema besitzen, ein Triathlet zu sein, obwohl Sie noch nie einen Triathlon absolviert haben. Warum? Weil Sie wissen, welche Disziplin und Einsatzbereitschaft man als Athlet braucht, und weil sie momentan schwimmen und Rad fahren, um sich fit zu halten. In Bereichen, in denen Sie keinerlei Erfahrungen haben oder die Ihnen einfach egal sind, haben Sie wahrscheinlich keinerlei Selbstschemata. In den entsprechenden Bereichen sind Sie also unschematisch. Ich bin zum Beispiel unschematisch dazu, Bauer zu werden. Lesley ist unschematisch dazu, ein Ordnungsfanatiker mit Putzfimmel zu werden. Tja…

> **Unser Selbstschema beeinflusst unsere Erwartungen davon, was wir *glauben* tun zu können, was wir ausprobieren, was wir beharrlich fortführen, wie wir unsere Erfolge und Misserfolge erklären und wie wir von anderen in bestimmten Lebensbereichen gesehen werden möchten.**

Es ist wichtig, das sportlerische Selbstschema zu verstehen, weil wir dadurch vorhersagen können, welche Situationen für uns wahrscheinlich stressig, herausfordernd oder lohnenswert sind, und auch weil wir uns dadurch kritisch damit auseinandersetzen können, auf welche Dinge wir uns konzentrieren müssen, um unser Selbstvertrauen und unseren Biss zu verbessern, Verantwortung zu übernehmen und die Fähigkeit zur Akzeptanz zu entwickeln, ja zu verinnerlichen. Das bedeutet also, dass für die Entfaltung einer reifen Sportleridentität ein sportlerisches Selbstschema nötig ist, das möglichst unbelastet ist. Doch wie kann man herausfinden, ob es belastet ist oder nicht? Ganz einfach: Wir bitten die Athleten, sich selbst und ihre Sportlichkeit zu beschreiben. Wir hören genau hin, was sie sagen und wie sie es sagen. Zu einem späteren Zeitpunkt werden wir Sie darum bitten, dies ebenfalls zu tun und zeigen Ihnen, wie Sie dabei Ihr eigener Seelenklempner werden.

In diesem Kapitel konzentrieren wir uns auf Sportler, deren Sportleridentität gepimpt oder gestärkt werden muss, zum Beispiel auf Katherine. Andere Kapitel widmen sich dem gegenteiligen Problem und helfen Athleten mit einer überentwickelten Sportleridentität und den Problemen des eindimensionalen Langweilers, zu dem sie geworden sind, klarzukommen.

Wir möchten noch darauf hinweisen, dass es keine wirkliche wissenschaftliche Unterstützung der These für die Notwendigkeit gibt, die Sportleridentität wachsen oder reifen zu lassen

SELBSTSCHEMA → ENTFACHT → IDENTITÄT

Mein sportlerisches Selbstschema

Gedanken und Gefühle, die ich über mich selbst als Sportler habe

Ich bin ein langsamer Schwimmer und mein Lauf ist zum Kotzen! Ich werde irgendwie nicht besser, obwohl ich hart an mir arbeite.

Meine Sportleridentität

Das Ausmaß, in dem ich mich selbst als Sportler sehe

Ich bin nur ein langsamer Sportler in meiner Altersgruppe. Einen Trainer habe ich eigentlich nicht verdient, weil ich eh nie schnell genug werde.

→ FACHT AN →

MEIN ALLUMFASSENDES SELBSTKONZEPT

Das allgemeine Gefühl, wie ich über mich selbst denke, wie ich mich selbst einschätze und wie ich mich selbst wahrnehme

Ich fühle mich im Moment überhaupt nicht gut.

↓ KANN ANKURBELN ↓

ANDERE SELBSTSCHEMATA UND IDENTITÄTEN

Mein Selbstschema als Liebespartner

Gedanken und Gefühle, die ich über mich selbst als Liebespartner habe

Ich bin ein recht romantischer Mensch, aber ich bin nicht besonders attraktiv. Die meisten meiner Expartner hatten Bindungsprobleme.

Meine Identität als Liebespartner

Das Ausmaß, in dem ich mich selbst als guten Liebespartner sehe

Ich bin Single, aber unfreiwillig. Ich kapiere einfach nicht, warum niemand mit mir zusammen sein will. Vielleicht bin ich einfach nicht liebenswert?

Mein _____ Selbstschema

Gedanken und Gefühle, die ich über mich selbst als... habe

Meine _____ Identität

Das Ausmaß, in dem ich mich selbst als... sehe

(oder auch zurechtzustutzen). Natürlich wurden einige Studien veröffentlicht, die aufzeigen, wie die Sportleridentität gemessen wird und wie man Menschen nach dieser wichtigen und guten Methode klassifizieren kann, doch haben diese für Ausdauersportler keine Praxisrelevanz, weil sie nicht erläutern, welche Schritte nach der Analyse durchgeführt werden sollten.[12] Dies soll keine Verunglimpfung der Nützlichkeit der Wissenschaft sein, sondern nur betonen, dass die Ziele psychologischer Forschung und die Ziele von Ausdauersportlern nicht deckungsgleich sind. Sie als Sportler möchten schneller und glücklicher werden, die meisten psychologischen Forschungen legen ihren Schwerpunkt aber darauf, Theorien darüber aufzustellen, wie Menschen, und in diesem Fall Athleten, ticken. Beide dieser Ziele haben absolut ihre Berechtigung, doch um herauszufinden, was wir tatsächlich tun *können*, sehen wir uns noch einmal das Beispiel von Katherine an.

Katherine sieht sich selbst nicht als Sportlerin. Na und?, könnten Sie nun fragen. Wenn sie da rausgeht, den größten Teil ihrer sportlerischen Erfahrung genießt und ihr Bestes gibt, muss sie dann wirklich tief gehend analysiert werden? Das ist allein Katherines Entscheidung. Wir unterstützen sie darin zu entscheiden, ob es sich lohnt tiefer zu graben, indem wir ein Gespräch in der Art wie das folgende führen:

Simon: Katherine, möchtest du an der Einstellung arbeiten, wie du über dich als Sportlerin denkst und fühlst?

Katherine: Wie meinst du das?

Simon: Nun, uns ist aufgefallen, dass du, wenn du über dich sprichst, oft Dinge sagst, die zeigen, dass dein Gefühl dir suggeriert, du seist es nicht wert, als Sportlerin bezeichnet zu werden.

Katherine: Klar, weil ich keine bin. Deswegen hätte ich ja auch gerne einen Coach. Ich möchte eine Sportlerin werden.

Simon: Genau das meine ich. Du bist Läuferin und trainierst und nimmst an Wettkämpfen teil, siehst dich aber selbst nicht als Sportlerin an.

Katherine: Du sprichst also von meiner Einstellung?

Simon: Ja, davon, wie du selbst von dir denkst. Wenn du in den Spiegel siehst, dann möchtest du doch eine Sportlerin sehen, eine komplette, körperlich wie mental, oder?

Katherine: Ja!

Da wir wissen, dass ein Selbstschema das andere beeinflussen kann, war es nicht verwunderlich, dass Katherine einigen ihrer weiteren Identitäten ebenfalls sehr selbstkritisch gegenüberstand. Daher war es gut möglich, dass die Arbeit an ihrer Sportleridentität auch auf andere Bereiche ihres Lebens abfärben würde.

Gängige Probleme mit der Sportleridentität

Katherine hat eine, wie wir sie nennen, unausgereifte Sportleridentität – sowohl ihre innere wie auch ihre äußere Wahrnehmung von sich selbst als Sportlerin braucht einen Frischekick. Bevor wir zeigen, wie Sportlern wie ihr geholfen werden kann, schauen wir uns einige andere Probleme mit der Sportleridentität an, die wir im Laufe unserer Arbeit kennengelernt haben. Die Einteilung der Typen haben wir selbst gewählt; wir haben dazu keine strengen wissenschaftlichen Analysen durchgeführt, sondern die Themen, die uns häufig begegnet sind, entsprechend gruppiert. Diese Form der Gruppierung veranschaulicht die grundlegende Psychologie der Identitätsbildung. Dass die Sportleridentität und das dazugehörige Selbstschema etwas wackelig sein können, kann viele Gründe haben. Dabei ist es wichtig zu wissen, dass es für die verschiedenen Problemtypen mit der Sportleridentität keine einheitliche Lösung gibt.

Sie werden im Folgenden einige Tipps finden, die Sie dabei unterstützen, Ihre Denkweise zu ändern. Wirklich ans Eingemachte geht es aber erst bei den Übungen im weiteren Verlauf dieses Kapitels. Das Ziel besteht darin, dass Sie einige der Gedanken und Gefühle, die Sie erfahren haben, wiedererkennen.

Probleme mit einem Ungleichgewicht der Identitäten

Bei manchen Sportlern ist die innere und äußere Wahrnehmung ihrer Sportleridentität im Ungleichgewicht. Wenn andere sie zum Beispiel als Sportler wahrnehmen, sie sich aber nicht als Sportler fühlen, besteht ein Ungleichgewicht. Umgekehrt besteht auch ein Ungleichgewicht, wenn sie sich als Sportler fühlen, andere Menschen ihnen aber ständig sagen, dass sie gar keiner sind. Ein Ungleichgewicht der Identitäten kann sich auf ganz subtile Arten entwickeln. In den USA ist es beispielsweise immer häufiger so, dass man nicht als Triathlet angesehen wird, solange man keinen Ironman absolviert hat. Fragen Sie mal einen Kurzstreckenläufer, wie oft er schon darauf angesprochen wurde, wann er denn mal eine Ironman-Distanz angehen würde. So etwas ist wirklich lästig!

Unsere inneren und äußeren Sportleridentitäten können also aufgrund der Menschen, mit denen wir uns umgeben, auseinanderdriften. Ein Beispiel: Ich (Simon) bin ein mittelguter Triathlet in meiner Altersklasse, der eine Weltklasse-Profisportlerin (Lesley) geheiratet hat. Meine innere Sportleridentität bekam einen ziemlichen Knacks, als ich mit jemandem zusammenzog, der eine gestählte äußere Sportleridentität besaß. Wenn man permanent damit konfrontiert wird, wie es ist, ein »echter Athlet« zu sein – wie diese Sportler trainieren, sich erholen, wie sie essen –, kann die eigene innere Sportleridentität sich schon mal in ihr Schneckenhaus verkriechen. Meine sagenhaften dreistündigen Fahrten fühlten sich plötzlich gar nicht mehr so toll an. Wer ganz schnell eine Person bestehend aus »Nurs« (»Ich bin ja nur ...«) werden will, sollte mit einem Profisportler ausgehen. Es kann verdammt zermürbend sein, bis sich das innere Selbstschema endlich wieder neu eingestellt hat.

✱ **Schnelle Hilfe.** Dehnen Sie Ihr eigenes Selbstschema dadurch aus, dass Sie mit Leuten aus verschiedenen Erfahrungsleveln und unterschiedlichen sportlichen Fähigkeiten trainieren. Denn wenn Sie ausschließlich mit Leuten trainieren, die entweder viel schneller oder viel langsamer sind als Sie, kann das Ihre Denkweise über Ihre eigenen Fähigkeiten enorm beeinflussen. Es ist schwer, sich toll zu fühlen, wenn man ständig von anderen abgehängt wird, und man kann sich umgekehrt gefährlich wohlfühlen, wenn man immer der Beste ist. Deswegen ist es gut, Trainingspartner periodisch auszuwählen. Wenn Sie die Auswahl an Ihre Trainingsmodule und -phasen anpassen (zum Beispiel an den ruhigen Trainingstagen nicht mit den Cracks zu trainieren), können Sie dadurch Ihre Trainingsziele besser erreichen und Ihr Selbstschema verschlechtert sich nicht ständig.

Probleme mit einer sprunghaften Identität

Wenn Ihre Gedanken über sich selbst als Sportler stark schwanken, gilt Ihre Sportleridentität als »sprunghaft«: In einer Woche fühlen Sie sich wie ein Superheld, in der nächsten wie ein Vollpfosten. Das darf nicht mit Schwankungen im Selbstvertrauen verwechselt werden, die bei allen Sportlern immer mal wieder vorkommen. Bei Menschen mit einer sprunghaften Identität wird die eigene Wahrnehmung als Sportler stark von ihren Trainingsgewohnheiten beeinflusst. Wer weniger trainiert, fühlt sich weniger als Sportler. Gleichmäßiges Training ist eine Verhaltensdemonstration der Sportleridentität, und deswegen helfen Ihnen felsenfeste Trainingsgewohnheiten dabei, diese Schwankungen zu überwinden und sich als Sportler zu fühlen. Das ist auch einer der Gründe dafür, warum eine chronische Verletzung eine so große emotionale Herausforderung ist. Das ist, als ob die eigene Sportlichkeit einfach ausradiert würde.

✹ **Schnelle Hilfe.** Der Schlüssel zur Stabilisierung Ihrer Sportleridentität liegt in der Beständigkeit und erfolgreichen Durchführung des Trainings. Setzen Sie sich erreichbare Ziele und Trainingspläne, die Sie über Wochen und Monate und nicht nur ein Wochenende lang aufrechterhalten können. Wenn Sie sich nach einer Pause völlig verausgaben, um Ihr Gefühl, sich als echter Sportler zu empfinden, anzukurbeln, kann das ein paar Tage lang gut funktionieren. Es ist aber nicht nachhaltig und oftmals ein sicheres Rezept für Verletzungen.

Probleme, einer früheren Identität nachzujagen

Wenn Sie früher ein »guter« Sportler waren, durch verschiedene Lebensereignisse und Entscheidungen aber zu einer inaktiven und unfitten Version Ihrer selbst geworden sind, kann die Rückkehr zum Sport eine Identitätskrise auslösen, weil ein Comeback häufig dazu führt, sich gefühlsmäßig an seinem früheren Selbst zu orientieren. Vielleicht waren Sie immer einer der Ersten in der lokalen Triathlonszene. Jeder kannte Sie als den Platzhirsch, der jede Gruppenfahrt gewann oder immer einer der Schnellsten bei den Lauftagen war. Nun kommen Sie nach einer zweijährigen Auszeit – bedingt durch eine Verletzung, die Arbeit oder Familienangelegenheiten – zurück zum Sport. Sie sind immer noch angriffslustig und wettbewerbsorientiert, mittlerweile aber eine lahme Ente (zumindest in Ihren Augen). Die Typen, die Sie immer mit Leichtigkeit geschlagen haben, scheinen viel besser geworden zu sein und ziehen jetzt ganz locker an Ihnen vorbei. Dass Ihr Tempo langsamer als je zuvor ist, zermürbt Sie regelrecht. Das kann extrem frustrierend sein und ist manchmal eine so starke emotionale Herausforderung, dass dadurch die Motivation untergraben wird und Sie sich fragen, ob es das eigentlich noch wert ist. Hier liegt die Lösung darin, eine neue Sportleridentität aufzubauen: ein überarbeitetes Gespür dafür, was wichtig ist und wie Sie Ihren Erfolg messen – Ihr neuer Normalzustand.

★ **Schnelle Hilfe.** Sehen Sie Ihre neue Identität als den Anfang einer Rundumerneuerung an, als den Beginn einer Version 2.0 Ihres früheren sportlichen Ichs. Anstatt sich die Vergangenheit durch die rosarote Brille anzusehen, sollten Sie sich besser darauf besinnen, was Sie an Ihren damaligen Trainingsmethoden nicht mochten und was Sie dieses Mal anders machen möchten. Vielleicht haben Sie die Dehnübungen vernachlässigt oder die Biomechanik beim Laufen nicht analysiert, um das Verletzungsrisiko zu minimieren. Vielleicht haben Sie auch übertrainiert. Widmen Sie sich beim Training eher den Prozesszielen, wie etwa der Technik und Ihrer Form, statt Leistungszielen wie der Laufzeit oder der durchschnittlichen Geschwindigkeit für eine bestimmte Distanz.

Probleme mit ausgeschlossener Identität

Wenn Menschen sich zu schnell ein Selbstverständnis von sich zurechtlegen, nennen Psychologen dies eine »ausgeschlossene« Identität. Diese Menschen beenden die Entwicklung ihrer Identität vorzeitig, weil sie glauben, bereits zu wissen, wer sie sind. Kurz gesagt hören sie damit auf, ihr Glaubenssystem, das mit ihrer Identität einhergeht, zu beurteilen. Wenn Teenager zum Beispiel mit einem sehr strengen Glaubenssystem aufwachsen und dieses niemals infrage stellen, kann man nicht von einer reifen Identität sprechen, denn diese Identität hatte ja nie eine Chance, sich überhaupt zu entwickeln. Wenn sie älter werden, können sie jedoch dieses Glaubenssystem anzweifeln und vielleicht sogar eine früher ausgeschlossene Identität wiederaufgreifen. Im Ausdauersport kann ein solcher Identitätsausschluss jederzeit vorkommen. Ob es nun die tollpatschigen Kinder sind, die »einfach unsportlich« sind, oder die Spitzenprofis, die sich vorzeitig aus dem Sport zurückziehen, weil sie von ihrem Sport enttäuscht sind oder auf externe Faktoren zur Motivation angewiesen sind. Wenn Sie das Gefühl haben, aus den Augen verloren zu haben, was in Ihrem Leben oder in Ihrem Sport wichtig ist, ist das ein Zeichen dafür, dass Sie bezüglich einer ausgeschlossenen Identität gefährdet sind. Wenn Sie beispielsweise Ihren Sport nicht mehr so genießen wie früher oder sich in bestimmten Umständen gefangen fühlen, kann das darauf hindeuten, dass Sie den Kontakt zu Ihrer ursprünglichen Identität verloren haben.

Ein Identitätsausschluss ist vor allem in der Kindheit üblich, wenn wir besonders anfällig dafür sind, das Glaubenssystem anderer zu übernehmen, oder wenn wir Erfahrungen gemacht haben, die dazu führen, dass wir einer Sache komplett den Rücken kehren. Ein Beispiel hierfür ist ein Kind, das im Sportunterricht häufig als Letztes gewählt wurde, wenn die Teams zusammengestellt wurden. Oder ein Kind, das sogar ganz gut in Sport war, dessen Eltern es aber nie dazu ermutigt haben, am Teamsport teilzunehmen, oder dessen Freunde es gehänselt haben. Solche Dinge können zu einem sportlichen Identitätsausschluss führen. Es ist wichtig, sich mit diesem Identitätsausschluss auseinanderzusetzen, wenn man jemanden vom Sofa locken will. Die Fallstudie am Ende des Kapitels beweist, dass man den eigenen Identitätsausschluss oder den einer nahestehenden Person tatsächlich umkehren kann.

★ **Schnelle Hilfe.** Für Anfänger: Lassen Sie sich von anderen Sportlern beraten, um bestmöglich loszulegen, und vermeiden Sie es, allein zu trainieren. Die meisten örtlichen Vereine bieten

Kurse speziell für Anfänger an. Sie können auch erst mal nur zusehen. Oder Sie suchen sich einen Sportsfreund, der diese Wandlungsreise mit Ihnen gemeinsam antritt. Für erfahrene Sportler: Konzentrieren Sie sich auf Ihre ursprünglichen Motive und versuchen Sie, Ihr Training mit Ihrem Wertesystem in Verbindung zu bringen.

Probleme mit der Sportleridentität beheben

Es gibt zwei Lösungsansätze, die dabei helfen können, Ihre Sportleridentität zu verbessern. Sie können entweder den zugrunde liegenden Glauben über sich selbst als Sportler (Ihr sportlerisches Selbstschema) ändern oder einfach eine Identität vortäuschen, die Sie gar nicht haben. Jawohl, Sie können einfach so tun, als ob Sie eine andere Identität hätten. Man nennt das schauspielern. Eine Änderung des Selbstschemas erfordert eine Strategie von innen nach außen: gezielte Aktionen durchführen, um Gefühle zu beeinflussen, die wiederum Gedanken ändern. Für beide Strategien gibt es handfeste wissenschaftliche Beweise. Die erste funktioniert, indem die grundlegenden Ursachen angesprochen werden, erfordert aber Zeit, Anstrengung und eine größere Motivation. Die zweite löst das Problem schneller, hilft aber nicht bei der eigentlichen Ursache. Wir empfehlen daher beide Techniken anzuwenden, weil sie Ihnen schneller dabei helfen, eine reife Sportleridentität zu entwickeln, als jede der beiden Strategien einzeln einzusetzen.

DIE SPORTLERIDENTITÄT DURCH EINE REPARATUR DES SELBSTSCHEMAS ENTWICKELN

Egal, welche Form von Identitätsproblem Sie haben, ist der direkteste Weg es anzugehen, die eigentliche Ursache, also Ihr sportlerisches Selbstschema zu ändern. Wie Sie wissen, ist das sportlerische Selbstschema das geistige Gerüst Ihrer Gedanken und Gefühle gegenüber sich selbst als Sportler. Dieses müssen Sie ändern. *Schluck*. Wie realistisch kann es sein, das grundlegende Glaubenssystem als Sportler ändern und die Erwartungen an sich selbst im Sport modifizieren zu können? Das ist total realistisch! Es erfordert nur etwas Arbeit.

Beißen Sie die Zähne zusammen, jetzt wird's ernst

Wir müssen nun kurz mal metaphysisch werden. Sie kennen mittlerweile die Konzepte des sportlerischen Selbstschemas, der Sportleridentität und des Selbstkonzepts. Wir stellen Ihnen nun ein weiteres Konzept vor: das definierbare Ich.

Das definierbare Ich bezieht sich auf unseren Charakter, unsere Eigenschaften und Erfahrungen, die objektiv gemessen werden können. Ob es Ihnen gefällt oder nicht, das definierbare Ich ist vorhanden. Blöder Mist. Sie können zum Beispiel gut 80 Kilo wiegen und 28 Prozent Körperfett haben, außerdem einen messbaren FTP-Wert (= Functional Threshold Power, zu Deutsch: Funktionsleistungsschwelle) von 245 Watt haben, in sieben verschiedenen Häusern gelebt haben, zwei Kinder haben, bisher neun verschiedene Jobs gehabt haben, vier Halbmarathons gelaufen sein, keinen Blinddarm mehr haben und zwei Knöllchen wegen Geschwindigkeitsüberschreitung bekommen haben. Das definierbare Ich ist so, wie es ist. Die Vergangenheit kann niemand ändern. Es ist wie ein riesengroßer Lebenslauf, bei dem nicht geschummelt werden kann.

Das definierbare Ich	Sportlisches Selbstschema	Sportler-identität	SELBST-KONZEPT
Messbare Dinge über Sie selbst und Ihre sportliche Vergangenheit	Die Gedanken und Gefühle über Sie als Sportler	Das Ausmaß, in dem Sie sich selbst als Sportler identifizieren	Die allumfassende Wahrnehmung darüber, wer Sie als Mensch sind

Der wichtige erste Schritt auf dem Weg, die Ansammlung von Schrott, die Sie in Ihrem Kopf über sich selbst gespeichert haben, aufzulösen, ist, die Unterschiede zwischen den verschiedenen Aspekten des »Selbst« zu kennen. Um zu verdeutlichen, warum diese Ansammlung Schrott ist, brauchen wir mal wieder eine Analogie.

Die Schachspielanalogie

Stellen Sie sich das definierbare Ich als Schachbrett vor, also ein gegenständliches Etwas, das zu jeder Zeit vorhanden ist. Das Schachbrett existiert, egal ob gerade darauf gespielt wird oder nicht. Genauso wie es nicht zur Debatte steht, ob ein Schachbrett aus Kreisen oder Quadraten besteht, steht es auch nicht zur Debatte, dass Sie den 10-Kilometer-Lauf in 44:55 Minuten gelaufen sind (oder wie auch immer Ihr persönlicher Rekord ist), dass Sie 85 Kilo wiegen, den 10. Platz in Ihrer Altersgruppe bei den Nationalmeisterschaften geholt haben, auf dem Rad eine Stunde lang 215 Watt halten können, noch nie einen Ironman absolviert haben und letztes Jahr bei Ihrem ersten 70.3-Wettkampf wegen eines Asthmaanfalls beim Schwimmen aufgegeben haben. Diese Tatsachen lassen sich nicht ändern. Sie sind so, wie sie sind. Das ist Ihr persönliches Schachbrett.

Im Gegensatz dazu sind die Gedanken und Gefühle über uns selbst die Schachfiguren. Es sind unsere geistigen Vorstellungen des definierbaren Ichs plus der Gedanken über die Gedanken (was man Metakognition nennt, beispielsweise »Ich wünschte, ich würde mich nicht so fühlen!« oder »Warum denke ich eigentlich so darüber?«). Jede Schachfigur ist ein Gedanke oder eine Emotion. Manche sind angenehme Gedanken, andere unangenehme, manche negative Gefühle, manche positive. »Sich dick zu fühlen« ist eine Schachfigur, weil es ein Gedanke ist; die tatsächlich gemessene Körperzusammensetzung ist hingegen ein Teil des Schachbretts. Sich nicht wie ein Sportler zu fühlen, ist eine Schachfigur; ein Sportler zu sein ist Teil des Schachbretts (wer trainiert und an Wettkämpfen teilnimmt, ist ein Sportler, ob er es nun mag oder nicht!). Wenn Sie denken »Das kann ich nie im Leben«, ist das eine Schachfigur, die auf Aspekten Ihres definierbaren Ichs beruht – was Sie in der Vergangenheit getan haben, wie fit Sie sind, Ihre Qualifikationsstufe et cetera. Es ist völlig irrelevant, ob man das Gedachte tatsächlich tun oder nicht tun könnte, weil es sich um eine subjektive Darstellung und Einschätzung des eigenen Ichs handelt und darum, was man denkt, tun zu können.

Manchmal greifen unsere Schachfiguren andere Figuren an und manchmal verteidigen sie sich. Manchmal sind sie ganz leise und sitzen einfach so da. An manchen Tagen fühlen Sie sich zum Beispiel absolut wie ein Sportler und an anderen Tagen eben nicht. Es gibt Tage, an denen Sie ein unglaubliches Selbstvertrauen in Ihre sportlerischen Fähigkeiten haben, und solche, an denen das Selbstvertrauen gegen null geht. Die Schachfiguren bewegen sich, das Schachbrett nicht. Wenn wir das Schachbrett mit massenweise Figuren vollstopfen, kann das erdrückend sein, weil all diese Figuren um unsere Aufmerksamkeit kämpfen und uns austricksen können, indem sie uns suggerieren, dass ihre Ansicht der Realität entspricht. Wenn wir uns damit beschäftigen, uns Sorgen über unsere Sorgen zu machen (Metakognition), häufen wir immer mehr Schachfiguren an. Wenn in unserem Kopf ein blutiger Kampf zwischen dem Gedanken, nicht gut oder würdig genug zu sein, ausbricht (eine Schachfigur), wir uns aber verzweifelt wünschen, gut und würdig zu sein (noch eine Schachfigur), bestehen unsere Gedanken und Gefühle nur noch aus Streit und Konflikt (noch mehr Schachfiguren) und wir sind vielleicht in der Vorstellung gefangen, dass eine Seite gewinnen muss, damit wir glücklich werden können (oje, noch eine Schachfigur!). Über kurz oder lang gleicht das Ganze eher einem gigantischen Jenga-Spiel und kann verdammt anstrengend sein.

Hier kommt die gute Nachricht: In unserer Analogie fehlte bisher eine wichtige Komponente, nämlich der Schachspieler. Ihre Hausaufgabe besteht nun im Folgenden: Sie werden nicht durch Ihre Gedanken und Gefühle definiert, weil Sie ein Schachspieler und keine Schachfigur sind. Sie erleben Ihre Gedanken und Gefühle, aber Sie bestehen nicht aus diesen Gedanken und Gefühlen. Sie sind eine Art Transportbehälter der Erfahrungen, nicht die Erfahrungen selbst. Wenn Sie sich jemals von Gedanken und Gefühlen, die Sie nicht haben möchten, befreien wollen, besteht der erste Schritt in einer Strategie namens Loslassen. Das Loslassen ist eine Technik, die uns von der Art, wie wir uns selbst wahrnehmen, lösen kann.

Moment mal, was? Diese wichtige Denksportaufgabe schauen wir uns in Übung 1 auf Seite 53 genauer an.

Die eigene Geschichte ändern

Sportler, die mit Identitätsproblemem kämpfen, haben sich meistens selbst davon überzeugt, dass sie aus ihren Gedanken und Gefühlen bestehen. Wenn Sie sich also selbst sagen, dass Sie *niemals ein echter Sportler sein werden* oder dass Sie *einfach ein langsamer Läufer Ihrer Altersklasse sind*, machen Sie den Fehler zu glauben, dass Sie nur die Summe Ihrer Gedanken und Gefühle sind. Hören Sie auf damit!

Sie selbst entscheiden, welche Gedanken und Gefühle, die sich auf Ihre Sportlichkeit beziehen, Sie ignorieren und welchen Sie zuhören möchten. Diejenigen, denen Sie derzeit zuhören, entsprechen Ihrer Sportleridentität. Aus diesem Grund geht es in der Sportleridentität nicht um Ihre Geschwindigkeit, die Platzierungen, den Grad Ihrer Schlankheit oder Ihr Trainingspensum. Eine reife Sportleridentität ist schlicht und einfach eine Spezialkonfiguration der Gedanken über die Gefühle. Schachspielern mag der Stonewall-Angriff oder der Königsindische Angriff ein Begriff sein: Beide Eröffnungen zeigen eine ausgewogene Balance zwischen Selbstvertrauen und Risiko.

Selbst wenn Sie nicht immer die Kontrolle über die Art Ihrer Gedanken und Gefühle haben, haben Sie dennoch immer die Macht darüber, was Sie mit ihnen tun. Das ist eine ganz wichtige Unterscheidung: Wir können manche Gedanken und Gefühle nicht wie von Zauberhand verschwinden lassen, wir können aber entscheiden, welchen davon wir zuhören, und wir können Maßnahmen ergreifen, um sie zu beeinflussen. Zunächst müssen wir aber mehr über Sie erfahren.

Nehmen Sie sich etwas Zeit, um sich in Übung 2 auf Seite 54 selbst als Sportler zu beschreiben. Wenn Sie Ihre Selbstbeschreibung erst mal zu Papier gebracht haben, können Sie damit anfangen, mögliche Diskrepanzen zwischen den Tatsachen über sich selbst und Ihren Gedanken aufzudecken. Lassen Sie sich dabei nicht von genauen Wörtern oder Ausdrücken bremsen, konzentrieren Sie sich lieber auf die allgemeinen Themen, wie zum Beispiel: »Ich habe Zweifel an meinen Fähigkeiten, aber eigentlich habe ich doch schon eine ganze Menge erreicht.«

ÜBUNG 1

DAS *PROBLEM* BEOBACHTEN

Führen Sie diese Aufgabe im Sitzen in einer ruhigen Umgebung durch.

Rufen Sie sich eine kürzliche Erfahrung im Sport ins Gedächtnis, die nicht so berauschend war, am besten eine, die sogar richtig mies war. Das könnte ein Rennen sein, das nicht gut gelaufen ist, eine Trainingseinheit, die schieflief, oder irgendetwas anderes, das sich einfach schlecht angefühlt hat.

Rekonstruieren Sie diese Erfahrung jetzt in Ihrem Kopf – was Sie gesehen, gehört und gerochen haben, alles, was diesen Moment wieder lebendig werden lässt. Machen Sie sich keine Sorgen, wenn Sie das schwierig finden. Es ist nämlich schwierig. Wenn der Film in Ihrem Kopf abläuft, verlassen Sie Ihren Körper und schweben Sie über ihm, so als wären Sie eine menschliche Drohne. Folgen Sie sich jetzt selbst in dieser Erfahrung und sehen sich selbst dabei zu, wie Sie durch diesen Mist waten. Sie können sich sehen, aber Sie befinden sich nicht in diesem Moment. Ich weiß, das klingt total plemplem.

Greifen Sie nun die Gedanken und Gefühle heraus, die Ihr »Ich« da unten am Boden gerade hat. Versuchen Sie dabei so bewusst zu bleiben, dass Sie die Erfahrung benennen können, sie aber nicht durchleben (das ist so ähnlich wie einen Freund zu beobachten, der bei einem Rennen das Gesicht verzieht, und genau zu wissen, was er gerade denkt). Wenn es Ihnen hilft, stellen Sie sich Gedankenblasen mit den Dingen vor, die Ihnen in diesem Moment durch den Kopf gegangen sind. Beginnen Sie, das, was Sie sehen, und die Gedanken und Gefühle, die Sie gespürt haben, zu beschreiben und zu benennen: *Oh ja, jetzt kommt die Stelle, an der Judith mich eingeholt hat. Sie kommt über die Innenseite. Und jetzt geht sie an mir vorbei. Mein erster Gedanke ist: »Judith geht an mir vorbei? Echt, jetzt? Die dämliche Judith?« Und mein zweiter Gedanke ist: »Ich muss echt einen schlechten Tag haben, wenn sie mich einholen kann. Schau mal, wie mein ganzer Körper sich verkrampft, weil ich so dermaßen sauer auf mich selbst bin.«* Und so weiter. Sollten Sie bemerken, dass Sie nach unten in Ihren Körper zurückzuwandern drohen, machen Sie sich schnell wieder auf den Weg nach oben in Ihre Drohne!

Befüllen Sie noch ein paar Minuten lang Ihre Gedankenblasen.

Herzlichen Glückwunsch, Sie haben es eben geschafft, sich von einer kognitiven und emotionalen Erfahrung zu lösen! Ihr wahres Ich (der Schachspieler) war oben in der Drohne, während Ihre Gedanken und Gefühle (Ihre Schachfiguren) unten damit beschäftigt waren, Ihnen das Leben zur Hölle zu machen. Wenn Sie das nächste Mal von Gefühlen überwältigt werden, etwa nicht gut genug als Sportler oder generell nicht würdig zu sein, wenden Sie diese Übung an, um Ihr wahres Ich von dem schmerzhaften Selbstschema, das Ihnen diese Probleme bereitet, zu trennen. Diese Technik wird auch intensiv in der Meditation genutzt, weil sie dabei hilft, sich nicht von negativen Gedanken oder Gefühlen ausbremsen oder übermannen zu lassen.

ÜBUNG 2

ERZÄHLEN SIE UNS ETWAS ÜBER SICH ALS SPORTLER

Beschreiben Sie sich im Folgenden selbst als Sportler. Niemand außer Ihnen wird das lesen, versuchen Sie deshalb, so ehrlich wie möglich zu sein. Denken Sie daran, dass es hier kein Richtig oder Falsch gibt – dies ist nur eine Möglichkeit für Sie, etwas über Ihre Athletik zu schreiben. Schreiben Sie, was immer Sie möchten, und das so, wie es für Sie am natürlichsten ist.

Lesen Sie sich Ihre Selbstbeschreibung einmal durch und kreisen Sie alle Wörter oder Aussagen ein, die sich auf Ihr definierbares Ich beziehen (also Dinge, die faktisch korrekt sind). Lesen Sie es ein zweites Mal durch und unterstreichen Sie dabei alle Wörter oder Aussagen, die Gedanken oder Gefühle über Sie selbst als Sportler widerspiegeln.

Hier als Beispiel ein Auszug aus einer Selbstbeschreibung mit der Kennzeichnung der Tatsachen, Gedanken und Gefühle:

Ich bin Isaac, Triathlet und Mountainbiker in meiner Altersklasse. Ich bin 34 Jahre alt und nehme seit ungefähr 6 Jahren an Wettkämpfen teil. Es fällt mir schwer, so viel zu trainieren, wie ich gerne möchte, weil ich gerade Vater geworden bin und einen anstrengenden Beruf habe. Ich mag die Rennen, aber am meisten genieße ich das Training. Ich bin ein ziemlich guter Sportler – in der Highschool habe ich Crosslauf und Bahnlauf gemacht und hätte fast ein Stipendium für die Uni in North Carolina ergattert, erlitt dann aber in der Abschlussklasse eine Kreuzbandverletzung. Beim Triathlon mache ich die Sprintdistanz und die Olympische Distanz. Beim Laufen bin ich persönlich am schnellsten, aber Schwimmen finde ich richtig scheiße. Ich bin nicht als Schwimmer aufgewachsen, deswegen werde ich darin vermutlich nie wirklich gut sein. Ich würde mich gerne verbessern, glaube aber, dass mir ein bisschen das Selbstvertrauen fehlt, damit ich da wirklich was reißen kann. Wenn es schwierig wird, mache ich mental direkt einen Rückzieher.
Vielleicht will ich einfach nicht so viele Verletzungen in Kauf nehmen...

Das Selbstschema in Ordnung bringen

Um unser Selbstschema neu auszurichten, müssen wir uns die Merkmale einer reifen Sportleridentität noch einmal vor Augen führen. Warum? Erstens um herauszufinden, welche unserer aktuellen Gedanken und Gefühle damit kompatibel sind. Zweitens um die Gedanken, denen wir mehr Aufmerksamkeit schenken müssen, damit wir unsere Sportleridentität verbessern können, zu identifizieren. Und drittens, um konkrete Maßnahmen zur Anhaftung dieser guten Gedanken zu ermitteln, die wir regelmäßig durchführen können. Schauen wir uns dazu einige Beispiele an:

EIGENSCHAFT 2: Ich bezeichne mich selbst als Sportler.

Momentane Gedanken und Handlungen:	Was ich zu mir selbst sagen werde: Bei den großen Wettkämpfen oder wenn ich gegen die Spitzenleute antrete, sage ich mir, dass ich viel Arbeit in mich investiert habe und dass ich hierhergehöre.
Ja, ich trainiere mir den Arsch ab und nehme mit dem örtlichen XC-Team an Wettkämpfen teil. Ich lese ständig Trailrunning-Zeitschriften. Meine Arbeitskollegen nennen mich Forrest Gump! Im Geheimen finde ich es richtig gut, dass sie mich als knallharten Sportler ansehen.	Was ich tun werde: Mehr Eigeninitiative bei den Nebenzielen entwickeln. Endlich eine biochemische Analyse machen lassen. An sechs Abenden in der Woche die Faszienrolle benutzen.

EIGENSCHAFT 4: Ich habe nicht das Bedürfnis, es anderen zu beweisen.

Momentane Gedanken und Handlungen:	Was ich zu mir selbst sagen werde: Ich werde mich fragen, warum ich das immer poste. Um anzugeben? Um andere zu ermutigen? Reicht es nicht langsam?
Ja, ich bekenne mich schuldig: Ich poste meine Trainingsstatistiken auf Social-Media-Kanälen, um zu zeigen, wie knallhart ich bin. Ich will, dass die Leute sehen, wie hart ich arbeite, und ich genieße die Kommentare der Leute.	Was ich tun werde: Aufhören, Screenshots meiner Trainingsstatistiken zu posten, nur um Likes zu bekommen. Versuchen, auch Posts über Trainingseinheiten zu veröffentlichen, durch die ich mich durchkämpfen musste oder in denen ich etwas Wertvolles gelernt habe.

Für die Neuausrichtung von Gedanken und Gefühlen eignen sich Handlungen sehr gut, weil sie zu einem Teil des definierbaren Ichs (wahrnehmbare Tatsachen über Sie selbst) werden. Ihr Gehirn wird dazu gezwungen, auf faktisch richtige Dinge über Sie zu hören, wenn es eine Situation zu verstehen versucht. Es wird diese Dinge nicht immer richtig interpretieren, aber es muss ihnen Beachtung schenken. Kurz gesagt, vergrößern wir Ihr Schachbrett, indem wir neue Quadrate hinzufügen, die eine reife Sportleridentität veranschaulichen. Probieren Sie das in Übung 3 aus.

ÜBUNG 3

DAS SELBSTSCHEMA IN ORDNUNG BRINGEN

Lassen Sie uns einen Blick auf Ihre momentanen Gedanken und Handlungen werfen und überprüfen, inwieweit diese mit dem Selbstschema einer reifen Sportleridentität übereinstimmen. Die folgenden Aussagen entsprechen dem, wonach wir streben. Es ist kein Problem, wenn das nicht Ihrer aktuellen Stimmung entspricht. Beschreiben Sie in dem leeren Bereich unter jeder Aussage, ob und wie Ihre aktuellen Gedanken und Handlungen mit dieser Aussage übereinstimmen oder nicht. Denken Sie dann darüber nach, wie Sie sie verändern können, damit sie eher an eine reifere Sportleridentität angeglichen werden. Anders gesagt, wie Sie sich weiterentwickeln wollen, welche Dinge Sie sich selbst sagen werden, um Ihre Reife auszubilden, und was Sie tun werden, um diese Denkweise zu stärken.

Ich betreibe aktuell Sport oder trainiere.

Momentane Gedanken und Handlungen:

Was ich zu mir selbst sagen werde:

Was ich tun werde:

Ich bezeichne mich selbst als Sportler.

Momentane Gedanken und Handlungen:

Was ich zu mir selbst sagen werde:

Was ich tun werde:

Andere Menschen bezeichnen mich als Sportler.

Momentane Gedanken und Handlungen:

Was ich zu mir selbst sagen werde:

Was ich tun werde:

Ich schäme mich nicht für meine sportlerischen Fähigkeiten oder Leistungen. Ich habe nicht das Gefühl, dass ich mich anderen gegenüber beweisen muss.
Momentane Gedanken und Handlungen:

Was ich zu mir selbst sagen werde:

Was ich tun werde:

Ich betreibe keine übermäßige Selbstkritik oder Selbstverherrlichung bezüglich meiner Fähigkeiten oder Leistungen.
Momentane Gedanken und Handlungen:

Was ich zu mir selbst sagen werde:

Was ich tun werde:

Ich gehe Freizeitaktivitäten und Hobbys auch außerhalb des Sports nach. Ich habe Freunde, die keine Sportler sind und/oder unterhalte mich gerne in Gesellschaft über andere Themen als Sport.
Momentane Gedanken und Handlungen:

Was ich zu mir selbst sagen werde:

Was ich tun werde:

Meine emotionalen Reaktionen, wenn etwas so richtig schiefläuft, sind so, dass die meisten Menschen sie als vernünftig einstufen würden.
Momentane Gedanken und Handlungen:

Was ich zu mir selbst sagen werde:

Was ich tun werde:

Die Sportleridentität durch Täuschung aufbauen

Es hat sich herausgestellt, dass der Rat »Sei einfach nur du selbst« oft der allerschlimmste ist. Es gibt mehr und mehr wissenschaftliche Beweise dafür, dass die Vortäuschung, jemand anderes zu sein, eine sehr mächtige Strategie sein kann, um sich in eine erstrebenswerte Version seiner Selbst zu verwandeln. Ihr wahres Selbst könnte schüchtern oder selbstkritisch sein und leicht von der Konkurrenz verunsichert werden. Aber was wäre, wenn Sie nur für ein paar Stunden eine neue Sportleridentität annehmen könnten – eine, die bei Wettkämpfen aufblüht, tonnenweise Selbstbewusstsein hat, sich weigert aufzugeben und sich nicht darum schert, was andere über sie denken?

Wir wissen, dass viele Spitzensportler und Promis genau das machen. Beyoncé hat zum Beispiel jahrelang als Sasha Fierce (was so viel heißt wie »wild«) ihre Shows gegeben, bis ihr wahres Ich mit ihr gleichgezogen hat. Lesley tritt in Wettbewerben als der zähe Boxer Paddy McGinty an. Wir bezeichnen diese vorübergehenden Identitäten als Alter Ego und sie eignen sich nicht nur für Superhelden-Filme oder für Menschen mit einer dissoziativen Identitätsstörung. Eine alternative Identität anzunehmen kann eine wichtige therapeutische Rolle in der Psychotherapie einnehmen und neue Beweise sprechen dafür, dass die Vortäuschung unsere Biochemie vorteilhaft verändern und unsere Leistung verbessern kann.[13] Das Motto »Täusch es vor, bis du es selbst schaffst« wird von der Wissenschaft jetzt gestützt.

Unabhängig von der wissenschaftlichen Grundlage zur Bildung eines Alter Ego stellen wir fest, dass viele Sportler erleichtert sind, dass sie sich keiner vollständigen Persönlichkeitsumwandlung unterziehen müssen, um die Sportleridentität zu entwickeln, die sie anstreben. Es ist viel weniger bedrohlich, sich einfach als ein neuer Charakter zu verkleiden, als jahrelang festgefahrene Denkweisen in Angriff zu nehmen. Bis die wahre Identität mit der vorgetäuschten gleichgezogen hat (mittels der Verankerung des Selbstschemas und Erfahrung), ist es ein guter Anfang, in die Schuhe eines anderen zu schlüpfen.

Wir haben ein Alter-Ego-Entwicklungspaket geschnürt (siehe Übung 4 auf Seite 61), das Ihnen dabei hilft, Ihren Charakter auszugestalten. Der erste Schritt zur Erstellung Ihres sportlerischen Alter Ego ist, über die Eigenschaften nachzudenken, die Ihre neue Identität haben soll. Manchmal ist es dabei hilfreich, sich Menschen oder fiktive Charaktere vor Augen zu führen, die die gewünschte Identität bereits verkörpern. Vielleicht möchten Sie ein geschmeidiger Ninja oder ein beinharter Boxer sein? Vielleicht möchten Sie auch wie ein bestimmter Sportler denken und handeln, den Sie für seinen Mumm und seine Ausdauer bewundern. Wenn Ihnen Menschen oder Charaktere einfallen, die Sie an diese Identität erinnern, notieren Sie sie sich. Das hilft Ihnen, in deren Charakter zu schlüpfen. Geben Sie Ihrem Alter Ego einen Namen, der zu diesen Charaktereigenschaften passt, und entwickeln Sie eine Hintergrundgeschichte. Wie hat Ihr Alter Ego diese Eigenschaften entwickelt? Was für ein Leben hat er oder sie geführt? Was musste er oder sie alles ertragen? Für den finalen Schliff, um den Charakter zum Leben zu erwecken, spielen Sie die Verhaltensweisen und Selbstgespräche durch, mit denen Sie in die Denkweise dieser Identität schlüpfen. Dazu gehören persönliche Mantren, Handlungen und Gewohnheiten ebenso wie körperliche Marker. Sportler haben dabei den großen Vorteil, dass sie bereits über gute Auslöser für die Verwandlung verfügen: Ihre Wettkampfanzüge können zu ihrem sprichwörtlichen Kostüm werden.

Bevor Sie sich nun an die Arbeit machen, möchte ich Sie mit Lesleys Alter Ego bekannt machen: Paddy McGinty. Diejenigen, die Lesley kennen, kennen auch Paddy! Lesley ist eine wirklich bezaubernde Frau, aber wenn Paddy auftaucht, sollte man sich schleunigst aus dem Staub machen.

LESLEY PATERSONS ALTER EGO

Name: Paddy McGinty

Kennzeichen: Boxer der alten Schule. Weder elegant noch hübsch, sondern ein Kämpfer mit Ecken und Kanten. Blüht auf, wenn er der Außenseiter ist. Liebt harte Bedingungen. Wird zum Tier, wenn er in die Ecke gedrängt wird. Übertrifft jeden in seiner Leidensfähigkeit. Geht fünfmal zu Boden und steht sechsmal wieder auf. Wenn er Schmerzen hat oder sich unwohl fühlt, erhöht er den Einsatz, indem er fragt: »Ist das alles, was du draufhast?«

INSPIRATION

Mein Alter Ego erinnert mich an ... Tom Hardy als Mixed-Martial-Arts-Kampfsportler im Film *Warrior*. William Wallace in *Braveheart*.

Ihre Hintergrundgeschichte: Hat bei null angefangen. Hatte gegen alle unmöglichen Widrigkeiten zu kämpfen, um zu gewinnen. Die Leute schreiben ihn immer ab, aber er arbeitet härter und ist leidensfähiger als alle anderen. Beendet jeden Kampf geschlagen und blutig, aber immer noch stehend.

Wie ich in diesen Charakter schlüpfe: Ich werde zu Paddy, wenn ich meinen Wettkampfanzug oder bestimmte Trainingsanzüge für intensive Trainingseinheiten anziehe.

Wie ich mich verhalten werde: Augenkontakt zu den anderen Teilnehmern vor dem Start vermeiden. Kapuzenpulli und Kopfhörer tragen. Grundsätzlich mit einer ausgeprägten Köpersprache und großer Zielstrebigkeit bewegen. Schultern nach hinten, Brust raus. Meine Augen sagen: »Leg dich nicht mit mir an!«

Was ich zu mir sagen werde: Immer kämpfen. Es ist nie vorbei.

Etwas, das ich tragen oder tun werde: Vor einem Rennen in großen Buchstaben »Ich bin frei« und »Sei tapfer« auf meinen Unterarm schreiben. Tapfer zu sein bedeutet, den Mut zu haben, alles zu geben. »Ich bin frei« ermahnt mich, mich nicht um Erwartungen zu scheren. An guten wie an schlechten Tagen bedeutet frei zu sein, sich einfach nur in meinem persönlichen Kampf zu verlieren.

ÜBUNG 4

ALTER-EGO-ENTWICKLUNGSPAKET

Name: _____ *Geben Sie Ihrem Alter Ego einen Namen, der zu seiner Persönlichkeit passt.*

Kennzeichen: _____ *Beschreiben Sie die Eigenschaften oder die Persönlichkeit Ihres Alter Egos.*

INSPIRATION

Mein Alter Ego erinnert mich an ... _____ *Listen Sie hier Menschen oder Charaktere auf, an die Sie Ihr Alter Ego erinnert.*

Ihre Hintergrundgeschichte: _____ *Beschreiben Sie das Leben, das Ihr Alter Ego geführt hat, Dinge, die es bereits ertragen musste.*

Wie ich in diesen Charakter schlüpfe: _____ *Beschreiben Sie, wie Sie die Verwandlung vollziehen werden.*

Wie ich mich verhalten werde: _____ *Beschreiben Sie Ihre Körperhaltung, wie Sie reden und sprechen werden oder andere Handlungen, die Sie zu Ihrem Alter Ego werden lassen.*

Was ich zu mir sagen werde: _____ *Fügen Sie Aussagen oder Mantren ein, die typisch für Ihr Alter Ego sind.*

Etwas, das ich tragen oder tun werde: _____ *Beschreiben Sie physische Merkmale, die Sie verwenden können, um während des Rennens aufzufallen.*

ICH BIN ABER GAR KEIN SPORTLICHER TYP!
Hilfe bei ausgeschlossenen Sportleridentitäten

Ich möchte Sie mit meiner Schwester bekannt machen: Victoria Marshall, eine 48-jährige Geschäftsfrau, die mit ihrem Mann und drei Kindern im Zentrum von Paris lebt. Als Teenager hat sie nur Sport getrieben, wenn sie dazu vom Sportlehrer in der Schule gezwungen wurde, und hat sich vor allem gedrückt, was Körpereinsatz oder Wettbewerbsgeist erforderte. Im Alter von 15 Jahren war Victoria total unsportlich. Im Laufe der nächsten 31 Jahre trainierte sie praktisch überhaupt nicht, war nicht im Geringsten an Sport interessiert und besaß noch nicht einmal ein Paar Turnschuhe. (Wie ist das überhaupt möglich?) Sie führte einen aktiven Lebensstil, das aber nur, weil sie in Paris lebte und deswegen viel laufen musste. Ganz sicher hat sie diese Aktivitäten nie als Sportübungen angesehen. Das sportlerische Selbstschema meiner Schwester hörte im Alter von 15 Jahren auf, sich zu entwickeln.

Irgendwann war sie ihre Speckröllchen leid und von ihrer Arbeit ausgelaugt und stimmte zu, dass wir für sie ein Fitnessprogramm auf Basis des Systems der kleinen Gewohnheiten entwickelten (in Kapitel 4 finden Sie ausführliche Informationen zu diesem Supermotivator). Ihre anfänglichen Trainingseinheiten dauerten 10 Minuten und bestanden aus einer Minute joggen, gefolgt von einer Minute gehen. Wir sprachen immer über »Trainingseinheiten«, wenn wir mit ihr über ihr Programm redeten, damit ihre Sportleridentität genährt wurde. Als sie 20-minütige Jogging/Geh-Einheiten schaffte, begann sie mit zusätzlichen 10-minütigen Jogging/Geh-Berg-Einheiten (Intervalltraining am Berg) plus dem gelegentlichen 10-sekündigen Spurt, bei dem sie so schnell lief, wie sie konnte (Sprint-Training).

Nach drei Monaten überredeten ihr Mann und ich sie dazu, an einem örtlichen 5-Kilometer-Lauf für Frauen teilzunehmen. Sie meisterte ihn und ging total gestärkt aus dieser Erfahrung hervor. Als sie unter Tausenden von Frauen war, die alle liefen, joggten und gingen, erkannte sie, dass sie überhaupt nicht fehl am Platz war. Dann führten wir die Stärke der Zielsetzung ein: Als Nächstes lief sie einen 10-Kilometer-Lauf, dann einen 15-Kilometer-Lauf. Ihr Energielevel war gut, genauso wie ihr Muskeltonus, und die Speckröllchen schmolzen. Jetzt war sie endgültig Feuer und Flamme!

Ein Jahr nach ihrer ersten 10-minütigen Jogging/Geh-Einheit absolvierte meine Schwester einen 18-Kilometer-Berglauf, bei dem sie 2 Stunden und 20 Minuten ohne Pause lief. Sie begann, Rezensionen zu Laufschuhen zu lesen und fragte nach Trinkrucksäcken. Der Identitätsausschluss ihrer Sportleridentität war Geschichte. Ein neuer, gesunder Teil von Victorias Selbstkonzept war (wieder-)geboren.

3

ICH GLAUBE NICHT, DASS ICH DAS KANN

SELBSTBEWUSSTSEIN UND SELBSTVERTRAUEN AUFBAUEN

Ganz gleich, ob Sie denken, Sie können etwas oder Sie können es nicht, Sie haben recht. – HENRY FORD

Selbstvertrauen ist die Wunderdroge der Psychologie. Wenn das Selbstvertrauen eines Sportlers groß ist, wird einfach alles besser. Sportler mit einem großen Selbstvertrauen sind weniger ängstlich, stellen sich gerne Schwierigkeiten, setzen sich höhere Ziele, strengen sich mehr an, halten mehr Belastungsschmerzen aus, haben sich besser unter Kontrolle, sind viel optimistischer und enthusiastischer und werden unter Druck nur besser. Außerdem scheren sie sich einen feuchten Dreck darum, wenn mal etwas nicht nach Plan läuft – und diese Aufzählung beinhaltet nur die Ergebnisse, die intensiv wissenschaftlich untersucht worden sind.

> Was ist die eine, allerwichtigste psychologische Fähigkeit, die ein Sportler haben sollte? Es ist weder die Motivation noch die Ausdauer, der Optimismus, die Konzentrationsfähigkeit oder die Einstellung – es ist das *Selbstvertrauen*: der Glaube daran, dass man erfolgreich sein kann.

Selbstvertrauen ist im Gemüsebeet der mentalen Fähigkeiten der Boden, auf dem alles gedeiht. Es hat Einfluss auf so gut wie jeden Aspekt unserer Identität und unseres Verhaltes als Sportler. Selbstvertrauen ist ein so fundamentaler Baustein eines tapferen Athleten, dass bei einer Steigerung des Selbstvertrauens viele andere psychologische Beschwerden schneller schrumpfen als das beste Teil eines Mannes im kalten Wasser. Manche Probleme verschwinden sogar komplett.

Die Auswirkungen eines Selbstvertrauenstrainings sind erstaunlich. Viele Sportler empfinden es als etwas merkwürdig, ihrem Wunsch nach einem enormen Selbstvertrauen Ausdruck zu verleihen, wahrscheinlich weil das die Eigenschaften eines typischen Fieslings heraufbeschwört: arrogant, egoistisch und überlegen. Arrogante Sportler brüsten sich mit einer solchen Leichtigkeit und Überzeugung mit ihren Errungenschaften, ihrem Status und ihrer Überlegenheit, dass man sich fragt, auf welchem Planeten sie eigentlich leben. Sie sind alles andere als eine angenehme Gesellschaft. Werden ihre Selbstabsorption und ihr Mangel an Empathie extrem, spricht man auch von »großspurigem Narzissmus«.[14]

Wenn wir von gigantischem Selbstvertrauen reden, sprechen wir nicht über diese Idioten. Wir sprechen über Sportler, die sich jeder Situation stellen, die mit Misserfolgen und Kritik umgehen können, die risikobereit sind, nicht leicht in Panik geraten und die Herausforderung festgefahrener Situationen lieben. Selbstvertrauen zu entwickeln, ist ein wichtiger erster Schritt auf dem Weg zu einem tapferen Sportler.

Wir alle kennen Sportler mit wenig Selbstbewusstsein und wenig Glauben an sich selbst. Im Extremfall neigen sie zu zwanghafter Selbstkritik, vor allem wenn es mal nicht gut für sie läuft. Ein paar halten sich sogar für erbärmliche Versager. Übertrieben selbstkritische Menschen haben von klein auf beigebracht bekommen, dass sie sich abhärten müssen, um erfolgreich zu sein. Wenn sie einen Misserfolg erleben, nehmen sie die Kritik viel stärker wahr als andere und sind davon überzeugt, dass sie nur Erfolg haben können, wenn sie noch härter an sich arbeiten und sich kleine Fehler und Einschränkungen noch weniger vergeben. Wenn das für Sie völlig vernünftig klingt, dann gehören Sie wohl auch dazu. Die meisten von uns liegen irgendwo dazwischen, tendieren aber in die eine oder andere Richtung. Nehmen wir zum Beispiel Dave und Katherine, die wir in Kapitel 2 kennengelernt haben. Als sie gebeten wurden, sich selbst als Sportler zu beschreiben sagten sie Folgendes:

> Klar. Ich bin ziemlich gut. Wahrscheinlich wechsle ich bald ins Profilager. Ich habe als Mountainbiker angefangen und habe dort ein paar Jahre lang zur Elite gehört. Das habe ich aber hingeschmissen. Ein Typ, gegen den ich immer Rennen gefahren bin und den ich regelmäßig geschlagen habe, ist zu XTERRA gewechselt und hat sich da direkt ziemlich gut geschlagen. Vielleicht kennst du ihn [nennt den Namen eines Top-Profis bei XTERRA], ich kenne ihn recht gut. Jedenfalls habe ich es deswegen auch bei XTERRA probiert und war richtig schnell erfolgreich. Ich habe im [Rennen X] in meiner Altersklasse gewonnen und den dritten Platz bei den Nationalmeisterschaften geholt. Direkt in meiner ersten Saison habe ich mich für die Weltmeisterschaft qualifiziert. Wüsste nicht, dass das außer mir schon jemand geschafft hat.
>
> Dave, 27, Off-Road-Triathlet

> Ich weiß nicht, ob ich mich als Athletin bezeichnen würde. Also, ich versuche, eine zu werden. Ich bin nur so endlos langsam. Ich bin wahrscheinlich diejenige, die den anderen im Weg rumsteht. Ich glaube, mir fehlt ein bisschen Selbstvertrauen. Mir macht das echt Spaß, aber... [lange Pause] ... na ja, wenn ich da zum Beispiel an meine Gruppenläufe denke. Ich hasse es, immer abgehängt zu

werden, nicht nur weil ich so langsam bin, sondern auch weil ich mich bei dem Gedanken, dass die anderen auf mich warten müssen, richtig beschissen fühle. Ich bin mir ziemlich sicher, dass sie alle sowas denken wie »Na toll, jetzt müssen wir schon wieder auf die warten.« Glaubst du, ich bin ein hoffnungsloser Fall? Arbeitest du nur mit Leuten, die schnell sind?

Katherine, 46, Läuferin

Als wir April zum ersten Mal trafen, eine 38-jährige Läuferin und erfolgreiche Ärztin, war jeder zweite Satz selbstkritisch. Sie musste eine ganze Menge aufreibender Lebensumstände verarbeiten, inklusive eines Ehemanns, der fremdging, eines stinkigen und verbal aggressiven Ex-Trainers und einer chronischen Verletzung, die sie davon abhielt zu trainieren. April machte sich für diese Dinge selbst verantwortlich:

> Meine Laufgruppe tuschelt hinter meinem Rücken darüber, wie langsam und nutzlos ich bin. Ich möchte wirklich besser werden, aber alles, was ich versuche, läuft schief. Mein Trainer hat mich gefeuert, weil ich nicht hart genug an mir arbeite; mein Mann will sich scheiden lassen, weil ich zu langweilig bin. Ich schaffe es noch nicht mal, eine gute Ehefrau zu sein! Ganz offensichtlich bin ich für alle wertlos. Ich fühle mich wie ein kompletter Versager!

Ein Einblick in die inneren Dialoge eines Menschen gibt uns ein Gespür für dessen System der Selbstbeurteilung. Wenn man nur fünf Minuten dafür aufwendet, jemandem zuzuhören, der über seine eigenen Fähigkeiten spricht, erhascht man einen guten Blick hinter seine Fassade. Das ist verdammt aufschlussreich.

Zuckerbrot und Peitsche

Meist gelingt es uns ganz gut, eine Balance zwischen Selbstkritik und Selbstbeweihräucherung zu halten. Wir geben uns also selbst mal das Zuckerbrot, mal die Peitsche, und das macht unser Gehirn aus gutem Grund. Wenn wir die Fähigkeit, uns selbst zu belohnen und uns selbst zu bestrafen, nicht hätten, wären wir nicht motiviert genug, unseren Hintern hochzubekommen, uns zu verbessern oder uns gut zu fühlen, wenn uns etwas gelingt. Aus evolutionärer Sicht sind Faulheit und Selbstgefälligkeit nicht unbedingt die Eigenschaften, die man in seiner Erbmasse haben will. Wir brauchen Motivation; davon hängt die menschliche Rasse ab. Deswegen hat uns die Evolution mit einer ganz besonderen Gehirnchemie und Selbstregulierungsfunktion ausgestattet, die sich durch innere Dialoge voller Kritik (Peitsche) und Ermutigung (Zuckerbrot) auszeichnet. Einigen dieser motivierenden und Zuckerbrot und Peitsche verteilenden Schlüsselfiguren der Neurochemie begegnen wir in den Kapiteln 1 und 4.

Dopamin	**Adrenalin**	**Endorphine**
führt dazu, dass wir Dinge tun möchten, und dankt uns dafür.	macht unseren Körper gefechtsbereit.	lassen uns Stress, Angst und Schmerz bewältigen.

Oxytocin	**Serotonin**
lässt uns Mitleid, Vertrauen und Intimität fühlen.	unterstützt uns dabei, uns bedeutsam, wichtig und weniger einsam zu fühlen.

Diese neurochemische Suppe wird von der Genetik (Natur) beeinflusst, aber die Urteile, die wir über unsere Erfolge und Misserfolge fällen, werden meist von unseren Erfahrungen (Erziehung) bestimmt. Diese Erfahrungen sind ausschlaggebend dafür, in welcher Art und in welchem Umfang wir uns selbst Kritik und Ermutigung zusprechen. Aus diesem Grund können zwei Sportler exakt das gleiche Rennen laufen und es völlig unterschiedlich interpretieren.

Wir lernen die Zusammenhänge zwischen Anstrengung, Fähigkeit und Ergebnis schon im frühen Kindesalter kennen; meistens wird uns das von unseren Eltern beigebracht. Diese frühe Prägung ist für unsere Art der Interpretation von Erfolg und Misserfolg verantwortlich. Wenn wir erwachsen sind, ist unser inneres Zuckerbrot-und-Peitsche-System immer am Werk, filtert unsere Erfahrungen und spuckt Urteile über uns selbst und andere aus. Sehen Sie sich das Beispiel der folgenden Aussagen von Sportlern zu einem Rennen an:

> Das war supereinfach. Ich war einer der Stärksten da draußen.
>
> Männlicher Radfahrer, nach dem 34. Platz bei einem lokalen Radrennen

> Na ja, ich hab mich ganz gut geschlagen.
>
> Weibliche Läuferin, nach Erreichen des 4. Platzes

> Ich bin total begeistert! Ich habe alles gegeben!
>
> Weibliche Triathletin, nach Erreichen eines 25. Platzes in ihrer Altersgruppe

> Natürlich habe ich gewonnen. Die Konkurrenz war ja auch scheiße.
>
> Männlicher Triathlet, nach Gewinnen eines Amateurrennens

> Meine Zeit ist total peinlich. Ich bin einfach nur peinlich.
>
> Weibliche Läuferin, nach Erreichen des 2. Platzes in ihrer Altersgruppe

Was ist also die richtige Balance zwischen Zuckerbrot und Peitsche, wenn wir unsere sportlichen Fähigkeiten, unsere Zufriedenheit und unsere Leistungen maximieren möchten? Wie korrigiert man ein Ungleichgewicht dahingehend, wie häufig man sich selbst belohnt oder bestraft? Natürlich denken echte Menschen nicht so. Echte Sportler sagen folgende Dinge zu diesem Thema:

> Wie kann ich es verhindern, immer so eingeschüchtert von [dieser Person, diesem Rennen, dieser Trainingseinheit] zu sein?
> Mir fehlt Selbstvertrauen. Ich wünschte, ich hätte mehr davon, aber es ist schwer, Selbstvertrauen aufzubauen, wenn man so langsam ist wie ich.
> Die Leute sagen mir immer, ich hätte Talent, aber ich muss mehr an mich selbst glauben.
> Ich bin ein verlässlich guter Läufer und Radfahrer, aber beim Schwimmen fehlt mir jegliches Selbstvertrauen.
> Ich wünschte, ich würde mich nicht so sehr wie ein Versager fühlen.
> Ich vermeide die großen Rennen, weil ich mir einfach nicht gerne in den Arsch treten lasse.

Was hier zuerst auffällt, ist, dass es sich nur um Symptome handelt. Wenn Sie mit sich selbst auf eine kritische oder herablassende Art sprechen, ist das schlichtweg nur ein Anzeichen dafür, dass ein kleiner Teufel in Ihrem Selbstbeurteilungssystem sitzt. Weil sich die meisten psychologischen Selbsthilfebücher für Sportler auf die Symptome statt auf die Ursachen konzentrieren, kommen die Probleme in der Regel ziemlich schnell wieder. Wer sich als Mensch nicht wertvoll fühlt oder bezweifelt, dass er im offenen Meer schwimmen kann, kann so lange in den Spiegel schauen und sich so oft »Ich bin stark, ich bin selbstbewusst und ich bin bereit« sagen, wie er will, es nützt trotzdem nichts. Tut uns leid, Ihnen das sagen zu müssen. Vielleicht fällt Ihnen bei einer solchen Aktion ja ein Spinatrest zwischen Ihren Zähnen auf, dann haben Sie Ihre Zeit nicht komplett verschwendet. Mit motivierenden Aufmunterungsgesprächen ist es wie mit der Erholung im Urlaub: Sie halten nicht lange vor.

Holen Sie sich Ihr Selbstbewusstsein nicht im Internet

In den sozialen Medien gibt es massenweise Selbstbestätigungssprüche, die uns vorgaukeln, der Weg zu mehr Selbstvertrauen sei einfach. Lassen Sie uns den Nutzen von diesen Aussagen in Bezug auf Zuckerbrot und Peitsche auswerten.

> Sag niemals etwas über dich, von dem du nicht möchtest, dass es wahr wird.

Moment mal, was? Mal ganz abgesehen von der fürchterlichen doppelten Verneinung, meint dieses leere Geschwätz, dass nur der Hauch einer negativen Aussage über sich selbst schon ausreicht, um für ein Schicksal voller mieser Enttäuschung zu sorgen. Toll, jetzt fühle ich mich auch schuldig. **BEWERTUNG DER NÜTZLICHKEIT: 1/10.**

Äh, nein, kannst du nicht, das weiß doch jeder Depp! Dieser Quatsch entspringt der (gescheiterten) Selbstachtungsbewegung, die Ratschläge nach dem Motto »Man muss es nur versuchen« als Allheilmittel angepriesen hat. Aus diesem Grund werden die Kids heute schon gelobt, wenn sie nur aufkreuzen. Die Wissenschaft hat es immer wieder bewiesen: falsch, falsch, falsch.
BEWERTUNG DER NÜTZLICHKEIT: 1/10.

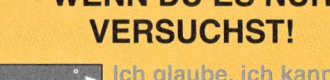

> Du kannst tun, was immer du willst, **WENN DU ES NUR VERSUCHST!**
> Ich glaube, ich kann's!
> Ich glaube, ich kann's!
> Ich glaube, ich kann's!
> ICH HAB'S GESCHAFFT!

> Nicht wer du bist, hält dich zurück, sondern wer du glaubst, nicht zu sein.

Was, bitte? Dieser Mist tut mir schon beim Lesen weh! Dass ich glaube, nicht Chris Fromme, also kein Tour-de-France-Gewinner zu sein, ist echt nicht mein größtes Problem. Glauben Sie mir.
BEWERTUNG DER NÜTZLICHKEIT: 2/10

Also, wenn ich an mich selbst glaube, entwickle ich Superkräfte, die unerklärliche Dinge geschehen lassen? Na klar…
BEWERTUNG DER NÜTZLICHKEIT: 0/10

> SELBSTBEWUSSTSEIN IST EINE SUPERKRAFT. WENN DU ERST EINMAL BEGINNST, AN DICH SELBST ZU GLAUBEN, WERDEN WUNDER GESCHEHEN.

Schön für dich! Übrigens halten dich alle anderen für einen narzisstischen Idioten. **BEWERTUNG DER NÜTZLICHKEIT: 0/10.**

Zugegeben, das war ein bisschen unfair. Wir wissen natürlich, dass das alles nur kleine lustige Motivationsbildchen sind, aber es ist wichtig, dass Sie erfahren, warum sie nicht funktionieren. Wie Sie wissen, benötigen wir für die Gedanken und Gefühle, die wir wirklich möchten, ein handzahmes Schimpansenhirn, ein starkes Professorenhirn und ein Computerhirn, das jederzeit Erinnerungen an Selbstvertrauen und Erfolge abspulen kann. Diese drei Gehirne müssen harmonisch zusammenarbeiten, wenn wir nicht möchten, dass das Angebot eines der Hirne von einem anderen wie eine Fliege zerquetscht wird.

Eines der gängigen Themen in der Unsinnssprücheschmiede ist eine Aussage von einem ganz offensichtlich vernünftigen Professorenhirn, die uns den Weg zum Glück weist – *Du kannst tun, was immer du willst, wenn du es nur versuchst!* Wenn unser Computerhirn allerdings mit Erinnerungen an Fehlschläge und Peinlichkeiten vollgestopft ist oder unser Schimpansenhirn permanent brüllt, dass wir jeglicher Herausforderung aus dem Weg gehen sollen, damit wir nicht noch mehr Fehlschläge und Peinlichkeiten einstecken müssen, hat dieser Vorschlag des Professorenhirns nicht den Hauch einer Chance. Ein weiterer Grund, warum diese Sprüche Schrott sind, ist, dass sie alle nur aus Zuckerbrot bestehen und ohne Zweifel dieser dämlichen Selbstachtungsbewegung entspringen. Wir können unserem Professor und unserem Schimpansen so viele Streicheleinheiten geben, wie wir wollen, nichtsdestotrotz erfordern motiviertes Auftreten und Selbstvertrauen auch, dass wir Misserfolge haben und wieder aufstehen, wenn wir auf die Schnauze gefallen sind.

Skalpell, bitte! Das müssen wir uns genauer ansehen

Permanent beurteilen wir uns selbst und schätzen uns ein. Daran ist nichts auszusetzen, denn das hilft uns dabei, motiviert zu bleiben, Dinge zu erledigen und uns erfolgreich zu fühlen. Psychologen haben viele unterschiedliche Arten bestimmt, wie wir uns selbst, unsere Fähigkeiten und unsere Handlungen beurteilen. Die Unterscheidung verschiedener Arten der Selbstbeurteilung ist wichtig, wenn wir erfahren möchten, mit welchen Strategien es gelingt, das Team ICH mehr zu akzeptieren, ihm mehr Verständnis entgegenzubringen und es besser zu unterstützen. Einige Arten der übermäßigen Selbstbeurteilung zeugen von unterschiedlichen Viren in unserem Betriebssystem beziehungsweise unserem Computerhirn. So braucht beispielsweise ein Sportler, der sich wie ein »totaler Versager« fühlt, etwas ganz anderes als jemand, der als Sportler ein bisschen zu wenig Selbstvertrauen hat, und dieser wiederum braucht etwas anderes als ein eigentlich selbstbewusster Sportler, der aber Panik vor dem Schwimmen in offenen Gewässern oder vor einer rasanten Bergabfahrt mit dem Mountainbike hat. Zur Entschlüsselung dieses Selbstbeurteilungssystems und um zu lernen, wie wir es knacken können, bedienen wir uns wieder mal einer Metapher.

Der Persönlichkeitsbaum

Stellen Sie sich Ihr vollständiges Selbstbeurteilungssystem als einen Baum vor – Ihren Persönlichkeitsbaum.[15] Jeder Teil Ihres Baums entspricht einer Beurteilungsart, die Sie über sich und Ihre Fähigkeiten haben. Einige Teile des Baums tragen und stützen andere Teile. Um Sportlern dabei zu helfen, ihre miesen Selbstbeurteilungen zu erkennen und zu ändern, müssen wir herausfinden, wie tief in ihrem Baum das Problem liegt. Je tiefer es liegt, umso mehr geistige Feuerkraft ist vonnöten, um es zu lösen.

Selbstwert so tief wie Wurzeln. Ihr Selbstwert stützt sich auf tief empfundene Gefühle über Ihren Nutzen und Wert als Mensch. Es geht nicht darum, was Sie tun, sondern darum, *wer Sie sind* – Ihre Werte, Moralvorstellungen, Leidenschaften und grundlegende Überzeugungen über sich selbst. Inwieweit Ihre emotionalen und psychischen Bedürfnisse als Kind erfüllt wurden, bestimmt zu einem großen Teil Ihr Selbstwertgefühl.

Schon in sehr jungen Jahren haben wir psychische und emotionale Bedürfnisse, deren Erfüllung für uns sehr wichtig ist: das Bedürfnis nach Liebe, Sicherheit, Geborgenheit, Bestätigung, Zugehörigkeit et cetera. Werden diese Bedürfnisse nicht erfüllt, versuchen wir herauszufinden, warum das so ist. Weil aber unser junges Gehirn gar nicht dazu in der Lage ist, die Gründe logisch und erschöpfend zu analysieren, wendet sich unser Fokus oft nach innen. Wir beginnen, uns selbst dafür verantwortlich zu machen, und die Ergebnisse, zu denen wir kommen, sind ziemlich vernichtend: Wir sind nicht gut genug, nicht wertvoll genug, nicht begabt genug und so weiter. Warum sonst sollten wir keine Aufmerksamkeit bekommen, uns vernachlässigt oder nicht ermutigt und beschützt fühlen? Wenn wir diese Ideen mit einer fixierten Einstellung verbinden (siehe Nerd-Alarm »Für Sie ist es Versagen, für mich ist es Feedback« auf Seite 73), kommt fast immer dasselbe Ergebnis heraus: Ich muss wohl ein schlechter Mensch mit wenig Wert sein. Und schon können die Samen eines geringen Selbstwertgefühls Wurzeln schlagen. Diese verzerrten Überzeugungen wachsen immer weiter und infizieren unser Erwachsenengehirn wie Viren.

Das Wurzelsystem unseres Selbstwerts stützt alle anderen Teile des Persönlichkeitsbaums. Wir können nur hoffen, dass es gesund ist, wenn wir das Erwachsenenalter erreichen. Ein gesundes Selbstwertgefühl beinhaltet, dass wir wissen, dass unser Leben wertvoll und wichtig ist und dass wir ein liebenswerter Mensch sind. Ein gesundes Selbstwertgefühl beinhaltet auch, dass unsere Wurzeln nicht der Luft ausgesetzt sind – das bedeutet, dass unser Wert als Mensch nicht von den Höhen und Tiefen des alltäglichen Lebens beeinflusst wird. Wenn sich jemand ständig mit anderen Sportlern vergleicht und sich bei Niederlagen als wertloser Mensch fühlt, ist es ganz klar, dass das seine geistige Gesundheit gefährdet. Weil der Selbstwert eine relativ beständige Eigenschaft unserer Persönlichkeit ist, benötigen wir häufig die Hilfe eines Psychiaters oder Psychologen, um ihn zu verändern.

Selbstachtung wie ein kräftiger Stamm. Viele Psychologen betrachten Selbstwert und Selbstachtung als ein und dasselbe. Wir unterscheiden aber zwischen ihnen, da wir den Selbstwert für das Glück und das menschliche Leben als wichtiger einschätzen als die Selbstachtung. Selbstachtung ist der Baumstamm, der alles über sich stützt. So wie ein marodes Wurzelsystem (ein niedriges Selbstwertgefühl) keinen gesunden Baumstamm (Selbstachtung) hervorbringen kann, ist eine gesunde Selbstachtung wichtig, um Selbstbewusstsein (die Äste des Baums) zu entwickeln. Man wird kaum Sportler finden, die überaus selbstbewusst sind, aber kaum Selbstachtung haben.

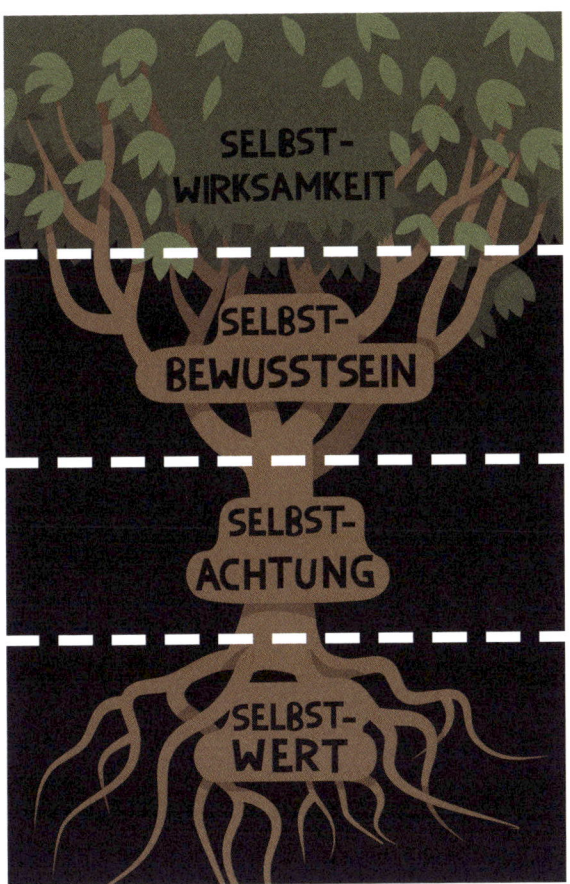

Die Überzeugung, dass wir eine spezifische Aufgabe auf einem bestimmten Niveau ausführen können
Ich bin mir zu 80 Prozent sicher, dass ich einen 5-Kilometer-Lauf auf flacher Strecke in unter 20 Minuten schaffen kann.

Der Glaube an unsere allgemeinen Fähigkeiten
Ich bin ein guter Sportler.

Pauschale seelische Urteile über uns selbst, die auf den Erfahrungen basieren, die wir in unserem Leben gemacht haben
Ich bin eine sachkundige Person.

Tief empfundene Überzeugungen über unseren Nutzen und Wert als Mensch
Ich bin ein guter Mensch.

Auch wenn unsere Selbstachtung mit unserem Selbstwert verbunden ist, so befindet sie sich doch über dem Boden (und nicht wie die Wurzeln unter der Erde) und wird viel stärker von den aktuellen Erfahrungen beeinflusst. Die Selbstachtung gibt pauschale seelische Urteile über uns selbst wieder, die auf den Erfahrungen, Leistungen und Errungenschaften basieren, die wir glauben gemacht zu haben. Diese »Erfolge« können real und greifbar sein (zum Beispiel gute Leistungen in der Schule, bei der Arbeit, beim Sport et cetera), sie können aber auch eingebildet sein (zum Beispiel wenn man uns gesagt hat, dass wir erfolgreich waren). Der Fluch der geringen Selbstachtung wird seit Jahrzehnten von Psychologen und Pädagogen untersucht, doch erst in den frühen 1970er-Jahren wurde uns aufgetragen, die Selbstachtung unserer Kinder unter allen Umständen zu fördern und zu schützen. Es hat sich jedoch herausgestellt, dass das überhaupt keine gute Idee war, und die Strategie, dadurch selbstbewusste, kompetente und selbstreflexive junge Menschen zu erziehen, wurde mittlerweile weitestgehend widerlegt. Wie diese Selbstachtungsbewegung bei einem bestimmten Sportler namens Andy versagt hat, können Sie in der Fallstudie am Ende dieses Kapitels nachlesen.

Selbstbewusstsein so dick wie Äste. Weil das Selbstbewusstsein auf der Wahrnehmung unserer Fähigkeiten beruht, ist es auf die Zukunft ausgerichtet und sagt vorher, was Menschen einmal versuchen werden. Die Verwendung des Begriffs »Selbstvertrauen« meint häufig Selbstbewusstsein. Selbstbewusstsein ist der erste Bereich, in dem unser Selbstbeurteilungssystem differenziert sein kann, das heißt, dass ein Baum starke und schwache Äste haben kann. Man kann ein hohes Selbstbewusstsein in einem Lebensbereich und ein sehr niedriges in einem anderen haben. So könnte jemand zum Beispiel ein sehr großes Selbstbewusstsein als Marketingmanager haben, jedoch ein extrem kleines als Sportler. Auch wenn ein niedriges Selbstbewusstsein andere Bereiche unseres Lebens beeinflussen kann, so beeinträchtigt es doch nicht alles, wenn unsere Selbstachtung (der Baumstamm) gesund ist. Wer in jeder Beziehung kein Selbstbewusstsein hat, hat meistens ein Problem mit einer zu geringen Selbstachtung.

Selbstwirksamkeit wie Blätter. Selbstwirksamkeit ist eine aufgabenspezifische Form des Zutrauens. Technisch gesehen beruht Selbstwirksamkeit auf unseren Überzeugungen hinsichtlich der Fähigkeit, ein konkretes Leistungsniveau erfüllen zu können.[16] Wenn wir zum Beispiel gebeten werden, auf einer Skala von 1 bis 10 zu sagen, ob wir uns zutrauen, morgen früh einen Kilometer in unter drei Minuten zu laufen, wäre dies eine Einschätzung unserer Selbstwirksamkeit.

Selbstwirksamkeit ist für Sportler unerlässlich, weil sie die Motivation, die Anstrengung und das Durchhaltevermögen auch in extremen Situationen prognostiziert.[17] Es ist wichtig zu betonen, dass die Überzeugungen, die zur Selbstwirksamkeit gehören, nicht unbedingt der Wirklichkeit entsprechen müssen – bei der Selbstwirksamkeit geht es darum, was wir *denken*, bei ganz bestimmten Aufgaben leisten zu können, nicht was wir *tatsächlich* tun. Jeder von uns kennt Sportler, die ihre Fähigkeiten ständig unter- oder überschätzen; das ist ein Selbstwirksamkeitsproblem, das von ihrem Zutrauen gespeist wird.

Weil wir in der Lage sind, Tausende verschiedene Aufgaben zu erfüllen, hat unser Baum Tausende von Blättern und wir haben jedes dieser Blätter unbewusst auf seine Selbstwirksamkeit hin eingeschätzt. Vielleicht haben Sie 9 von 10 Punkten bei schnellen Linkskurven beim Radfahren und 3 von 10 Punkten bei Rechtskurven in der gleichen Geschwindigkeit. Es ist völlig normal, bei manchen Aufgaben eine hohe Selbstwirksamkeit und bei anderen eine niedrige zu haben. Bei den meisten liegt man ohnehin irgendwo in der Mitte.

Dass Selbstbewusstsein und Selbstwirksamkeit nicht dasselbe sind, sollte klar sein. Jemand kann beispielsweise ein hohes Selbstbewusstsein als Triathlet, aber eine niedrige Selbstwirksamkeit bei Schwimmstarts im Meer haben. Weil die Selbstwirksamkeit situationsspezifisch ist, kann unsere Zuversicht, eine bestimmte Aufgabe bewältigen zu können, unter verschiedenen Umständen variieren. Sie können zum Beispiel eine hohe Selbstwirksamkeit haben, während eines 10-Kilometer-Laufs Druck zu machen (also das Maximale aus sich herauszuholen), wenn Sie um einen Platz auf dem Treppchen kämpfen, aber eine niedrige Selbstwirksamkeit, wenn es Ihnen nicht gut geht oder Sie im selben Rennen den Anschluss verpasst haben. Wie Sie später noch sehen werden, ist die Tatsache, dass die Selbstwirksamkeit so wechselhaft ist, manchmal eine gute und manchmal eine schlechte Nachricht für Leistungssportler.

Für Sie ist es Versagen, für mich ist es Feedback

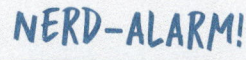

DR. CAROL DWECK, EINE PSYCHOLOGIN an der Stanford-Universität und eine Koryphäe auf dem Gebiet des Selbstvertrauens, hat herausgefunden, dass die Wahrnehmungen von Studenten bezüglich ihrer Fähigkeiten eine entscheidende Rolle bei ihrer Leistungsbereitschaft und ihren Ergebnissen spielen. Dweck nennt diese Wahrnehmungen »Einstellungen«.[18] Ein Mensch mit einer fixierten Einstellung nimmt an, dass Talent, Intelligenz und kreative Fähigkeiten statisch sind – sie können sich nicht auf fundamentale Weise ändern. Eine fixierte Einstellung geht außerdem davon aus, dass die persönlichen Anlagen wie Talent, Intelligenz und Kreativität limitiert sind und dass sich der Mensch ständig mit dem ebenfalls fixierten Maßstab »Was man dazu braucht«, um erfolgreich, klug oder schnell zu sein, vergleicht.

Im Sport findet man eine fixierte Einstellung bei Athleten, die ständig beweisen müssen, wie schnell oder fit sie sind und was sie erreicht haben, die aber immer mit dem Finger auf alles und jeden außer sich selbst zeigen, wenn etwas schiefläuft. Denn der Fehler kann ja nicht bei ihnen liegen, oder? Daraus erwächst häufig ein so starkes Bedürfnis nach Fehlervermeidung, dass jeglicher Wettbewerb unvorstellbare Ängste hervorruft. Weil alles außer dem Sieg als Versagen angesehen wird, geben Sportler mit einer fixierten Einstellung schnell auf, wenn Schwierigkeiten auftauchen, lassen nach, wenn der Sieg außer Reichweite ist oder steigen komplett aus dem Rennen aus. Manche umgehen Wettkämpfe sogar ganz, nur um den Glauben aufrechtzuerhalten, dass ihr wahres Talent einfach noch nicht angezapft wurde (um zu vermeiden, dass ihre Fähigkeiten jemals angefochten werden können).

Im Gegensatz dazu blüht eine Person mit wachstumsorientierter Einstellung bei Herausforderungen auf und interpretiert Misserfolge nicht als Beweise für fehlende Fähigkeiten, sondern als wertvolles Feedback zur Verbesserung und zum Wachstum. Scheitern gilt als Herausforderung. Unserer Erfahrung nach hat der größte Teil der Ausdauersportler eine wachstumsorientierte Einstellung (zum Glück!). Immerhin muss man, wenn man beim Laufen, Radfahren oder im Triathlon an Wettbewerben teilnimmt, sein Bestes geben, und die eigenen Fähigkeiten und Leistungen werden objektiv an denen der anderen gemessen – was kaum eine gute Umgebung für Leute mit einer fixierten Einstellung ist. Trotz allem gibt es auch im Ausdauersport Athleten mit einer fixierten Einstellung, die scheinbar ihr Talent als etwas Statisches und Unveränderliches ansehen. Sie haben oft Probleme damit, die Verantwortung für Rennen zu übernehmen, die nicht gut gelaufen sind, wechseln häufig ihre Trainer und sind übermäßig bemüht, talentiert zu sein und zu wirken.

▰ PROBLEME MIT DER SELBSTBEURTEILUNG BEHEBEN

Um Sportlern mit Selbstbeurteilungsproblemen (Selbstwert, Selbstachtung, Selbstbewusstsein oder Selbstwirksamkeit) zu helfen, müssen wir zunächst herausfinden, wie tief das Problem im Persönlichkeitsbaum verwurzelt ist. Wenn Sportler auf der Suche nach Hilfe mit ihrem Selbstbewusstsein zu uns kommen, um zum Beispiel bis an die Schmerzgrenze gehen zu können oder mehr Zutrauen für ihren Schwimmstart beim Triathlon zu gewinnen (es handelt sich hier also um ein Selbstwirksamkeitsproblem), sind Ansätze, die die Selbstwirksamkeit ansprechen, wahrscheinlich auf lange Sicht ineffektiv, weil das zugrunde liegende Problem eher eine geringe Selbstachtung ist. Umgekehrt bringt es nichts, jemandem mit einem niedrigen Selbstwert immer leichtere Herausforderungen zu geben, damit er ein Erfolgserlebnis hat, denn er wird dies nur als einen weiteren Beweis dafür werten, dass er sogar bei grundlegenden Dingen völlig wertlos ist. Es ist nicht leicht, die Probleme richtig zu diagnostizieren und die genauen Ursachen eines wackeligen Selbstbeurteilungssystems zu erkennen. Etwas, wofür ausgebildete Therapeuten unzählige Stunden benötigen, können ein paar Seiten in diesem kleinen Selbsthilfebuch nicht mal eben so leisten. Wir können Ihnen aber die Richtung weisen – also einen Ansatz bieten nach dem Schema »Das sollte helfen und ist auf jeden Fall besser als das dämliche Geschwätz, das Internet-Meme bieten«.

Einer der Gründe, warum es so schwer ist, Selbstbeurteilungsprobleme zu diagnostizieren, ist, dass unsere Gehirne von Anfang an so verkabelt sind, dass wir voreingenommen sind. Psychologen bezeichnen diese Falschverkabelung als *kognitive Verzerrung*. Eine Form der kognitiven Verzerrung, die unsere Selbstwahrnehmung betrifft, ist die sogenannte »illusorische Überlegenheit«, auch »Überdurchschnittlichkeitssyndrom« genannt. Studien haben gezeigt, dass Menschen (und hierbei vor allem Männer) dazu tendieren, sich bei einer ganzen Reihe von Dingen selbst besser als den Durchschnitt einzustufen. Dazu gehören Beliebtheit, Glück, Fahrkönnen, Gesundheit und ironischerweise auch eine geringe Beeinflussbarkeit bezüglich Vorurteilen.

Natürlich sind auch ein geringer Selbstwert und geringe Selbstachtung kognitive Verzerrungen, gehen jedoch in eine ganz andere Richtung als die illusorische Überlegenheit. Das zeigt uns, dass wir uns nicht immer auf unsere Selbsteinschätzung verlassen können, um unsere persönlichen Schwächen und Stärken aufzudecken. Der TV-Charakter Dr. House hat es in der gleichnamigen Serie auf den Punkt gebracht: »Wenn man die Wahrheit über einen Menschen erfahren will, ist diese Person der letzte Mensch, den man danach fragen sollte.« Aufgrund unserer Tendenz, voreingenommen zu denken, empfehlen wir Ihnen, zusätzliche Quellen hinzuzuziehen, um Ihre Selbsteinschätzung zu belegen. Sie könnten zum Beispiel Ihren Ehepartner/Freund/Freundin oder einen guten Freund bitten, Ihre Antworten in Übung 1 dieses Kapitels (siehe Seite 77) zu bewerten, und Sie könnten einige Ihrer konkreten Handlungen, die Ihre Antworten untermauern, zur Überprüfung hinzuziehen.

Auch wenn wir Ihr Selbstbeurteilungsproblem nicht diagnostizieren können, können wir Ihnen die richtige Richtung weisen. In der folgenden Übung finden Sie Beispiele von Fragetypen, die auch von Psychologen eingesetzt werden, um auszuwerten, wie es um Ihr Selbstbeurteilungssystem bestellt ist.[19] Natürlich sind das nur Beispielfragen. Es handelt sich hier nicht um einen psychometrischen Test, bei dem Sie mit einem Punktesystem bewertet werden. In der Praxis setzen wir meist 30 bis 50 Fragen pro Gebiet plus einer klinischen Befragung ein. Sollten Sie bei sich selbst feststellen, dass Sie bei einigen Fragegruppen denken »Ja, das trifft vollkommen auf mich zu« oder »Ja, das trifft überwiegend auf mich zu«, kann das ein wertvoller Hinweis sein.

Geringe Selbstwirksamkeit behandeln

Geringe Selbstwirksamkeit ist von allen Selbstbeurteilungssystemen am leichtesten zu behandeln, da sie sich aufgrund unserer Erfahrungen immer ändert. Das ist zum einen gut, zum anderen aber auch schlecht. Bei manchen Aufgaben ändert sich die Selbstwirksamkeit, während wir diese Ausgaben durchführen. Als Beispiel stellen wir Ihnen Vince vor, der ein etablierter Rennradfahrer ist, jetzt aber mit 49 Jahren relativ neu beim Mountainbiking einsteigt. Das sagt er zu einem schnellen, technisch anspruchsvollen Trail beim Mountainbiking:

> Ich werde immer entspannter, je mehr ich in den richtigen Rhythmus komme. Ich erhöhe das Tempo und fahre enger an meinem Limit. Wenn es gut läuft, ist das wie ein Tanz. Dann hast du den Dreh raus und fährst richtig spitze. Mit jeder Sekunde steigt dein Selbstbewusstsein. Und dann nimmst du plötzlich eine Kurve zu scharf oder dein Vorderrad bleibt in einer Spurrille hängen oder sonst was Blödes. Beinahe zu hoch gepokert. Du musst zurückschrauben oder du fliegst von der Strecke. Dein Adrenalinspiegel steigt sprunghaft an, weil du genau weißt, dass es viel schlimmer hätte ausgehen können. Es ist, als ob du den Reset-Button deines Selbstbewusstseins drücken würdest. Dann machst du zuerst ein bisschen zaghafter weiter, bis dein Selbstbewusstsein wieder komplett da ist. Nicht lange, bis du wieder voll durchziehst, und dann passiert es erneut. Mein Selbstbewusstsein ist wie die Strecke: Hoch, runter, hoch, runter – und das alles innerhalb von fünf Minuten.

Die Forschung hat vier grundlegende Strategien zur Förderung der Selbstwirksamkeit entdeckt, die wir hier in absteigender Reihenfolge ihrer Wirksamkeit auflisten.

Strategie 1: Tatsächliches Gelingen

Der mächtigste Prädiktor der Selbstwirksamkeit ist, »Situationen zu meistern«, also »tatsächlich erfolgreich zu sein«. Das erfolgreiche Erreichen eines Ziels, selbst wenn es nur einmal gelingt, hat enorme Auswirkungen auf unsere Selbstwirksamkeit. Erfolg treibt das Selbstbewusstsein in die Höhe, weil er dafür sorgt, dass die Produktion von Testosteron und Dopamin erfolgt und das Gehirn dafür aufnahmefähig ist – und diese beiden Stoffe erhöhen den Reiz, etwas noch mal versuchen zu wollen. Der Erfolg erstellt zudem eine Art Verhaltensbauplan, der zeigt, was wie durchgeführt werden muss, um das gewünschte Ergebnis zu erreichen.

In Vinces Fall änderte sich seine Einschätzung zum Erfolg in Echtzeit, in den meisten sportlichen Situationen erfolgt aber eine Bewertung vor und nach dem Ereignis. Es kann schwer sein, eine geringe Selbstwirksamkeit zu erhöhen, weil wir dazu neigen, die Dinge, in denen wir nicht gut sind, zu meiden, und das hält die Selbstwirksamkeit am Boden. Sie bleibt niedrig, weil wir nie die Chance haben, sie dadurch zu erhöhen, dass wir etwas immer wieder versuchen. Das hat wichtige Auswirkungen auf die Möglichkeit, unsere Einschätzung hinsichtlich unserer Erfolge zu erhöhen.

Erstens müssen wir Dinge viel öfter probieren. Erinnern Sie sich noch daran, wie Sie als Kind tausendmal hingefallen sind, bis sie endlich ohne Stützräder fahren konnten? Ähnliches müssen wir als Erwachsene auch tun! Wenn ich zum Beispiel auf einem anspruchsvollen Streckenabschnitt beim Mountainbiking öfter stürze, fahre ich ihn so oft, bis mir das nicht mehr passiert und ich ihn im Griff habe. Zweitens sollten wir uns kleine, schrittweise Ziele setzen, damit wir die Chance haben, auch wirklich erfolgreich zu sein (und sogenannte Mikroerfolge feiern zu können). Ein Beispiel: Für eine schnelle und schwere Abfahrt beim Mountainbiking könnten Sie sich vier Ziele setzen. Nun würden Sie die Abfahrt für jedes dieser Ziele einmal fahren und sich dabei ausschließlich auf das jeweilige Ziel konzentrieren. Vier Versuche sind gleichzeitig auch vier Chancen, um Ihre Selbstwirksamkeit durch eine gemeisterte Situation zu verbessern.

1. Konzentrieren Sie sich auf Ihre Körperposition und darauf, die Ideallinie auf dem Trail zu finden.
2. Konzentrieren Sie sich auf Ihren Blickwinkel – Ihre Augen sollten den Trail immer ein Stück weit im Blick haben.
3. Konzentrieren Sie sich auf die richtige Bremsstrategie und die ideale Kurvenbeschleunigung.
4. Berücksichtigen Sie jetzt die drei vorgenannten Dinge und lassen Sie das Bike einfach laufen.

Strukturieren Sie Ihr Training und Ihre Wettkämpfe so, dass Sie viele Möglichkeiten erhalten, erfolgreich zu sein – streben Sie also lauter Mikroerfolge an. Setzen Sie sich aber keine Ziele, die zu leicht sind. Damit können Sie Ihren Schimpansen nämlich nicht hinters Licht führen. Schon beim kleinsten Anzeichen eines hohlen Siegs weiß er, dass das gerade purer Bockmist war. Genauso wenig sollten die Ziele zu hoch gesteckt sein, weil dann die Gefahr besteht, dass Sie diese nicht erreichen und Ihre Selbstwirksamkeit sogar schwächen.

Was ist also das ideale Maß an Herausforderung, das die Bestätigung liefert, die man braucht, um die Selbstwirksamkeit zu erhöhen? Etwas, das zu 70 bis 80 Prozent zum Erfolg führt.[20] Fragen Sie sich selbst: **Auf einer Skala von 1 bis 10, wie hoch ist die Wahrscheinlichkeit, dass Sie das schaffen? Wenn die Antwort 8 oder mehr ist, ist es zu leicht, liegen Sie bei 6 oder weniger, ist es zu schwer.** Man könnte nun annehmen, dass ein todsicherer Weg zur Erhöhung der Selbstwirksamkeit darin besteht, permanent mit schnelleren Sportlern zu trainieren. Das kann natürlich sehr motivierend sein, aber es hilft Ihnen nicht unbedingt dabei, Ihre Ansicht über Ihre Fähigkeit, auf deren Niveau zu laufen, zu verändern. Stellen Sie sicher, dass Sie die 70-bis-80-Prozent-Regel einhalten, auch mit Mikroerfolgen, damit Ihr Schimpanse und Ihr Professor die Errungenschaften »akzeptieren«.

Als Faustregel können Sie sich merken, dass Sie jede Einheit Ihres Trainingsprogramms starten und versuchen sollten, sie durchzuziehen – egal, was gerade los ist (also die üblichen Einsprüche wegen Verletzung, Unwohlsein et cetera). Wenn gerade eine heftige 90-Minuten-Einheit

ÜBUNG 1

EINE ANALYSE IHRES SELBSTBEURTEILUNGSSYSTEMS

Sie finden hier in jeder Kategorie eine Auswahl an Fragen, die die verschiedenen Aspekte Ihres Selbstbeurteilungssystems betreffen. Denken Sie daran, eine zweite Meinung von jemanden einzuholen, der Sie gut kennt.

	TRIFFT VOLL UND GANZ ZU	TRIFFT ÜBERWIEGEND ZU	TRIFFT EIN BISSCHEN ZU/ NICHT ZU	TRIFFT KAUM ZU	TRIFFT GAR NICHT ZU
SELBSTWERT					
1. Ich könnte vom Angesicht der Erde verschwinden und niemand würde es bemerken oder bedauern.	☐	☐	☐	☐	☐
2. Ich fühle mich wertlos und nutzlos.	☐	☐	☐	☐	☐
3. Ich werde niemals zu etwas Wichtigem beitragen oder selbst wichtig sein.	☐	☐	☐	☐	☐
4. Ich verdiene es nicht, geliebt und geachtet zu werden.	☐	☐	☐	☐	☐
5. Ich frage die Menschen, die mir wichtig sind, ständig, ob sie mich lieben.	☐	☐	☐	☐	☐
6. Ich glaube, ich bin ein Versager.	☐	☐	☐	☐	☐
SELBSTACHTUNG					
1. Ich glaube, dass die Leute mich größtenteils als langweiligen Gesprächspartner sehen.	☐	☐	☐	☐	☐
2. Alles, was ich anpacke, geht schief.	☐	☐	☐	☐	☐
3. Ich habe das Gefühl, die Menschen, die mir wichtig sind, zu enttäuschen.	☐	☐	☐	☐	☐
4. Wenn mich jemand kritisiert, fühle ich mich ganz und gar unfähig.	☐	☐	☐	☐	☐
5. Ich vermeide Auseinandersetzungen mit anderen, weil ich nicht möchte, dass jemand böse mit mir wird oder mich nicht mag.	☐	☐	☐	☐	☐
6. Ich passe meine Persönlichkeit, meine Meinungen oder mein Auftreten an, damit andere mich akzeptieren.	☐	☐	☐	☐	☐

>

Fortsetzung

	TRIFFT VOLL UND GANZ ZU	TRIFFT ÜBERWIEGEND ZU	TRIFFT EIN BISSCHEN ZU/ NICHT ZU	TRIFFT KAUM ZU	TRIFFT GAR NICHT ZU
SELBSTBEWUSSTSEIN					
1. Wenn ich mit Schwierigkeiten konfrontiert werde, fühle ich mich hilflos und schlecht.	☐	☐	☐	☐	☐
2. Wenn etwas schwierig aussieht, gehe ich ihm aus dem Weg.	☐	☐	☐	☐	☐
3. Ich bin mir nicht sicher, etwas gut gemacht zu haben, bis mir das jemand sagt.	☐	☐	☐	☐	☐
4. Bevor ich eine Entscheidung fälle, frage ich andere Leute, ob ich das Richtige tue.	☐	☐	☐	☐	☐
5. Ich werde niemals so kompetent und schlau sein, wie ich sollte.	☐	☐	☐	☐	☐
6. Ich erreiche fast nie die Ziele, die ich mir setze.	☐	☐	☐	☐	☐
SELBSTWIRKSAMKEIT					
1. Ich bin bei langen Ausdauerleistungen gut, aber nicht so gut bei kurzen, schnellen Anforderungen.	☐	☐	☐	☐	☐
2. Bei Kraftarbeit bin ich nicht besonders gut.	☐	☐	☐	☐	☐
3. Wenn ich mir einen Trainingsplan ansehe, frage ich mich, wie ich den schaffen soll.	☐	☐	☐	☐	☐
4. Bei Hitze bringe ich keine gute Leistung.	☐	☐	☐	☐	☐
5. Ich meide Gruppenworkouts, bis ich schnell genug bin.	☐	☐	☐	☐	☐
6. Mein Pacing ist nicht besonders gut.	☐	☐	☐	☐	☐

inklusive wichtiger Intensitätsziele mit Ihrem Trainer vor Ihnen liegt und Sie ernsthaft darüber nachdenken, sich davor zu drücken, weil Sie wissen, dass das wirklich kein Spaziergang wird, brauchen Sie einen Trick, um zumindest mit der Einheit loszulegen. Eine gute Strategie ist hier die Viertel-Runden-Regel, also immer mindestens 25 Prozent jeder Trainingseinheit zu absolvieren. Lassen Sie sich nicht dazu hinreißen, herausfordernde Aufgaben hinzuschmeißen, bei denen Sie eine geringe Selbstwirksamkeit haben – das macht das Problem nämlich nur noch schlimmer.

Strategie 2: Erfolg beobachten

Die zweitwirksamste Strategie zur Förderung der Selbstwirksamkeit ist, zu sehen, wie jemand anderes Erfolg hat – eine Art Erfolgserlebnis in Vertretung. Psychologen bezeichnen dies als »Stellvertretererfahrung« und Forschungen haben ergeben, dass die Wirkung sich verbessert, je ähnlicher die Stellvertreterperson uns selbst ist. Danny Hart dabei zuzusehen, wie er im Jahr 2011 die Downhill-Elite bei der Weltmeisterschaft alt aussehen ließ, kann zwar motivierend und atemberaubend sein, hilft aber Ihrer eigenen Selbstwirksamkeit für Bergabfahrten kaum, es sei denn, Sie haben ähnlich wahnsinnig geniale Fähigkeiten und »so große Eier, dass Sie nicht drauf sitzen können« (das war eine Aussage des Kommentators, die kommt nicht von mir – diese Reportage sollten Sie sich übrigens mal ansehen).

Was hingegen hilft: Ein paar Hobbysportlern dabei zusehen, wie diese etwas schaffen, an dem Sie selbst noch knabbern. Wenn Sie beispielsweise ein sicherer Schwimmer sind, sich aber nicht trauen, einer Masters-Gruppe beizutreten, schauen Sie sich erst mal ein Training an und achten Sie dabei besonders auf die Schwimmer mit ähnlichen Zeiten wie Ihren. Wenn Sie dann immer noch unsicher sind, gehen Sie zunächst auf eine langsamere Bahn, maximieren Sie dort Ihre Erfolge und erzielen Sie dadurch ein gutes Gefühl. Für Aufgaben, bei denen Sie eine geringe Selbstwirksamkeit haben, gilt also: *Erst zusehen, dann mitmachen*. Wenn Sie nicht vor Ort dabei sein können, schauen Sie sich einfach etwas Passendes auf YouTube an.

Strategie 3: Verbale Ermutigung

Wer verbale Ermutigung darüber erhält, dass er etwas schaffen kann, verbessert dadurch seine Selbstwirksamkeit. Diese Strategie ist gut, aber im Vergleich zu den beiden vorherigen nicht ganz so effizient. Die Ermutigung funktioniert am besten, wenn sie 1. von einer Person kommt, deren Meinung wir vertrauen, sie 2. auf Tatsachen und Logik beruht und 3. unsere vorhandenen Fähigkeiten und Erfahrungen widerspiegelt. Aus diesem Grund ist ein erfahrener Trainer sehr hilfreich, um Selbstvertrauen aufzubauen. Seien Sie aber vorsichtig bei fragwürdigen Ermutigungen. Als Beispiel hier zwei Ansätze von Lesley, mich (Simon) davon zu überzeugen, mit dem Mountainbike über einen Abgrund zu fahren.

Simon (der mit quietschenden Reifen am Rand stehen bleibt): Neeeeee! Ich nehm die andere Strecke! [flucht über die Höhe und dann über die schlimmen Konsequenzen dieser Abfahrt]

Lesley (Strategie 1): Komm schon, Si, jetzt sei kein Schlappschwanz und fahr einfach!

Lesley (Strategie 2): Denk dran – leg dich auf das Ziel fest, fahr ran, nimm eine entspannte Position ein, konzentrier dich auf die Strecke. Ist genau wie die Mission-Trails-Abfahrt letzte Woche in San Diego, die hast du auch gepackt. Du kannst das, Schatz!

Man muss keinen Doktortitel haben, um zu erkennen, welche verbale Strategie besser funktioniert. (Damit Sie's wissen: Lesley hat sich auf Strategie 1 eingeschossen, und wenn ich ihr den wissenschaftlichen Hintergrund von Strategie 2 nahebringen will, brüllt sie Strategie 1 nur noch lauter raus).

Verbale Ermutigung muss nicht immer von anderen kommen. Auch positive Selbstgespräche und Selbstbestätigung sind Formen verbaler Ermutigung, allerdings weniger effektiv als Zuspruch von einer Vertrauensperson. Deswegen bringt es herzlich wenig, sich vor den Spiegel zu stellen und sich laut zu versichern, dass man etwas kann. Ganz oberflächlich ist das zwar auch selbstwirksam – aber es ist eben die schwächste Form der drittbesten Strategie.

Strategie 4: Den Körper unter Kontrolle bringen

Die vierte und letzte Strategie zur Förderung der Selbstwirksamkeit ist der Einfluss darauf, wie unser Körper auf schwierige und nervenaufreibende Situationen reagiert. Das bedeutet, dass Sie lernen sollten, Ihre körperliche und geistige Erregung mithilfe von Entspannungstechniken zu kontrollieren und negative physische Empfindungen in positive umzudeuten (zum Beispiel »Ich bin so nervös, ich muss schon wieder aufs Klo.« wird umgedeutet in »Das ist klasse! Je leichter ich bin, desto schneller kann ich laufen!«). In Kapitel 13 lernen Sie die Angstkontrolle und Umdeutungstechniken noch besser kennen.

Lächle, auch wenn du dich mies fühlst. Forschungen in kognitiver Neurowissenschaft zeigen, dass wir den Grad der Freisetzung bestimmter Neurotransmitter im Gehirn, die mit dem Selbstvertrauen in Zusammenhang stehen, einfach dadurch beeinflussen können, dass wir unsere Körperhaltung und unseren Ausdruck ändern. Wissenschaftler bezeichnen dies als »Embodiment« – diese seltsame These besagt nämlich, dass Gefühle oder Gedanken, die wir durch unsere Körpersprache ausdrücken, einen direkten Einfluss auf das Gehirn haben.[21] So verhilft uns zum Beispiel ein einfaches Lächeln zu einem besseren Gefühl, weil es eine Dopaminausschüttung bewirkt und dem Gehirn somit seine persönliche Glücksdroge beschert. Auch wenn uns gar nicht nach Lächeln zumute ist, führt ein vorgetäuschtes Lächeln trotzdem zu diesem neurochemischen Effekt. Wissenschaftler haben die Embodiment-Theorie auf viele kreative Arten darauf getestet, wie stark die Wechselwirkung zwischen Körper und Psyche ist. Wenn Probanden beispielsweise gebeten wurden zu lächeln, obwohl sie das nicht konnten, weil sie etwa einen Bleistift über der Oberlippe liegen hatten (kein Witz, das machen Wissenschaftler wirklich), trat keine Verbesserung der Laune ein. Hingegen stieg die positive Stimmung an und die negativen Gefühle wurden schwächer, als die Forscher ihren Probanden Botox in bestimmte Gesichtsmuskeln injizierten, um sie am Stirnrunzeln zu hindern.[22]

Bauch rein, Brust raus. Das Verändern der Körperhaltung erhöht das Selbstbewusstsein ebenfalls, weil dadurch die Hirnchemie beeinflusst wird. Jüngste Forschungen haben ergeben, dass bereits etwas so Simples wie das einminütige Einnehmen einer »Gewinnerpose« den Testosteronspiegel ansteigen lässt, einen Cortisolrückgang bewirkt und Machtgefühle und die Risikobereitschaft verstärkt – alles wichtige biologische Faktoren für das Selbstbewusstsein.[23] Eine Gewinnerpose ist einfach eine offene und ausladende Körperhaltung: Bauch rein, Brust raus, Schultern zurück und Augen nach vorn. Stellen Sie sich einfach Superman oder William Wallace vor, wie er aus der Kampfaufstellung nach vorn tritt, als ob er sagen wollte: »Kämpf mit mir, Kumpel!«

Wenn Sie also das nächste Mal am Strand stehen und auf Ihre Welle warten, machen Sie mal Folgendes: Anstatt Ihre Zeit damit zu vergeuden, sich fast in die Hose zu machen und zu hoffen, dass Sie beim Schwimmstart keine Faust ins Gesicht bekommen oder untergehen, stellen Sie sich aufrecht hin, Hände in die Hüften, Brust raus, Schultern zurück, Blick nach vorn und lassen Sie Ihre nonverbale Kommunikation laut schreien, dass sich heute besser niemand mit Ihnen anlegt.

Ein geringes Selbstbewusstsein behandeln

Selbstbewusstsein ist eine verallgemeinerte Fassung von Selbstwirksamkeit und wird von der Selbstachtung angetrieben. Aus diesem Grund kombinieren die Strategien zur Verbesserung des Selbstbewusstseins Techniken, die auch verwendet werden, um die Selbstwirksamkeit und Selbstachtung zu ändern. Eine Anhebung der Selbstachtung (dazu mehr im nächsten Abschnitt) legt den Grundstein für positives Denken. Wenn man aber die Selbstachtung über vielfältige Aufgabenstellungen steigert, verursacht dies einen positiven Rückfluss auf das Selbstbewusstsein. Welchen Bereich Sie zuerst angehen, sollten Sie anhand der relativen Stärke Ihrer Selbstachtung und Ihrer Selbstwirksamkeit entscheiden. Wenn Sie beispielsweise einen grundsätzlichen Mangel an Selbstvertrauen als Sportler haben, aber glauben, Ihre allgemeine Selbstachtung sei stark, sollten Sie als Erstes Ihre Selbstwirksamkeit anvisieren. Das erreichen Sie, indem Sie zwei oder drei bestimmte Bereiche in Ihrem Sport ermitteln, in denen Ihnen Selbstwirksamkeit fehlt. Wenn Sie zum Beispiel ein Halbmarathonläufer mit einem grundsätzlichen Mangel an Selbstvertrauen in sich selbst als Sportler sind, könnten das ein aggressives Pacing, Ihre Schmerzgrenze und der Umgang mit Krämpfen sein. Das sind Ihre Schwachpunkte in der Selbstwirksamkeit. Wenden Sie danach die oben beschriebenen Strategien an, um den Glauben an Ihre Selbstwirksamkeit bei jedem dieser Punkte zu erhöhen. Wenn Sie vermuten, dass eine geringe Selbstachtung zu Ihrem niedrigen Selbstbewusstsein beiträgt, sollte Ihr Fokus darauf liegen, Ihren inneren Kritiker herauszufordern und Dankbarkeit zu entwickeln. Wie Sie Selbstachtung und Selbstwert steigern, erfahren Sie im nächsten Abschnitt.

Geringe Selbstachtung und geringen Selbstwert behandeln

Probleme mit dem Selbstbeurteilungssystem, die ihren Ursprung sehr weit unten in unserem Persönlichkeitsbaum haben, müssen mit Strategien behandelt werden, die den inneren Kritiker – diese Stimme, die uns ständig rügt, dass wir etwas nicht hinbekommen oder nicht gut genug sind – zum Ziel haben.

Um den Selbstwert und die Selbstachtung sollten wir uns am besten mithilfe eines Profis kümmern, denn es ist kaum möglich, voreingenommenes Denken durch voreingenommenes Denken aufzulösen. Das ist wie etwas Blaues anzusehen und sich selbst davon überzeugen zu wollen, dass es rot sei. Bei Sportlern mit einem geringen Selbstwert haben diese Überzeugungen Auswirkungen auf alle Aspekte ihres Lebens, nicht nur auf die Erfahrungen im Trainingsanzug. Daher folgen nun zwei Strategien, die wir sehr empfehlen.

Strategie 1: Sprechen Sie mit einem Psychologen, um die Probleme zu entwirren

Wir reden hier nicht davon, dass Sie einen Sportpsychologen konsultieren sollten, sondern einen klinischen Psychologen oder Therapeuten, der darin geschult ist, Menschen mit einem instabilen Glauben an sich selbst zu helfen. Beginnen Sie damit, online nach einem geeigneten Therapeuten in Ihrer Nähe zu suchen. Alternativ können Sie auch Bekannte fragen, die vielleicht ihren Therapeuten empfehlen können. Persönliche Empfehlungen sind immer noch der beste Weg, um einen guten Seelenklempner zu finden. Für die Zwischenzeit geben wir Ihnen im Folgenden ein paar Tipps, die Sie schon heute umsetzen können.

Strategie 2: Stellen Sie sich Ihren negativen Gedanken

Die Ausgangsposition, um Ihrem Schimpansen kundzutun, dass er endlich mal die Schnauze halten und seine Kritik für sich behalten soll, ist, dass Sie sich bewusst machen, dass sie das tun. Jeder Psychologe wird Ihnen bestätigen, dass die Eigenwahrnehmung der Grundstein für den Wandel ist, also sollten Sie wissen, dass Sie sich Ihren negativen Gedanken stellen. Legen Sie ein Protokoll an oder führen Sie Tagebuch oder laden Sie sich eine App aufs Smartphone, in die Sie Ihre Gedanken eintragen können. Oder stecken Sie sich 30 Büroklammern in die linke Hosentasche und schieben Sie jedes Mal, wenn der Motzkoffer wieder den Mund aufmacht, eine davon in die rechte Tasche. Wenn Sie Ihre Neigungen dann kennen (wann, wie oft, was), schreiben Sie den Mist, den Sie sich selbst erzählen, auf. Haben Sie dann eine Liste Ihrer Selbstkritiken, müssen Sie Ihr Professorenhirn Wahrheit und Fiktion entwirren lassen. Psychologen nennen das »Reframing« oder »Umdeutung«, wir nennen es »dem Mist die Stirn bieten«.

Vergleichen Sie die beiden Ansätze der Reaktionen auf Selbstkritik in der folgenden Tabelle. Erkennen Sie, warum die rechte Spalte die bessere ist?

SELBSTKRITISCHER GEDANKE: Ich bin so langsam, es fühlt sich sinnlos an. Ich bin ein hoffnungsloser Fall.

VERSUCHEN SIE FOLGENDES ZU VERMEIDEN	JA, KLASSE!
Ich bin nicht langsam, und es ist nicht sinnlos. Solange ich mein Bestes gebe, ist das alles, was zählt.	Ich mag ja langsam sein, aber ich trainiere in der Herzfrequenzzone, die mein Trainer empfiehlt, und ich habe die Trainingseinheit abgeschlossen. Das ist hart, aber ich gebe nicht auf.
Bald werde ich schneller sein. Einfach Zähne zusammenbeißen und dran arbeiten.	Dann bin ich eben einer der langsameren Sportler. Wen juckt's? Wenn ich nicht mithalten kann, scheint die Sonne trotzdem noch.
Es ist egal, was andere von mir denken. Alles, was zählt, ist, dass ich hier stehe.	Egal, wie schnell oder langsam ich bin, es wird immer Sportler geben, die besser oder schlechter sind als ich. Es wird mich nicht glücklicher machen, wenn ich schneller werde. Ich werde die Freude im Hier und Jetzt finden.

Wir empfehlen, in Übung 2 auf Seite 84 nur fünf Ihrer Selbstgeißelungen statt all der Verrücktheiten, die Ihr Kopf vielleicht produziert, in Angriff zu nehmen. Sonst würde es schnell wie eine Kampfszene aus dem Film *Braveheart* aussehen. Fragen Sie sich bei jeder der fünf Selbstgeißelungen, welche Beweise diese Überzeugung stützen. Nur für den Fall, dass Sie es nicht so mit der Wissenschaft haben: »Beweis« bezieht sich nur auf die Dinge, die nachgewiesen, verifiziert und fundiert sind – nicht auf den doppelt gemoppelten imaginären Schwachsinn, mit dem Ihr Schimpanse Sie füttert (zum Beispiel »Ich bin ein Versager, weil ich mich wie ein Versager fühle.«). Weil Ihr Schimpansenhirn jeglichen Bockmist schon kilometerweit riechen kann, halten Sie sich nicht mit leeren Phrasen, künstlichen oder unrealistischen Alternativen oder Affirmationen auf. Seien Sie ehrlich zu sich selbst. Das ist essenziell.

Eine andere Variante, das negative Denken anzugreifen, ist die Krisenplanung. Erstellen Sie eine Liste aller Dinge, die bei Ihrem Wettkampf schieflaufen könnten, und arbeiten Sie anschließend einen detaillierten Plan aus, was Sie tun werden, sollte tatsächlich etwas davon eintreten. Wenn Sie sich darüber Sorgen machen, dass Sie einen Platten haben könnten, wird das ein Problem bleiben, solange Sie kein Vertrauen in Ihre Fähigkeit haben, ihn eigenhändig zu reparieren. Bringen Sie sich dazu, zu lernen. Wenn Sie beim Rennen Ihre komplette Verpflegung verlieren, weil alles aus Ihrem Rucksack gefallen ist, verringert dies nicht Ihre Chancen, das Rennen zu beenden, wenn Sie wissen, wo die Versorgungsstationen sind und was es dort gibt. Machen Sie Ihre Hausaufgaben. Wenn Sie in ein Rennen gehen und wissen, dass Sie auf alle Eventualitäten vorbereitet sind, führt das dazu, dass es kaum noch etwas gibt, worum Sie sich Sorgen machen müssen.

ÜBUNG 2

DEM MIST DIE STIRN BIETEN

Schreiben Sie fünf Ihrer üblichen, doch spezifischen Selbstkritiken in die linke Spalte. Erschaffen Sie für jede Selbstgeißelung eine sinnvolle und sachlich fundierte Alternative, wie Sie diesen Gedanken noch interpretieren könnten. Sie müssen der Alternative noch nicht mal zustimmen, finden Sie nur eine und schreiben Sie sie auf. Versuchen Sie, Gegenargumente zu finden, die auf Selbstakzeptanz statt auf Selbstkritik beruhen, so wie in unserem Beispiel.

Mein selbstkritischer Schimpanse sagt... (Selbstgeißelung)	Alternative Auslegung (Fragen Sie sich: »Na, und?«)
Ich werde niemals schnell genug sein, um mit dieser Gruppe mithalten zu können.	Ich bin schnell genug, um mit ihnen zu starten und dranzubleiben, so lange ich kann. Keinen außer mich selbst stört es, wenn ich abgehängt werde.
1	
2	
3	
4	
5	

Strategie 3: Seien Sie dankbar

Es ist mittlerweile wissenschaftlich bewiesen, dass die Anerkennung dessen, was man hat, einen erstaunlichen Effekt auf die Selbstbeurteilung und das allgemeine Wohlbefinden hat, wahrscheinlich weil es der Negativität gegenübersteht und die Produktion von Dopamin ankurbelt – und unser Hirn wieder seine Glücksdroge bekommt.[24] Wissenschaftler haben auch herausgefunden, dass die bloße Suche nach etwas, wofür man dankbar sein kann, genauso effektiv ist, wie es zu finden. Also, versuchen Sie es zumindest!

Eine der besten Techniken ist das tägliche Dankbarkeitsprotokoll. Wenn Sie drei Wochen lang täglich drei Dinge aufschreiben, für die Sie dankbar sind, verbessert das Ihr geistiges Wohlbefinden und hilft Ihnen dabei, runterzukommen.[25] Ich weiß, ich weiß, das klingt total abgedroschen, aber es ist bewiesen und funktioniert wirklich! Die täglichen Dinge, für die Sie dankbar sind, können winzig sein, aber sie müssen erlebt worden sein, sinnvoll und real. Vermeiden Sie also banale, vage und kitschige Aussagen wie »Ich bin dankbar für die Erde« oder Dinge, die noch gar nicht geschehen sind, wie »Ich bin dankbar für den Urlaub, den ich nächste Woche antrete« und die offensichtlich beschissenen Dinge, die keiner von uns will, wie »Ich bin dankbar, dass ich keinen Darmkrebs habe«. Konzentrieren Sie sich stattdessen auf die Dinge, die Ihnen ein Lächeln ins Gesicht gezaubert haben, bei denen Sie ein Glücksgefühl verspürt haben, auch wenn es nur für ein paar Sekunden war, wie »Ich bin wirklich dankbar dafür, heute in sauberer Bettwäsche zu schlafen« oder »Ich bin dankbar, dass mein Urin nach Spargel riecht«.

Das Ganze funktioniert, weil Sie gezwungen sind, Ihren Tag nach positiven Emotionen zu durchforsten. Dafür müssen Sie sich ein achtsames Verhalten aneignen und sich auf die kleinen Dinge konzentrieren, die sich in Ihrer Alltagsroutine verstecken und die Sie normalerweise als selbstverständlich ansehen. Diese positiven Tröpfchen können winzig kleine Spritzer Dopamin (Freude) und Serotonin (Glück) erzeugen, die mit Verurteilung und Selbstkritik inkompatibel sind.

In Übung 3 können Sie Ihre tägliche Dankbarkeit protokollieren.

Strategie 4: Engagieren Sie sich auf sinnvolle Weise

Anderen zu helfen ist ein sehr guter Weg, um den Glauben an sich selbst neu zu kalibrieren. Wir sprechen hier nicht davon, als Freiwilliger am Versorgungsstand beim örtlichen Ironman auszuhelfen, sondern über Aktivitäten, die für Menschen in Not wirklich etwas bewirken. Es ist hart, sich nicht ausstehen zu können und gleichzeitig wohltätig zu handeln. Es hat einen enormen therapeutischen Effekt, sich auf die Menschen zu konzentrieren, denen man dabei hilft, ihr Leben zu verbessern. Deswegen steht das auch auf unserer »Muss-Liste« für Sportler mit geringem Selbstwert und geringer Selbstachtung.

Helfen Sie freiwillig in einem Obdachlosenheim, einer Einrichtung für Kinder aus problematischen Familien, einem Förderverein für Behindertensport oder Ähnliches – alles, was Ihnen dabei hilft, Ihrem Selbstgeißelungssystem Steine in den Weg zu legen und Ihre Aufmerksamkeit auf andere Menschen zu lenken. Wenn Sie sich nicht ehrenamtlich betätigen können (weil Ihnen

Zeit und Mittel fehlen oder warum auch immer), versuchen Sie eine Gewohnheit zu entwickeln, zufällige gute Taten durchzuführen. Spendieren Sie einer Rentnerin einen Kaffee, machen Sie drei Leuten ein Kompliment et cetera. Sie haben das Prinzip verstanden. Fügen Sie das zu Ihrer Alltagsroutine hinzu.

Die Erwartungshaltung, dass sich Erfolg einstellt, wenn man sich nur viel Mühe gibt

Wenn man Ihnen beigebracht hat, dass man nur damit, sich viel Mühe zu geben, zum Erfolg kommt und dass dies der einzige Weg sei, um Erfolg zu definieren, hat man Sie für dumm verkauft. Dr. Nathaniel Branden hat im Jahr 1969 das Buch *The Psychology of Self-Esteem* veröffentlicht, das als das Werk gilt, das die Selbstachtungsbewegung eingeläutet hat. Demnach können Kinder nur glücklich und leistungsfähig werden, wenn man sich bei ihrer Erziehung auf eine einzige wichtige Sache, nämlich auf die Selbstachtung, konzentriert.[26] Das stellte sich als völliger Schwachsinn heraus, hielt die Theorie aber nicht davon ab, sich wie ein Lauffeuer zu verbreiten. Sie können das an fast jedem Spielfeldrand bei Jugendspielen beobachten: Wer mitmacht und sich Mühe gibt, wird dafür über alle Maßen belohnt. Toll, am besten setzen wir noch jedem ein Krönchen auf! Durch die sogenannte Mitleidsregel werden Spiele vorzeitig beendet, wenn ein Team vom anderen zu hart rangenommen wird. Das ist nicht nur eine falsche Interpretation der Wissenschaft, sondern auch ein Bärendienst an den Kindern. Wir haben die Logik völlig falsch verstanden.

Hohe Selbstachtung und Selbstbewusstsein entstehen dadurch, dass man etwas Unangenehmes erlebt und es meistert. Selbstbewusstsein *verdient* man sich also, man bekommt es nicht geschenkt. Ich sehe Sie schon zustimmend nicken, aber wir Erwachsenen machen es nicht viel anders. Warum sonst muss eigentlich jeder, der bei einem lahmen 5-Kilometer-Lauf mitmacht, dessen Einnahmen an eine Obdachloseneinrichtung gehen, eine Medaille und ein T-Shirt für die Teilnahme bekommen?

Wir gewöhnen uns immer mehr an eine Kultur des Belohnungsanspruchs für unsere Bemühungen. Genau das kann aber die Denkweise von Ausdauersportlern ganz schön durcheinanderbringen. Wenn man immer gesagt bekommt, dass es lediglich darauf ankommt, »es zu versuchen«, ist man viel eher enttäuscht und fühlt sich unzulänglich, wenn der bloße Versuch doch nicht reicht. Manche Sportler sind aber nicht nur enttäuscht, wenn sie alles geben und trotzdem ihr Ziel nicht erreichen, sondern weigern sich auch, sich einzugestehen, dass die bloße Bemühung *eben nicht* das einzig Wahre ist. Wenn man sein Leben lang eingetrichtert bekommen hat, dass sich harte Arbeit lohnt und alles ist, was zählt, sieht man diese Arbeit und die Bemühung als den einzigen Weg an, um Erfolge wie Misserfolge zu erklären. Wenn diese Sportler dann nicht so gut abschneiden, wie sie es sich erhofft hatten, richtet sich ihr Urteil nach innen: »Ich habe mir nicht genug Mühe gegeben« oder »Irgendetwas muss ich falsch gemacht haben«.

Natürlich ist Mühe wichtig für den Erfolg, und die eigene Anstrengung und Einstellung sind so ziemlich das Einzige, was man an einem Wettkampftag kontrollieren kann (neben ein paar taktischen Überlegungen und der richtigen Ernährung). Betrachtet man Training und Wettkämpfe

ÜBUNG 3

STARTSCHUSS FÜR IHR TÄGLICHES DANKBARKEITSPROTOKOLL

Schreiben Sie drei Dinge, für die Sie dankbar sind, für jeden Tag der Woche auf, und beobachten Sie, wie gut es funktioniert.[27] Vermeiden Sie banale, vage, kitschige und zukünftige Dinge. Konzentrieren Sie sich auf die Dinge, die Ihnen ein Lächeln ins Gesicht gezaubert haben, bei denen Sie ein Glücksgefühl verspürt haben, auch wenn es nur für ein paar Sekunden war. Vervollständigen Sie für den Anfang die Protokolleinträge für die erste Woche.

Heute bin ich dankbar für …

MONTAG
1
2
3

DIENSTAG
1
2
3

MITTWOCH
1
2
3

DONNERSTAG
1
2
3

FREITAG
1
2
3

SAMSTAG
1
2
3

SONNTAG
1
2
3

Wo Sie schon mal in Schwung sind, können Sie sich Ihre täglichen Dankbarkeitseinträge für die Wochen 2 und 3 per E-Mail senden.

jedoch in einem größeren Zusammenhang, stellt man fest, dass das Mantra »Wenn du dir Mühe gibst, schaffst du es auch« ein gefährlicher Trugschluss ist. Sich zu bemühen, ergibt nur dann Sinn, wenn diese Mühe mit dem Erlernen dessen, was funktioniert und was nicht, gekoppelt wird. Wenn dieser Irrglaube auf die nicht veränderbare genetische Anlage des Talents trifft, ist Leistung ganz schnell etwas, das kaum noch Sinn ergibt. Das sehen wir am Beispiel von Andy.

ICH WILL EINFACH NUR GEWINNEN
Wenn es einfach nicht ausreicht, sich nur Mühe zu geben

Sein ganzes Leben lang hat Andy gesagt bekommen, dass er mit harter Arbeit alles erreichen kann. Er war der Goldjunge der Familie, der nichts falsch machen konnte. Kein Ziel war unerreichbar, so bläute man ihm ein, wenn er es sich nur fest genug wünschte. Seine blauäugigen Eltern brachten ihm bei, große Träume zu haben und immer 100 Prozent zu geben und versprachen ihm eine Welt, die ihm zu Füßen liegen würde. Bei allem, was er tat, wurde er ermutigt und gelobt. Andy war ein toller Junge, und als er 24 Jahre alt war, wollte er seine neue Leidenschaft, den Triathlon, meistern. Nach einer ziemlich harten Einstiegssaison war Andy total erstaunt über seine mittelprächtigen Ergebnisse. Er wirkte unglaublich selbstbewusst und seine Ziele waren unerreichbar hoch: eine Nationalmeisterschaft innerhalb von zwei Jahren gewinnen (wofür er erst mal an den besten 10 Läufern bei der örtlichen Sprintdistanz vorbeimusste) und seine Profilizenz bekommen (er hatte eine Durchschnittszeit von 5 Minuten pro Kilometer).

Er gab sein Bestes, aber er gewann keine Rennen. Andy ging daher davon aus, dass bei seinem Training irgendetwas Wichtiges nicht berücksichtigt wurde. Warum sonst sollte er nicht gewinnen? Innerhalb von sechs Monaten schlief Andy jede Nacht im Höhenzelt, quälte sich wöchentlich mit 20 bis 25 Stunden hartem Training und war ständig auf der Suche nach irgendwelchen Geräten oder Spielereien, die ihm den letzten Schliff verpassen könnten. Andys Leben wurde sehr eindimensional. Er steckte all seine Energie in die Dinge, die ihm dabei helfen könnten, ein siegreicher Triathlet zu werden.

Andy verbesserte sich zwar merklich, aber er war für die Spitzenplätze zu diesem frühen Zeitpunkt einfach nicht geschaffen. Ihm fehlte die physische Ausdauer, um im Spitzenlevel konkurrenzfähig zu sein, doch das ignorierte er. Wenn ihm nichts mehr einfiel, womit er beweisen konnte, dass seine Mühen sich lohnten, griff Andy nach neuen, jedoch bedeutungslosen Strohhalmen seiner Steigerungen – wie etwa ein neuer Temporekord auf einer Abfahrt oder eine neue Ruheherzfrequenz. Er durchforstete jede Trainingseinheit nach Beweisen dafür, dass sich seine Anstrengung und seine harte Arbeit auszahlten. Jedem Wettkampf folgte eine forensische Analyse dessen, was er hätte besser machen können.

Das Problem lag jedoch darin, dass Andys Selbstbewusstsein erlernt und nicht erlebt war. Anstatt Erfolge durch das Bewältigen von Herausforderungen und Rückschlägen zu haben (was zum richtigen Aufbau des Selbstbewusstseins führt), speiste sich sein Selbstbewusstsein daraus, dass man ihm immer gesagt hatte, wie toll er sei. Er war es schlichtweg nicht gewohnt, mit Misserfolgen umzugehen und daraus zu lernen. Andy glaubte daran, dass sich alles fügen würde, wenn er sich nur genug Mühe gab. Als diese Mühe aber nicht zum Erfolg führte, vermieste ihm seine Unfähigkeit, diese Misserfolge richtig zu interpretieren, jeglichen Spaß am Sport. Er war nicht dazu in der Lage, den Trainingsprozess und die manchmal harten Nüsse, die geknackt werden mussten, zu genießen, und ihm fehlte die Neugier herauszufinden, was er aus seinen Rückschlägen lernen konnte. In der Folge hörte er auf zu trainieren und an Wettkämpfen teilzunehmen. Seine Triathlonkarriere endete ganze zwei Jahre und zwei Monate nach ihrem Start.

Seien Sie nicht wie Andy!

4

ZIELSETZUNG IST FÜR MICH KEIN PROBLEM

DAS GEHEIMNIS DES TUNS

Tu es oder tu es nicht. Es gibt kein Versuchen. – YODA IN STAR WARS: *DAS IMPERIUM SCHLÄGT ZURÜCK*

Der Ratschlag, etwas *einfach zu tun* ist ein echter Bärendienst. Er macht sich vielleicht gut in der Werbung und wird auf jeden Fall ständig von genervten Trainern, Eltern und Lehrern benutzt. Wissenschaftlich gesehen ist dieser Aufruf jedoch fast immer ineffektiv. Es gibt sogar Beweise dafür, dass er Motivation, Zuversicht und Spaß untergraben kann. Der Gedanke hinter dem Motto »Mach es einfach« ist aber gut gemeint – hör auf, zu viel nachzudenken; hör auf, nur davon zu reden; hör auf, es hinauszuzögern; und hör auf, mich dazu zu bringen, immer wieder zu sagen: »Mach es einfach!«

Anbei einige Beispiele, bei denen Sportler Probleme haben, etwas *einfach zu tun*:

> Ich komme morgens nicht so superfrüh aus dem Bett und kann deshalb die Workouts nicht machen. Ich bin einfach kein Morgenmensch. Ich gehe mit guten Vorsätzen ins Bett, und wenn dann der Wecker klingelt, überzeuge ich mich selbst davon, dass ich mehr Schlaf brauche oder eben nach der Arbeit Sport mache. Ja, klar.
>
> Jim, 44, Mountainbiker

> Ich habe Probleme, mich zu langen Läufen zu zwingen. Mit dem Rad ist das kein Problem, da macht mir das nichts aus. Ich finde immer Ausreden, warum es gerade nicht geht. Ich suche nach x-beliebigen Gründen, um es nicht tun zu müssen.
>
> Taylor, 52, Triathlet

Ich mache nur selten meine Dehnübungen und nutze die Faszienrolle nicht regelmäßig. Ich weiß, dass das auf meinem Plan steht und wichtig ist, aber ich mache es einfach nicht. Ich weiß noch nicht mal, warum. Doch, weiß ich… Es ist langweilig, ich bin immer zu spät dran und verbringe meine Zeit dann lieber mit dem eigentlichen Training.

Jane, 39, Läuferin

Mein Trainer verlangt wieder und wieder von mir, meine Daten hochzuladen, aber ich vergesse ständig mein Herzfrequenzband oder es funktioniert nicht oder meine Uhr zeigt eine Fehlermeldung, wenn ich die Daten doch mal hochladen will. Irgendetwas ist immer. Die Technik macht mich wahnsinnig und ich habe keine Zeit, mich damit zu beschäftigen.

Humberto, 36, Ultraläufer

Ich lasse viel zu oft das Frühstück oder Mittagessen ausfallen und denke auch nie daran, in der Arbeit gesunde Snacks zu essen. Ich weiß, dass es helfen würde, wenn ich sonntags die Mahlzeiten für die Woche vorbereite, ich habe aber nie Zeit dafür. Es läuft dann immer darauf hinaus, dass ich in die Kantine gehe und irgendeinen Schrott esse.

Paul, 55, Ironman-Triathlet

Ich hasse dieses dämliche Core-Training. Ich weiß, dass es gut für mich ist und mir als Fahrerin weiterhilft. das weiß ich alles!!! Aber, bääh, ich mache es nur, wenn man mir eine Knarre an den Kopf hält.

Lisa, 28, Radrennfahrerin

Wie bei den meisten Dingen im Leben besteht das Problem nicht darin, zu wissen, *was* man tun sollte – die Schwierigkeiten liegen darin, *wie* man es tun sollte und es dann tatsächlich zu *tun*. Beim Trainieren von Ausdauersportlern ist eine gängige Lösung zur Mobilisierung des *Was*, *Wie* und *Tun* die Zielsetzung. Sie brauchen klare Vorgaben, also setzen wir Langzeitziele. Schaffen Sie nicht? Gut, dann eben ein paar Kurzzeitziele. Sie haben Probleme damit loszulegen? Dann setzen wir noch kleinere Ziele. Uns ist noch kein Sportler untergekommen, der nicht zumindest ein rudimentäres Verständnis der Wichtigkeit von Zielsetzungen gehabt hätte. Auch wenn jemand sich nicht mit den Fachbegriffen der Zielsetzung auskennt, beweist die Tatsache, dass er geboren wurde, dass er auf jeden Fall die Grundprinzipien versteht und einsetzt. Denn das menschliche Gehirn wird im Uterus schon darauf programmiert, zielorientiert zu sein.

Unser Schimpansenhirn setzt uns beispielsweise einige grundlegende Ziele, ob es uns passt oder nicht (zum Beispiel am Leben zu bleiben, zu essen, zu schlafen und zu vögeln), und unser Professorenhirn ist biologisch darauf ausgerichtet, nach den etwas komplexeren Dingen zu streben (wie den Sinn des Lebens zu finden, akzeptiert zu werden, Dinge zu meistern). Zielsetzung ist also ein Teil unseres Betriebssystems. Wer Sportwissenschaft oder Sportpsychologie studiert hat, weiß, dass es Kurse gibt, die sich mit nichts anderem als der Zielsetzung beschäftigen. Studenten müssen sich mit dem Was, Warum und Wie intensiv auseinandersetzen. Amerikanische Studenten müssen beispielsweise das Akronym SMARTER zerpflücken, und das bedeutet im Englischen, dass wirksame Ziele folgende Kriterien erfüllen müssen: specific (spezifisch), measurable (messbar), achievable (erreichbar), realistic (realistisch), time-dependent (zeitabhängig), energizing (antreibend) – und wofür auch immer das letzte R steht. Ist nur Spaß, es steht für redundant (überflüssig).

Motivationsmontag ... Augenrollen, bitte

Wenn Sie sich den Spaß machen würden, psychologische Artikel in beliebten Ausdauersportzeitschriften zu analysieren, wäre das gängigste Thema sicher Zielsetzung, gefolgt von lahmen Visualisierungsmethoden zur Reduzierung von Angst und sinnlosen Ratschlägen zum Aufbau des Selbstbewusstseins. Die Online-Community der Sportler ist so versessen auf Zielsetzungsklischees, dass Facebook, Twitter & Co. den Internet-Memen, die uns Feuer unterm Hintern machen sollen, einen ganzen Tag gewidmet haben (zumindest ist das in Amerika so): den Motivationsmontag. Hier ein paar unserer Lieblingssprüche:

Ja, Tipps zur Zielsetzung sind bei Sportlern so etwas geworden wie die Sicherheitshinweise während eines Flugs: »Ich weiß, dass ich zuschauen und das Merkblatt lesen sollte, aber erspart mir das doch bitte.«

Es ist ja nicht so, dass diese Sprüche völlig sinnentleert wären oder nicht eine winzige Änderung der Denkweise bewirken könnten, sie sind nur leider für unser Verhalten irrelevant. Sie helfen uns nicht dabei, etwas zu tun. Aufgrund unseres leicht zynischen Tonfalls könnten Sie unter Umständen annehmen, wir plädierten für eine ziellose und richtungslose sportlerische

Reise. Tun wir ganz sicher nicht! Sich gute Ziele zu setzen ist genauso wichtig wie Unterwäsche zu tragen. Wir treffen nur äußerst selten Sportler, die Probleme mit der Zielsetzung haben, also nicht wissen, wie oder warum sie sich ein Ziel setzen sollten. Natürlich haben viele Sportler Probleme mit dem Feintuning ihrer athletischen Ziele, meistens mit einem der Punkte des weiter oben genannten Akronyms, das sind aber nur Kleinigkeiten. Viel mehr Sportler tun sich mit der Umsetzung schwer – also loszulegen, sich zu fokussieren und ihre Energie darauf zu verwenden, ihr Ding durchzuziehen.

Zielsetzung im Gehirn

Man erkennt leicht, warum die Empfehlung, etwas *einfach zu tun*, ineffektiv ist. Eine vorsätzliche und bewusste Zielsetzung im Sport ist eine Mentalübung, die im präfrontalen Kortex beginnt – und endet. Ein Fest für das Professorenhirn: Planung und Analyse. An dieser Stelle beginnt auch die bewusste Absicht, die »Ich-werde«-Aussagen. Wir sind uns aber nur zu gut all der unzähligen Neujahrsvorsätze bewusst, die wir dann doch nicht durchgezogen haben, sodass uns klar ist, dass die Absicht nicht dasselbe ist wie etwas wirklich zu tun.

Umsetzung ist eine energieintensive Verhaltensaufgabe, die stark durch das limbische System geregelt wird.[28] Die aktuelle neurologische Forschung ist dahintergekommen, wer die Zügel des motivierten Verhaltens in der Hand hält, und die anatomischen, elektrophysiologischen und neurochemischen Hinweise zeigen alle auf den Schimpansen.[29]

> Sportliche Zielsetzung kann nur darin unterstützen,
> die Motivation zu umgarnen, zu kanalisieren und zu leiten –
> sie kann nicht das *wirkliche Tun* erzeugen.

Natürlich kann unser Professorenhirn ein intellektuelles Äquivalent beziehungsweise Vorhaben aufbringen, dies ist aber nur eine kognitive Vorstufe des Handels und keine Garantie.[30] Schlimmer noch, unser zielsetzender Professor kann einem unmotivierten Schimpansen nichts entgegensetzen. Unser Schimpanse ist viel schneller und stärker als der logische Professor. Wenn wir an den Punkt gelangen, dass wir jemandem sagen müssen (selbst wenn wir es uns selbst sagen), es jetzt *einfach zu tun*, nehmen wir fälschlicherweise an, dass unser Professor die Kontrolle hat. Hat er aber nicht. Der Schimpanse hält die Zügel in der Hand und den Professor absolut im Zaum.

Denken Sie mal an diese eine Trainingseinheit, mit der Sie immer Probleme haben, sie schlicht und einfach durchzuführen, und hören Sie den Selbstgesprächen zu: *Also bitte, jetzt mach schon, ist doch nicht kompliziert! Wie oft müssen wir das noch durchgehen? Was daran kapierst du denn nicht? Hör endlich auf mit den dämlichen Entschuldigungen und zieh es verdammt noch mal durch!* All diese Klartextansagen gehen davon aus, dass Handeln (oder nicht Handeln) eine einfache logische Übung ist. Doch der Schimpanse gibt nicht nach. Was uns wieder zurück zum Tun bringt.

Wie mobilisieren wir unsere »Ochs« und Nööös« dazu, endlich mit den Dingen loszulegen, die uns dabei helfen, unsere Ziele zu erreichen? Dazu gibt es zwei sich ergänzende Ansätze, einer basiert auf Verhaltensneurowissenschaft, der andere auf kognitiver Psychologie. Diese Ansätze sind weder in der Theorie noch in der Praxis gegensätzlich. Wie Ketchup oder Mayonnaise sind sie zwar unterschiedlich, aber beide gut geeignet, unseren Pommes mehr Pfiff zu verpassen. Wenn es Ihnen an Motivation mangelt, kippen Sie einfach ein bisschen von der »Mach-es-Soße«, also Ketchup oder Mayonnaise, drauf.

Wir konzentrieren uns in diesem Kapitel auf die erste Soße: den Erwerb von Gewohnheiten. Dieser hält das Tun außer Reichweite der verzögernden und aufdringlichen bewussten Gedanken. Die zweite Soße basiert auf den Bausteinen der Eigenmotivation und versucht, bestimmte Prinzipien in Aufgaben, mit deren Ausführung wir uns schwertun, zu verankern. Fürs Erste beschäftigen wir uns damit, wie wir Gewohnheiten entwickeln.

Ein Rezept für die Mach-es-Soße

Unser Gehirn ist biologisch dazu vorgesehen, faul zu sein. Eigentlich ist *effizient* das bessere Wort, weil das Gehirn ständig auf der Suche nach Wegen ist, dieselbe Arbeit in kürzerer Zeit und mit weniger Aufwand, also effizienter auszuführen. Schätzungen zufolge treffen wir täglich rund 35 000 Entscheidungen, von denen nur etwa 5 Prozent durch bewusstes Denken geschehen.[31] Würden wir über jedes Detail in unserem Leben nachdenken, würde unser Gehirn uns hassen. Und unser Gehirn wollen wir nun wirklich nicht verärgern. **Je mehr Aufgaben das Gehirn auf Autopilot stellen kann, desto glücklicher ist es. Das beliebteste Mittel des Gehirns, um Arbeit zu sparen, sind die Gewohnheiten – also Verhaltensrituale oder Selbststeuerungen, die durch Wiederholung erzeugt werden.** Sie sind mentale Abkürzungen, um Dinge zu erledigen, ohne groß darüber nachzudenken. Gute Gewohnheiten helfen uns, sicher zu bleiben (wie immer den Sicherheitsgurt anzulegen), gesund zu bleiben (weil wir immer Zähne putzen) und geben uns ein richtig gutes Gefühl (wie Sex). Andere Gewohnheiten gefährden unsere Sicherheit (wie Telefonieren beim Autofahren), sind ungesund (nächtliche Fressorgien), auch wenn sie sich – zumindest zeitweise – gut anfühlen. Wenn die Gewohnheit angenehm und/oder erfüllend ist, wird die Verkabelung mit dieser Gewohnheit stärker und sie lässt sich nicht mehr so leicht abschalten. Ist eine Tätigkeit jedoch nicht angenehm und/oder erfüllend, brauchen wir eine Menge Willenskraft, um sie zu einer echten Gewohnheit werden zu lassen. Aus diesem Grund ist es so schwer, das Training zu einer Gewohnheit zu machen, aber unglaublich leicht, eine ganze Tüte Chips vor dem Fernseher zu mampfen. Unangenehme oder schmerzhafte Verhaltensweisen können dennoch zu Gewohnheiten werden, wenn die Motivation, dadurch ein wichtiges Bedürfnis zu erfüllen, stark genug ist: unser »Warum«. Denken Sie nur an Diabetiker, die sich ohne mit der Wimper zu zucken täglich Insulin spritzen, oder an einen Sportler, der trotz einer schmerzhaften Verletzung weiterläuft, weil seine Angst vor Gewichtszunahme so übermächtig ist.

Gewohnheiten sind offensichtlich sehr mächtig und uns allen ist klar, dass wir nicht mehr über die Dinge nachdenken müssten, bei denen es uns schwerfällt, sie *einfach zu tun*, wenn wir diese in eine Gewohnheitsschleife zwingen könnten. Weniger Denken bedeutet weniger Möglichkeiten für den Professor und den Schimpansen, sich täglich zu zoffen. Das würde weniger Aufschub, weniger Zögern, weniger Lamentieren und mehr Tun mit sich bringen. Praktischerweise haben Wissenschaftler mittlerweile die Grundbausteine der Gewohnheiten aufgedeckt. Das ist, als ob uns jemand den Schaltplan für das Gehirn in die Hand gedrückt und uns entscheidende Hinweise gegeben hätte, wie wir die Hirnchemie, die für das *Wollen* und *Tun* zuständig ist, für unsere Zwecke einsetzen können. Wir können diese Grundsätze dazu nutzen, um eine Strategie zu entwerfen, die Dinge, die wir bisher aufgeschoben haben oder denen wir einfach nicht Herr geworden sind, jetzt *einfach zu tun*. Und es funktioniert!

Wir hatten die Schnauze so voll, dass Sportler immer das Core-Training in die Kategorie »Wenn ich mal Zeit habe« geschoben haben, dass wir uns dazu entschlossen, ein Programm zu entwickeln, das auf den Prinzipien des Gewohnheitserwerbs basiert. Die Fallstudie am Ende des Kapitels zeigt, wie wir es bei unseren Athleten einsetzen.

Der Stoff im Gehirn, der uns zum Handeln bringt

Dopamin ist eine Droge. Wie bereits erwähnt, ist Dopamin ein Neurotransmitter – ein chemischer Stoff, der von Nervenzellen gebildet wird, um mit anderen Nervenzellen zu kommunizieren. Seine wichtigsten Funktionen sind Motivation und Belohnung.

Sie kennen Dopamin wahrscheinlich, weil es als die Glücksdroge des Gehirns gilt. Wenn wir Freude empfinden, schießt Dopamin durch uns hindurch. Doch das ist noch nicht alles, Dopamin steckt noch hinter einer ganzen Reihe von Dingen, die uns zum Handeln bringen.[32] Es lenkt das Gefühl des Wollens, auch wenn das, was wir wollen, gar nicht von Natur aus angenehm ist. Geld ist zum Beispiel nichts von Natur aus Angenehmes, aber wir wollen es. Das ist die Schuld des Dopamins. Natürlich verbinden manche Menschen Geld mit dem Angenehmen, was aber eine erlernte oder konditionierte Reaktion ist. Im Gegensatz dazu sind andere Aktivitäten von Natur aus angenehm, wie Sex haben, Drogen nehmen, Schokolade naschen und Geld gewinnen. Dopamin bearbeitet uns gleich von zwei Seiten: Es drängt uns dazu zu handeln und belohnt uns für dieses Handeln.

Dopamin beeinflusst aber auch andere Bereiche des Gehirns. Ein niedriger Dopaminspiegel wird mit Verzögerungstaktiken, geringer Begeisterungsfähigkeit und Selbstzweifeln in Verbindung gebracht. Dopamin ist zudem zum Teil verantwortlich für Impulskontrolle, Aggression, Motivation und Leistungsfähigkeit. Zu viel Dopamin kann unser Gehirn überwältigen und zu Drogenabhängigkeit oder Psychosen führen. Aus diesem Grund werden Menschen von Kokain und Methamphetaminen abhängig, was dem ultraschnellen Reinziehen eines Dopaminbiers gleichkommt. Durch jedes Verhalten, das uns einen Dopaminrausch beschert, wird unser Gehirn darauf gedrillt, es immer und immer wieder tun zu wollen – und nach einer Weile braucht das Gehirn dann mehr »Stoff«, um den gleichen Rausch zu erhalten.

Ich weiß, was Sie denken: »Ich will kein Junkie werden, aber kann ich nicht doch ein kleines bisschen mehr Dopamin reinschmuggeln, damit mir das Aufstehen um 5 Uhr morgens etwas leichter fällt?« Wissenschaftler haben dazu einiges zu sagen. Erstens: Halten Sie sich gar nicht erst damit auf, sich Dopamin injizieren zu wollen. Es kann nämlich die Blut-Hirn-Schranke nicht überwinden, daher bringt es nichts, es zu essen, zu schniefen, zu injizieren oder sich anderweitig zu verabreichen. Es gelangt also gar nicht erst ins Gehirn[33] und kann daher auch keinen Tango mit Ihrem Schimpansenhirn tanzen. Sie können die Dopaminproduktion allerdings durch Ihre Ernährung beeinflussen. Man kann Dopamin zwar nicht direkt essen, aber man kann das, was es erzeugt, essen: Tyrosin. Das ist eine nicht essenzielle Aminosäure, die nicht vom Körper hergestellt wird und die man deshalb über die Nahrung aufnehmen muss. Bevor Sie jetzt in den Supermarkt rasen und einen Einkaufswagen voller Tyrosin kaufen – also Käse, Sojabohnen, Rind-, Lamm- oder Schweinefleisch, Fisch, Hühnchen, Nüsse, Samen, Eier, Milchprodukte, Bohnen und Vollkornprodukte –, sollten Sie wissen, dass die Forschung gezeigt hat, dass das nur bei einem Tyrosinmangel hilft.[34] Die Wissenschaft ist wirklich unbarmherzig.

Glücksgefühle werden im Gegensatz zu Gefühlen der Freude, für die Dopamin verantwortlich ist, von einem anderen Neurotransmitter ausgelöst: Serotonin. Es sorgt außerdem für Gefühle wie Zufriedenheit, Bedeutsamkeit und Wichtigkeit. Serotonin ist, neben anderen Funktionen, ein Stimmungsstabilisator. Dopamin gibt uns das schnelle Glücksgefühl, doch Serotonin lässt uns auf lange Sicht glücklich sein – es ist wie eine positive Stimmung, die alle Sorgen vertreibt. Wir werden uns in diesem Kapitel nicht mehr viel länger mit Serotonin beschäftigen, Sie sollten aber diesen einen wichtigen Unterschied kennen: **Dopamin erzeugt Freude, Serotonin erzeugt Glück.** Das ist eine sehr wichtige Unterscheidung, weil sie uns auch Hinweise darauf gibt, warum sich manche Gewohnheiten nur sehr schwer erlernen lassen und man andere nur ganz schwer wieder loswird. Wenn Dopamin im Spiel ist, wird es schwierig, weil man sich direkt toll fühlt und das nicht gerne aufgeben will. Das Blöde ist nur, dass manche Dinge, die gut für einen sind, nicht immer Freude bereiten, zumindest am Anfang nicht.

Viele der Dinge, mit denen wir Probleme haben, sie *einfach zu tun*, oder bei denen wir unbedingt *wollen, dass wir sie wollen*, sind so schwer, weil sich der Nutzen nicht sofort einstellt. Anders ausgedrückt bedeutet das, dass Dopamin so gut wie nie beteiligt ist, um uns dazu zu bringen, etwas zu wollen oder uns gut zu fühlen, wenn wir es getan haben. Und es gibt noch mehr schlechte Neuigkeiten: Neue Trainingsgewohnheiten sind in der Regel unangenehm, stören unseren Rhythmus und verunsichern uns oft – drei Gründe, warum sie nicht zu einer Gewohnheit werden sollten. Im Gegensatz dazu fällt es uns total leicht, zucker-, fett- oder koffeinhaltige Lebensmittel zu uns zu nehmen, um uns direkt gut zu fühlen. Sehen Sie, wo es hakt? Wenn wir neue Routinen nur lange genug beibehalten, bis der Glückssaft (Serotonin) dadurch erzeugt wird oder wir einen Weg finden, die Erfahrung immanent angenehm zu finden (Dopamin), ist die Chance viel größer, dass daraus eine dauerhafte Gewohnheit wird. Die eigentliche Neurobiologie, Gewohnheiten zu erzeugen und zu brechen, ist erwartungsgemäß ziemlich kompliziert. Wenn Sie neugierig sind und mehr über die dunklen Seiten der Routine, also über schlechte Gewohnheiten, wissen möchten, lesen Sie den Nerd-Alarm »Mein Striatum hat mich dazu gezwungen« auf der nächsten Seite.

Mein Striatum hat mich dazu gezwungen: Die Neurobiologie der schlechten Gewohnheiten

UNSER PRÄFRONTALER KORTEX (DAS PROFESSORENHIRN) bestimmt vielleicht, dass es besser für uns wäre, damit aufzuhören, jeden Abend eine große Packung Schokoeis zu essen, aber unser Striatum – der Gewohnheitsregler im Schimpansenhirn – ist nicht so rational veranlagt. Uns mit leckerem Essen vollzustopfen, bringt Freude (erster Treffer) und wir haben darin sehr viel Übung (zweiter Treffer). Das Ergebnis ist, dass unser Gehirn in einem ständigen Zyklus von versuchen, Erfolg haben, Misserfolg haben, wieder versuchen und wieder Misserfolg haben gefangen ist und immer frustrierter wird, weil wir offensichtlich wenig Kontrolle und Willenskraft haben.

Dummerweise schert sich das Striatum einen feuchten Dreck um unsere Watt pro Kilo (eine beliebte Messung der »relativen Leistung« beim Radsport). Um es noch komplizierter zu machen, steuern verschiedene Bereiche des Striatums unterschiedliche Aspekte unserer Gewohnheiten und verschwören sich, um diese fest zu verdrahten. So möchte der untere Teil des Striatums – der Nucleus accumbens – uns dazu bringen, angenehme Dinge zu tun, während das dorsale Striatum möchte, dass wir Dinge tun, die wir bereits kennen. Unser Nucleus accumbens ist ein starker kleiner Kerl, der für solche Dinge verantwortlich ist, wie uns pünktlich um 20 Uhr einen Spritzer Dopamin zu verpassen, wenn wir ohnehin schon darauf vorbereitet sind, daran zu denken, uns mit etwas Süßem belohnen zu wollen. Man nennt dies »antizipatorische Belohnung«, weil wir biologisch dafür belohnt werden, nur an etwas Angenehmes zu denken. Jetzt sind wir noch motivierter und gespannter, was zu einem erneuten Dopaminspritzer führt, der uns immer weiter vorwärtstreibt. Das geht so lange, bis wir das Eis heimlich aus dem Kühlfach holen und komplett wegmampfen. Weil dieser Ablauf erfolgreich war, stärkt dies den Einfluss des dorsalen Striatums darauf, und es wird immer schwerer, dem Verlangen nach Süßigkeiten zu widerstehen.

Die Gewohnheit wird sich weiter fortsetzen, wenn wir die Abfolge von Auslöser, Ritual und Belohnung nicht unterbrechen. Die einzige Möglichkeit, diese heilige Dreifaltigkeit zu brechen und umzukehren, liegt darin, sie zu zerlegen. Wir zeigen Ihnen im weiteren Verlauf dieses Kapitels, wie das geht.

EIN KONZEPT FÜR TUN UND NICHT TUN

Um die Kunst des Tuns zu meistern, müssen wir Gewohnheiten und Routinen entwickeln, die relativ resistent gegen den quengelnden Schimpansen und das lähmende, analysierende Grübeln des Professors sind. Damit die Routine zum Automatismus wird, müssen wir sie mit solch einer bewussten und wohlüberlegten Präzision erstellen, dass sie direkt auf Autopilot laufen kann. Dazu im Folgenden eine Schritt-für-Schritt-Anleitung.

Schritt 1: Den Auslöser kennenlernen und den Code knacken

Alle Gewohnheiten folgen vorhersehbaren und logischen Mustern. Sie folgen einer neurologischen Schleife, also einem vorhersehbaren Muster von Ereignissen in Gehirn und Körper, die automatisch ablaufen. Diese Schleife besteht aus drei wichtigen Elementen: Auslöser, Ritual und Belohnung.[35] Wenn wir Gewohnheiten brechen, ändern oder aufbauen möchten, müssen wir zuerst herausfinden, welches der Elemente am meisten Probleme verursacht.

Auslöser: Das Ereignis, das dem Gehirn das Signal zum Start der Gewohnheit gibt, ähnlich einem Wecker, der morgens klingelt, weil wir früh aufstehen müssen. Quasi die Startpistole der Gewohnheit. Wenn Sie eine neue Gewohnheit einführen möchten, müssen Sie häufig zuerst den Auslöser für diese Gewohnheit auswählen.

Ritual: Das eigentliche Verhalten, das wir starten möchten, das auch den Zeitpunkt und die Schritt-für-Schritt-Anleitung, wie sie durchzuführen ist, beinhaltet. Wenn das gewünschte Verhalten zum Beispiel ist, mehr Roll- und Dehnübungen zu machen, könnte das Ritual damit beginnen, die richtige Kleidung zu tragen, die benötigte Ausrüstung zur Hand sowie ausreichend Platz und Zeit zu haben und zu wissen, welche Übungen gemacht werden müssen.

Belohnung: Das Gefühl, das sich einstellt, wenn wir die Gewohnheit ausführen oder ausgeführt haben. Bei neuen Gewohnheiten, die nicht immanent angenehm sind, kann es erforderlich sein, eine zweite Belohnung hinzuzufügen (etwas, das eine Dopaminausschüttung hervorruft), damit sich nach der Durchführung der Gewohnheit ein gutes Gefühl einstellt. Das kann die intensive Freude beim Essen von Schokolade sein oder kurzfristig zu vergessen, dass man einsam ist, indem man sich betrinkt.

Mein früherer Forschungsmitarbeiter an der Stanford-Universität, Dr. B. J. Fogg, ein Guru auf dem Gebiet der kleinen Gewohnheiten, programmierte sich selbst dazu, jedes Mal zehn Push-ups zu machen, nachdem er die Toilettenspülung betätigte. Mit diesem Trick entwickelte er einen starken Oberkörper. Das ist ein genialer Einsatz eines Auslösers! Wenn Sie an die Gewohnheiten denken, die Sie ändern möchten, versuchen Sie so genau wie möglich zu sein. Sagen Sie zum Beispiel nicht »Ich muss mehr trainieren«, sondern: »Ich stehe jeden Montag, Mittwoch und Freitag um 5 Uhr auf und laufe 45 Minuten vor der Arbeit.« Probieren Sie es in Übung 1 gleich mal aus!

ÜBUNG 1

GENAU WISSEN, WAS SIE VERSUCHEN, EINFACH *ZU TUN*

Schreiben Sie zwei neue, auf den Sport bezogene Gewohnheiten und eine alberne Gewohnheit auf, mit der Sie beginnen oder die Sie beenden oder einfach konsequenter durchführen wollen. Wählen Sie für die beiden wichtigen Gewohnheiten Handlungen aus, die Ihnen als Sportler weiterhelfen (wie Roll- und Dehnübungen machen, am frühen Morgen trainieren, die Auswertung ihres Herzfrequenzbands hochladen et cetera).

Die Dinge, die ich versuche, *einfach zu tun*:

1

2

Suchen Sie für die dritte, alberne Gewohnheit etwas aus, das interessant oder lustig, einfach durchzuführen und für Sie oder jemand anderen hilfreich ist, aber keine großen körperlichen Anstrengungen erfordert. Diese dritte Gewohnheit unterstützt Sie dabei, die Ritualisierung einer Handlung zu erlernen und muss überhaupt nichts mit Sport zu tun haben. Sie macht Sie nur zu einem besseren Menschen. Wenn Ihnen absolut nichts einfällt, hier ein paar Vorschläge:

› Männer: Toilettensitz nach Gebrauch schließen › Frauen: Müll rausbringen › Teenager: Morgens das Bett machen › Duschwand nach jeder Benutzung reinigen › Kleingeld für einen guten Zweck sparen › Spülmaschine ausräumen › Jeden Tag 25 Push-ups machen › Nach 19 Uhr nicht mehr aufs Handy sehen › Mama anrufen › Regelmäßig etwas mit einem schüchternen oder ruhigen Kollegen unternehmen › Jeden Tag eine gute Tat vollbringen.

Eine kleine oder alberne Gewohnheit, die ich mir an- oder abgewöhnen will:

Nachdem Sie die drei Gewohnheiten aufgeschrieben haben, ordnen Sie die zwei wichtigen. Mit der kleinen oder albernen Gewohnheit legen Sie nächste Woche los. Sobald diese zur Routine geworden ist, starten Sie Nummer 1 und dann Nummer 2.

Schritt 2: Ein unumstößliches Ritual entwickeln

Ein Ritual ist die Abfolge der Verhaltensschritte, die man durchführen muss, um eine Gewohnheit tatsächlich zu entwickeln. Dafür müssen wir genau wissen, wie es sich für uns darstellt, was einige Selbstexperimente mit sich bringt. Wenn wir versuchen, uns eine neue Gewohnheit anzueignen, sollten wir das Ritual so konzipieren, dass es leicht zu etwas automatisch Ablaufenden werden kann. Wenn es zu kompliziert ist oder viel Nachdenken erfordert, wird es nicht funktionieren.

Wenn Sie zum Beispiel dreimal in der Woche vor der Arbeit laufen gehen wollen, könnten Sie Ihre Routine wie folgt planen:

1. Laufklamotten schon am Vorabend herauslegen.
2. Laufklamotten unmittelbar nach dem Aufstehen anziehen.
3. Aufs Klo gehen.
4. Einen Espresso trinken und eine halbe Banane essen.
5. Schuhe zubinden und dabei die Laufroute mental visualisieren.
6. Das Haus um exakt 6:15 Uhr verlassen.

Wenn Sie erst noch nach sauberer Wäsche suchen müssen oder eben noch schnell ein paar E-Mails beantworten, wird das Laufen nie zu einer automatischen Gewohnheit. Umreißen Sie das Ritual ganz klar!

Wenn Sie mit einer schlechten Angewohnheit aufhören möchten, müssen Sie die Abfolge an Aktionen, die zu dieser Angewohnheit führt, zerstören. Ein Beispiel: Ihr allabendliches Fressorgienritual beinhaltet vom Sofa aufstehen, zur Speisekammer oder zum Kühlschrank gehen und diese/diesen öffnen, nach etwas Leckerem suchen, mit dem Ergatterten zurück zum Sofa schlurfen. Viele Routinen laufen unbewusst ab, und wir wissen oftmals gar nicht, dass wir sie überhaupt ausführen. Denken Sie einfach daran, dass Sie versuchen, dieses Ritual bewusst durchzuführen (Übung 2).

Schritt 3: Die Belohnungen kennen, die funktionieren und nicht funktionieren

Für manche Menschen ist die Belohnung die treibende Kraft hinter einer Gewohnheit. Wir wissen bereits, dass starke Neurotransmitter eine chemische Reaktion erzeugen, um uns für das Ritual zu belohnen und das Vergnügen (Dopamin) und/oder Glücksgefühle oder positive Stimmung (Serotonin) zu steigern. Es können aber auch andere Neurotransmitter involviert sein, wie Endorphine (die Stress reduzieren und Schmerzen mildern) oder Oxytocin (das ein Gefühl von Vertrauen und Intimität erzeugt). Wenn die Handlung, die wir tun möchten, nicht so angenehm und vergnüglich ist, müssen wir einen Weg finden, das zu ändern. Hier ein Beispiel von Lesley, die sich immer am lautesten darüber beschwert, wie kalt der Pool ist:

> **Lesley:** Aber Schatz, du verstehst das nicht. Der Pool ist arschkalt! Ich zittere immer im Wasser. Dafür will ich echt nicht aufstehen. Hast du überhaupt eine Vorstellung davon, wie es ist, sich

ÜBUNG 2

DAS SCHRITT-FÜR-SCHRITT-RITUAL FESTLEGEN

Das Ritual festzulegen ist ähnlich wie ein Kochrezept aufzuschreiben. Es ist eine logische Schritt-für-Schritt-Abfolge von Anweisungen, die genau aufzeigen, was Sie tun wollen. Lassen Sie keinen Raum für Interpretationen oder Schlupflöcher. Wenn Sie es dann tatsächlich ausprobieren, können sich manche Teile komisch anfühlen oder vielleicht fehlt ein wichtiger Schritt, sodass Sie unter Umständen mehrere Anläufe brauchen, bis die Anleitung perfekt ist. Als ich meine morgendliche Laufroutine plante, fehlte zum Beispiel mein heißgeliebter gewohnter Espresso. Das allein machte einen enormen Unterschied, mich überhaupt aus der Tür zu bekommen.

1

2

3

4

5

Erstellen Sie jetzt einen Ausfallplan für alle Eventualitäten, die das Ritual destabilisieren könnten. Wenn Sie zum Beispiel versuchen, Push-ups nach dem Toilettengang zu machen, kann es sein, dass Sie sich auch mit der Bodenhygiene und Schaulustigen beschäftigen müssen. Wenn ich zum Beispiel morgens auf mein Handy sehe und es etwas Wichtiges gibt, worauf ich vor meinem Lauf reagieren muss, mache ich Folgendes: Ich entwickle die neue Gewohnheit, mein Handy jeden Abend vor dem Zubettgehen in den Flugzeugmodus zu stellen und nicht ins Internet zu gehen, bevor ich gelaufen bin.

WENN _____ , dann werde ich das tun: _____

WENN _____ , dann werde ich das tun: _____

WENN _____ , dann werde ich das tun: _____

selbst zu überreden aufzustehen, um in einem eiskalten Pool zu trainieren, und das auch noch, wenn es draußen noch dunkel ist? Das ist so ätzend!

Simon: [der unterdrückt zu sagen: Reiß dich einfach zusammen oder leg dir ein paar Speckpolster zu.] Das klingt grausam, Schatz. Warum machst du dann nicht einfach zwei Einheiten pro Woche im Neoprenanzug? Das ist warm, schnell, und es graut dir nicht so davor.

Lesley: Hmm.

Manchmal findet sich einfach nichts, was die Handlung angenehmer macht. Die Braveheart-Sportlerin Nadja Müller hat eine On-Off-Beziehung mit einer Masters-Schwimmgruppe. Sie hat eine Strategie entwickelt, mit der sie sich auf das Schwimmtraining freut: Sie geht nach jedem Training mit einigen ihrer Freunde, von denen viele eine ähnliche Belohnung brauchen, frühstücken.

Im Folgenden einige andere Dinge, die vielleicht auch mit etwas gekoppelt werden müssen, das Spaß macht, um sie erträglich zu machen:

Lange, langweilige Trainingseinheiten: Hören Sie ein Hörbuch, ein Comedyprogramm oder das Album Ihrer Lieblingsband. Trainieren Sie mit anderen Leuten oder zumindest für die letzte Stunde mit jemanden zusammen.

Roll- und Dehnübungen: Machen Sie das immer vor dem Fernseher, während Ihre Lieblingssendung läuft. Gönnen Sie sich ein Training mit einem Personal Trainer.

Essensplanung/Vorkochen: Fügen Sie jedem Essenspaket einen in Frischhaltefolie verpackten Leckerbissen hinzu. Vereinbaren Sie mit einem Sportlerkollegen, das vorbereitete Essen für eine Woche zu tauschen. Gönnen Sie sich einmal im Monat einen Lieferservice oder nehmen Sie dessen kostenlosen Probezeitraum in Anspruch.

Daten hochladen: Kaufen Sie eine Fitnessuhr, die das automatisch macht. Ätsch!

Es läuft darauf hinaus, dass Sie eine sinnvolle Belohnung für Ihre neue Routine finden müssen – etwas, das Ihnen Freude bereitet oder Sie glücklich macht. Das muss noch nicht einmal zur selben Zeit passieren. Sie können sich zum Beispiel auf dem Weg zur Arbeit einen Cappuccino holen oder Ihr Lieblingsspiel auf dem Handy für zehn Minuten spielen, bevor Sie in den Tag starten. Legen Sie für jeden gelaufenen Kilometer einen Euro zurück; den Betrag können Sie spenden oder dazu verwenden, sich am Ende des Monats etwas Schönes zu kaufen. Vermeiden Sie aber Belohnungen, die Ihre neue Gewohnheit sabotieren – wie etwa ein Getränk mit 1000 Kalorien zu bestellen, nachdem Sie bei einem Lauf 250 Kalorien verbrannt haben. Gute Gewohnheiten brauchen gute Belohnungen!

★ **Wenn Sie eine schlechte Gewohnheit ändern möchten:** Sie müssen herausfinden, welches Bedürfnis oder Verlangen die Belohnung bisher befriedigt hat. Wird durch die Belohnung ein Gefühl wie Langeweile, Ängstlichkeit oder Einsamkeit geändert? Oder ein körperlicher Zustand wie Hunger oder Schmerzen? Wenn Sie sich nicht sicher sind, welche Belohnung hinter einer schlechten Gewohnheit steckt, machen Sie folgendes Experiment: Tauschen Sie die Belohnung für das exakt gleiche Ritual durch eine andere, »gefälschte« Belohnung aus. Beobachten Sie, was mit dem Gefühl oder Zustand passiert. Sie können zum Beispiel zur genau gleichen Zeit wie immer an den Küchenschrank gehen, nehmen aber statt der Schokolade eine Flasche Mineralwasser heraus und trinken etwas. Wenn das Verlangen nach 10 bis 15-mal Mineralwasser trinken abgeklungen oder verschwunden ist, wissen Sie, dass es nicht am Hunger lag. Wenn Sie sich immer noch nicht sicher sind, was es ist, schreiben Sie die genauen Gefühle auf, die Sie 10 bis 15 Minuten nach dem Erhalt der Belohnung verspüren, und testen Sie andere »gefälschte« Belohnungen (wie Kaugummi kauen, Tee trinken, auf Facebook gehen et cetera) und wiederholen Sie das Experiment.

Schritt 4: Den Auslöser kennen

Wenn wir das Ritual und die Belohnung herausgefunden haben, ist der nächste Schritt, einen Auslöser dafür zu erstellen. Sie erinnern sich: Ein Auslöser ist die Startpistole einer Gewohnheit. Es ist der Trigger, der die Routine auslöst. Auslöser können physische Objekte sein (Smartphone), Umstände (Tageszeit) oder Gefühle (Langeweile, Angst, Hunger et cetera). Auslöser sind wichtig, weil sie uns daran erinnern, was wir tun und wann wir handeln müssen. Jedes Verhalten, das wir *einfach tun* möchten, braucht einen guten Auslöser, um den Ball ins Rollen zu bringen. So wird beispielsweise die Handlung, abends die Zähne zu putzen, dadurch ausgelöst, dass wir müde sind und beschließen ins Bett zu gehen.

★ **Wenn Sie eine neue Gewohnheit einführen möchten:** Konzipieren Sie die Auslöser sehr sorgfältig. Manche Menschen legen sich ihre Trainingskleidung am Vorabend heraus, damit diese als optische Erinnerung dient, sobald sie aufstehen. Für Leute, die gerade mit einer neuen Trainingsgewohnheit beginnen, kann die Lösung aber nicht sein, in der Trainingskleidung zu schlafen (!!!). Ein Post-it am Kühlschrank oder eine fertig gepackte Sporttasche kann aber schon das Richtige sein. Manche brauchen auch die Hilfe anderer Menschen. Zum Beispiel kann die SMS eines Freundes am Morgen nach dem Schema »Training heute Abend um 18:30 Uhr. Wag es ja nicht zu kneifen... Sei lieber da!« der ideale Auslöser sein, damit man schnell noch die Sporttasche ins Auto wirft, bevor man zur Arbeit fährt.

Ein guter Auslöser muss zugleich konkret und ausführbar sein. Und man muss dazu fähig sein, ihn zu bewerkstelligen. Wenn er vage oder nicht problemlos durchführbar ist oder man einfach nicht die Fähigkeit, die Fitness oder das Wissen hat, um das zu tun, was getan werden muss, muss der Auslöser (und wahrscheinlich auch das Ritual) neu konzipiert oder ersetzt werden. Eine hilfreiche Strategie, die Verhaltensforscher anwenden, ist das Stapeln von Gewohnheiten.[36] Gewohnheiten zu stapeln, umschreibt schlicht und einfach den Prozess, einer bestehenden Gewohnheit eine neue hinzuzufügen. Immer Zahnseide nach dem Zähneputzen zu benutzen, ist so ein Gewohnheitsstapel. Die bestehende Gewohnheit (Zähneputzen) wird zum Auslöser für eine weitere Gewohnheit (Zahnseide benutzen). Gewohnheitsstapel sind toll, weil man dadurch Auslöser aufbaut, die schon in einem Ritual verankert sind. Hier einige Beispiele für ein paar neue sportliche Gewohnheitsstapel:

- 20 Push-ups vor dem Duschen machen,
- 2 Minuten Core-Training, während der Kaffee durchläuft,
- Daten hochladen, während man auf dem Klo das große Geschäft verrichtet,
- 2 Minuten während der Werbepause beim Fernsehen stretchen,
- 1 Minute Entspannungsübungen machen, bevor man aus dem Auto aussteigt.

★ **Wenn Sie eine schlechte Gewohnheit loswerden oder ersetzen wollen:** Sie müssen sich der Auslöser für Ihre bestehenden Gewohnheiten bewusst werden. Diese können ganz dezent sein und sich unter Tausenden anderen Hinweisen verstecken, die sich in Ihr Bewusstsein drängen. Was war zum Beispiel der Auslöser dafür, dass Sie heute Morgen gekniffen haben und nicht mit dem Rad gefahren sind? Der Gedanke an die Anstrengung? Die Kälte? Wie viel Arbeit noch vor Ihnen liegt? Etwas anderes? Wenn Sie eine bestehende Gewohnheit loswerden möchten, müssen Sie die Umstände, die sie auslösen, eliminieren oder umgehen. Um das zu tun, benötigen Sie ein forensisches Verständnis dafür, welches die Auslöser sind und wann und wie sie auftreten. Jetzt die gute Nachricht: Psychologen haben ermittelt, dass Sie das Auslöserproblem mit Übung 3 in den Griff bekommen.

Schritt 5: Einen Plan entwickeln

Wenn Sie Ihr Ritual aufgedeckt, mit den Belohnungen experimentiert und den oder die Auslöser isoliert haben, müssen Sie diese Puzzlestücke zusammenfügen und eine neue »Gewohnheitsschleife« zu Papier bringen, wie in Übung 4 auf Seite 108. Stellen Sie sich das Ganze wie ein Diagramm vor, das jedes Element beschreibt und erklärt, wie Ihr Vorhaben zur Erstellung (dem Start einer neuen Gewohnheit) oder Zerstörung (dem Loswerden einer alten Gewohnheit) aussieht. Sie können im Anschluss daran mit einigen Selbstexperimenten beginnen, Feintuning betreiben und die neue/geänderte Gewohnheit üben. Na los, *machen Sie es einfach*! In der Fallstudie am Ende des Kapitels lesen Sie, wie Bill, ein 52-jähriger Ultraläufer, der sich nicht dazu durchringen konnte, einmal pro Woche Core-Training zu machen, sein Problem gelöst hat.

ÜBUNG 3

HERAUSFINDEN, WAS SCHLECHTE GEWOHNHEITEN AUSLÖST

Beantworten Sie die folgenden fünf Fragen, sobald Sie Ihre schlechte Gewohnheit ausführen – mindestens bei drei Gelegenheiten. Denn in der Regel sind drei Aufzeichnungen notwendig, um spürbare Muster aufzudecken.

Die Gewohnheit, die ich loswerden will: Ein zweites Glas Wein trinken.
1. **Wo genau bist du?** Zu Hause auf der Couch im Wohnzimmer.
2. **Wie spät ist es?** 20:05 Uhr.
3. **Wie ist dein Gefühlszustand?** Müde von der Arbeit, geistig abgeschaltet, ein bisschen einsam.
4. **Mit wem bist du zusammen?** Bin allein.
5. **Was hast du unmittelbar vorher gemacht?** Mein erstes Glas Wein getrunken und ferngesehen.

Die Gewohnheit, die ich loswerden will:

Erstes Mal

1
2
3
4
5

Zweites Mal

1
2
3
4
5

Drittes Mal

1
2
3
4
5

ÜBUNG 4

GEWOHNHEITSSCHLEIFEN ENTWICKELN ODER ZERSTÖREN

Fügen Sie in den freien Bereichen Ihre Auslöser, Rituale und Belohnungen für eine gute Gewohnheit, mit der Sie loslegen wollen, und eine schlechte, die Sie sich abgewöhnen wollen, ein.

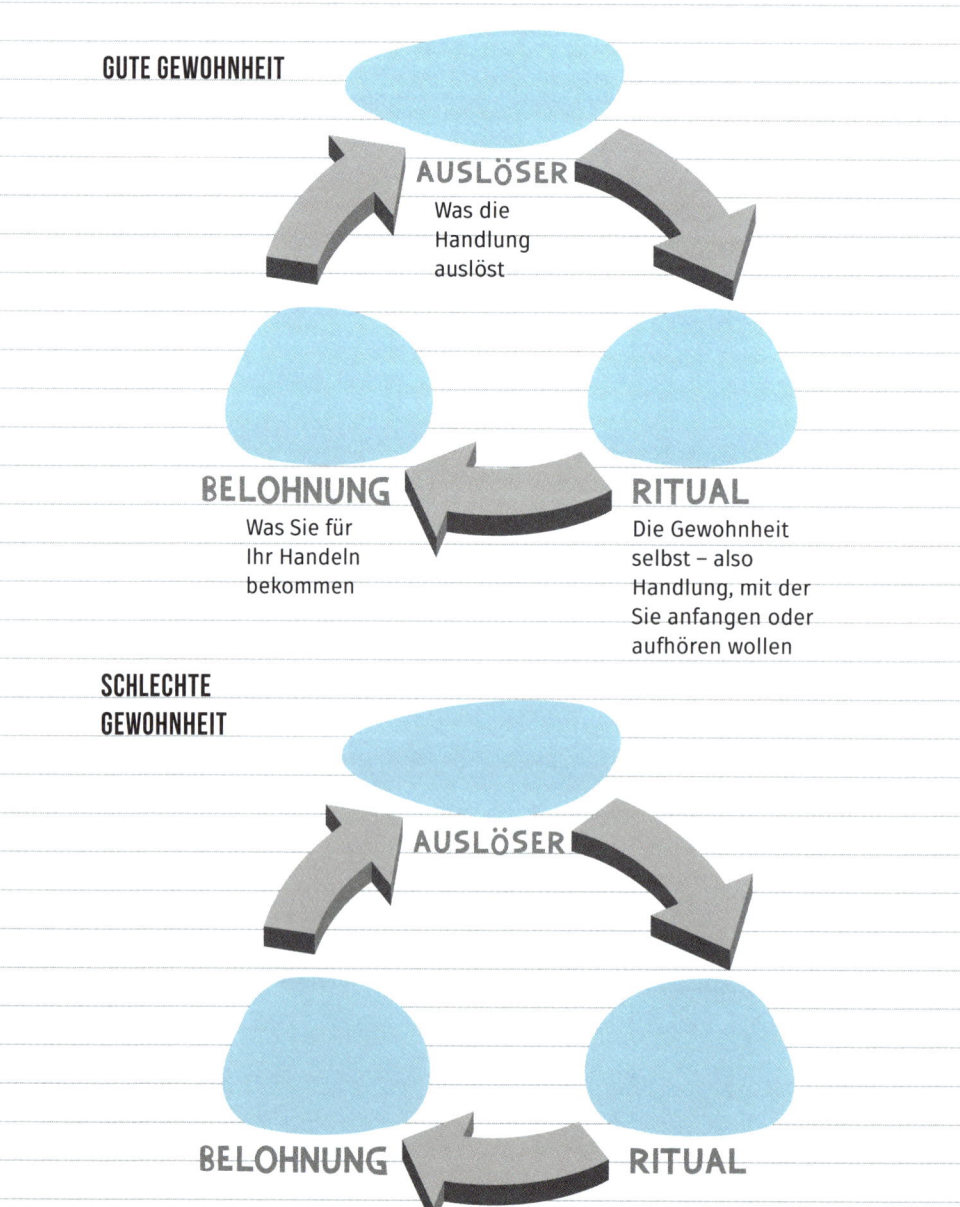

WARUM KANN ICH ES NICHT *EINFACH MACHEN?*
Eine Gewohnheit für Core-Training entwickeln

Bill ist ein 52-jähriger Ultraläufer und Meeresbiologie. In seiner Krankengeschichte finden sich Rücken- und Hüftprobleme, außerdem leidet er unter dem sogenannten Läuferknie und hat dadurch oft heftige Schmerzen. Er läuft wöchentlich ungefähr 80 Kilometer und trainiert zusätzlich rund 5 Stunden pro Woche auf dem Rad, um seine aerobe Fitness zu steigern und Knie, Knöchel und Hüften zu schonen. Nur an einem Training scheitert Bill immer wieder: Er schafft es einfach nicht, sich für 30 bis 60 Minuten pro Woche zum Core-Training durchzuringen. Er würde damit seine Rumpf- und Tiefenmuskulatur stärken, unter anderem die Gesäßmuskulatur, die Hüften, den unteren Rückenbereich, die Bauchmuskeln und die Kniesehnen. Bill findet immer einen Grund dafür, warum er diese Trainingseinheit ausfallen lässt, und sein Mangel an Willenskraft frustriert ihn. Ihm ist der Wert dieses Trainings durchaus bewusst. Wir haben ihn als seine Coaches immer wieder angestupst, es *einfach zu tun*, aber in dem Fall reicht verbale Ermutigung allein leider nicht aus. Deswegen änderten wir die Taktik und erstellen eine neurologische Schleife – einen Auslöser, ein Ritual und eine Belohnung.

Die Gewohnheit, die Bill versucht, einfach zu tun: Wöchentlich 30 bis 60 Minuten Core-Training absolvieren, um sein Programm als Ultraläufer zu unterstützen

Wir empfehlen Bill für sein Core-Training unser Programm der »kleinen Gewohnheiten« (www.6min6pack.com). Dabei soll er ein 6-minütiges, strukturiertes Core-Training absolvieren und es an 6 Tagen pro Woche ausführen (also 36 Minuten wöchentlich). Über einen Zeitraum von 4 Wochen bleiben die 6 täglichen Übungen gleich, damit Bill den Plan ritualisieren kann und die kognitive Belastung reduziert wird. Alle 4 Wochen stellen wir ihm 6 neue tägliche Übungen vor. Er wird bei diesem Programm mit strukturierten Übungen arbeiten und sich täglich mit seinem Handy auf www.6min6pack.com einloggen. Nachdem wir mit ihm seine Tagesroutine durchgesprochen haben, sind wir uns einig, dass für ihn die ideale Zeit für diese Übungen direkt morgens ist.

Bills Routine:
1. Nach dem Aufwachen mache ich den Wecker aus, stehe auf und gehe ins Bad.
2. Setze meine Kontaktlinsen ein.
3. Gehe in die Küche und setze Kaffee auf.
4. Gehe zurück ins Schlafzimmer und setze mich auf die Yogamatte, die schon neben dem Bett bereitliegt.
5. Stelle sicher, dass der Gymnastikball, zwei Pappteller und zwei 5-Pfund-Hanteln in Reichweite sind.
6. Stelle den Wecker am Handy auf 6 Minuten. Logge mich bei www.6min6pack.com ein.
7. Mache meine Übungen (6 x 1 Minute).

8. Trinke Kaffee und lese Zeitung.
9. Dusche und ziehe mich an.

Bills Ausfallpläne:
Wenn ich vor 7 Uhr in der Arbeit sein muss, absolviere ich mein Core-Training am Vorabend.
Wenn ich verschlafe, mache ich 30 Sekunden jeder Übung, insgesamt also 3 Minuten statt der vollen 6 Minuten.
Wenn ich einen wichtigen Anruf oder eine wichtige E-Mail erhalten habe, den/die ich beantworten muss, mache ich das direkt nach dem Duschen.

Bills Belohnung:
Bill liebt es, jeden Morgen die Nachrichten auf seinem iPad zu lesen. Deswegen haben wir ihm geraten, sich ein neues Nachrichten-Abo zu gönnen, etwas worüber er sich freuen würde. Er hat sich für die Onlineausgabe der *New York Times* entschieden. Der Gedanke daran, jeden Morgen für 20 Minuten mit seinem Kaffee dazusitzen, ist für ihn ein wahrer Hochgenuss. Er wird sich das aber nur erlauben, wenn er tatsächlich seine 6 Minuten Core-Training durchgezogen hat.

Bills Auslöser:
Auslöser 1: Bill legt seine Yogamatte und die Ausrüstung direkt neben sein Bett. Wenn er morgens aufsteht, ist das Erste, was er sieht, die Matte samt Ausrüstung.
Auslöser 2: Bill stellt jeden Morgen die Kaffeemaschine an, die 7 bis 8 Minuten braucht, bis der Kaffee durchgelaufen ist. Auf einem Post-it auf der Maschine steht »Fertig, wenn's piept!« – eine Erinnerung daran, dass die Zeit, die der Kaffee braucht, auch stellvertretend für seine Zeit beim Core-Training steht. Sein Ziel besteht darin, mit dem Training fertig zu sein, bis die Kaffeemaschine piept und Bescheid gibt, dass der Kaffee fertig ist.
Bill fiel es anfangs schwer, jede Übungsminute im Einsteigerlevel komplett durchzuziehen. Daher passten wir das Ziel an und reduzierten es für die ersten zwei Wochen, sodass er jede Übung nur 30 Sekunden lang machen musste. Das motivierte ihn dazu, daran zu arbeiten, bei jeder Übung die volle Minute zu schaffen. In den ersten acht Wochen absolvierte er 44 von 48 Einheiten. Nach zehn Wochen ging er von den Einsteigerübungen zu den fortgeschrittenen Übungen weiter (immer noch 6 Minuten täglich, aber dahingehend angepasst, dass die Übungen etwas schwerer waren). Nach sechs Monaten gehörte das Core-Training zu Bills täglicher Routine und er denkt nun gar nicht mehr groß darüber nach. Er muss auch gar nicht mehr in die Online-Anleitungen zu den Übungen schauen, weil er sie alle im Kopf hat.

FLÜGEL

MIT HÜRDEN, RÜCKSCHLÄGEN UND KONFLIKTEN UMGEHEN

5

ANDERE SPORTLER WIRKEN ZÄHER, GLÜCKLICHER UND VIEL MEHR WIE HARTE TYPEN ALS ICH

DIE MACHT UND GEFAHR VON VERGLEICHEN

Es gibt nur drei Dinge, die immer die Wahrheit sagen: Besoffene, Kinder und Trainingshosen.
— UNBEKANNT

Lassen Sie uns direkt ein paar Dinge klarstellen. Sich mit anderen zu vergleichen ist wichtig, um glücklich, motiviert und zufrieden zu sein. Es ist nicht albern, schädlich oder gefährlich und wird Sie ganz bestimmt nicht Ihres Glücks berauben. Es gibt aber Gelegenheiten, wo es auf jeden Fall kontraproduktiv ist. Das ist aber auch beim Trinken mehrerer Liter Orangensaft so oder wenn man ein Wattestäbchen zu weit ins Ohr schiebt. Keine Angst, der soziale Vergleich ist etwas völlig Natürliches – unser Gehirn hasst uns sogar, wenn wir uns nicht mit anderen vergleichen. Wenn Sie allerdings auf all die vielen anfeuernden Motivationssprüche hören, die das Internet mit Quatsch zumüllen, können Sie das nicht wissen.

> **Vergleiche sind eine Form von Gewalt. Wenn du glaubst, nicht gut genug zu sein, vergleichst du dich mit anderen.**
> —IYANLA L'ANZANT

> **DU WIRST ERST GLÜCKLICH, WENN DU AUFHÖRST, DICH MIT ANDEREN MENSCHEN ZU VERGLEICHEN.**

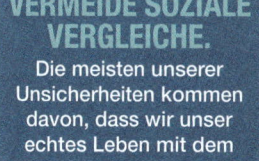

Verstehen Sie uns bitte nicht falsch. Die Absichten hinter diesen Ratschlägen sind sinnvoll: Richte deinen Blick nicht auf andere, um dich selbst einzuschätzen; versuche dich nicht minderwertig oder wertlos zu fühlen; wenn andere Menschen gewinnen, Erfolg haben oder glücklich wirken, bedeutet das nicht, dass du verlieren, schlecht drauf sein oder unglücklich sein musst. Wir haben es verstanden. Was diese selbstbestätigenden, egozentrischen Vermeide-alles-Negative-und-verweigere-dich-allem-Lebensphilosophien versäumen, ist, darauf hinzuweisen, dass wir das alles trotzdem machen werden. Das ist so natürlich wie in der Dusche zu pinkeln (jetzt behaupten Sie bloß nicht, Sie hätten noch nie...). Doch während die Internet-Meme uns permanent einreden, dass wir uns nicht mit anderen vergleichen dürfen, prügelt unsere Biologie so lange auf uns ein, bis wir es doch tun. Die Kunst besteht darin zu wissen, wann man das Unvermeidbare tun und sich dem sozialen Vergleich hingeben sollte, um glücklicher, schneller und mutiger zu werden. Sonst endet es doch damit, dass wir neidisch und nachtragend werden, weil alle anderen glücklicher und viel aufregender als wir zu sein scheinen. Dazu später mehr.

Wenn du eine 6 bist, bin ich eine 8

Unser Gehirn ist biologisch auf den sozialen Vergleich eingestellt. Das bedeutet, wir können nicht einfach aufhören, auf andere zu achten, selbst wenn wir es wollten. Wie in Kapitel 1 beschrieben, wird unser Schimpansenhirn von psychologischen Trieben wie Macht, Ego, Akzeptanz, Anerkennung, Sicherheit und Neugier geleitet. Unser Schimpanse scannt permanent die Umwelt nach Daten, die ihm dabei helfen einzuschätzen, an welcher Stelle wir uns in der sozialen Hierarchie in Bezug auf Attraktivität, Großartigkeit, Sportlichkeit und Talent befinden. Und das sind nur ein paar der Dinge, nach denen es scannt.

Wenn wir uns mit anderen vergleichen, sehen wir, wo wir mit unseren Eigenschaften stehen. Sind wir dann dazu gezwungen, eine Entscheidung zu treffen, ob wir kämpfen, weglaufen, uns verstecken oder uns aus dem Staub machen sollten, sollten wir besser wissen, ob wir überhaupt eine Chance haben, das durchzuziehen. Selbst wenn es nicht ums nackte Überleben geht, hilft der Vergleich unserer Eigenschaften dabei, bessere Entscheidungen zu treffen, zum Beispiel welcher Gruppe wir uns anschließen und welche wir meiden sollten, welchen Sexualpartner wir wählen sollten und welche Situationen uns wahrscheinlich glücklich machen oder dazu führen, dass wir uns mies fühlen. Ohne soziale Vergleiche besteht das Risiko, dass wir voller Angst am Rand stehenbleiben oder, schlimmer noch, uns mitten im Geschehen wiederfinden und überhaupt nicht darauf vorbereitet sind, mit Leuten klarzukommen, die mehr Talent, mehr Biss und mehr, ach, einfach von allem mehr haben als wir. Vor ein paar Millionen Jahren wären wir in beiden Szenarios umgekommen, heute fühlen wir uns einfach unglaublich schlecht.

Psychologen haben Jahrzehnte mit der Erforschung des sozialen Vergleichs verbracht und kommen immer zu denselben Ergebnissen: Menschen sind nicht dazu in der Lage, ihre eigenen Fähigkeiten einzuschätzen, ohne einen Bezug zu bestimmten Kriterien zu haben, insbesondere zu den Fähigkeiten anderer Menschen. Denken wir dabei einfach an eine Situation, in der wir neue Daten über uns selbst oder etwas, das wir getan haben, bekommen, zum Beispiel wenn wir feststellen, dass wir 20 Minuten lang 200 Watt auf dem Rad halten können, 23 Prozent Körperfett haben oder täglich 6388 Schritte gehen. Als Erstes fragen wir uns wahrscheinlich: »Und was bedeutet das?« Als Zweites kommt die Frage: »Ist das gut?« Wir suchen also direkt nach einem Referenzpunkt; das wird oft als Leistungsvergleich bezeichnet. Wir neigen alle dazu, das zu tun, weil es unseren Fähigkeiten eine Bedeutung verleiht, denn der Mensch sucht bekanntlich in allem nach einer Bedeutung, selbst in sinnlosem Gequatsche. Glücklicherweise sind Leistungsvergleiche im Ausdauersport sehr leicht anzustellen: Es gibt Zeiten, Wettkampfergebnisse und drei Treppchen bei jedem Rennen.

Leute, die Wettkampfsportarten betreiben, empfinden soziale Vergleiche in der Regel als sehr lohnenswert, auch wenn sie das vielleicht nicht wissen, zugeben möchten oder gar nicht bemerken, auf welch subtile Weise sie sich mit anderen vergleichen.[37] Manche Menschen scheinen den Kick des Wettkampfs schon von klein auf zu genießen. Lesley hat in jungen Jahren schon bei jedem möglichen Rennen mitgemacht. Oder zumindest bei so vielen, wie ihre zunehmend ausgelaugten Eltern ihr erlaubten. Wenn sie nicht gerade versuchte, die anderen Kinder bei Wettrennen weit hinter sich zu lassen, forderte sie die Väter ihrer Freunde zu Essenswettbewerben heraus. (Ihr Talent, Essen einfach zu inhalieren, hat sich ungefähr im Alter von 2 Jahren entwickelt.) Sie hätte sich in allem mit jedem gemessen – völlig egal, wer sie herausfordert –, Hauptsache sie konnte sich ein Kopf-an-Kopf-Rennen liefern. Weil der Ausdauersport Lesley sehr genaue und klare Anhaltspunkte gibt, wo sie im Vergleich zu anderen steht, fühlt sie sich darin so wohl wie ein Schweinchen im Matsch.

Es ist dabei wichtig darauf hinzuweisen, dass die Macht von sozialen Vergleichen im Wettkampfsport dann am größten ist, wenn man sich mit Leuten vergleicht, deren Fähigkeiten in Reichweite der eigenen liegen. Denn niemand hat Spaß daran, Leute zu schlagen, die von Anfang an keine wirkliche Gefahr waren. Denken Sie mal daran, wie es wäre, gegen Ihre Mutter oder gegen einen Profiläufer anzutreten.

Selbst bei Sportarten, die dafür bekannt sind, von Natur aus erforschend und selbstreferenziell zu sein, wie etwa Klettern, Bergsteigen oder Freizeitskifahren, finden sich kleine Krümel sozialer Vergleiche in den Statistiken: erfolgreich abgeschlossene Klettertouren mit verschiedenen technischen Ansprüchen, Anzahl der erreichten Gipfel ohne Sauerstoff, bei welchen Skipisten man am besten ist und so weiter. Selbst die am wenigsten vergleichende Sport- oder Freizeitaktivität ist dazu geeignet, die Illusion eines sozialen Vergleichs heraufzubeschwören – wenn zum Beispiel eine Person beim Billard oder Dart gegen sich selbst spielt und die Rolle beider Spieler einnimmt. Mensch gegen Mensch. So sind wir eben.

Es ist möglich, bei der Jagd nach sozialen Vergleichen über Bord zu gehen. Wenn man es dabei übertreibt, wird das Gehirn einen Wutanfall bekommen, weil es sich schikaniert fühlt. Keiner möchte gerne hören, wie schnell oder fit jemand anderes ist. Ich habe das auf die harte Tour gelernt, als ich dachte, es wäre eine gute Idee, Lesley auf dem Weg zu den 2016er XTERRA-Weltmeisterschaften immer wieder mit Updates über ihre Erzfeindin beim Offroad-Triathlon, Flora Duffy, zu versorgen. Wie sich herausstellte, war es das nicht. Lesley teilte mir irgendwann mit, dass ich verdammt noch mal die Fresse halten sollte. *Ups.*

Sich selbst zu verkaufen, ist eine Leistung

Die Konkurrenz zu scannen, ist nur ein Teil der Gleichung, um unsere soziale Stellung zu ermitteln. Denn unser sozialer Status wird auch dadurch bestimmt, wie andere uns wahrnehmen – oder besser gesagt, wie wir denken, dass sie uns wahrnehmen. Das heißt, dass sich das Gehirn auch verkaufen muss, sich selbst und die Eigenschaften und Fähigkeiten des Körpers, in dem es lebt. Psychologen nennen es *Selbstdarstellung*, und der Vorgang, wie wir diese durchführen, wird *Impression-Management* genannt.

Impression-Management ist rein technisch gesehen die bewusste oder unbewusste Beeinflussung des Eindrucks, den andere Menschen über eine Sache oder jemanden haben. Wir erreichen dies, indem wir während sozialer Interaktionen die Informationen steuern und kontrollieren.[38] Impression-Management wird oft damit verglichen, einen eigenen Fernsehsender zu haben, der der Welt permanent zu erzählen versucht, wie attraktiv, toll, sportlich und schlau und was noch alles man selbst ist.[39] Impression-Management ist dabei nicht immer eine Vortäuschung, es ist lediglich eine »selektive Verschwiegenheit« – denn wir lassen einige Details aus, um uns in einer Art und Weise zu präsentieren, die damit übereinstimmt, wie wir uns selbst sehen (oder sehen wollen). Bei den meisten Sportlern ist das schnell, fit, qualifiziert, schlau, aufregend, lustig und sexuell attraktiv[40], was massiv davon abweichen kann, wie man sich im wahren Leben fühlt.

Wenn wir dem Impression-Management einer anderen Person ausgesetzt sind, ist das nervig, allein schon weil wir im anderen Team spielen. Psychologen bezeichnen das als eine Bedrohung der Selbstbewertung: Wir erhalten die Botschaft, dass diese andere Person eine höhere soziale Stellung hat, weil sie fitter, schlanker, schneller, glücklicher ist, mehr Biss hat (reicht, oder?) als wir. Und das ist verdammt nervig! Manchmal geschieht dies sehr offensichtlich, indem jemand uns tatsächlich mitteilt, wie unglaublich toll er doch sei. Häufig ist es weniger offensichtlich, aber immer noch erkennbar, etwa wenn die Anekdoten, die jemand erzählt, nur davon handeln, wie er den Tag gerettet hat oder wie Recht er doch hat. Impression-Management kann aber auch subtiler sein, etwa dadurch, wann und wo sich Leute bei Facebook einloggen. Es kann auch regelrecht abstoßend werden, aber nur wenn man die geheimen Regeln kennt, wie: Wann nennt man sich »Doktor« und bei welchen Anlässen schreibt man das »Dr.« vor seinen Namen? (Antwort: Nur dann, wenn es von beruflicher Relevanz ist, was ganz sicher nicht der Fall ist, wenn man ein Hotel-

zimmer reserviert. Der Doktortitel muss auch nicht auf der Kreditkarte, der Mitgliedskarte im Sportverein oder im privaten Social-Media-Account stehen.) Manche Menschen kehren das auch um, indem sie Unzulänglichkeiten vortäuschen, um Komplimente zu erhaschen, oder indem sie eine Art persönlicher Behinderung erfinden, sich selbst so als unvollkommen präsentieren und damit ihre Konkurrenten überraschen und einen Vorteil erlangen.

Was wir sicher über Impression-Management wissen, ist, dass wir es alle tun – zumindest bis zu einem gewissen Grad. Machen wir uns nichts vor: Es ist in jeder Hinsicht eine Leistung. Interessanterweise hat die Wissenschaft herausgefunden, dass wir Impression-Management bei unseren Verwandten viel seltener einsetzen, vielleicht weil wir dafür eins auf den Deckel kriegen würden oder weil es genetische Gründe dafür gibt.[41] Dass wir negativ auf das unverfrorene Impression-Management anderer Menschen reagieren, ist ebenfalls bis zu einem gewissen Grad in unserer DNA verankert. Das kann auch der Grund dafür sein, warum wissenschaftliche Untersuchungen beweisen, dass es Menschen Freude bereitet, wenn andere auf die Schnauze fallen, vor allem wenn diese es verdient haben. Lesen Sie dazu den Nerd-Alarm »Das kleine Laster der Schadenfreude«.

Kleine Schummeleien bei Sportlern

Beim Impression-Management geht es nicht immer um die reine Wahrheit. Wie in der Werbung ist das Ziel ganz eindeutig, die Wahrnehmung der Menschen anzupassen oder zu verändern. Und in diesem Fall: die Wahrnehmung über uns selbst. Man muss kein Soziopath sein, um ein paar falsche Darstellungen über sich verschwinden lassen zu wollen. Wir können gar nicht anders, als uns im besten Licht präsentieren zu wollen. Aus welchem anderen Grund sollte die Aussage »Sie sehen aber gar nicht aus wie auf dem Foto« einer der gängigsten Sätze auf www.[dürfen wir hier nicht sagen].com sein? Wenn wir auf der Beliebtheitsskala und im sozialen Status nach oben schießen wollen, ist es doch klar, dass wir die vorteilhaftesten Fotos von uns heraussuchen und uns damit in den sozialen Medien präsentieren. Bei Ausdauersportlern gilt das noch nicht mal als Lügen. Denn schließlich ist man wirklich am Sonntag 30 Kilometer gelaufen, hatte die schicken neuen Trainingsklamotten an und einen Run Visor auf, der den Pickel auf der Stirn verdeckte, dafür aber die Wangenknochen vorteilhaft betonte. Und wie das Glück es so wollte, ergab das ein wunderbares Selfie mit einem zwar erschöpften, aber attraktiven Sportler kurz vor dem Zusammenbruch. Muss ja keiner wissen, dass die vorherigen sechs Läufe noch nicht mal eine halbe Stunde gedauert haben, weil er einen Kater hatte und dazu noch aussah wie ein Schluck Wasser in der Kurve und dass er ehrlich gesagt keinen weiteren Kilometer mehr gepackt hätte. Das sind sie also, die kleinen sportlerischen Schummeleien. Es ist schließlich unser Privatkanal, also können wir auch so tun, als ob wir der Star wären. Wenn die Leute dann glauben, dass wir einfach nur cool sind, warum sollten wir ihnen den Glauben nicht lassen? (Unser Schimpanse findet das übrigens gut so.)

Wenn hinter dem Impression-Management die psychologische Absicht steht, eine Version von sich selbst darzustellen, durch die die Wahrnehmung der Menschen so beeinflusst wird, dass dies unseren Status verbessert (Selbstwahrnehmung), ist es völlig unrealistisch anzunehmen, dass irgendjemand sich auf eine Weise präsentiert, die sein Ansehen potenziell verringert, wie etwa Schwächen, Misserfolge, Dummheit und natürlich unvorteilhafte Fotos – außer wenn genau das plötzlich einen sozialen Vorteil bringt. Wenn es gerade trendig ist, dass eine verletzliche oder peinliche Präsentation den sozialen Status erhöht (wenn also die Leute der Meinung sind, das wäre etwas Tolles), passt man sich dem an. Wer beispielsweise im Jahr 2014 an der Ice-Bucket Challenge[42] teilgenommen hat, auf Facebook dann etwas über psychische Erkrankungen gepostet oder ein unvorteilhaftes Foto von sich hochgeladen hat, mit dem auf die Wichtigkeit, sich zum Affen zu machen, hingewiesen wurde, hat natürlich eine statusverbessernde Strategie zum Impression-Management angewandt (natürlich die guten Absichten, die auch dahintersteckten, nicht zu vergessen).

Impression-Management – immer und überall

Impression-Management ist dank der modernen Technologie einfacher geworden, weil wir durch sie jetzt noch leichter unsere ganz eigene Wahrheit über unsere Fähigkeiten und unsere Großartigkeit verbreiten können. Vor allem die sozialen Medien sind die ideale Bühne, um sich zu präsentieren, weil man nur einen Account braucht und schon garantiert zig Menschen sehen, was man postet. Mit einem einzigen Mausklick kann man der Welt Fotos, Neuigkeiten, Wettbewerbsanmeldungen, Pläne, Ausflüge, Erfahrungen und Gefühlszustände mitteilen – perfekt fürs Impression-Management! Die App Strava verdient gutes Geld mit dem psychologischen Bedürfnis von Sportlern, sich mit anderen zu vergleichen. Und es gibt mehr als genug Beweise dafür, dass keine Straße zu irrwitzig ist, als dass nicht irgendwo auf der Welt ein Rennfahrer zeigen wollte,

Das kleine Laster der Schadenfreude

NERD-ALARM!

WENN WIR INFORMATIONEN ERHALTEN, die unsere Selbstwahrnehmung angreifen (zum Beispiel diese knallharte Tussi auf Facebook, die immer fitter, schneller, härter und glücklicher als man selbst scheint), flippt der Teil des Gehirns, der für soziales Leid und mentale Konflikte zuständig ist, aus. Warum auch nicht? Schließlich ist unser Gehirn darauf programmiert, grundsätzlich und jederzeit eine positive Selbstwahrnehmung zu erhalten. Wenn also eine Information zu einem sozialen Vergleich über Facebook/die Mutter/die nicht zu beeindruckende Schwester/Arbeitskollegen/wen auch immer unsere Selbstwahrnehmung in den Hintern tritt, verursacht das Neid. Das könnte sich in Ihrem Kopf so anhören: »Ich dachte, ich würde mich ganz gut schlagen – bis ich Billy Superman mit seiner dämlichen, perfekten Familie gesehen habe, der schon wieder gewonnen hat. Mann, der geht mir vielleicht auf die Nüsse!« Unter all dem Neid liegt das Gefühl der Unzulänglichkeit oder Enttäuschung. Herzlichen Glückwunsch, Sie sind jetzt darauf vorbereitet, das Leid anderer Menschen zu genießen.

Wir scheinen Spaß zu empfinden, wenn wir sehen, dass bestimmten anderen Menschen etwas Unangenehmes widerfährt. Deswegen auch das Wort »Schadenfreude«: Wir ziehen Freude aus dem Schaden eines anderen. Unser Gehirn genießt es offenbar zu sehen, wenn Rüpel ihre gerechte Strafe bekommen, Betrüger entlarvt werden, die Reichen und Mächtigen in Skandale verwickelt werden, und auch, ja, wenn der arrogante Olympiagewinner beim Dopingtest auffliegt. Und das behaupten wir nicht einfach so: Neuroimaging-Studien zeigen, dass Teile des ventralen Striatums – ein wichtiger Knoten im Hirn für Belohnungen – ein wahres Feuerwerk veranstalten, wenn Leuten, auf die wir neidisch sind, etwas Unangenehmes passiert. Das ist auch der Grund dafür, warum es uns ein selbstzufriedenes, wenn auch leicht schuldbewusstes Gefühl der Genugtuung bereitet, wenn wir erfahren, dass der Supertriathlet von nebenan sich mit dem Rad hingelegt oder eine Zeitstrafe für Windschattenfahren bekommen hat, selbst wenn er uns trotzdem um zwölf Minuten geschlagen hat. Von Empathie kann keine Rede mehr sein, Anteilnahme spielt keine Rolle mehr – und wer schert sich überhaupt einen Dreck um Mitleid, wenn jemand, der permanent den Selbstdarstellungskrieg gegen uns gewonnen hat, vom hohen Ross geholt wird! Wenn wir aber der Meinung sind, dass die betreffende Person das Unglück nicht verdient, reagieren die meisten von uns mit Anteilnahme oder Mitleid. Immerhin sind wir keine kompletten Arschlöcher. Oder Psychopaten.

Die Forschung zeigt auch, dass wir am meisten Schadenfreude empfinden, wenn wir neidisch auf die Position des anderen sind, eine Abneigung gegen jemanden hegen, selbst einen niedrigen Selbstwert oder geringe Selbstachtung haben oder vom Unglück eines anderen sogar profitieren.[43] Selbst wenn es keinen greifbaren Nutzen für uns aus dem Unglück des anderen gibt, fühlt es sich trotzdem gut an, weil wir uns dann in Bezug auf uns selbst besser fühlen. Keine Angst, das macht uns nicht zu Losern oder zu verbitterten und bösartigen

> Schweinehunden; hier belohnt uns lediglich die Biologie für einen wahrgenommenen Aufschwung in unserem sozialen Status.
>
> Der Philosoph Friedrich Nietzsche hat Schadenfreude nicht nur als natürlich, sondern sogar als wichtig angesehen: »Leiden-sehn thut wohl, Leiden-machen noch wohler – das ist ein harter Satz, aber ein alter mächtiger menschlich-allzu menschlicher Hauptsatz.«[44] Zugegeben, Nietzsche war nicht gerade ein Knuddelbär, und diese Ansicht kann schnell zu moralischem Treibsand werden. Doch in der lockeren und trivialen Welt des Ausdauersports bietet Schadenfreude eine Erklärung dafür, warum wir es genießen zu sehen, wie der örtliche Star der Sportszene fallengelassen wird.
>
> Wenn wir eine aktive Rolle im Unglück des anderen spielen, verursacht das ein ähnliches Gefühl. Wer jemanden bei einem Rennen, Gruppentraining oder einer anderen gemeinsamen Aktivität schon mal richtig übel in den Schwitzkasten genommen und das genossen hat, hat dabei rein wissenschaftlich gesehen Schadenfreude empfunden. Und wer will schon wissenschaftlich offiziell ein Arsch sein. Also, seien Sie nett und üben Sie Ihre Schadenfreude im Privaten aus.

hier der Schnellste gewesen zu sein. Wenn Sie mal einem Strava-Nutzer einen kleinen Schreck einjagen möchten, schicken Sie ihm eine E-Mail mit dem Betreff: »Oh, oh, jemand hat deinen King of the Mountains geknackt!«

Facebook ist natürlich das absolute Flaggschiff des Impression-Managements. Diese clevere Plattform wird fast ausschließlich dazu eingesetzt, um den sozialen Status zu verbessern. Kaum jemand würde offen zugeben, dass er Facebook hauptsächlich zur Selbstdarstellung nutzt, und die meisten Menschen wissen gar nicht wirklich, dass und warum sie es tun. Die Forschung hat jedoch zweifelsfrei ergeben, dass der Hauptmotivator der Facebook-Nutzung in der Selbstinszenierung liegt und die Leute sich gar nicht darüber im Klaren sind, dass sie eigentlich nur als Werkzeuge dienen.[45] Dass Facebook & Co. darüber hinaus süchtig machen können, ist ebenfalls nicht sehr hilfreich, kommt aber häufig vor, da die Bestätigung von außen das Belohnungssystem des Gehirns aktiviert. Ganz unabhängig von den Motiven für Impression-Management finden wir es anregend und vergnüglich, den Status anderer Nutzer anzusehen und unseren eigenen zu aktualisieren – meist um unseren Drang nach Selbstinszenierung zu befriedigen. **Leider haben wir keinen Zugriff auf die wichtigen nonverbalen Hinweise, mit denen wir Unsinn aufdecken können, wenn wir Impression-Management über den Computer nutzen.**

Es gibt mittlerweile so viele detaillierte wissenschaftliche Studien über die Selbstdarstellung bei Facebook, dass es ein ganzes Buch füllen würde, das gesamte Spektrum der manipulativen Kunst des Nachrichtenschreibens, der Fotoretusche, der Nutzermarkierung in Beiträgen und Fotos sowie des Info- und Foto-Sharings zu erfassen.[46] Was aber nicht unerwähnt bleiben sollte, ist, dass Neurotizismus, Narzissmus, niedriger Selbstwert und geringe Selbstachtung zu einer erhöhten Facebook-Aktivität beitragen.⁴⁷ Kein Wunder, dass Triathleten Facebook so lieben! Ist nur Spaß ... na ja, mehr oder weniger.

SCHWINDELEIEN UND BOCKMIST HERAUSFILTERN

Aufgrund des psychologischen Bedürfnisses nach Selbstinszenierung kann man nicht erwarten, dass Programme und Plattformen für Impression-Management – Facebook, LinkedIn, Instagram, Tumblr, Snapchat, Strava, Endomondo, RunKeeper, Runmeter, Runtastic, MapMyRIDE, Garmin Connect oder die anderen 2479 sozialen Netzwerke, die sich teilweise ausschließlich an Sportler richten – plötzlich eingesetzt werden, um Geschichten über erlebte Niederlagen, Unzulänglichkeiten oder andere Beweise unseres langweiligen Lebens zu posten. Weil solche Anwendungen für Impression-Management allgegenwärtig sind, ist unser Gehirn irgendwann überlastet. Der dorsale anteriore Gyrus cinguli, der Teil des Gehirns, der für soziales Leid und emotionales Unwohlsein zuständig ist, muss so hart arbeiten wie ein Langstreckenläufer beim Crossfit. Der Trick besteht darin, diese Flut an Social Media so in den Griff zu bekommen, dass man nicht das Gefühl hat, bei dem Spiel um den sozialen Status der Verlierer zu sein. Denn wenn Themen wie Adipositas, Glück, Rauchen, Drogenabhängigkeit, Wahlverhalten et cetera sich über soziale Netzwerke verbreiten, ist ganz klar, dass dies auch für Taktiken des Impression-Managements bei Sportlern gilt.⁴⁸

Nicht Facebook ist das Problem, sondern der Nutzer

Wir sollten die sozialen Netzwerke als das ansehen, was sie sind: sorgfältig konzipierte Möglichkeiten für Menschen, sich auf bestmögliche Art selbst zu präsentieren. Wenn Sie sich selbst dabei ertappen, wie Sie die Profile anderer Leute, deren Selfies von Gruppenläufen, Screenshots ihrer Fitnessuhren oder ihre knallharten Trainingssessions ansehen und denken »Wow, der Typ ist echt der Hammer!«, dicht gefolgt von »Ich wünschte, ich würde auch so ein Leben führen!«, vergessen Sie nicht, dass Sie getäuscht werden.⁴⁹ Was Sie dort sehen, ist selektive Verschwiegenheit. Denn die Leute zeigen nur die Sachen, die wirklich toll sind oder zumindest den Anschein von Großartigkeit haben. In Wahrheit sind sie gar nicht so fit, stark, glücklich und perfekt, wie sie scheinen. Sie sind einfach nur gut im Impression-Management. Für jedes einzelne Beispiel perfekten Impression-Managements, das hochgeladen, gepostet oder in einem Selfie verewigt wird, gibt es zehn, die versteckt werden und das planlose, schlaffe, unorganisierte Chaos im echten Leben zeigen. So ist der Mensch eben. Je perfekter sich jemand darstellt, desto größere Probleme hat er meist. Das können Sie mir glauben.

★ **Was Sie dagegen tun können:** Denken Sie immer daran, dass Sie eine bereinigte und stark bearbeitete Version der Wirklichkeit einer Person sehen, selbst wenn sie sehr authentisch wirkt. Was Sie sehen und lesen, ist in der Regel das »Best of« – also die Sammlung der Highlights dieser Person. Es ist meist nicht offensichtlich und häufig sehr subtil gemacht, aber vergessen Sie nicht, dass Sie hier nur eine Show sehen. Wenn es Ihnen dennoch schwerfällt, das Impression-Management anderer Leute zu durchschauen, kann es daran liegen, dass bei Ihnen ein Verhaltensmuster beziehungsweise eine Gewohnheit vorliegt, das/die jetzt durchkommt. Wie Sie aus Kapitel 4 wissen, bestehen Gewohnheiten aus Anreizen, Ritualen und Belohnungen. Löschen Sie die Facebook-App von Ihrem Smartphone – und schon haben Sie einen der größten Auslöser für Ihr Problem eliminiert!

Stalken versus Stöbern – Erkennen Sie die Gefahren

Wenn Sie ständig damit beschäftigt sind, sich in den sozialen Medien zu tummeln und dort zu bummeln oder zu stalken (wobei wir hier nur vom Anschauen, nicht vom Posten sprechen), möchten Sie vielleicht mal checken, warum Sie das überhaupt tun. Als Erstes sollten Sie herausfinden, ob Sie ein Beobachter oder ein Stalker sind. Jemand, der zur Gruppe der Beobachter gehört, interessiert sich nicht besonders für die sozialen Medien, hat aber Spaß an den Pseudobeziehungen, die man dort führt. Diese Person möchte sehen, was ihre Familienmitglieder so treiben, oder an den kleinen und großen Erfolgen ihrer Lieben teilhaben, obwohl sie nicht persönlich dabei ist. Daran ist nichts Schlimmes. Also weiterhin viel Spaß dabei!

Ein Facebook-»Stalker« betritt die Welt der sozialen Medien schon wesentlich tiefer und mit zielgerichteten, anhaltenden und bösen Absichten. Wir sprechen hier nicht über Stalking im Sinne von illegaler Belästigung, sondern über das anonyme (und legale) Auspähen der öffentlichen Onlinepräsenz einer Person aus Gründen der Neugier, Wertung oder einfach dem guten alten Spaß am Voyeurismus. Das machen wir alle. Deswegen macht Facebook Spaß. Wir verwenden daher dafür eigentlich ungern den Begriff »Stalking«, weil es das im Grunde nicht ist. Es ist vielmehr ein intrigantes Beobachten eines anderen, das auf Gegenseitigkeit und passiver Zustimmung beruht – zumindest in der Facebook-Welt. (Das hat mein Professorenhirn doch vernünftig erklärt, oder?) Das gesunde Gehirn weiß meistens aufgrund von Schuld- und Schamgefühlen, wo die Grenze zu ziehen ist.

Wir möchten Ihnen aber an dieser Stelle nicht dabei helfen, moralische Grenzlinien zu ziehen, wen Sie wie oft und warum ausspionieren dürfen; wir möchten Ihnen nur diesen allgemeinen Hinweis geben: Sollten Sie feststellen, dass Sie das sehr oft machen, zeigt die Forschung, dass Sie auf dem besten Weg in eine emotional dunkle Ecke sind.[50] Das exzessive Ausspionieren anderer scheint zum Teil auf dem eigenen Gefühl der Unzulänglichkeit zu beruhen – und bereitet somit einen idealen Nährboden für Neid und Missgunst. Und das endet meist nicht gut. Es ist eine Einstiegsdroge für Ärger, Schadenfreude und Depressionen.[51]

Wenn Sie ein Sportler sind, der ständig auf Facebook stöbert oder stalkt, könnten Sie auch ein Fiesling sein. Alles nehmen, aber nichts geben. Eine gesunde Selbstdarstellung braucht natürlich einen Veröffentlichungskanal. Den Sie auch nutzen sollten. Wenn Sie Hemmungen verspüren, sich öffentlich zu präsentieren, Ihre Anonymität aufzugeben oder Angst haben, dass man sich über Sie lustig macht, braucht Ihr Impression-Management-System vielleicht ein bisschen Unterstützung von Ihrem Selbstbeurteilungssystem. Schlagen Sie das gerne noch einmal in Kapitel 3 »Ich glaube nicht, dass ich das kann – Selbstbewusstsein und Selbstvertrauen aufbauen« nach.

★ **Was Sie dagegen tun können:** Wenn Sie nur stalken, beginnen Sie damit, sich selbst auch mitzuteilen, also selbst etwas zu posten. Wenn Sie keine Idee haben, was Sie posten könnten, oder eine Phobie vor Heucheleien haben, seien Sie einfach ehrlich. Teilen Sie mit Ihrem Netzwerk etwas, das Ihnen heute Spaß gemacht hat, etwas, das für Sie schwer war, oder etwas, wofür Sie dankbar sind. Es geht nicht darum, so viele Likes wie möglich zu sammeln. Es geht einfach nur darum, Ihrem dorsalen anterioren Gyrus cinguli mitzuteilen, dass Sie zumindest ein Interesse daran haben, das gegnerische Team aufzustellen.

Sollten Sie feststellen, dass Sie in zunehmenden Maße neidisch oder verärgert über andere Leute auf Facebook werden, ist die beste Strategie, sich auszuloggen oder ganz abzumelden. Denn hier leidet Ihre geistige Gesundheit, nicht die der anderen. Ein amerikanisches Sprichwort beschreibt es ganz gut: Verbitterung ist wie selbst Gift zu schlucken und darauf zu warten, dass der andere stirbt.

Das Problem könnte ein niedriger Selbstwert oder geringe Selbstachtung sein

Neid ist eine emotionale Reaktion, die aus einem Gefühl der Unzufriedenheit oder Unzulänglichkeit gegenüber den Besitztümern oder Eigenschaften einer anderen Person erwächst, wie etwa deren Erfolg, Attraktivität, Popularität, Talent oder Fitness. Der Neid ist ein Angriff auf unsere Selbsteinschätzung und bringt unseren Schimpansen auf die Palme. Wenn der Schimpanse sich nicht von den Schwindeleien der Selbstdarstellung eines anderen bedroht fühlt, werden wir auch nicht neidisch. So einfach ist das. Vielleicht sind wir ein bisschen genervt oder gleichgültig, vielleicht empfinden wir sogar ein ganz kleines bisschen Ärger oder Herablassung, doch Neid ist aus dreierlei Gründen nicht dabei:

1. Unser Selbstbeurteilungssystem (Selbstwert, Selbstachtung und Selbstbewusstsein) ist ausreichend stark und kann Bedrohungen abwehren.
2. Die eingehende Taktik des Impression-Managements ist so offensichtlich und übertrieben, dass sie schon wieder lustig oder, schlimmer noch, tragisch ist (zum Beispiel das fragwürdige Verhalten mancher Männer in der Midlife-Crisis).
3. Die Person, mit der man verglichen wird, steht bereits viel niedriger im Rang bei der betreffenden Eigenschaft oder dem Besitztum. Also wird unser sozialer Status gar nicht erst bedroht.

Wenn ein Sportler unter niedrigem Selbstwert oder geringer Selbstachtung leidet, ist die Schwelle zur Bedrohung besonders niedrig. Er lebt in einem allgegenwärtigen Zustand der Unzulänglichkeit und Unzufriedenheit, und schon der kleinste Hauch des Impression-Managements eines anderen wird unweigerlich als Bedrohung eingestuft. Das führt zu einem Überfluss an negativen Emotionen, die Gedanken wie die folgenden nähren: »Na toll. Noch mehr Beweise dafür, dass ich völlig talentfrei und langsam bin.« Die Reaktion mancher Sportler besteht darin, ihre eigene Selbstdarstellung zu verstärken – noch mehr Heucheleien, Übertreibungen und gezielte Auslassungen, dafür aber umso mehr vorteilhafte Selfies, Fotos von ihnen auf dem Siegertreppchen,

Errungenschaften und Wettkampfergebnisse in ihren Posts. Ihre Beobachter und Stalker, also wiederum diejenigen mit niedrigem Selbstwert und geringer Selbstachtung, die kein gegnerisches Team aufstellen, kultivieren in der Folge Enttäuschung, Groll und Neid gegen diesen Sportler – ein Nährboden für Depressionen. Wir sollten diesen Kreislauf durchbrechen!

★ **Was Sie dagegen tun können:** Lesen Sie zunächst bitte (noch mal) Kapitel 3. Es bietet zwar kein Wundermittel für Probleme bei der Selbsteinschätzung, aber es hilft Ihnen dabei, einen Anfang zu finden. Wenn Sie nur ein Beobachter oder Stalker sind: Hören Sie einfach damit auf. Geben Sie stattdessen mal Ihrem eigenen Impression-Management-Team die Chance zu kämpfen, indem Sie etwas über sich selbst posten und teilen. Sie müssen sich keine Sorgen machen, dass Sie dadurch zum Angeber werden. Und selbst wenn Sie schon einer sind, hilft diese Methode wahrscheinlich. Auch gut. Sollten Sie Lust darauf haben, Ihre Facebook-Aktivitäten zu reduzieren, hilft das auf jeden Fall, vor allem wenn diese vor allem aus Stalken bestehen, also dem intriganten Beobachten eines anderen.

Nicht vergessen: Das Gehirn ist voreingenommen

Wie bereits erwähnt, nimmt das menschliche Gehirn Abkürzungen (bei der letzten Zählung waren es 175), um kognitive Anstrengungen zu reduzieren und schneller und effizienter bei der Entscheidungsfindung zu werden.[52] Die Strategien, die es dabei anwendet, sind oft nach den Fehlern benannt, die es unterwegs macht – bezogen auf kognitive Verzerrungen.

Wenn wir andere Menschen mit Neid oder Bewunderung betrachten, tappen wir häufig in die Falle des *Halo-Effekts*. Der Halo-Effekt (Halo = Heiligenschein) bezeichnet unsere Veranlagung, von einer bekannten Eigenschaften einer Person auf andere, uns nicht bekannte Eigenschaften zu schließen. Das muss nichts so Offensichtliches sein wie zu denken, diese Person wäre in allem gut, sondern kann ganz subtil sein, indem wir diesem Menschen einen Vertrauensvorschuss gewähren, ihm schlechte Entscheidungen schneller vergeben oder annehmen, dass dahinter zumindest eine gute Absicht gesteckt haben muss. Nur weil die Supersportlerin von nebenan Fotos ihres lächelnden Mannes postet, muss das noch lange nicht heißen, dass die beiden eine tolle Beziehung führen oder total glücklich sind. Natürlich kann es so sein, aber darum geht es hier nicht (und es geht uns auch nichts an). Es geht darum, dass wir Informationen über einen Bereich aus dem Leben eines Menschen dazu nutzen, um auf andere, uns unbekannte Bereiche zu schließen. Das kann den Neid dann noch stärker anfachen.

Eine weitere Abkürzung, die unser Gehirn nutzt, ist die sogenannte Verfügbarkeitsheuristik (oder Verfügbarkeitsfehler). Diese bezieht sich auf unsere Neigung, die Informationen, die uns zur Verfügung stehen, zur Meinungsbildung über Menschen und Sachverhalte zu verwenden. In diesem Fall liegt die Verfügbarkeit darin, dass die Informationen sehr leicht abgerufen werden können. Facebook bietet unzählige Beispiele dafür, worauf das Gehirn einen Schnellzugriff hat, etwa kurze Textfragmente, Fotos und andere geteilte Dinge. Es ist also kein Wunder, dass wir bei manchen Menschen denken, sie seien besser, als sie in Wirklichkeit sind, da wir oft völlig unbewusst nur deren Glanzlichter widerkäuen. Wenn wir umgekehrt zum Beispiel eine schlechte Meinung von einem bestimmten Rennteam haben, sind wir womöglich von vornherein davon überzeugt, dass wir mit Dave, einem Sportler aus eben diesem Team, »ganz bestimmt nicht« warm werden.

★ **Was Sie dagegen tun können:** Wenn Sie sich dabei ertappen, immer neidischer auf eine bestimmte Person zu werden, stoppen Sie Ihr Gedankenkarussell darüber, welche Informationen Ihnen vorliegen, die die Annahme unterstützen, dass diese Person schneller, fitter, glücklicher oder zufriedener ist als Sie. Selbst wenn die Beweislast erdrückend ist, dass sie schneller (oder was auch immer) ist als Sie, hören Sie auf darüber nachzudenken. Machen Sie sich bewusst: Sie haben diesem Menschen einen Heiligenschein verpasst und sind nun neidisch auf andere Bereiche seines Lebens, über die Sie überhaupt nichts wissen. Um den Verfügbarkeitsfehler zu vermeiden, zwingen Sie sich selbst dazu, über weitere Informationen nachzudenken als jene, die Ihnen zuerst in den Sinn kommen. Was wissen Sie über diese Person aus persönlicher Interaktion mit ihr? Gleiches gilt für Stereotypen, die Sie über jemanden aufgrund von unvollständigen oder beeinflussten Informationen haben. Schließlich sind nicht alle Triathleten Neurotiker, gehen schlecht mit ihrem Rad um und tragen Kompressionsstrümpfe beim Abendessen.

WARUM KANN ICH NICHT SIE SEIN?
Ein Eingriff in das Impression-Management

Catherine ist eine 42-jährige Lehrerin, Triathletin, Mutter und Ehefrau. Sie ist ziemlich taff, hat Erfolg im Beruf, ist schlau und fähig und traut sich an jedes Triathlontraining und Rennen ran, obwohl sie Angst davor hat zu versagen, einen Unfall zu haben oder nicht gut genug vorbereitet zu sein. Catherines ältester Sohn und ihr Mann haben irgendwann mit Querfeldeinrennen begonnen, und nachdem Catherine keine Lust mehr hatte, ihnen vom Streckenrand bei Eiseskälte zuzujubeln, versuchte sie es auch mal. Die Querfeldeinrennen wurden schnell zu ihrer neuen Leidenschaft. Sie kaufte sich ein neues Rad, nahm Trainingsstunden und stellte sich noch mehr Ängsten. Weil sie begierig darauf war, noch mehr zu lernen, begann sie mit dem intriganten Beobachten der örtlichen Topleute im Querfeldeinrennen.

Vor allem zwei Frauen schienen alle Preise abzuräumen: Die eine Frau, Annie, war zwei Jahre jünger als Catherine, hatte drei Kinder und ein gesponsertes Team. Catherine entwickelte eine leichte Obsession bezüglich Annie: Diese Frau ging nicht nur auf dem Rad total ab, sie leitete auch noch ein eigenes Unternehmen, engagierte sich ehrenamtlich und wirkte immer so gut organisiert. Ihre Ausrüstung war immer perfekt zusammengestellt, ihre Räder (sie hatte zwei!) waren Spitzenklasse und sie sah immer so glücklich und erfolgreich aus. Catherine wurde zunehmend neidisch auf Annie, weil sie nicht nur alles zu haben schien, sondern weil sie darüber hinaus offenbar keine Sorgen hatte und durch nichts aus der Ruhe zu bringen war. Irgendwann nervten Catherine schon die kleinsten Dinge, die Annie auf Facebook postete: das Buch, das sie mit ihrem Buchclub las; die Auszeichnungen, die ihre Kinder in der Schule einheimsten; die Tatsache, dass sie sogar die Zeit dafür fand, eine gottverdammte Weihnachtssammlung für Kinder zu organisieren. Catherine war irgendwann so weit, dass sie sich fragte: »Wieso kann ich nicht so sein? Was läuft schief bei mir, dass ich das Leben nicht so genießen kann wie Annie?«

Je öfter Catherine an Rennen teilnahm, desto stärker verglich sie sich mit Annie. Wenn sie gut abschnitt, führte sie das darauf zurück, dass ihre Erzrivalin dieses Mal nicht teilgenommen hatte. Wenn sie sich im Vorrennen stark und selbstsicher fühlte, führte ein Überholen seitens Annie zu einer Spirale aus Selbstzweifeln und Selbstkritik über ihr eigenes Können und ihre Fähigkeiten. Catherine stellte ihre eigenen Leistungen nicht mehr heraus, schien aber eine Expertin bezüglich Annies Errungenschaften zu sein.

Als Catherine für ein Coaching im Querfeldeinrennen zu uns kam, fiel uns ihre Besessenheit bezüglich Annie innerhalb einer Viertelstunde auf. Es wurde schnell klar, dass Catherine unter einer geringen Selbstachtung litt. Nichts, was sie tat, war jemals gut genug. Es fiel ihr schwer, Lob von uns anzunehmen, und sie wurde misstrauisch hinsichtlich unserer Motive, wenn wir sie lobten. Wir besprachen, wie sie sich selbst als Sportlerin sah, doch entschlossen uns dazu, uns zunächst auf ihre Selbstwahrnehmung als Sportlerin zu konzentrieren. Ich

(Simon) machte Catherine mit ihrem Schimpansen und mit dem Konzept des Impression-Managements bekannt. Wir sprachen darüber, dass ihre »Stalking«-Gewohnheiten und die Tatsache, dass sie selbst weniger postete, das Problem nur verschlimmerte. Catherine hatte angedeutet, dass sie sich ohnehin ein bisschen von Facebook zurückziehen wollte, also entwickelten wir dafür einen Schlachtplan.

Als Erstes löschte sie die Facebook-App auf ihrem Smartphone. Dann stellten wir die Regel auf »Nur lesen, wenn du vorher gepostet hast«. Das bedeutete, dass Catherine ihrem Drang zu beobachten oder zu stalken nur dann nachgehen durfte, wenn sie vorher selbst etwas im Netzwerk gepostet hatte – nur auf ein »Gefällt mir« zu klicken, reichte nicht aus. Wir entwickelten eine Liste von Dingen, die sie posten konnte, die positiv und selbstbestätigend waren. Bereits durch diese beiden Strategien halbierte sich Catherines Facebook-Nutzung.

Zum guten Schluss ermutigten wir Catherine, persönlich auf Annie zuzugehen, ihr mitzuteilen, dass sie sie inspirierend fand, und sie um Ratschläge für Dinge zu bitten, mit denen sie sich schwertat. Doch zunächst war Catherine zu verlegen und verschüchtert dafür, deswegen erarbeiteten wir einen Plan, der ihr half, dass sich das Ganze natürlicher und weniger nervenaufreibend anfühlte. Zwei Monate später erzählte uns Catherine, dass Annie und sie jetzt gemeinsam trainierten und Freundinnen geworden waren. Catherine war total überrascht davon, dass Annie mit genauso vielen Problemen zu kämpfen hatte wie sie, und musste lachen, als Annie ihr sagte, sie solle bloß nicht alles glauben, was sie auf Facebook sah.

Auch wenn Annie ihr immer noch ab und zu gehörig auf den Wecker geht und Catherine manchmal noch einen Anflug von Neid verspürt, hilft ihr die Freundschaft mit Annie dabei, besser mit negativen Emotionen umzugehen und sich unterstützt zu fühlen – zwei Dinge, die ihr fehlten, bevor sie Annie kennengelernt hatte.

6

ICH FÜHLE MICH DICK

DER UMGANG MIT DEM KÖRPERBILD IN DER SPORTLERWELT

Und ich sagte zu meinem Körper, ganz sanft: »Ich möchte dein Freund sein.« Er atmete tief durch und erwiderte: »Darauf habe ich mein ganzes Leben lang gewartet.« – NAYYIRAH WAHEED

Fast jeder von uns war an irgendeinem Punkt seines Lebens schon mal unglücklich über das eigene Aussehen. Ob es nun die abstehenden Ohren sind, die zu hohe Stirn, unreine Haut, die Schenkel – es gibt keinen einzigen Körperteil, der nicht in irgendjemandem irgendwo auf der Welt unsägliche Besorgnis hervorgerufen hätte. Beim Sport sind die gängigen Übeltäter in Bezug auf Unzufriedenheit mit dem eigenen Körper Fett und Muskeln. Zu wenig oder zu viel von einem der beiden kann zu einem verheerendem Chaos in unserem Schimpansen- und Professorenhirn führen.

Ausdauersportler können Probleme mit ihrer Körperwahrnehmung unmöglich ignorieren, weil sie sich regelmäßig in hautenge Sportkleidung zwängen und sich damit in aller Öffentlichkeit zeigen. Während sich manche Teile ihres Körpers wie gut gespannte Gitarrensaiten anfühlen, kann man bei anderen den Eindruck haben, sie wären wie eine Lavalampe, bei der dicke Tropfen umherschwirren, um sich dann irgendwo anzusiedeln. Da Sportler ihre Körper viel öfter anderen Menschen präsentieren als Nichtsportler, öffnen sie sich auch mehr als gewöhnlich dem Urteil und der Einschätzung anderer Menschen.

Viele Leute wissen nicht, dass Sportler genauso mit ihrem Körperbild zu kämpfen haben wie Nichtsportler. Man hat mehr Verständnis bei den sogenannten ästhetischen Sportarten dafür, wie etwa Kunstspringen, Eiskunstlauf oder Sportgymnastik, weil dort Juroren das Erscheinungsbild des Athleten bewerten. Unzufriedenheit mit dem Körper ist vor allem in den Sportarten vorherrschend, in denen bestimmte Formen und Größen einen klaren Vorteil bieten. Wir wissen, dass Radfahrer und Läufer metabolisch und biochemisch effizienter sind, wenn sie weniger Fett mit sich herumschleppen und keine überschüssigen Muskeln haben. Für viele Sportler kann das Erstreben einer trügerischen Größe oder Form unglücklich, unerträglich oder gar medizinisch unsinnig sein. Wenn man dazu noch all die anderen Bereiche addiert, in denen Sportler sich wünschen würden, dass ihr Körper sich anderes anfühlt oder anders aussieht (denn Sportler sind auch nur Menschen), erhält man alle notwendigen Voraussetzungen, um ungesunde Verhaltensweisen zu fördern. Und ungesunde Verhaltensweisen können die Optik des Körpers sowie dessen Leistungsfähigkeit enorm verändern, zumindest auf kurze Sicht. Wenn ein Radfahrer fünf Kilo Fett verliert und zwei Kilo Muskelmasse aufbaut (egal mit welchen Mitteln), wird er schlanker und messbar schneller. Und weil diese Eigenschaften ein fester Bestandteil des sportlichen Selbstschemas sind, ist dieser Radfahrer wahrscheinlich auch glücklicher.

Sportler geraten oft in Schwierigkeiten, wenn ihre Verhaltensweisen (seien sie gesund oder ungesund) in dem Bedürfnis begründet sind, negative Gedanken oder Gefühle zu unterdrücken, die nicht in direktem Zusammenhang mit ihren Leistungen stehen. Manche dieser Bedürfnisse sind zunächst wirklich gute Absichten, die sich dann zu etwas Düsterem wandeln, während andere sich so sehr verstärken, dass sie sogar selbstzerstörerisch werden können. Die meisten Sportler ernähren sich zum Beispiel sehr gesund, doch bei manchen entwickelt sich das zu einer Obsession mit einer so unnachgiebigen und starken Fixierung auf die Reinheit und Qualität ihrer Lebensmittel, dass sie ihre Ernährung so sehr einschränken, dass sie damit ihre Gesundheit gefährden. Diese Obsession kann sich auf andere Lebensbereiche ausdehnen, wie etwa ihre Ausgaben zu beschränken oder ihre sozialen Kontakte zu vernachlässigen. Wenn ihr nicht Einhalt geboten wird, kann die Hingabe eines solchen Sportlers zu einer gesunden Ernährung sich zu dem Bedürfnis entwickeln, die Nahrungsaufnahme zu kontrollieren, Furcht und Angst zu vermeiden, sich eine Identität durch das Essen aufzubauen oder sogar nach einem Lebenssinn oder einer Spiritualität in der Ernährungsweise zu suchen.

Wenn die negativen Gedanken über Lebensmittel, Ernährung und das Erscheinungsbild ein kritisches Maß erreichen und lebensverändernde Folgen haben, diagnostizieren Psychologen eine krankhafte Störung. Essstörungen sind beispielsweise dadurch definiert, dass der Betroffene eine dauerhaft unregelmäßige Nahrungsaufnahme aufweist und schwere Probleme oder Ängste bezüglich seines Gewichts oder Aussehens hat. Gleichermaßen kann auch eine Obsession über gesundes Essen problematisch und beeinträchtigend werden und sich zu der Essstörung Orthorexia nervosa ausweiten.[53] Menschen, bei denen die negativen Gefühle oder Gedanken zur eigenen Wahrnehmung ihres Körperbilds überwiegen, die nichts mit dem Gewicht oder Fettleibigkeit zu tun haben, könnten unter Dysmorphophobie leiden (weitere Informationen zur Dysmorphophobie finden Sie im Kasten »Spieglein, Spieglein an der Wand« auf Seite 146).

Wenn Sie das Gefühl haben, an einer Essstörung oder einer krankhaften Störung in Bezug auf Ihre Körperwahrnehmung zu leiden, lesen Sie bitte den Abschnitt »Hilfe, ich fürchte, bei mir ist es etwas schlimmer!« am Ende dieses Kapitels. Da Essstörungen und Störungen in der Körperwahrnehmung häufig mit zwanghaftem und übertriebenem Training einhergehen, kann Ihnen auch Kapitel 8 »Andere machen sich Sorgen um mich. Sportsucht und das unaufhörliche Bedürfnis, mehr zu tun« helfen. Glücklicherweise leiden die meisten Sportler nicht an emotionalen

Störungen, die klinisch und somit für Psychologen diagnostizierbar sind. Wenn Sie Interesse daran haben zu erfahren, wie Psychologen und andere Therapeuten für emotionale Gesundheit psychische Erkrankungen und emotionale Störungen diagnostizieren, finden Sie Informationen dazu im Nerd-Alarm »Die Bibel der Psychologen zur Diagnose unserer Form der Verrücktheit« auf Seite 132.

Denken Sie daran, dass es völlig normal ist, mal mehr und mal weniger zu essen, ab und zu ein Verlangen nach bestimmten Lebensmitteln zu haben und einige Teile des eigenen Körpers mal zu mögen und mal nicht. »Normal« ist natürlich ein relativer Begriff, aber es gibt einige Hinweise, die Ihnen dabei helfen einzuschätzen, ob Sie es womöglich ein bisschen übertreiben. Schauen Sie sich beispielsweise Ihre Beziehung zum Essen an. Wie Sie über Essen denken und fühlen, wie, wo und warum Sie essen oder aufhören zu essen – all diese Dinge bieten Ihnen Einsichten darüber, wie Sie generell zu Ihrem Körper stehen. Sie geben außerdem Auskunft darüber, welche Rolle das Essen bei der Steuerung des inneren Dialogs Ihres Schimpansen und Professors spielt. Mit den folgenden Fragen können Sie herausfinden, ob Sie ein gesundes Verhältnis zum Essen haben:

- Ist die Auswahl Ihrer Lebensmittel eine Kombination aus gesund und genussvoll?
- Geht es Ihnen gut damit, Nahrungsmittel nicht immer nach ihrem Kalorienwert auszuwählen?
- Herrscht eine gute Balance zwischen der Zeit, die Sie über Essen, Körpergewicht und Ihre Ernährungsweise nachdenken, und anderen Bereichen Ihres Lebens?
- Können Sie, ohne dass dies Stress bei Ihnen verursacht, von Ihren üblichen Essgewohnheiten abweichen?
- Empfinden Sie Genuss beim Essen – oder essen Sie nur, um Nahrung aufzunehmen und satt zu werden?
- Sind Ihre Essensportionen nach dem Energiebedarf bemessen oder eher danach, wie viel andere Leute essen oder was sozial akzeptabel ist?
- Können Sie jederzeit essen beziehungsweise aufhören zu essen, wenn Sie hungrig beziehungsweise nicht hungrig sind, oder beruht Ihr Essverhalten auf der Einhaltung einer strengen Diät oder Schuldgefühlen?

Sportler weichen immer mal wieder von gesundem Verhalten ab, je nachdem wie es ihnen emotional geht, in welcher Situation sie sich befinden, wie die Ansprüche des Trainings und der Wettbewerbe aussehen und aus tausend anderen Gründen. Und es ist völlig in Ordnung, ab und zu die Spur nicht einzuhalten, solange es nur ab und zu passiert. Aus nachvollziehbaren Gründen muss unser Professorenhirn und nicht das Schimpansenhirn diese Kalibrierung vornehmen.

Die meisten von uns haben Phasen, in denen sie sich dick fühlen, und solche, in denen das nicht so ist. Bei anderen kann diese Belastung aber viel stärker und auch viel häufiger und einnehmender sein. Mit dieser speziellen Form der Verrücktheit des Schimpansen haben es viele Sportler zu tun. Wir möchten Ihnen deswegen die richtigen Werkzeuge an die Hand geben, um die ungewollten Gedanken und Gefühle zu bekämpfen, die Ihre Beziehung zu Ihrem Körper und Ihre Ernährungsweise stören. Unsere Ausrichtung ist dabei sehr begrenzt und selbstorientiert. Der Ansatz ist stark danach ausgerichtet, sich selbst zu retten und eine sehr persönliche Schlacht zu gewinnen, nicht einen übergeordneten Kampf. Das bedeutet, dass wir die soziokulturellen Einflüsse, die Frauen und Mädchen vorgaukeln, sie müssten ultradünn sein, nicht berücksichtigen. Nicht weil das nicht wichtig wäre, sondern weil wir nichts gegen diese Medienmacht ausrichten können, die uns allabendlich überrollt, und weil es zudem wenig hilfreich ist, wenn jemand ein kleines Speckröllchen hat, darauf auch noch rumzuhacken.

Die Bibel der Psychologen zur Diagnose unserer Form der Verrücktheit

BEVOR SIE SICH JETZT DARÜBER AUFREGEN, dass wir hier den Begriff »verrückt« verwenden, oder denken, wir würden uns über Menschen mit ernsthaften psychologischen Erkrankungen lustig machen, kommen Sie erst mal runter. Ein bisschen Humor kann unglaublich hilfreich sein, wenn man sich diesen schwierigen, unzugänglichen Themen widmet. Und außerdem sind wir doch alle ein kleines bisschen verrückt. Wie C. G. Jung schon sagte: »Zeigen Sie mir einen gesunden Mann und ich will ihn für Sie kurieren.«

The Diagnostic and Statistical Manual of Mental Disorders, 5. Auflage (kurz DSM-5) – zu Deutsch: *Diagnostischer und statistischer Leitfaden psychischer Störungen* – ist das Standardwerk, das die meisten Ärzte und Therapeuten im psychologischen Bereich heute weltweit zur Diagnose psychischer Erkrankungen nutzen. Auf 991 Seiten zeigt dieser Gigant, dessen Entwicklung rund 25 Millionen Dollar gekostet hat, die gesamte Bandbreite anerkannter psychischer Erkrankungen und mentaler Störungen. Er ist so etwas wie die Krönung jahrzehntelanger Forschung und klinischen Untersuchungen Hunderter Experten. Dieses Werk enthält keine Hinweise, wie eine Krankheit zu behandeln ist, sondern bietet ein wichtiges Diagnosesystem für die unterschiedlichen Krankheiten, das bei der Behandlung unterstützt, und stellt eine gemeinsame Sprache für Fachleuchte in der Forschung und in den Kliniken bereit, mit der sie die vielfältigen psychischen Erkrankungen einheitlich und zuverlässig diagnostizieren können.

Wie man sich vorstellen kann, verläuft die Definition und Diagnose psychischer Erkrankungen nicht ohne Kontroversen, die zum Teil von der immer größeren Zahl offizieller Störungen angefacht werden. Der *DSM-1* aus dem Jahr 1952 enthielt 106 Erkrankungen, im *DSM-2* von 1980 waren schon 256 gelistet, und *DSM-4* sowie *DSM-5* beinhalten 297 Erkrankungen. Werden wir wirklich immer verrückter oder werden wir einfach besser darin, mentale Störungen zu erkennen und zu kennzeichnen? Sind wir zu schnell dabei, Schrulligkeiten als Krankheiten zu definieren, oder helfen uns die Fortschritte in der Hirnforschung dabei, die unterschiedlichen neurologischen Gründe für die verschiedenen Leiden zu verstehen? Wahrscheinlich ist es von allem ein bisschen. Obwohl jede Änderung im *DSM-5* wissenschaftlich untermauert sein muss, bemängeln Kritiker, dass es einen finanziellen Anreiz zur Erstellung neuer diagnostischer Kategorien gibt, und dass die Pharmaindustrie uns davon zu überzeugen versucht, die Probleme des täglichen Lebens seien im Grunde nichts anderes als noch nicht diagnostizierte psychische Erkrankungen, für die es natürlich ein pharmazeutisches Mittel gibt.

In der 5. Auflage wurden einige Störungen deutlicher differenziert (zum Beispiel wird das Messie-Syndrom jetzt von Zwangsstörungen unterschieden), andere wurden zusammengefasst (so gehört das Asperger-Syndrom jetzt zur Klasse der Autismus-Spektrum-Störungen). Einige neue Diagnosen wurden hinzugefügt (zum Beispiel Geschlechtsinkongruenz), andere entfernt (wie Hypochondrie), und wieder andere sind extrem umstritten, weil sie natürliche Reaktionen zu einer Krankheit erklären (zum Beispiel Koffeinentzug). Unabhängig davon gibt der *DSM-5* den aktuellen Stand der Wissenschaft über die Definition und Diagnose psychischer Erkrankungen wieder. Er ist nicht gerade die ideale Bettlektüre, bietet aber einen faszinierenden Einblick in die Welt der klinischen Psychologie.

Warum sich auch dünne Menschen dick fühlen

Wenn man ab und zu das entmutigende Gefühl hat, dick zu sein, ist das wie einen rassistischen Onkel oder eine rassistische Tante ertragen zu müssen. Man wünscht sich, sie nie eingeladen zu haben, kann nicht mit ihnen diskutieren, weil das alles nur noch schlimmer macht, und beißt sich deswegen ständig auf die Zunge, bis sie endlich wieder gehen. Aber irgendwie gehen sie nie wirklich – sie wohnen irgendwo im Keller, um immer wieder aufzutauchen und uns im richtigen Moment eiskalt zu erwischen.

Wenn Sportler so einen Ich-fühle-mich-dick-Moment erleben, äußert sich das durch eine Wahrnehmung oder einen Gedanken. Wie in Kapitel 1 beschrieben, sind Wahrnehmungen und Gedanken einfach Dinge, die wir zu uns selbst sagen. Jede Wahrnehmung ist ein Selbstgespräch, weil sich dabei Gedanken in unserem Kopf zu Sätzen formen. Im Folgenden einige Beispiele für Gedanken von Sportlern während der Momente, in denen sie sich dick fühlen:

> Ich fühle mich heute wie ein Fleischklops.
> Ich fühle mich so aufgedunsen.
> Bäh, ich platze aus allen Klamotten. Mist, warum habe ich das gestern Abend bloß gegessen?
> Ich fühle mich heute in meinem Sportanzug wie eine Presswurst.
> Wenn ich mich nach vorn beuge, kann ich Speckröllchen fühlen.
> Ich kann mir meine Beine nicht im Spiegel ansehen. Ich sehe da nur Cellulite.
> Speck... Ich sehe an mir nur noch Speck!

Diese Beispiele stammen allesamt von weiblichen Athleten. Der Grund dafür ist nicht, dass es ein rein weibliches Problem wäre, sich dick zu fühlen, aber es ist bei Frauen viel ausgeprägter und sie geben es auch eher zu. Trotz allem ist es schwer zu ermitteln, wie gängig das Problem bei Frauen ist. Es gibt außerhalb einer klinischen Essstörung keine wissenschaftlichen Daten zu der Häufigkeit des Gefühls bei Frauen, zu dick zu sein, oder der Unzufriedenheit mit ihrem Äußeren oder des

Gefühls, aufgrund normaler hormoneller Schwankungen vor ihrer Menstruation, aufgebläht oder aufgedunsen zu sein. Was wir aber wissen: Unzufriedenheit mit dem Körper ist ein ethnisches Problem, das weiße Frauen viel häufiger empfinden als farbige Frauen.[54] Nachdem das geklärt ist, können wir auf der Grundlage unserer eigenen Erfahrungen und völlig unwissenschaftlich feststellen, dass es zum ganz normalen Wahnsinn gehört, sich dick zu fühlen.

Natürlich ist es nicht dasselbe, sich dick zu fühlen und dick zu sein. Ganz sicher ist, dass sich manche Menschen einfach dick *fühlen*. Und mache *sind* dick. Wir werden jetzt hier nicht diskutieren, was Dicksein bedeutet. Das wäre im besten Fall wie in ein Hornissennest zu stechen, selbst für die Wissenschaftler, die dies erforschen. Hier prallen geistige Konflikte zwischen der medizinischen Definition von überschüssigem Fett und dessen gesundheitlichen Konsequenzen und der Bedeutung der Selbstakzeptanz und der positiven Einstellung zum eigenen Körper (alias »Alles am richtigen Platz«) aufeinander.[55]

Man muss also unterscheiden zwischen »dick sein« und »sich dick fühlen«: Obwohl der Kummer, der entsteht, wenn man sich dick fühlt, mit dem tatsächlichen Dicksein zusammenhängt, ist es doch nicht damit gleichzusetzen.[56] Wenn also das nächste Mal ihre Freundin, die Kleidergröße 36 trägt, jammert, dass sie ihre Jeans für »dicke Tage« tragen muss, weil sie sich aufgedunsen fühlt, denken Sie einfach mal einen Moment nach, bevor Sie mit so etwas herausplatzen wie: »Aber du bist doch nicht dick. Sieh dich nur mal an!« Dazu später mehr.

Dicksein ist kein Gefühl – Die Psychopathologie des Hasses auf unsere Innenschenkel

Wir wissen bereits, dass wir das Gefühl, dick zu sein, durch innere Monologe entwickeln. Wenn wir uns dem nun wissenschaftlicher nähern möchten, stellen wir fest, dass es so etwas wie das Gefühl, dick zu sein, gar nicht gibt. Hierbei geht es gar nicht so sehr um die Semantik, sondern um tatsächliche neurologische Unterschiede zwischen einem Gedanken und einem Eindruck und einem Gefühl. Wir werden in diesem Kapitel die Begriffe »Eindruck« und »Gefühl« synonym verwenden, obwohl das wissenschaftlich gesehen nicht richtig ist. Aus neurologischer Sicht gehen Eindrücke den Gefühlen voran. Gefühle entstehen im limbischen System (Schimpansenhirn) und verursachen physische Veränderungen in unserem Körper, wohingegen Eindrücke durch Interpretationen unseres Frontallappens entstehen (Professorenhirn) – somit ist dies eine Art mentale Repräsentation dessen, was mit uns los ist.

Diese mentalen Erklärungen tauchen als Gedanken oder Selbstgespräche auf. So ist zum Beispiel Angst ein Gefühl, das Empfindungen wie Besorgnis oder Nervosität hervorrufen kann, was wiederum ein Selbstgespräch wie das folgende auslösen kann: »Du musst ganz langsam vor dem Hund zurückweichen« – ein Gedanke. Okay, zurück zum Gefühl, dick zu sein.

Wenn wir uns dick fühlen, fühlen wir eigentlich etwas anderes. Sich dick zu fühlen ist ein Deckmantel für andere Empfindungen. So können wir beispielsweise frustriert sein, dass wir gerade nicht die Kontrolle über unsere Trainings- und Essensgewohnheiten haben, oder enttäuscht darüber sein, dass trotz all des Trainings unser Körper immer noch nicht so aussieht, wie wir es gerne

hätten. Vielleicht sind wir eifersüchtig oder neidisch auf den Supersportler mit den tollen Beinen oder haben Angst davor, zuzunehmen. Bevor wir uns diesen »etwas anderen Gefühlen« widmen, müssen wir die Auslöser für das Gefühl, dick zu sein, finden. Danach können wir die zugrunde liegenden Gefühle identifizieren. Mit den folgenden Übungen können Sie genau das tun.

ÜBUNG 1

MEINE AUSLÖSER FÜR DAS GEFÜHL, DICK ZU SEIN

Wie Sie aus Kapitel 4 wissen, ist ein Auslöser schlicht und einfach ein Umstand oder Ereignis, der uns dazu bringt, etwas zu denken oder zu fühlen. Wenn Sie zum Beispiel in einem bestimmten Winkel in den Spiegel schauen und sich die Rückseite Ihrer Oberschenkel ansehen und sich daraufhin dick fühlen, ist der Blick in den Spiegel der Auslöser. Wenn Sie auf eine bestimmte Art sitzen und dabei ein Speckröllchen am Bauch sehen, was dazu führt, dass Sie denken »Ich bin dick«, dann ist das Sitzen auf diese Art der Auslöser. Prinzip verstanden? Wenn Sie sich die nächsten drei Male dick fühlen, schreiben Sie die Auslöser auf, die aktuellen Umstände und mit wem Sie zu dem Zeitpunkt zusammen sind. Sie können auch an das letzte Mal, als Sie sich dick gefühlt haben, zurückdenken und die Informationen dazu notieren.

1 Ich fühlte mich dick, als…

Der Auslöser:

Wo war ich:

Wer war bei mir:

2 Ich fühlte mich dick, als …

Der Auslöser:

Wo war ich:

Wer war bei mir:

3 Ich fühlte mich dick, als …

Der Auslöser:

Wo war ich:

Wer war bei mir:

ÜBUNG 2

DEM KIND OHNE SCHAM EINEN NAMEN GEBEN.
DER ICH-BIN-DICK-DETEKTIV

Wenden Sie auf jedes Beispiel aus Übung 1 den Ich-bin-dick-Detektiv an, um aufzudecken, was Sie wirklich empfinden. Wählen Sie zuerst aus den übergeordneten Emotionen, die in der oberen Spalte stehen, diejenige aus, die am besten zu Ihrem Gefühl passt. Kreisen Sie dann bis zu fünf anwendbare Wörter in der Spalte darunter ein, die das Gefühl detaillierter beschreiben.

Wenn es Ihnen schwerfällt, die Ursache hinter dem Gefühl, dick zu sein, aufzudecken, können Sie diese Tabelle auch nutzen, um Gefühle hinter Ihrem Umgang mit Essen zu erforschen. In diesem Fall würden Sie die Übung durchführen, indem Sie über Essen oder Ihre aktuellen Essgewohnheiten nachdenken.

MEINE BESCHISSENEN GEFÜHLE

wütend	deprimiert	verwirrt	hilflos	gleichgültig	verängstigt	verletzt	traurig
gereizt	miserabel	aufgebracht	unfähig	gefühllos	ängstlich	am Boden zerstört	weinerlich
aufgebracht	enttäuscht	unschlüssig	allein	lustlos	eingeschüchtert	gepeinigt	sorgenvoll
feindselig	entmutigt	verunsichert	gelähmt	unbekümmert	misstrauisch	ausgelaugt	schmerzerfüllt
verletzend	beschämt	unentschlossen	ermüdet	neutral	besorgt	schmerzerfüllt	trauernd
sauer	machtlos	ratlos	nutzlos	reserviert	alarmiert	gequält	von Schmerz geplagt
genervt	minderwertig	verlegen	minderwertig	überdrüssig	panisch	niedergeschlagen	tieftraurig
verstimmt	schuldig	zögerlich	verletzlich	gelangweilt	nervös	abgelehnt	verzweifelt
hasserfüllt	unzufrieden	schüchtern	leer	gedankenverloren	bange	verletzt	pessimistisch
unangenehm	erbärmlich	betäubt	erzwungen	kalt	beunruhigt	gekränkt	unglücklich
beleidigend	verabscheuungswürdig	desillusioniert	zögerlich	desinteressiert	erschrocken	betroffen	einsam
hämisch	abstoßend	ungläubig	verzweifelt	leblos	zögerlich	schmerzend	schwermütig
aggressiv	verachtenswert	skeptisch	frustriert		zittrig	schikaniert	bestürzt
verbittert	ekelhaft	misstrauisch	verstört		unruhig	tief betrübt	
aufgehetzt	abscheulich	zweifelnd	kläglich		skeptisch	gemartert	
provoziert	schrecklich	verloren	erbärmlich		gefährdet	empört	
erzürnt	zu Tode betrübt	unsicher	tragisch		feige	erniedrigt	
erbost	verdrießlich	unruhig	außer sich		bebend	benachteiligt	
verärgert	schlecht	pessimistisch	machtlos		bedroht	entfremdet	
aufgestachelt	Verlustgefühl	angespannt			vorsichtig		
kochend							
vor Wut schäumend							
entrüstet							

Übernommen und bearbeitet von http://www.psychpage.com/learning/library/assess/feelings.html.

Fortsetzung

MUSTER UND ERKLÄRUNGEN FINDEN

Notieren Sie alle Muster, die Sie in den Auslösern aus Übung 1 und den zugrunde liegenden Gefühlen, die Sie im Ich-bin-dick-Detektiv markiert haben, bemerken. Nehmen Sie sich etwas Zeit, um über die Gründe für diese Gefühle nachzudenken. Wenn Sie zum Beispiel das Muster entdecken, dass Sie sich frustriert und verbittert fühlen, weil Sie trotz intensivem Training immer noch keinen flachen Bauch bekommen haben, könnten Sie daraus schließen, dass Sie sich hilflos fühlen, weil Sie vermeintlich bereits alles in Ihrer Macht stehende getan haben oder weil Sie einen direkten Zusammenhang zwischen Trainieren und Abnehmen sehen. Vielleicht ist es aber auch etwas ganz anderes.

Ich erkenne die folgenden Muster in meinen Auslösern mithilfe des Ich-bin-dick-Detektivs:

Ich glaube, ich fühle mich so, weil:

▰ WIE MAN FAKTEN UND FIKTION TRENNT

Wenn wir mit dem Gefühl, dick zu sein, klarkommen wollen, gibt es einige einfache Selbsthilfestrategien, die diese psychische Störung verringern. Wenn dieses Gefühl so erdrückend wird, dass es unsere Lebensqualität oder unsere geistige Gesundheit beeinträchtigt, ist das ein sicheres Zeichen dafür, dass wir uns Verstärkung holen müssen. Dazu kommen wir gleich. Zunächst arbeiten wir weiter an unserem Selbsthilfewerkzeug.

Immer dieses Gerede über das Dicksein – total überflüssig

Wir sprechen alle darüber, uns dick zu fühlen. Die Forschung zeigt, dass dies vor allem bei Frauen sehr weit verbreitet ist. Eine Studie hat ergeben, dass 90 Prozent der Frauen um die 20 darüber sprechen, aber nur neun Prozent von ihnen wirklich übergewichtig sind. Bevor Sie jetzt mit den Augen rollen, überraschen wir Sie mit der Enthüllung, dass auch 25 Prozent der Männer es tun.

Das Gerede über das Dicksein ist mächtig. Sehr sogar. Selbst wenn die Frauen glauben, sie würden sich besser fühlen, wenn sie über ihre Gefühle reden, zeigen wissenschaftliche Studien, dass dadurch eher die Unzufriedenheit mit dem Körper verstärkt wird.[57] Es ist sogar bewiesen, dass das Gerede über das Dicksein zu einer Gewichtszunahme führen kann. Zumindest ist dies bei jungen Frauen der Fall, weil es Leidensdruck verursacht und schlechte Essgewohnheiten fördert, welche die Gewichtszunahme beschleunigen.[58] Es spielt außerdem eine Rolle, wer darüber spricht, dick zu sein, und wer zuhört. Auch wenn ein Gespräch unter Frauen über das Gefühl, zu dick zu sein, eindeutig eine Strategie ist, um mit der eigenen Not zurechtzukommen (weil man Bestätigung oder eine Erlösung von der Schuld sucht), hilft es nicht wirklich und kann bei der Zuhörerin zum Stressauslöser werden: Wenn beispielsweise sehr schlanke Frauen darüber sprechen, zu dick zu sein, fühlen sich andere Frauen dadurch noch schlechter.[59] Sich wegen des eigenen Körpergewichts oder des Gefühls, dick zu sein, zu schämen, ist ansteckend und zerstörerisch. Deswegen sollten wir uns dem fehlgeleiteten Denken stellen, das uns vorgaukelt, das Gerede über das Dicksein führe zu irgendeiner Art des Erwachens oder einer Motivation, sein Leben auf die Reihe zu bekommen. Das tut es nämlich nicht! Also seien Sie erstens nett zu sich selbst, und achten Sie zweitens darauf, wer Ihre Zuhörer sind.

Man sollte die Gefühle anerkennen, aber nicht in ihnen schwelgen

Unser langfristiges Ziel besteht darin, dass wir in dem Moment, in dem es passiert, erkennen, dass ein Auslöser auftritt, sodass wir uns dick fühlen. Doch statt dann unseren Gefühlen freien Lauf zu lassen, lassen wir sie einfach vorbeifließen. Sie können sich diese Wahrnehmungsverschiebung in etwa so vorstellen wie beim Beobachten anderer Menschen: Die Leute gehen auf der Straße an Ihnen vorbei und Sie bewegen sich in die entgegengesetzte Richtung. Sie nehmen die anderen wahr, können ihnen aber nicht hinterherstarren, weil sie im Bruchteil einer Sekunde verschwunden sind.

Genau das möchten wir auch mit dem Gefühl, dick zu sein, machen, doch das erfordert etwas Übung. Deswegen haben wir Übung 3 (siehe Seite 141) konzipiert, die Sie dabei unterstützen soll. Es ist eine Loslösungsübung, wie man sie auch aus der Meditation und vom Prinzip der passiven

Aufmerksamkeit kennt, und die Ihnen dabei hilft, sich von der eigentlichen Erfahrung zu lösen und diese nur zu beobachten. Wir haben dieselbe Übung in Kapitel 2 »Ich würde mich gerne mehr wie ein Sportler fühlen« eingesetzt.

Die Ziele dieser Übung: Erstens zu erkennen, dass Sie nicht Ihre Gedanken und Ihre Gefühle, sondern nur ein Gefäß für diese sind, und zweitens zu erkennen, dass Sie nicht auf die Gefühle reagieren müssen, mit denen Ihr Gehirn Sie füttert.

Heizen Sie das Gerede über das Dicksein nicht an – vor allem nicht bei anderen

Es mag ja wie eine gute Idee erscheinen, über Gefühle des Dickseins zu sprechen, aber die wissenschaftlichen Beweise zeigen, dass dies die Situation für Sie selbst und für Ihre Zuhörer eher verschlimmert. Deswegen müssen wir diese Gespräche beenden oder umleiten, wenn sie stattfinden. So ein Gespräch kennen Sie garantiert:

Sie: Mann, ich fühle mich so dick.

Freund: Echt, jetzt? Du bist auf keinen Fall dick.

Sie: Doch, bin ich. Schau dir doch mal meine Speckröllchen an.

Freund: Och, komm… Du bist so dünn wie eine Bohnenstange!

Sie: Du aber auch!

Sobald Sie das Bedürfnis verspüren, sich darüber auszulassen, wie dick oder stämmig Sie sich fühlen, stoppen Sie sich sofort. Erkennen Sie die Gefühle an, aber sprechen Sie die Worte nicht aus. Gehen Sie mit gutem Beispiel voran, indem Sie Gespräche über das Dicksein vermeiden. Wenn eine Freundin ein Gespräch über ihren Körper oder ihr Gewicht beginnt und dabei selbstbeschämend oder abwertend über sich spricht, leiten Sie die Konversation um zu Dingen, die sie getan oder erreicht hat, statt in den Gefühlen des Dickseins zu schwelgen. Sie sollten dabei nicht besserwisserisch oder kalt und unrealistisch sein. Gehen Sie am besten mit Humor an die Sache heran, das ist in so gut wie jeder Situation von Vorteil:

Freundin: Mann, ich fühle mich so dick.

Sie: Willst du meine Meinung hören? Scheiß aufs Dicksein!

Freundin: Haha.

Sie: Hör mal, Süße, diese Gefühle wollen uns nur kontrollieren, damit wir nachher wieder Trübsal blasen. Wir haben aber die Größe, da drüber zu stehen.

Freundin: In meinem Fall habe ich buchstäblich die Größe!

Sie: Mach dir nichts draus. Wir haben alle unsere fetten Tage. Da müssen wir echt drüberstehen. Das ist nicht unser wirkliches Ich. Dein wirkliches Ich ist eine verdammt taffe Braut. Also leb nach dem Motto: Scheiß aufs Dicksein!

Freundin: Scheiß aufs Dicksein!

ÜBUNG 3

DAS GEFÜHL, *DICK ZU SEIN*, AUS DER FERNE BEOBACHTEN

Führen Sie diese Übung in einer ruhigen Umgebung und bequemen Sitzposition aus. Erinnern Sie sich an eine kürzliche Situation, in der Sie sich dick gefühlt haben.

Rekonstruieren Sie diese Erfahrung jetzt in Ihrem Kopf – was Sie gesehen, gehört und gerochen haben, alles, was diesen Moment wieder lebendig werden lässt. Achten Sie darauf, was der Auslöser oder die Veranlassung für dieses Gefühl war.

Sobald der Film in Ihrem Kopf abläuft, verlassen Sie Ihren Körper und schweben über ihm, so als wären Sie eine menschliche Drohne. Bleiben Sie einen Moment dort oben und schauen Sie einfach nur zu; Sie können sich sehen, aber sie befinden sich nicht in diesem Moment.

Während Sie in der Drohne sind, versuchen Sie die Gedanken und Gefühle herauszupicken, die Ihr »Ich« da unten am Boden gerade hat. Versuchen Sie dabei so bewusst zu bleiben, dass Sie die Erfahrung benennen können, sie aber nicht durchleben. Wenn es Ihnen hilft, stellen Sie sich Gedankenblasen mit den Dingen vor, die Ihnen in diesem Moment durch den Kopf gegangen sind. Sehen Sie, wie jede Gedankenblase sich auflöst oder in der Ferne verschwindet, sodass Sie sie nicht länger lesen können. Nehmen Sie sie wahr, erkennen Sie sie an – und lassen Sie sie fortziehen.

Beschreiben und benennen Sie nun das, was Sie sehen, und die Gedanken und Gefühle, die Sie gespürt haben: *Ja, das war, als ich in dem Sitzsack saß. Siehst du, wie mein Bauch sich da noch oben rollt? Mir ist das in dem Moment aufgefallen. Pass auf, jetzt lege ich meine Hand auf den Bauch, um die Speckrollen zu inspizieren. Bääääh. Sieh dir mal meinen Gesichtsausdruck an. Und dann kamen diese Gedanken: Scheiße, warum bin ich so dick? Och nööö, diese Jeans hasse ich wirklich, weil sie das Fett so rausquetscht und alles nur noch schlimmer macht. Ich frage mich, ob andere das auch sehen. Müssen sie doch! Ich meine, schau dir das doch nur mal an! Ich hätte gestern Abend besser keinen Nachtisch gegessen...* Und so weiter.

Wenn Sie sich dabei ertappen, wie Sie nach unten in Ihren Körper zurückzuwandern drohen, machen Sie sich schnell wieder auf den Weg nach oben in Ihre Drohne! Sie beobachten nur, Sie sind nicht in der Erfahrung. Während Sie sich selbst beobachten, sehen Sie zu, wie jeder Gedanke und jedes Gefühl wie eine Gedankenblase vorüberschwebt.

> ❯ Welche Art von Gedanken haben Sie bemerkt? ❯ Wie war es, nur Ihre Gedanken zu sehen, ohne ihnen folgen oder sie erfahren zu müssen? ❯ Wie fühlt es sich an, Gedanken und Gefühle zu sehen, sie aber nicht zu *sein*? ❯ Wie leicht war es, das Gefühl oder den Gedanken loszulassen, nachdem es/er sich aufgelöst hatte oder in der Ferne verschwunden war?

Wenn Sie erst mal ein gutes Gespür dafür haben, Ihre »dicken Momente« zu rekonstruieren, versuchen Sie, diese Übung durchzuführen, direkt nachdem Sie so einen Moment empfunden haben. Mit etwas Übung werden Sie irgendwann dazu in der Lage sein, das live zu tun, sobald Sie einen Auslöser entdecken.

Das Positive hervorheben

Wir haben uns bisher auf Strategien zur Bewusstwerdung, Loslösung und Vermeidung der Gespräche über das Dicksein konzentriert, um nicht von dem Gefühl, dick zu sein, übermannt zu werden. Wenn wir es dabei beließen, würden wir Gefahr laufen, eine Leere zu hinterlassen, in der die schwärenden Gefühle des Dickseins wieder wachsen könnten. Das wäre wie ein Zahnarztbesuch wegen Zahnschmerzen, bei dem man ein Betäubungsmittel gegen die Schmerzen bekommt, die kariösen Stellen entfernt werden und man dann mit einem großen Loch im Zahn die Praxis verlässt. Eher suboptimal. Also brauchen wir etwas mentale Füllung.

Die Forschung zur Heilung destruktiver Wahrnehmung zu den Rundungen unseres Körpers zeigt, dass der Schlüssel zur Heilung in der Selbstakzeptanz liegt. Selbstakzeptanz ist kein Geschwafel der modernen Psychologie, dass Sie sich vor den Spiegel stellen und sich erzählen sollen, wie wunderschön Sie sind (was aber für eine Weile auch funktionieren könnte). Bei der Selbstakzeptanz geht es vielmehr darum, unsere Stärken, Schwächen, Einschränkungen, Macken, Superkräfte und nervenden Angewohnheiten zu umarmen und zu akzeptieren – mit anderen Worten, *alles an uns* zu akzeptieren, ohne Verurteilung oder Qualifizierung (also kein »Na ja, ich bin ja *nur* ein ...« mehr). Das Ziel besteht nicht darin, nervige Eigenschaften zu ignorieren oder grobe Charakterdefizite zu beschönigen (wie etwa »Die Leute sagen, ich wäre rücksichtslos und manipulativ, aber ich finde, dass ich total genial bin.«), sondern darin, uns bewusst zu machen, was an uns großartig ist, was akzeptabel ist und woran wir noch arbeiten müssen – *und* – darin, dass diese Erkenntnisse sich unserer Selbstakzeptanz nicht in den Weg stellen. Erinnern Sie sich noch an Ihre lockigen Haare, die Sie in der Schulzeit so gehasst haben? Oder dass Sie als Kind einen Fuß immer nach innen gedreht hatten? Oder an die Geschichte mit dem Bauchnabel aus Stephen Kings *Es*, die Sie natürlich ernst genommen haben? (Wir könnten diese Liste endlos fortführen.) Über diese Dinge denken Sie heute eigentlich gar nicht mehr nach, stimmt's? Diese Form der Akzeptanz ist gemeint.

Wir können hier nicht die vollständige Psychopathologie des Selbsthasses in Angriff nehmen und auch nicht das aus 10 000 Teilen bestehende Puzzle der sinnvollen Selbstakzeptanz vervollständigen – aber wir können ein Eckstück legen. In Kapitel 3 »Ich glaube nicht, dass ich das kann« haben wir uns intensiver mit der Selbstakzeptanz beschäftigt. Für unser aktuelles Problem konzentrieren wir uns zunächst auf die Dinge, die Sie an sich mögen. Das mag wie Selbsthilfe wirken, aber wenn wir uns um positive Eigenschaften herum verankern und dann darauf einwirken, wenn wir uns mal wieder so richtig beschissen fühlen, ist das eine gute Strategie, um unsere Stimmung zu verändern. Wenn die positive Einstellung und Dankbarkeit die gepflasterte Straße zum Glück sind, dann sind die Dinge, die Sie an sich mögen, die Pflastersteine.

Die folgende Übung setzt den Schwerpunkt auf Ihr emotionales Selbst, nicht Ihre körperlichen Fähigkeiten, Ihre intellektuellen Schlauheiten oder die Tatsache, dass Sie ein mieser Koch oder total gut beim Biathlon sind. Diese Übung dient dazu, die positiven Gefühle und Empfindungen und die Eigenschaften, die Ihre Persönlichkeit ausmachen, herauszustellen. Es ist wie die B-Seite von Übung 2 »Dem Kind ohne Scham einen Namen geben«, daher nennen wir sie »Dem Kind einen Namen geben und ihm zu Ruhm verhelfen«, weil Sie zuerst Ihre emotionalen Superkräfte aufspüren und sie dann in Gefechtsstellung bringen, wenn Sie sich mal wieder dick fühlen.

ÜBUNG 4

DEM KIND EINEN NAMEN GEBEN UND IHM ZU RUHM VERHELFEN

Kreisen Sie in der folgenden Tabelle in der obersten Zeile ein oder mehrere große Gefühle, Eigenschaften oder Charakteristika ein, die am ehesten dazu passen, wie Sie sich generell sehen oder wie andere Leute Sie beschreiben würden. Natürlich wissen wir, dass das nicht wirklich wissenschaftlich ist, das muss es aber auch nicht sein. Und natürlich sehen Sie sich nicht immer so. Dennoch empfinden Sie manche dieser Dinge vielleicht stärker als andere oder Ihre Mitmenschen verwenden einen dieser Begriffe häufiger, um Sie zu beschreiben. Kreisen Sie als Nächstes bis zu drei Begriffe innerhalb der Kategorien ein, die Sie am besten beschreiben. Das sind Ihre Superkräfte.

MEINE GLÜCKSGEFÜHLE

offen	unbeschwert	lebhaft	gut	liebend	interessiert	positiv	stark
verständnisvoll	froh	spielerisch	gelassen	rücksichtsvoll	besorgt	begierig	frei
zuversichtlich	glücklich	mutig	friedlich	liebevoll	bezaubert	eifrig	gewiss
verlässlich	vom Glück begünstigt	energisch	ungezwungen	sensibel	fasziniert	ernsthaft	sicher
entspannt	erfreut	befreit	behaglich	zärtlich	vertieft	inspiriert	rebellisch
erstaunt	verzückt	optimistisch	erfreut	ergeben	wissbegierig	entschlossen	einzigartig
frei	fröhlich	provokativ	ermutigt	fasziniert	versunken	aufgeregt	dynamisch
mitfühlend	dankbar	impulsiv	zufrieden	leidenschaftlich	neugierig	enthusiastisch	stur
interessiert	ekstatisch	ausgelassen	ruhig	bewundernd		mutig	abgehärtet
zufrieden	zufrieden	angeregt	entspannt	warm		tapfer	geborgen
empfänglich	heiter	lebendig	heiter	nah		waghalsig	
annehmend	sonnig	hocherfreut	frei & leicht			optimistisch	
nett	lustig		aufgeweckt			bestärkt	
	begeistert		beruhigt			zuversichtlich	
	frohlockend					hoffnungsvoll	

Übernommen und bearbeitet von http://www.psychpage.com/learning/library/assess/feelings.html.

Fortsetzung

IHRE GROSSARTIGKEIT FINDEN

Nachdem Sie Ihre emotionalen Superkräfte aufgedeckt haben, sollten Sie darüber nachdenken, wie Sie diese positiven Gefühle in Handlungen umwandeln können. Hierbei ist wichtig, dass Sie etwas tun, das auf einer Ihrer persönlichen Stärken beruht – in diesem Fall auf Ihrer emotionalen Superkraft. Hier einige Beispiele:

Emotionale Superkraft: LEBHAFT & mutig
Wie ich heute auf Basis dieser Kraft handeln will: Ich werde heute lebhaft und mutig sein, indem ich mich bei jemandem entschuldige, den ich vor Kurzem beleidigt habe.

Emotionale Superkraft: GUT & gelassen
Wie ich heute auf Basis dieser Kraft handeln will: Ich werde heute gut und gelassen sein, indem ich auf dem Weg zur Arbeit lächle. Je mehr Verkehr ist, desto breiter lächle ich.

Emotionale Superkraft: STARK & rebellisch
Wie ich heute auf Basis dieser Kraft handeln will: Ich werde heute stark und rebellisch sein, indem ich meine knallgelbe Hose zur Arbeit anziehe.

Jetzt sind Sie dran!
Emotionale Superkraft:
Wie ich heute auf Basis dieser Kraft handeln will:

Emotionale Superkraft:
Wie ich heute auf Basis dieser Kraft handeln will:

Emotionale Superkraft:
Wie ich heute auf Basis dieser Kraft handeln will:

Hilfe, ich fürchte, bei mir ist es etwas schlimmer!

Wenn Ihre Gedanken und Gefühle über das Essen, Ihre Essgewohnheiten und/oder Ihren Körper bei Ihnen regelmäßig großes Leid verursachen, sollten Sie herausfinden, ob etwas Ernsthafteres dahintersteckt. Wenn Sie glauben, dass es wirklich ernst ist, raten wir Ihnen dringend, einen Profi aufzusuchen, bevorzugt einen klinischen Psychologen mit einer postdoktoralen Ausbildung und Fachkenntnissen zu Ihrem spezifischen Problem. Viele der bekannten klinischen Störungen über Essen, Ängste und Körperwahrnehmung hängen so stark zusammen, dass es selbst für geschulte Fachleute schwer sein kann, sie diagnostisch voneinander zu unterscheiden. So gelten zum Beispiel sehr ähnliche zwanghafte Ängste, ungewollte Gedanken und Gefühle und repetitive Verhaltensweisen sowohl als Kennzeichen einer Essstörung wie auch einiger Angststörungen, etwa Dysmorphophobie (siehe Kasten Seite 146). Gerade weil die Kriterien für die Diagnosen sich so stark überschneiden und manchmal sogar leicht verschwimmen, ist oftmals der einzige Weg herauszufinden, worunter Sie leiden, das persönliche Gespräch mit einem spezialisierten klinischen Psychologen. Nachdem das geklärt ist, folgen hier nun die Tatsachen, die bekannt sind.

Ernährungsstörungen und Essstörungen

Ernährungsstörungen und Essstörungen beziehen sich auf ernsthafte und manchmal lebensgefährliche Erkrankungen, die das Essverhalten eines Menschen schwer beeinträchtigen. Zwanghafte Gedanken über das Essen, das Körpergewicht und das Aussehen sind weitere verräterische Anzeichen dafür. Es gibt zurzeit drei anerkannte Arten dieser Störungen (nach *DSM-5*): Anorexie (Magersucht), Bulimie und Binge-Eating-Störung.

Anorexie: Die Magersucht ist gekennzeichnet durch ein verzerrtes Körperbild und übermäßiges Diäthalten, das zu einem schwerwiegenden Gewichtsverlust mit der pathologischen Angst vor Gewichtszunahme führt. Sie tritt hauptsächlich bei heranwachsenden Mädchen und jungen Frauen auf.
Geschätzte Verbreitung in der US-Bevölkerung: 0,3 Prozent der Männer, 0,9 Prozent der Frauen.

Bulimie: Sie ist gekennzeichnet durch wiederkehrende Vorfälle der Esssucht (mindestens einmal pro Woche), gefolgt von unangemessenem Verhalten wie selbst verursachtem Erbrechen, um eine Gewichtszunahme zu vermeiden.
Geschätzte Verbreitung in der US-Bevölkerung: 0,5 Prozent der Männer, 1,5 Prozent der Frauen.

Binge-Eating-Störung: Sie ist gekennzeichnet durch wiederkehrende Vorfälle (über einen Zeitraum von drei Monaten mindestens einmal pro Woche) des Essens von erheblich mehr Nahrung in einem kurzen Zeitraum als der normalen Portion, die Menschen in ähnlichen Situationen essen würden, mit Abschnitten, in denen der Patient einen Kontrollverlust durchlebt. Die Person isst zu schnell, auch wenn sie keinen Hunger hat. Sie kann dadurch Gefühle wie Schuld, Scham oder Ekel entwickeln und lebt ihre Fressattacken nur unbeobachtet aus, um ihr Verhalten zu verheimlichen.
Geschätzte Verbreitung in der US-Bevölkerung: 2 Prozent der Männer, 3,5 Prozent der Frauen.

Es gibt natürlich noch andere Formen von Essstörungen, diese werden im *DSM-5* aber alle zu »einer der nicht oben genannten« zusammengefasst. Wenn Sie mehr über diese anderen Störungen erfahren möchten, suchen Sie online nach »sonstige Essstörungen« – ein Ausdruck, der garantiert jedes Gespräch killt.

Bei Menschen, die einige Symptome einer Essstörung aufweisen, die jedoch nicht so häufig oder heftig auftreten, wird oft eine sogenannte *subklinische Essstörung* diagnostiziert, die man auch als *gestörtes Essverhalten* bezeichnet. Die Hauptunterschiede zwischen einer Essstörung und gestörtem Essverhalten sind die Häufigkeit und die Schwere der Symptome. Ausdauersportler unterliegen einem höheren Risiko für beide Arten von Störungen, weil die Meinung vorherrscht, dass Schlankheit und ein geringes Körpergewicht ihnen zu einem Wettbewerbsvorteil verhilft. Eine Studie schätzt die Wahrscheinlichkeit für eine Essstörung oder ein gestörtes Essverhalten auf 6 bis 45 Prozent bei weiblichen Sportlern und auf 0 bis 19 Prozent bei männlichen Sportlern.[60]

Andere Risikofaktoren bei Sportlern schließen das Trainieren seit der Kindheit, eine familiäre Dysfunktion bezüglich geringer Selbstachtung (inklusive der Eltern, die den Erfolg ihres Kindes im Sport durchleben), Familien mit Essstörungen, chronisches Diäthalten, eine Vorgeschichte von körperlichem oder sexuellem Missbrauch oder andere traumatische Erlebnisse ein. Weibliche Sportler neigen auch dazu, stärker unter Leistungsdruck oder Selbstkritik zu leiden als männliche Sportler, und beide Faktoren erhöhen das Risiko. Natürlich ist der allgegenwärtigste und gefährlichste Grund für Hass auf den eigenen Körper, der fast ausschließlich Frauen und Mädchen betrifft, kultureller Natur: die Propagierung eines dünnen, oft sexualisierten Idealkörpers durch die Medien, mit der Frauen und Mädchen tagtäglich bombardiert werden.

SPIEGLEIN, SPIEGLEIN AN DER WAND: EIN BLICK IN DIE DYSMORPHOPHOBIE

WENN SIE VON NEGATIVEN GEDANKEN oder Gefühlen über wahrgenommene Fehler in Ihrem Äußeren, die nicht in Verbindung mit Fett oder Gewicht stehen, übermannt werden, könnten Sie Symptome einer Dysmorphophobie aufweisen, einer Angststörung. Bevor Sie jetzt gleich paranoid oder panisch werden und überzeugt sind, dass Sie an Dysmorphophobie leiden, weil Sie Ihre Nase noch nie mochten oder weil Sie endlich größere Brustmuskeln haben wollen, bleiben Sie mal ganz ruhig.

Dysmorphophobie ist kein aus Eitelkeit geborenes Meckern über Körperteile oder der Wunsch, nackt unglaublich gut auszusehen. Sie ist eine ernsthafte psychische Erkrankung, die oft mit einer psychiatrischen Sturmflut anderer Zustände wie Depressionen, Drogenmissbrauch, einer Essstörung, Bewegungsabhängigkeit, einer Zwangsneurose oder einer Sozialphobie einhergeht. Also überhaupt kein Picknick! Glücklicherweise ist die Wahrscheinlichkeit einer Dysmorphophobie-Diagnose sehr gering – schätzungsweise 2,4 Prozent der US-amerikanischen Bevölkerung leiden darunter. Statistisch gesehen ist es also sehr unwahrscheinlich, dass Sie diese Krankheit haben. Nachdem dies nun klar ist, listen wir im Folgenden die Kriterien für Dysmorphophobie auf, wie im *DSM-5* beschrieben (und unter https://bdd.iocdf.org/professionals/diagnosis bearbeitet). Sie können diese nicht zur Selbstdiagnose nutzen, aber sie können Ihnen bei der Entscheidung helfen, ob Sie einen Spezialisten für ein intensiveres Beratungsgespräch aufsuchen sollten.

Intensive Beschäftigung mit dem Erscheinungsbild: Die betroffene Person beschäftigt sich übermäßig mit einem (oder mehreren) eingebildeten oder minimalen Mangel oder einer Entstellung der äußerlichen Erscheinung. Übermäßige Beschäftigung bedeutet, dass die Person mindestens eine Stunde am Tag über den wahrgenommenen Mangel nachdenkt. Eine beunruhigende Beschäftigung mit definitiv vorhandenen Makeln am äußeren Erscheinungsbild (also solchen, die leicht bemerkbar und in Sichtdistanz gut erkennbar sind), wird nicht als Dysmorphophobie bezeichnet.

Repetitive Verhaltensweisen: Die betroffene Person legt ein wiederholtes zwanghaftes Verhalten in Bezug auf die Sorge um ihr Aussehen an den Tag. Diese Zwänge können verhaltensorientiert sein und dadurch auch von anderen wahrgenommen werden, zum Beispiel der ständige Blick in den Spiegel, ein enormer Zeitaufwand für die Körperpflege, Zupfen an der Haut, die Suche nach Bestätigung oder ein häufiger Wechsel der Kleidung. Andere Zwänge, die mit Dysmorphophobie in Verbindung gebracht werden, sind mentale Handlungen, wie etwa der ständige Vergleich des eigenen Erscheinungsbilds mit dem anderer Menschen.

Klinische Signifikanz: Die Beschäftigung mit dem eigenen Erscheinungsbild muss einen klinisch relevanten Leidensdruck oder eine Beeinträchtigung im sozialen, beruflichen oder einem anderen wichtigen Lebensbereich erzeugen.

Abgrenzung zu einer Essstörung: Wenn die übermäßige Beschäftigung mit dem Erscheinungsbild sich darauf konzentriert, zu dick oder zu schwer zu sein, muss der Mediziner entscheiden, ob dieser Umstand nicht durch eine andere psychische Störung besser erklärt wird. Wenn die einzige Sorge des Patienten in Bezug auf sein Erscheinungsbild auf überflüssiges Fett oder Gewicht zurückzuführen ist und die Symptome mit denen einer Essstörung übereinstimmen, muss bei dem Patienten die entsprechende Essstörung und keine Dysmorphophobie diagnostiziert werden. Wenn die Kriterien für eine Essstörung aber nicht vorhanden sind, kann Dysmorphophobie diagnostiziert werden, da auch die Sorge über Fett und Gewicht bei einer normalgewichtigen Person ein Symptom von Dysmorphophobie sein kann. Es ist nicht unüblich, dass Patienten an einer Essstörung und an Dysmorphophobie gleichzeitig leiden (wobei sich die Dysmorphophobie auf andere Bereiche als Körperfett und Gewicht konzentriert).

> Mehr Informationen, Quellen und Tipps, wo Hilfe geboten wird, finden Sie auf der englischsprachigen Seite https://bdd.iocdf.org oder auf der deutschsprachigen Seite http://www.dysmorphophobie.de.

Was Sie tun sollten, wenn Sie vermuten, dass ein Freund unter einer Essstörung leidet

Viele Menschen zögern, ihre Sorgen über die Essstörungen anderer Leute auszusprechen, weil sie Angst davor haben, dass der andere beleidigt oder es ihm unangenehm sein könnte. Schluss damit! Bevor Sie jedoch Ihrer Sorge Ausdruck verleihen, sollten Sie sich umfassend über die Krankheit informieren und lernen, wie man so ein schwieriges und gegebenenfalls unangenehmes Gespräch führt. Bedenken Sie dabei bitte, dass eine Essstörung ein Bewältigungsmechanismus und das Leugnen der Krankheit eine psychologische Verteidigung ist. Daher sollten Sie auf Widerstand gefasst sein.

Sie können niemanden dazu zwingen, sich zu verändern oder Hilfe anzunehmen, aber Sie können Ihre ehrliche Sorge zum Ausdruck bringen, Ihre Unterstützung anbieten und der Person mitteilen, wo professionelle Hilfe zu finden ist. Wie bei allen sensiblen Themen ist die Art und Weise, wie Sie es ansprechen, sehr wichtig. Werfen Sie einen Blick in die Übersicht auf Seite 149, um zu lernen, ein solches Gespräch zu führen und dabei nicht wie ein voreingenommener Vollidiot zu klingen.

Es ist nie leicht, über sehr private, merkwürdige oder peinliche Dinge zu sprechen. Das folgende Beispiel eines Gesprächs mit Ihrer Mitbewohnerin Amy zeigt, wie es funktionieren könnte; Sie vermuten, dass sie unter Esssucht leidet. Dass solche Gespräche in einem privaten und ruhigen Umfeld stattfinden sollten, versteht sich ja sicher von selbst.

Sie: Hi, Amy, hast du Zeit, kurz zu quatschen?

Amy: Klar. Was ist denn los?

Sie: Ich komme mir ein bisschen komisch vor, das zu sagen, aber ich mache mir Sorgen um dich. Es geht um deine Essgewohnheiten. Mir ist aufgefallen, dass du dich an eine strikte Diät hältst und auch nicht viel isst, wenn wir ausgehen. Du gehst auch oft ins Bad, nachdem wir gegessen haben. Ich kann zu Hause hören, wie du in die Küche gehst, nachdem alle anderen ins Bett gegangen sind, und ich glaube, dass du dann auch etwas isst, weil am nächsten Morgen Lebensmittel aus dem Kühlschrank fehlen. Ich habe den Eindruck, dass du Hilfe brauchst. Wie siehst du das?

Amy: Quatsch, mir geht's gut. Ich weiß deine Besorgnis zu schätzen, aber du interpretierst da etwas rein, was nicht da ist. Ich habe nun mal eine schwache Blase. Mag schon sein, dass ich nachts manchmal aufstehe, das liegt aber meist daran, dass ich nicht schlafen kann. Mir geht es gut, wirklich.

Sie: Okay, das verstehe ich. Kann schon sein, dass ich da etwas falsch verstanden habe. Aber kannst du mir sagen, woraus du schließt, dass es dir gut geht? Ich sehe das nämlich immer noch anders. Du trinkst

WIE MAN ÜBER ESSSTÖRUNGEN SPRICHT

DINGE, DIE MAN SAGEN ODER TUN SOLLTE	DINGE, DIE MAN NICHT SAGEN ODER TUN SOLLTE
Verwenden Sie »Ich«-Aussagen, wenn Sie Ihre Sorgen aussprechen, wie etwa »Ich sorge mich um dich« oder »Ich mache mir Sorgen um dich«.	Legen Sie den Schwerpunkt nicht auf das Essen. Sagen Sie nicht »Du isst nicht genug« oder »Du musst mehr essen«. Sie sollten zunächst über die Verhaltensweisen sprechen, die Ihnen aufgefallen sind, und sich dann darauf konzentrieren, wie die Person sich fühlt.
Lassen Sie die Person wissen, dass es sicher ist, mit Ihnen zu reden, und dass Sie sie nicht verurteilen oder kritisieren werden: »Als dein Freund mache ich mir wirklich Sorgen um dich. Ich werde dich nicht verurteilen und kritisieren. Ich möchte nur wissen, wie ich dir helfen kann.«	Verwenden Sie keine Formulierungen, die anklagend wirken oder implizieren, dass die Person etwas falsch macht. Natürlich wissen Sie, dass sie wahrscheinlich etwas falsch macht. Wenn Sie darauf aber gezielt hinweisen, zieht sich Ihr Gesprächspartner zur Verteidigung in sein Schneckenhaus zurück.
Ermutigen Sie sie dazu, ihre Gefühle auszudrücken und denken Sie daran, dass es wichtig ist zu verstehen, wie die Person sich fühlt, nicht zu erklären, wie Sie sich fühlen: »Ich weiß, dass es ziemlich hart ist, darüber zu reden, aber kannst du mir helfen zu verstehen, wie es sich für dich anfühlt?«	Nehmen Sie nicht die Rolle des Therapeuten ein und versuchen Sie nicht, die Dinge zu richten. Sie müssen nicht alle Antworten parat haben! Viel wichtiger ist, dass Sie zuhören und der Person dabei helfen, sich dabei wohlzufühlen, sich Ihnen zu öffnen.
Wenn die Person nicht sehr gesprächig ist, versuchen Sie die Stille länger als normal nachklingen zu lassen, um ihr mehr Zeit zum Reden zu geben. Peinliche Stille mag niemand gern. Normalerweise wird Ihr Gesprächspartner diese Stille füllen, wenn Sie Ihren eigenen Drang zu reden unterdrücken können.	Verwenden Sie keine manipulativen Aussagen oder Begriffe, die betonen, welche Auswirkungen das Problem auf andere Menschen hat. Das kann alles nur noch verschlimmern und den Grad der Verleugnung steigern: »Hast du auch nur eine Ahnung davon, wie sehr das deine Mutter belastet?« oder »Wenn du mich lieben würdest, würdest du anfangen, ordentlich zu essen.«
Ermutigen Sie die Person, sich Hilfe zu suchen, und erklären Sie ihr, dass Sie mit ihr gehen und sie bei jedem Schritt unterstützen werden: »Warum gehen wir nicht gemeinsam zu jemandem? Einfach über ein paar deiner Gefühle reden. Ich bin die ganze Zeit bei dir.«	Verwenden Sie keine Drohungen, vor allem dann nicht, wenn Sie eine Art von Kontrolle oder Autorität über die betreffende Person haben, zum Beispiel als Elternteil oder Trainer. Das macht eine ohnehin schon stressige Erfahrung für den Betroffenen noch stressiger und kann zu einer Verschlimmerung des Verhaltens führen: »Wenn du nicht ordentlich isst, dann kannst du auch nicht [spielen, trainieren, mitmachen, ausgehen, …].«

beim Abendessen so gut wie nichts, und ich weiß, dass du fast jede Nacht Sachen aus dem Kühlschrank isst. Mir sind die Lebensmittel egal, ich mache mir nur ernsthafte Sorgen um dich und befürchte, dass dieses Verhalten nicht gut für dich ist. Du bist eine tolle Sportlerin und deine Gesundheit ist wirklich wichtig. Wie wäre es, wenn du mal mit jemandem darüber redest?

Amy: Ich werde ganz bestimmt nicht mit jemandem reden. Das will ich nicht, und ich mache es nicht!

Sie: Verstehe. Ich finde es ganz normal, dass man nicht über etwas reden möchte, das beängstigend oder peinlich ist. Aber als deine Freundin möchte ich mir wirklich sicher sein, dass es dir gut geht. Ich weiß nicht sehr viel über Essstörungen, aber ich weiß, dass man unter Freunden zugeben kann, wenn man ein Problem hat. Und du zeigst einfach einige typische Zeichen. Ich meine damit ja nicht, dass du irgendein Spinner bist, aber ich glaube, dass es dir helfen könnte, mit jemandem zu reden, und wenn es nur eine Vorsichtsmaßnahme ist. Wäre das okay für dich?

Amy: Nein. Mit mir stimmt alles. Ich achte eben auf mein Gewicht, weil ich weiß, wie viel besser ich im Sport bin, wenn ich schlank bin. Ich trainiere ziemlich hart und habe deswegen eben manchmal zu komischen Zeiten Hunger.

Sie: Alles klar, das geht mir auch so. Aber ich sehe das so: Du scheinst eine Menge der anderen Dinge auch zu machen. Also ins Bad zu gehen, mitten in der Nacht zu essen. Weißt du, bei Essstörungen geht es ja nicht wirklich um das Essen und ums Gewicht, sondern darum mit Problemen zurechtzukommen, mit Ängsten und Gefühlen wie Kontrollverlust. Vielleicht hast du nicht einfach nur Angst, zuzunehmen oder die Kontrolle über dein Essverhalten zu verlieren, sondern hast auch Angst vor anderen Dingen? Du weißt doch selbst am besten, wie du im Allgemeinen über dich selbst denkst und fühlst. Hast du darüber mal nachgedacht?

Amy: Ja, schon. Ich bin manchmal gestresst, wie alle anderen auch. Aber ich habe alles im Griff.

Sie: Das kann schon sein, aber das scheint dir eine Menge Angst zu machen. Kannst du dir vorstellen, wie es wäre, dir nicht immer wegen all dieser Dinge Sorgen machen zu müssen?

Amy: Hm, ich weiß nicht.

Sie: Also, wie wär's damit: Wieso gehen wir nicht zusammen zu jemandem? Einfach über ein paar deiner Gefühle reden. Ich bin die ganze Zeit bei dir.

Amy: Vielleicht. Ich denk mal darüber nach.

Sie: Okay, kein Stress. Wie wäre es, wenn du bis dahin versuchst, diese Woche selbst ein paar Änderungen vorzunehmen? Und ich möchte nächste Woche wieder darüber sprechen. Das hier ist viel zu wichtig, um es zu ignorieren. Einverstanden?

Amy: Ja, ich glaube das ist vernünftig. Ich wünschte nur, ich müsste mich mit dem Mist nicht auseinandersetzen.

Sie: Mach dir deswegen keinen Stress. Wir brauchen alle manchmal Hilfe. Ich halte dir den Rücken frei, Süße.

Natürlich ist ein solches Gespräch merkwürdig und hinterlässt bei beiden ein Gefühl des Unwohlseins. Aber versuchen Sie darüber hinwegzusehen. Wenn Sie den Eindruck haben, dass nichts, was Sie sagen, zu Ihrem Gegenüber durchdringt, könnten Sie dasselbe Gespräch auch mit der Familie Ihrer Freundin führen. Manchmal hilft es, wenn unsere Bedenken unterstützt werden.

Quellen

Lernen Sie so viel wie möglich über Essstörungen, bevor Sie versuchen zu helfen. Hier finden Sie einige gute Quellen:

Bundeszentrale für gesundheitliche Aufklärung:
https://www.bzga-essstoerungen.de

Versorgungszentrum Essstörungen mit Tipps für Betroffene und Außenstehende sowie Adressverzeichnis von Kliniken und Krisendiensten:
https://www.anad.de

Bundesfachverband Essstörungen, Adressliste mit Therapeuten (nach PLZ sortiert):
https://www.bundesfachverbandessstoerungen.de

7

ICH KOMME NICHT GUT MIT VERLETZUNGEN ZURECHT

REAKTION AUF KLEINE UND GROSSE RÜCKSCHLÄGE

Notiz an mich selbst: Lass los, was dich belastet. – KONFUZIUS

Sportler haben keinen Spaß daran, verletzt zu sein. Womöglich gibt es den einen oder anderen Sportler, der erleichtert ist, wenn er verletzt wird, weil er unter dem enormen Leistungsdruck schier zusammenbricht. Manche Athleten täuschen aus diesem Grund sogar Verletzungen vor oder stellen sie völlig übertrieben dar. Der Fairness halber sollte man aber betonen, dass die meisten Sportler jegliche Form von Verletzungen abgrundtief hassen.

Um mit einer Verletzung umzugehen, ist es hilfreich, die entsprechenden medizinischen Fakten zu kennen und zu wissen, warum sie aufgetreten ist. Doch diese Informationen reichen nicht aus, wenn sich Gefühle wie Verzweiflung, Angst, Frustration, Wut, Depression oder die Unmengen anderer Gefühle, die in unserem Gehirn Panikattacken auslösen, einstellen. Es ist für Sportler schwer, wissenschaftlich fundierte Informationen zu finden, wie man mental mit Verletzungen zurechtkommt. Zeitschriften für Ausdauerathleten enthalten häufig Ratschläge von Physiotherapeuten oder Ärzten, die kaum oder gar keine Ausbildung darin haben, mit unserer anderthalb Kilo schweren, verrückten Hirnmasse umzugehen. Daher wird man schnell zu einem kopflosen Körper, bei dem sich alles nur noch um Schmerzen, Schwellungen, Mobilität und Stärke dreht. Schlaue Tipps sind häufig gespickt mit solch irritierenden Empfehlungen wie der, dass Sportler sich bitte einfach an die doch wirklich nicht schwer zu befolgenden Anweisungen halten sollten. Jegliche Erwähnung von Psychologie wird meist in überflüssige Binsenweisheiten oder abgedroschene Phrasen verpackt, in der Art wie »Erhol dich... und mach dir keine Gedanken um deine Fitness. Solange du verletzt bist, kannst du ohnehin nichts machen.« Ach, haltet doch einfach die Klappe!

Untersuchung oberhalb des Halses

Die Art, wie ein Sportler mit Verletzungen umgeht, hängt von so vielen zusammenhängenden Faktoren ab, dass Forschungsansätze zu diesem Gebiet theoretische Modelle ergeben haben, die wie ein einziges Tohuwabohu aussehen.[61] Wir müssen herausfinden, warum manche Sportler so völlig anders reagieren als andere. Wie kann der eine Athlet nur mit leichter Gleichgültigkeit auf eine Entzündung der Fußsohlensehne reagieren, während ein anderer nach derselben Diagnose quasi kurz vor dem Selbstmord steht? Natürlich liegen die meisten Sportler irgendwo dazwischen, aber das Gefühl gleicht schnell einer emotionalen Achterbahnfahrt: An manchen Tagen ist man ruhig und nimmt es als gegeben hin, an anderen Tagen verhält man sich wie eine durchgeknallte Medusa mit einem bösartigen, passiv-aggressiven Charakterzug. Sportpsychologen versuchen daher zu erforschen, welche Einflüsse diese Reaktionen auf die Rehabilitation haben.[62] Trainer versuchen den verletzten Sportlern dabei zu helfen, besser mit den unerwünschten Gedanken und Gefühlen umzugehen, damit der Heilungsprozess so reibungslos und komplikationsarm wie möglich verläuft.

Wer schon einmal eine ernsthafte Verletzung[63] hatte, kann sicher nachvollziehen, dass man Gefühlsschwankungen hat, nörglerisch ist, sich bis zu einem gewissen Grad sozial zurückzieht und, nicht zu vergessen, sich immer und immer wieder denselben Mist erzählt. Die Partner von verletzten Sportlern müssen mit dem Ausfall auch irgendwie zurechtkommen. Ich kann aus eigener Erfahrung sagen, dass man es vermeiden sollte, mit Dingen herauszuplatzen wie: »Kannst du einfach mal aufhören, davon zu reden?« Man fühlt sich zwar dermaßen gereinigt, wenn man es ausspricht, aber es hat absolut keinen therapeutischen Einfluss auf den Sportler. Fakt ist, dass eine Verletzung selbst den optimistischsten und fröhlichsten Sportlerhaushalt in ein Minenfeld verwandeln kann. Wenn Sie nicht gut mit Verletzungen umgehen können oder mit einem Sportler leben müssen, der das nicht kann, naht nun Hilfe!

Was für ein Patient sind Sie?

Forschungen zur Psychologie der Sportverletzungen helfen uns beim Verständnis des Gefühlsspektrums, das verletzte Sportler durchleben, und der Faktoren, die diese Gefühle auslösen. Dennoch kann keine Wissenschaft einen Sportler auf das psychologische Durcheinander vorbereiten, das er in diesem Zeitraum erlebt. Wir kennen beispielsweise einige Athleten, die beim Training unglaublich motiviert und zielorientiert sind, die aber unkonzentriert und apathisch werden, wenn sie mit einer Verletzung umgehen müssen. Wir bezeichnen das als das *Passiver-Patient-Syndrom*. Bei diesen Patienten wird die Trainingsdenkweise abgeschaltet, die Muskeln ziehen sich zurück und sie tun rein gar nichts, damit es ihnen bessergeht. Sie warten einfach.

Und es geht noch schlimmer, denn manche Sportler machen sich noch nicht mal Gedanken darüber, welche ihrer Fehlentscheidungen zu der Verletzung geführt haben. Manche verlieren sich in einem Nebel emotionaler Gleichgültigkeit oder fallen in ein tiefes Loch voller Neid oder Missgunst. So wie Ian, 41 Jahre alt, der Folgendes sagte, als er sich nur Wochen nach einer erfolgreichen Heilung einer langwierigen Achillessehnenverletzung eine Entzündung der Fußsohlensehne zuzog:

> Ich habe es so satt, verletzt zu sein. Wenn ich all die glücklichen Sportler da draußen sehe, denke ich nicht: »Hey, gut für euch!« Stattdessen denke ich: »Verdammt noch mal, das ist so unfair!«

Vergleichen wir diese Denkweise einmal mit der von Jessica, einer 34-jährigen Profiradsportlerin, die schon ziemlich oft verletzt war. Jessica stürzte im Jahr 2014 bei den Nationalmeisterschaften im Straßenrennen. Sie brach sich das Schlüsselbein, zog sich eine Schultergelenksprengung zu und hatte eine Gehirnerschütterung. Sie hasste ihr Leben. Im Jahr 2015 musste sie sich einer Operation der linken Beckenarterie und einer weiteren Operation wegen einer Nervenkompression unterziehen. Als sie gerade wieder genesen war, stürzte sie erneut und musste zweimal am Handgelenk operiert werden. Zwei weitere Operationen waren notwendig, um die Komplikationen früherer OPs zu beheben. All das passierte während der Laufzeit ihres ersten Vertrags als Profisportlerin. Für viele Sportler wäre das genug, um sie über die Klippe springen zu lassen. Nicht aber für Jessica. Denn sie sieht das so:

> Ich habe so ein Glück zu wissen, dass diese Verletzung bald geheilt ist. Sie ist nicht chronisch, nicht lebensbedrohlich, und ich verspreche als freundlichere, geduldigere und positivere Frau und Sportlerin zurückzukommen. Im Ernst, ich habe das jeden Tag gedacht! Das hat mir dabei geholfen, mit der Situation zurechtzukommen. Ich habe es mit diesem Gedanken geschafft, positiv zu bleiben, und habe das auch durchgezogen. Keine Nörgeleien mehr über schlechte Tage, platte Reifen, Erkältungen und so weiter. Natürlich denke ich auch oft, was wäre, wenn … Was wäre, wenn ich all die harte Arbeit in die Reha stecke, Tag und Nacht die Schmerzen aushalte, mich wochenlang zurückgesetzt fühle, alles dafür tue, um wieder fit zu werden, und dann im ersten Rennen wieder stürze?

Nach dem Sturz im Jahr 2015 empfand Jessica ein überwältigendes Gefühl von Dankbarkeit und Angst in ein und derselben Verletzungserfahrung. Das sagt eigentlich alles über ihre Denkweise in Bezug auf ihre Genesung aus. Diese spielte eine große Rolle dabei, dass sie es schaffte, viel früher als gedacht wieder auf dem Rad zu sitzen. Wer weiß, wie Ian reagieren würde, wenn er ein drittes Mal verletzt würde?

Was ist denn eine »normale Reaktion« auf eine Verletzung?

Jeder Sportler geht auf seine eigene Art mit Verletzungen um, dennoch sind Frustration, Depression, Wut und Anspannung die gängigsten Empfindungen, von denen verletzte Sportler berichten.[64]

Sportpsychologen haben festgestellt, dass die Antwortprofile verletzter Sportler jenen von Menschen ähneln, denen man mitteilt, dass sie sterben werden. Das Phasenmodell von Elisabeth Kübler-Ross zeigt, dass Menschen mit einer tödlichen Krankheit fünf unterschiedliche aufeinanderfolgende Gefühlsphasen durchlaufen, nachdem sie von ihrer tödlichen Krankheit erfahren habe: Leugnung, Zorn, Verhandeln, Depression und schließlich Akzeptanz.[65]

Obwohl es ganz offensichtliche Unterschiede zwischen der Akzeptanz des bevorstehenden Todes und einer Sportverletzung gibt, ziehen Psychologen und Sportler hier Parallelen. So leugnen zum Beispiel einige Sportler die Schwere ihrer Verletzung und versuchen trotzdem weiterzutrainieren. Manche sind zornig auf sich selbst, weil sie törichte Entscheidungen getroffen haben, die zu der Verletzung führten, oder sie sind zornig auf andere, weil diese einfach nicht verstehen, »wie hart es ist«, mit dieser Verletzung umzugehen. Viele berichten auch von depressiven Symptomen. Manche Sportler, so wie Jessica, erreichen irgendwann die Phase der Akzeptanz und können ihrer Verletzung schließlich mit einer positiven Einstellung begegnen.

Die Anwendung des Modells der Trauerphasen auf Sportverletzungen ist von der Wissenschaft nicht weiter untersucht worden, weil die emotionalen Reaktionen auf Verletzungen allgemeiner und unterschiedlicher sind und nicht immer nach einer festen Reihenfolge ablaufen. Trotzdem reagieren manche Sportler wie bei einer Trauer. Anhand unserer Erfahrungswerte mit verletzten Ausdauersportlern, die wir gecoacht haben, können wir sagen, dass die Verbreitung dieser Reaktion bei ungefähr zehn Prozent der Verletzten liegt und dass sie vor allem bei eher traumatischen Verletzungen vorkommt.

Wenn Sie sich hier selbst wiedererkennen (oder einen Sportler kennen, der diese Reaktionen zeigt), helfen Ihnen die folgenden Strategien, besser damit umzugehen.

Maßnahmen bei einer vermuteten Trauerreaktion

Wenn wir vermuten, dass Sportler mit einer Trauerreaktion auf eine Verletzung reagieren, bieten wir ihnen spezielle Strategien, sodass sie diese Emotionen akzeptieren lernen und – was entscheidend ist – wir unterstützen sie darin, die Phasen zu durchlaufen und zu einer ruhigeren Akzeptanz ihrer Verletzung zu gelangen.

Leugnung: Sie geben vor, dass die Neuigkeit gar nicht so schlimm ist oder dass Sie trotzdem am nächsten Wettkampf teilnehmen können. »So wild ist das nicht. Ich kann weitermachen und auch weitertrainieren.«

★ **Was Sie tun können:** Denken Sie in der dritten Person. Welche Ratschläge würden Sie einem anderen Sportler in derselben Situation geben? Konzentrieren Sie sich darauf, dass eine kurze Trainingspause es verhindern könnte, die gesamte Saison einzubüßen. Wenn das nicht funktioniert, spulen Sie schnell zur Zornesphase vor, indem Sie sich selbst mit den Tatsachen konfrontieren. Schreiben Sie auf, was Sie über Ihre Diagnose und die Prognose wissen und lesen Sie sich das Ganze laut vor.

Zorn: Es kommt zu einem Ausbruch an Gefühlen, die Sie in sich hineingefressen haben, der sich auf denjenigen ergießt, der gerade im Weg steht. Oft steht die Schuldfrage im Vordergrund oder Gedanken wie »Warum ich?«, die Sie immer und immer wieder abspulen. »Warum ich? Ich kann es gar nicht glauben, dass mir das gerade passiert. Ich bin so sauer! Es war doch nur ein kleiner, dummer Sturz.«

⭐ **Was Sie tun können:** Erlauben Sie sich, die Wut rauszulassen. Verleihen Sie Ihren Gefühlen in Worten Ausdruck, laut und deutlich. Bei manchen Menschen ist Meditation der bessere Weg. Welchen Weg Sie auch wählen, geben Sie sich selbst die Erlaubnis, Ihre Gefühle zu umarmen und sich auf sie zu konzentrieren.

Verhandeln: Sie klammern sich an die vage Hoffnung, dass die schlechte Nachricht über Ihre Verletzung umkehrbar ist oder dass Sie eine Abkürzung für eine schnelle vollständige Genesung finden. Vielleicht suchen Sie nach alternativen Therapien oder testen experimentelle Verfahren oder experimentelle Medikamente. Auf jeden Fall versuchen Sie verzweifelt, irgendeinen Handel einzugehen, der die Dinge besser macht, als sie tatsächlich sind. »Wenn ich 20 Prozent mehr mache, als mein Trainer vorschlägt, bin ich doch noch schneller zurück.« Oder: »Ich muss einen anderen Spezialisten finden, weil mein Arzt ganz offensichtlich keine Ahnung hat.«

⭐ **Was Sie tun können:** Vermeiden Sie um jeden Preis falsche Hoffnungen. Wenn Ihnen ein Therapeut mitteilt, dass er alle Antworten kennt und Sie trotz anderslautender Prognosen heilen kann, sollten Sie hellhörig werden und seine Ratschläge kritisch überdenken. Denken Sie daran, dass Ihr Gehirn so verkabelt ist, dass es sich gern an falsche Hoffnungen klammert. Achten Sie darauf, ob Sie anfangen, medizinische Ratschläge einzuholen, die mit ihrer Meinung übereinstimmen. Es verläuft nur ein schmaler Grat zwischen übers Ohr gehauen zu werden und der Weigerung, Tatsachen zu akzeptieren.

Depression: Sie befinden sich in einem emotionalen Trott. Sie sind lethargisch und negativ, alles fühlt sich schwer an und nichts scheint Ihnen mehr Freude zu bereiten. Der Unterschied zwischen dieser Form von Depression und einer klinischen Depression besteht darin, dass diese Gefühle wieder verschwinden sollten, sobald die Verletzung geheilt ist. Bei lang anhaltenden und chronischen Verletzungen sind Sportler sehr anfällig für ein langes Verweilen in diesem Zustand. »Ich bin so unglaublich traurig und pessimistisch. Ich bin irgendwie ständig ängstlich und will gar nicht mehr vor die Tür gehen.«

⭐ **Was Sie tun können:** Werden Sie zu einem perfekten Planer. Erledigen Sie Dinge, die Sie lange vor sich hergeschoben haben, und konzentrieren Sie sich dabei besonders auf die Zeiten, in denen Sie besonders verletzlich sind. Belohnen Sie sich *täglich* mit etwas Schönem, außer Essen. Wenn Sie oder der Sportler, den Sie lieben, länger als erwartet in dieser Phase verweilt, sollten Sie darüber nachdenken, professionelle Hilfe in Anspruch zu nehmen.

Akzeptanz: Sie haben Frieden mit Ihrer Verletzung geschlossen und herausgefunden, was falsch gelaufen ist und was Sie künftig dagegen tun können. Sie schätzen Ihre Rehabilitation realistisch ein und tun das, was man Ihnen empfohlen hat. »Ich habe so ein Glück zu wissen, dass diese Verletzung bald geheilt ist. Sie ist nicht chronisch, nicht lebensbedrohlich, und ich verspreche als freundlichere, geduldigere und positivere Frau und Sportlerin wieder zurückzukommen.«

⭐ **Was Sie tun können:** Nichts. Sie sind emotional befreit.

Vielleicht ist es keine Trauerreaktion

Obwohl manche Sportler eine trauerartige Reaktion nach einer Verletzung zeigen, tun die meisten das nicht. Die Wissenschaft setzt mittlerweile das Modell der kognitiven Einschätzung ein, um zu klären, warum manche Athleten alles hinnehmen, während andere ausflippen. Kognitive Einschätzung bedeutet nichts anderes als zu zeigen, dass die Reaktion eines Sportlers auf eine Verletzung davon abhängt, was diese Verletzung für ihn persönlich bedeutet. Natürlich ist das keine hochtrabende Raketenwissenschaft. Dennoch wird es hier erst richtig interessant. Denn in diesem Ansatz ist die Verletzung lediglich ein Stressfaktor, also eine Bedrohung, die eine physische und psychische Reaktion hervorruft. Die Verletzung an sich ist dabei nicht von Bedeutung – wie wir über sie denken und empfinden ist es, was uns in Schwierigkeiten bringt. Aus diesem Grund funktioniert auch der Ratschlag »Keine Bange, es ist nur ein ...« nicht, weil unsere kognitive Einschätzung der Verletzung wahrscheinlich mit der des humpelnden Sportlers übereinstimmt.

> Es ist wichtig, dass Sie sich darin üben, den *Prozess der Einschätzung* zu steuern, weil sich dadurch nicht nur entscheidet, wie gut Sie mit der eigentlichen Verletzung zurechtkommen, sondern auch wie wahrscheinlich es ist, dass Sie sich erneut eine Verletzung zuziehen.

Ja, Sie haben richtig gelesen: Das Risiko einer erneuten Verletzung wird von Ihrem Umgang mit früheren Verletzungen bestimmt.[66] Mit anderen Worten: Wenn Sie einen besseren Umgang mit Ihren Verletzungen erlernen, ist die Wahrscheinlichkeit groß, dass Sie seltener verletzt werden, selbst wenn man die begünstigenden körperlichen Faktoren dafür ausklammert. Uns ist nicht ganz klar, warum der psychologische Aspekt hierbei so wichtig ist, wir nehmen aber an, dass der Grund dafür die Angst vor neuen Verletzungen ist. Es hat sich gezeigt, dass er das Selbstbewusstsein mindern, die Biomechanik der Bewegungen ändern und sich negativ auf Entscheidungen auswirken kann – und all diese Punkte sind Risikofaktoren für eine erneute Verletzung.

Die Einschätzung von Verletzungen durch das Gehirn

Wenn unser Gehirn Verletzungen »bewertet«, unternimmt es dazu einen Zwei-Schritte-Prozess, der als *Erstbegutachtung* und *Zweitbegutachtung* bezeichnet wird. Bei der Erstbegutachtung diskutieren das Professoren- und das Schimpansenhirn darüber, was auf dem Spiel steht, wie bedrohlich oder gefährlich die Verletzung für unsere körperliche und geistige Zukunft ist, was wir verpasst haben und noch verpassen werden, die Länge der Unterbrechung, die die Verletzung wahrscheinlich verursacht, et cetera. Zusammengefasst beinhaltet die Erstbegutachtung unsere Gedanken und Gefühle über die Verletzung und deren Bedeutung. Wie nicht anders zu erwarten, kann das Leidensdruck in Form von Sorgen, Ängste und Zweifeln auslösen – ebenso wie Gedanken, die wir aufgrund unserer Verletzungshistorie haben: »Oh Mist, nicht das schon wieder. Bitte nicht schon wieder!« Unser Computerhirn legt dann ganz schnell eine Erinnerung vor, um

uns dabei zu helfen, eine gerade gemachte Erfahrung einzuschätzen. Wir haben Gedanken und Gefühle, die wir nicht wollen, bevor wir überhaupt die Chance haben, das zu realisieren.

Unser Ziel ist es nun, den Erstbegutachtungsmechanismus so umzuprogrammieren, dass unser Computerhirn daran gehindert wird, unsere Interpretation eines aktuellen Ereignisses zu verschleiern, und stattdessen das Professorenhirn übernehmen zu lassen und seine Superkräfte ins Spiel zu bringen: Fakten und Logik. Darauf gehen wir später näher ein.

Die Zweitbegutachtung erfolgt im Anschluss an die Erstbegutachtung und beinhaltet die Einschätzung unserer Fähigkeiten, mit den Auswirkungen der Verletzung umzugehen – also unser körperliches und psychisches Vermögen, mit dem, was noch vor uns liegt, zurechtzukommen. Das wird natürlich stark durch Schlussfolgerungen aus der Erstbegutachtung beeinflusst, aber ebenso durch unsere Vorerfahrungen im Umgang mit Verletzungen, unser Selbstbewusstsein, unsere Körperwahrnehmung und die Einschätzung unserer Fähigkeiten, die soziale Unterstützung, die wir erfahren, sowie praktische und logistische Faktoren, wie etwa die Behandlungskosten, die vermutlichen Arbeitsausfallzeiten, Fahrtüchtigkeit, unsere gesellschaftlichen Pflichten et cetera. Wenn die Ergebnisse der Zweitbegutachtung nicht gut sind (was bedeutet, dass wir Panik kriegen, wie wir das alles bewältigen sollen) gehen unsere emotionalen Reaktionen in die Hose. Schauen wir uns mal an, wie diese Bewertungsmechanismen im Kopf eines Sportlers ablaufen.

Die Angst vor Verletzung verursacht Leugnen und unweigerliche weitere Verletzungen

Olivia ist eine 42-jährige Läuferin. Sie hat während ihrer langen Läufe chronische Hüftschmerzen, ist aber bisher nicht zum Arzt gegangen und hat auch ihr Training nicht umgestellt. Olivias Erstbegutachtung besagt, dass ihre Verletzung kontrollierbar und nicht bedrohlich ist, weil sie sie nur während ihrer langen Läufe spürt. Außerdem hat sie ihre Symptome scheinbar im Griff, da sie nicht verschreibungspflichtige Schmerzmittel einnimmt, und sie besteht darauf, dass die Verletzung ihr Training »nicht wirklich beeinträchtigt«. Tut es aber! Als wir mit Olivia sprechen, stellen wir fest, dass sie oft dazu gezwungen ist, auf ihren langen Sonntagslauf zu verzichten, weil die Schmerzen zu groß sind. Das macht sie ängstlich, und das wiederum kompensiert sie durch ein härteres Training an den anderen Tagen. Olivia hat sich im Laufe ihrer Sportlergeschichte bei Verletzungen überbeansprucht, hat ein geringes sportlerisches Selbstbewusstsein, kann nicht gut mit Verletzungen umgehen und hat Angst vor einer Gewichtszunahme während ihrer Trainingspausen. Acht Wochen später treten bei ihr ein Überlastungsbruch in der Hüfte und stressbedingte Schmerzen im gegenüberliegenden Fuß auf.

★ **Auswertung:** Olivias Schimpansenhirn hat ihr Professorenhirn dazu gebracht zu glauben, dass alles unter Kontrolle sei. Ihre Verletzungsvorgeschichte und ihre Angst vor dem, was die Reha mit sich bringen würde (was ihr Computerhirn ihr regelmäßig vor Augen hält), führt dazu, dass ihre Erstbegutachtung sehr voreingenommen ist. Weil es für das menschliche Gehirn stressig ist, mit einem andauernden internen Streit zu leben (oder psychologisch ausgedrückt mit einer kognitiven Dissonanz), und ihr Schimpanse fünfmal stärker ist als ihr Professor, ist Olivia gezwungen, ihre schlechten Entscheidungen zu rationalisieren (zum Beispiel: »Es tut nicht weh, wenn ich Schmerzmittel nehme«). Dass ihr geringes Selbstbewusstsein ihr Urteilsvermögen trübt, kommt erschwerend hinzu. Sie interpretiert Verletzungen als einen Beweis von Schwäche und als Unfähigkeit, hartes Training auszuhalten. Daraus entwickelt sich eine Denkweise mit so großer Angst vor Verletzungen, dass ihre Erst- und Zweitbegutachtungen nahezu bar jeder Fakten und Logik sind. Schlussendlich führt diese Denkweise zu dem Überlastungsbruch und den Schmerzen im Fuß.

Nicht alle verzerrten Einschätzungen führen zu Problemen. So müssen beispielsweise Sportler das Gefühl haben, in der Reha absolut alles in ihrer Macht Stehende zu tun, um nicht nur schnell gesund zu werden, sondern auch um gut mit den Emotionen rund um die eigentliche Verletzung umgehen zu können. Schauen wir uns nun eine dieser Sportlerinnen an: meine Frau Lesley Paterson.

Akzeptanz bereitet den Weg für investigative Gesundheitsbetriebsamkeit

Manche Sportler entwickeln eine besorgniserregende Obsession über das Verständnis und die Behandlung ihrer Verletzung. Haben sie vor der Verletzung 25 Stunden wöchentlich trainiert, so wenden sie nun 25 Stunden pro Woche für Reha-Maßnahmen auf. Sie verschlingen wissenschaftliche Artikel über Behandlungsmethoden, haben unzählige Termine bei Spezialisten und Therapeuten und planen Behandlungssitzungen wie andere Leute ihr Mittagessen. Es ist zermürbend! Glauben Sie mir, denn ich bin mit einer solchen Sportlerin verheiratet. Ich habe sie dabei beobachtet, wie sie eine Quasi-Expertin für Achillessehnenreizung, Borreliose, das Piriformis-Syndrom, Kammmuskel-Zerrung (fragen Sie nicht!), Schienbeinkantensyndrom, Biologie der Knochenheilung, das Darmmikrobiom, Placeboeffekte und was auch immer wurde. Sie musste gar nicht groß überlegen, ob sie für einen 30-minütigen Termin mit einem Spezialisten vom einen Ende des Landes zum anderen fliegen sollte, oder ob sie, während wir ein romantisches Wochenende verbrachten, einen Termin bei einem örtlichen Physiotherapeuten wahrnehmen sollte.

Zuerst dachte ich, das wäre verrückt und sie würde in der Trauerphase der Verhandlung feststecken. Als unterstützender Ehemann war das schwer zu verstehen. Ich versuchte verzweifelt, mich in diesen emotionalen Aufruhr und die Identitätsbedrohung hineinzuversetzen, die eine Verletzung mit sich bringt, aber ich verbrachte mehr Zeit damit, mir auf die Zunge zu beißen und nicht oberlehrerhaft über die Einschränkungen einer Behandlungsphilosophie, die alle möglichen Dinge zulässt, oder über die Gefahren der Suche nach einem Therapeuten, der einem nach dem Mund redet, zu dozieren. Lesley nennt ihren Ansatz »investigative Gesundheitsbetriebsamkeit«, ich habe es eine Zeit lang als »Feilschen mit einem Schuss substitutiver Abhängigkeit« bezeichnet. Das hat sie nie gut aufgenommen. Ihre Einstellung sieht so aus:

> Es ist mein Körper. Ich liebe das Training und die Wettkämpfe und bestreite davon meinen Lebensunterhalt. Warum sollte ich also nicht nach jeder möglichen Lösung suchen, die mir dabei hilft, wieder einzusteigen? Einige der besten und der schlechtesten Ratschläge habe ich von führenden medizinischen Experten bekommen. Wenn ich darauf warten würde, dass mich der erste Arzt, den ich konsultiere, heilt, hätte ich längst aufgegeben. Man muss sich ins Zeug legen, um herauszufin-

den, was los ist, und ergründen, warum man überhaupt dieses Problem hat. Meiner Meinung nach hat ein Mensch allein nie alle Antworten, trotz seiner Qualifikationen und des Beharrens darauf, dass er sie hat. Meiner Erfahrung nach ist es so, dass die Ärzte, die darauf pochen, alle Antworten zu kennen, diejenigen sind, bei denen das ganz sicher nicht der Fall ist.

★ **Auswertung:** Unter dieser Philosophie schlummern logistische und finanzielle Implikationen, die verheerenden Schaden anrichten können. Obwohl mich Lesleys Bedürfnis danach, jeden zu konsultieren, beschäftigte, wurde mir klar, dass sie gar nicht in der Verhandlungsphase steckte. Denn sie schien dazu in der Lage zu sein, die Hinweise, die sie erhielt, kritisch zu evaluieren – und das ist etwas, was »Verhandler« nicht tun. Lesleys gesteigerte Bemühungen und die Intensität, ihre Heilung voranzutreiben, erzeugten eine Zweitbegutachtung ihrer Verletzung. Anders ausgedrückt: Wenn Lesley verletzt ist, beschwört sie eine Einstellung herauf, mit der sie proaktiv ist und »etwas dagegen unternimmt«, und sie geht davon aus, dass dadurch ihre Heilungsdauer positiv beeinflusst wird. Dadurch wird eine emotionale Reaktion ausgelöst: Sie ist optimistischer und weniger negativ gegenüber ihrer Verletzung. Also ist Lesleys »investigative Gesundheitsbetriebsamkeit« ihre Art, die Emotionen zu bewältigen, die mit einer Verletzung einhergehen – psychologisch gesehen ist dies eine Selbstmedikation und es motiviert sie dazu, mit den Verschreibungen ihrer Therapeuten übereinzustimmen. Es ist ihre Art der Krankheitsverarbeitung, keine bloße Behandlungsphilosophie.

Meine Versuche, in ihre Anschauung bezüglich ihrer Behandlung einzugreifen, griffen lediglich ihre Bewältigungsstrategie an. (Notiz an mich: Lass es!) Also hielt ich mich aus ihrer Betriebsamkeit heraus und unterstützte sie stattdessen bei der Logistik, filterte die Quacksalber heraus und sorgte dafür, dass die finanzielle Belastung dieser Aktionen kontrollierbar blieb. Bingo, wir hatten eine therapeutische Allianz gebildet!

Ein Hinweis zu den Verletzungsarten

Manche Athleten werden aufgrund eines akuten Aufpralltraumas verletzt – einem Zusammenstoß, einem Sturz, einem Schlag oder Hieb, der schnell und mit Kraft erfolgen kann. Manchmal ist es ganz offensichtlich, dass ein Aufpralltrauma ernst ist, weil es unglaublich schmerzt (zum Beispiel ein gebrochenes Schlüsselbein) oder weil der Körper nicht so aussehen sollte (wenn man sich zum Beispiel die Wade an einem Fahrradteil zerkratzt). Obwohl Verletzungen durch akute Aufpralltraumata emotional verheerend sein können, sind sie im Allgemeinen leichter für Sportler (die Erstbegutachtung), weil der Grund der Verletzung einen unverkennbaren Anfang, einen Mittelteil und ein Ende hat. Auch wenn es etwas dauern kann, bis man den Schweregrad eines akuten Aufpralltraumas registriert, kann man es meist leicht zu einem bestimmten Ereignis zurückverfolgen. Wenn man zum Beispiel eine schmerzende Rippe hat und die Schmerzen im Laufe der Woche immer schlimmer werden, kann es sein, dass man erst nach Tagen realisiert, dass der Sturz mit dem Mountainbike in der Vorwoche vielleicht doch schlimmer war als angenommen.

Stellen Sie dem nun chronische oder degenerative Verletzungen gegenüber. Bei Ausdauersportlern ist der am weitesten verbreitete Grund für chronische oder degenerative Verletzungen (wie Tendinopathie, Sehnenscheidenentzündung und Überlastungsbrüche) eine Überbeanspruchung. Die Erstbegutachtung einer Verletzung wegen Überbeanspruchung ist sehr schwierig, weil der Verletzungsfaktor – also der Verletzungsgrund – eher selten eine Fahne schwenkt und dem Sportler kundtut, dass er gerade etwas verkackt hat. Die Erkenntnis tritt schleichend ein, und wenn man dann endlich erkannt hat, was passiert ist, ist es oftmals schon zu spät. Unser Gehirn hat die Signale dann einfach übersehen oder sich geweigert, darauf zu reagieren.

HILFREICHE BEHANDLUNGEN MIT KÖPFCHEN

Wenn Sie feststellen, dass Sie ein Sportler sind, der nicht gut mit Verletzungen umgehen kann, werden Ihre Erstbegutachtungs- und/oder Zweitbegutachtungsmechanismen von kleinen, bösartigen Kobolden gepiesackt, die an Ihrer Fähigkeit nagen, rational und logisch zu denken und zu handeln. Also müssen Sie herausfinden, wo sich diese Kobolde verstecken, alles wieder an den richtigen Platz rücken und Sie dadurch wieder auf Spur bringen.

Die Kobolde im Erstbegutachtungssystem jagen

Kobolde im Erstbegutachtungssystem sind listige kleine Mistkerle. Sie können sich unglaublich gut verstecken. Wenn Sie aber wissen, wo Sie nach ihnen suchen müssen, und sich von anderen bei der Suche helfen lassen, können Sie Ihr Gehirn von ihnen befreien. Also, auf zur Koboldjagd!

Kobold 1: Nicht wissen wollen, was nicht mit einem stimmt

Wenn Sie die grundlegenden Fragen zu Ihrer Verletzung nicht beantworten können, haben Sie den ersten Kobold in Ihrem Erstbegutachtungssystem gefunden: die Unfähigkeit (kann nicht, will nicht oder interessiert mich einfach nicht), eine medizinische Diagnose für die Ursache der Schmerzen zu erhalten. Manchmal können Mediziner gar keine exakte Diagnose geben, jedoch nicht weil sie inkompetent wären, sondern weil einige Verletzungen schlichtweg schwer zu diagnostizieren sind. Das ist dann aber kein Kobold. Der Kobold, über den wir hier sprechen, ist das Fehlen eines erforschenden Verhaltens. In Übung 1 stellen Sie sich diesen Tatsachen.

* **Was Sie tun können:** Suchen Sie medizinischen Rat, um Ihre Verletzung richtig diagnostizieren zu lassen. An einer zweiten Meinung oder der Konsultation verschiedener Experten mit unterschiedlichen Spezialisierungen ist nichts falsch. Wenn Sie der Gedanke daran ängstigt, beißen Sie täglich einen kleinen, verdaubaren Bissen der Verhaltensänderung ab – vereinbaren Sie einen Termin. Das ist schon ein Anfang.

ÜBUNG 1

DAS PROBLEM LOKALISIEREN

Wenn Sie bereits verletzt sind, beruht eine gute Erstbegutachtung darauf, zu verstehen, was genau nicht stimmt. Versuchen Sie das Folgende zu beantworten.

Beschreiben Sie, was mit Ihnen nicht stimmt, so wie es Ihr Arzt, Physiotherapeut oder ein anderer Experte erklärt hat. Verwenden Sie ausschließlich Informationen aus Ihrer medizinischen Diagnose, keine Dinge, von denen Sie glauben, dass sie vor sich gehen.

BEISPIEL Überlastungsbruch im 4. Mittelfußknochen, diagnostiziert mittels Kernspintomografie

Meine Verletzung:

Beschreiben Sie alles Weitere, von dem Sie wissen, dass es zu Ihrer Verletzung beigetragen hat, oder irgendwelche Komplikationen oder Folgen, die von der Verletzung herrühren könnten, wie etwa Ersatz- oder Schonhaltungen, nachfolgende Verletzungen et cetera).

BEISPIEL Durch eine größere Laufleistung verursacht und wahrscheinlich verschlimmert durch den Gebrauch eines minimalistischen Barfußschuhs

Andere Dinge, die ich über meine Verletzung weiß:

Kobold 2: Täuschungen und Wendepunkte

Dieser Kobold versteckt sich in Ihren Erfahrungen vor der eigentlichen Verletzung. Verletzungen durch Überbeanspruchung werden fast immer von physischen und psychischen Warnsignalen begleitet, die Ihnen mitteilen, dass sich Ärger zusammenbraut. Das kann sich wie eine ungewöhnliche Spannung in einem Körperteil, ein irritierendes Gefühl oder auch nur ein allgemeiner Eindruck von leichtem lokalem Schmerz anfühlen. Unserer Erfahrung nach blubbern diese Warnsignale in die bewusste Aufmerksamkeit; Sportler entschließen sich aber häufig dazu, sie zu ignorieren, herunterzuspielen oder wegzurationalisieren. Wir nennen das den »Täuschungstrichter«, weil dieser Kobold Ihr Gehirn dazu zwingt, die Warnsignale zu ignorieren, fehlzuinterpretieren oder ineffektiv mit ihnen umzugehen, und sie gleichzeitig in eine Richtung drängt: hin zur Verletzung. So können Sie beispielsweise ein irritierendes Gefühl in der Achillessehne verspüren oder eine Spannung in der Kniesehne und sich deshalb dazu entschließen, ein bisschen mehr Beweglichkeitstraining zu machen, die Faszienrolle doppelt so oft einzusetzen, ein paar Ibuprofen zu nehmen und zu hoffen, dass die Beschwerden von selbst wieder verschwinden. Dieses Kompensationsverhalten ist mit der Verhandlungsphase in der Trauerreaktion verwandt.

Der Täuschungstrichter hält meist weniger als zwei Wochen an, denn wenn die Schmerzen erst mal in der bewussten Wahrnehmung angekommen sind und Sie sie nicht länger ignorieren können, brennt die Zündschnur für eine schlimmere Verletzung häufig schon.

Der Umgang mit Schmerzen fordert einen hohen emotionalen Tribut von Ihnen als Sportler, und Ihr Gehirn wird alle möglichen Tricks (Rationalisierung, Umdeutung, Ablenkung) anwenden, um damit umzugehen. Wenn die Schmerzen Sie schließlich zu einer Unterbrechung Ihres Trainings zwingen, erreichen Sie einen kognitiven und emotionalen Wendepunkt. Das ist schlicht und einfach der Zeitpunkt, an dem Sie feststellen, dass etwas wirklich nicht in Ordnung ist. Es ist der Moment, in dem Sie denken: »Oh, Mist, ich glaube, ich bin wirklich verletzt.« Er kann dann eintreten, wenn Sie zum ersten Mal eine starke emotionale Reaktion wie Frustration, Verzweiflung, Wut oder Depression verspüren. In Übung 2 zeigen wir, wie Sie diese Momente in Ihrer eigenen Verletzungserfahrung bemerken.

★ **Was Sie tun können:** Wenn Sie sich des Täuschungstrichters und der Wendepunkte bewusst sind, kann Sie das gegen deren künftiges Wiederauftauchen impfen. Eine bessere Strategie ist es allerdings, Tagebuch zu führen und dort die irritierenden Gefühle, Spannungen und ungewöhnlichen Gedanken oder Gefühle während des Trainings aufzuschreiben. Schauen Sie sich Ihre Tagebucheinträge regelmäßig an. Wenn Sie einen Trainer haben, teilen Sie Ihre Beobachtungen mit ihm. Diese Rückmeldungen zu lesen und schriftlich auszuwerten, zwingt Ihr Professorenhirn dazu, das Kommando zu übernehmen, weil Lesen und Verstehen Fähigkeiten des Frontallappens sind. Und Ihr emotionaler Schimpanse kann somit das Gehirn nicht mehr mit Gefühlen und Eindrücken, die von mächtigen Neurotransmittern gespeist werden, kapern.

ÜBUNG 2

ZUM SCHAUPLATZ ZURÜCKKEHREN UND DIE WARNSIGNALE ENTDECKEN

Beschreiben Sie den Moment, an dem Sie Ihren kognitiven und emotionalen Wendepunkt erreicht haben – als Sie festgestellt haben, dass das irritierende Gefühl ernster als zunächst angenommen war. Versuchen Sie zu beschreiben, was zu dieser Erkenntnis geführt hat und auch die damit einhergehenden Gedanken und Gefühle.

BEISPIEL Ich bin an drei Morgen hintereinander mit Schmerzen in der Ferse aufgewacht. Ich erinnere mich daran, dass ich dachte: »Oh Mist, das ist nicht gut. Es fühlt sich nicht mehr wie eine einfache Steifheit oder Druckstelle an, es fühlt sich an wie Plantarfasziitis.« Diese Erkenntnis hat mich wie ein Schlag getroffen. Ich habe mich dann richtig mies gefühlt.

Der Moment:

Verfolgen Sie Ihre Schritte zurück und fügen Sie die Warnsignale, die Sie vor Ihrem Wendepunkt übersehen haben, zusammen. Manche können körperlicher Natur sein (wie eine Steifheit in der Wade), andere kognitiv oder emotional.

BEISPIEL Ich erinnere mich daran, dass ich am Dienstag überlegt habe, ob ich laufen soll, mich dann aber dazu entschlossen habe, es 30 Minuten zu probieren. Ich musste nur noch zwei harte Tage vor meiner Ruhewoche durchhalten und habe den Druck gespürt, dass ich das komplette Training schaffe.

Die Warnsignale:

Kobold 3: Alles zu einer Katastrophe machen, alles als ganz schrecklich darstellen und denken, alles sei ruiniert

Dieser Kobold in Ihrem Erstbegutachtungssystem wird von Ihrem hinterhältigen Schimpansen gut genährt. Alles zu einer Katastrophe zu machen, ist eine Form der kognitiven Verzerrung, bei der man glaubt, die Dinge seien viel schlimmer, als sie tatsächlich sind. Je weniger selbstbewusst man ist, desto schlimmere Katastrophen sieht man voraus. Die destruktivste Form des Katastrophendenkens während einer Sportverletzung ist dann erreicht, wenn Sie davon überzeugt sind, dass manche Dinge in Zukunft nicht mehr möglich sein werden oder dass es sich nicht lohnt, es überhaupt noch zu probieren. Zu diesem Zeitpunkt brauchen Sie Ihr Professorenhirn, das nach vorn treten und den Bockmist zerlegen muss.

★ **Was Sie tun können:** Der Schlüssel dazu, Ihre destruktiven Selbstgespräche zu ändern, liegt darin, diese mit sinnvollen und faktisch untermauerten Beweisen zu konfrontieren. Erinnern Sie sich an die Übungen zum Aufbau Ihres Selbstbewusstseins in Kapitel 3 zurück: Demnach besteht der erste Schritt zur Änderung Ihrer Stimmung im Anbieten einer alternativen, aber plausiblen Interpretation desselben Ereignisses. Sie müssen der Alternative noch nicht mal zustimmen, bieten Sie sie nur an und schreiben Sie sie auf. Wir versuchen Gegenargumente zu finden, die sich auf einen positiven Ausgang konzentrieren statt auf Ihre aktuellen finsteren und unheilvollen Szenarien. Denken Sie daran, dass Ihr Schimpansenhirn jeglichen Bockmist schon kilometerweit riechen kann, also halten Sie sich nicht mit lächerlichen oder naiven Alternativen auf. Konzentrieren Sie sich auf Dinge, die faktisch plausibel sind, auch wenn sie Ihnen im Moment unrealistisch erscheinen, und auf Dinge, die Sie am liebsten unter Kontrolle haben. Führen Sie dazu Übung 3 aus.

ÜBUNG 3

BIETEN SIE DEM BOCKMIST, DEN SIE SICH SELBST ÜBER IHRE VERLETZUNG EINREDEN, DIE STIRN

Dinge, die ich im Moment zu mir selbst sage	Beweise für das Gegenteil (alternative Denkweisen)
Das war's. Meine Saison ist vorbei.	Es ist viel zu früh, um das zu wissen. Ich konzentriere mich darauf, am Ende der Saison gut zu sein, und die zusätzliche Ruhephase hilft mir dabei, meine restlichen Irritationen aufzuklären. Ich werde frisch und motiviert sein, wenn die meisten anderen Sportler müde und ausgebrannt sind.
1	
2	
3	
4	
5	

Die Kobolde im Zweitbegutachtungssystem jagen

Nachdem wir die Kobolde im Erstbegutachtungssystem identifiziert haben und die Verletzung verstanden haben, müssen wir unsere Aufmerksamkeit den Kobolden im Zweitbegutachtungssystem widmen – also die Gedanken und Gefühle über Rehabilitation und Genesung steuern.

Kobold 4: Zu einem passiven Patienten werden

Wir haben mit Hunderten verletzten Sportlern gearbeitet und dabei festgestellt, dass sie sich in drei Gruppen einteilen lassen – eine Einteilung, die darauf basiert, wie die Sportler sich ihrer Rehabilitation und Genesung nähern. »Passive Patienten« sind total neben der Spur, oft apathisch und scheinbar unmotiviert, gesund zu werden. »Aktive Patienten« sind viel proaktiver und möchten wissen, welche Art von Verletzung sie haben, warum sie sich diese zugezogen haben, wie sie am besten genesen und wie sie es vermeiden, erneut krank zu werden. Unserer Erfahrung nach gehören die meisten Sportler dieser Kategorie an. Eine dritte Gruppe Sportler wird durch »investigative Gesundheitsbetriebsamkeit« gekennzeichnet (wie Lesley), bei der die Patienten sich zu Strebern entwickeln – permanent lesen, lernen und nach neuen Informationen über ihre Verletzung oder ihre Rehabilitation suchen. Diese Sportler fragen uns immer dasselbe: »Was kann ich *sonst noch* tun, damit es mir besser geht?«

Wir haben im Laufe der Jahre festgestellt, dass passive Patienten dazu neigen, die nachteiligsten emotionalen Reaktionen auf eine Verletzung zu zeigen: mehr Pessimismus, mehr negative Voreingenommenheit, mehr Stimmungsschwankungen. Oberflächlich betrachtet wirkt das wie ein Paradoxon: Passive Patienten jammern am ehesten über eine Verletzung, tun aber auch am wenigsten dagegen. Uns wurde schnell klar, warum diese Passivität ein Kobold ist. Manche Sportler hassten es, dass sie passiv waren, fühlten sich aber machtlos, etwas daran zu ändern. Sie steckten fest, doch ihre Passivität zog sie noch tiefer in ihr emotionales Loch. In einer anschließenden Abwärtsspirale würden negative Emotionen das passive Verhalten fördern, was wiederum negative Emotionen freisetzen würde, welche die Passivität erneut erhöhen würden. Wir stellten fest, dass ein Ankurbeln des proaktiven Verhaltens, zum Beispiel Informationen suchen, herausfinden, was verschiedene Spezialisten machen, Sportler mit der gleichen Verletzung finden, nicht nur beim körperlichen Genesungsprozess hilft, sondern auch zu einer Art Anpassung an die Verletzung selbst führt. Auch wenn die Anstrengungen des Patienten die Behandlungsresultate nicht beeinflussen, helfen sie doch dabei, die emotionale Reise so zu steuern, dass sie dorthin gelangen. Die Zweitbegutachtung arbeitet also für sie statt gegen sie, genau wie bei Lesley.

★ **Was Sie tun können:** Geben Sie sich selbst Hausaufgaben zur Rehabilitation auf. Wir sprechen hier nicht von Übungen, die Sie zu Hause machen sollen, sondern von Lernzielen, damit Sie ein besser informierter Patient werden. Nehmen Sie sich jeden Abend eine halbe Stunde Zeit, um zu googeln. Missverstehen Sie das als einen Besuch bei Doktor Google – bitte auf keinen Fall eine Onlinediagnose versuchen![67] Was wir Ihnen raten, ist: Nehmen Sie sich Zeit, um herauszufinden, welche Fragen Sie Ihrem Arzt stellen sollten, wie Sie einen guten Spezialisten finden können oder was andere Sportler schon ausprobiert haben – vielleicht indem Sie Ihr Netzwerk in den sozialen Medien fragen. Wie auch immer Sie vorgehen, legen Sie sich ins Zeug!

EIN PAAR GENERELLE WORTE ZUM THEMA LOSLASSEN

Sie haben Monate mit der Vorbereitung auf einen Wettkampf verbracht. Sie sind fit, verletzungsfrei und vorbereitet. Die Erwartungen sind hoch. Und dann passiert es: Sie haben einen beschissenen Wettkampf. Vielleicht ist es am Wettkampfvormittag kalt und nass, und so ein Sauwetter mögen Sie ganz und gar nicht. Vielleicht ist Ihre Schutzbrille runtergefallen und Sie tragen Kontaktlinsen. Vielleicht haben Sie während des Radrennens einen Krampf und drei Leute sagen Ihnen, Sie sollten diesen blöden Energydrink trinken. Vielleicht passiert auch gar nichts Besonderes und Sie sind an diesem Tag einfach nur endlos langsam.

Wir müssen lernen, die Vergangenheit loszulassen, weil wir biologisch so verkabelt sind, dass wir uns auf die Dinge konzentrieren, die schiefgelaufen sind, und das, was gut gelaufen ist, verdrängen. Psychologen bezeichnen das als *negative Voreingenommenheit* und Pädagogen werden aus diesem Grund dazu angehalten, mit Sandwich-Kritik zu arbeiten.[68] Negative Voreingenommenheit ist eine wichtige evolutionäre Funktion, weil sie dem menschlichen Gehirn dabei hilft, aus Fehlern zu lernen und dadurch das zukünftige Denken und Handeln anzupassen. Falls wir uns jedoch länger mit den Fehlern als mit dem Lernen aufhalten, hat das den gegenteiligen Effekt: Wir schleppen einen Rucksack voller Frustration, Verdruss und Ärger mit uns herum. Wenn sich das gegen andere Menschen richtet, nennen wir es Groll. Wenn der Groll Wurzeln schlägt, wird er zu Verbitterung. Je länger er bleibt, desto schwerer ist es, ihn wieder loszuwerden.

Ironischerweise liegt das Geheimnis des Loslassens nicht darin »etwas gehen zu lassen«, sondern darin, es in einer Ecke unseres Gehirns zu parken. Die Aufdringlichkeit der Emotion verursacht das Problem, nicht die Tatsache, dass es sich in der Erinnerungsdatenbank befindet. Wenn Sie ein Problem damit haben, schlechte Rennen loszulassen, empfehlen wir die folgenden Strategien:

1. **Sprechen Sie Ihre Wut oder Ihren Frust aus.** Fakt ist, dass ein Wutausbruch durch körperliche Aggression ineffektiv ist. Es hilft jedoch, die Wut in Worten auszudrücken, weil dies den emotionalen Ausstoß (verbal) mit dem Verursacher (die beschriebenen Geschehnisse) verbindet. Also los: Schreien und brüllen Sie aus sich heraus, was gerade passiert ist!

2. **Ermitteln Sie, inwieweit Sie die Gründe unter Kontrolle hatten.** Durchdenken Sie alle Bestandteile, die zu dem schlechten Wettkampf beigetragen haben, und kategorisieren Sie jeden als »Unter meiner Kontrolle« oder »Nicht unter meiner Kontrolle«. Der Krampf während des Wettkampfs kann beispielsweise aufgrund schlechter Ernährung auf dem Rad aufgetreten sein, wurde aber durch die Hitze an jenem Tag verschlimmert. Hier kommt also je ein Grund in jede Kategorie. Gehen Sie nun alle Punkte der Kategorie »Unter meiner Kontrolle« durch und entwickeln Sie eine Strategie, die die Wahrscheinlichkeit verringert, dass so etwas noch mal

passiert. Um zum Beispiel zu verhindern, dass Sie Ihre Schutzbrille verlieren, könnten Sie zwei Kappen tragen, eine unter und eine über der Brille.

3. **Finden Sie etwas Positives in dem Wettkampf.** Zwingen Sie sich dazu, zumindest eine Sache zu ermitteln, die gut gelaufen ist. Sie könnten zum Beispiel super geschwommen sein, weil Sie einen guten Start hatten, Ihre Stärke kontrolliert haben und eine gute Sicht hatten. Vielleicht haben Sie sich auch geweigert aufzugeben und den Wettkampf beendet (wenn auch langsam); dazu ist mentale Stärke erforderlich.

4. **Kehren Sie den Dreck unter den Teppich.** Aber bevor Sie das machen, schreiben Sie Ihre Frustration oder Ihr Bedauern auf ein Blatt Papier. Lesen Sie es sich selbst dreimal vor. Falten Sie dann das Blatt viermal und stecken Sie es in eine verschließbare Schachtel, die unter Ihrem Bett oder im Kleiderschrank steht – oder wo auch immer Sie die Sachen verstecken, die keiner sehen soll. Nachdem die Box, in der Sie Ihren Kobold eingesperrt haben, versteckt ist, lächeln Sie fünf Sekunden lang.

Machen Sie jetzt einfach mit Ihrem normalen Tagesgeschäft weiter, mit dem Wissen im Hinterkopf, dass Sie sich um das Problem gekümmert haben. Sie mögen über diese Technik lachen, aber sie funktioniert. Vertrauen Sie mir! Und ja, es ist wichtig, dass Sie den Anweisungen exakt folgen.

Kobold 5: An negativen Emotionen festhalten

Wie wir bei den Trauerreaktionen erfahren haben, sind negative Emotionen während einer Verletzung normale und anpassungsfähige Reaktionen. Dankenswerterweise sind der menschliche Körper und das Gehirn so robust, dass gelegentliche Anfälle von negativer Emotion wahrscheinlich nur minimale Langzeitkonsequenzen für die Gesundheit haben (wenn sie überhaupt welche haben). Dennoch hat lang anhaltende oder chronische Negativität die größten Auswirkungen auf das Gehirn. In welchem Zeitraum man über negative Emotionen hinweg sein sollte, ist schwer zu sagen. Darüber sind sich selbst schlaue Leute nicht einig. Sogar für Psychologen ist es eine Herausforderung, verlässliche klinische Grenzwerte zu bestimmen, wann eine akute Stimmungsstörung chronisch wird, und dieser Grenzwert variiert je nach Diagnose. Für eine klinische Depression müssen die Symptome beispielsweise »über einen Zeitraum von mindestens zwei Monaten fast jeden Tag« auftreten, bei einer generalisierten Angststörung jedoch »regelmäßig für mindestens sechs Monate«.[69]

Bei der Behandlung von Sportverletzungen verfolgen wir einen anderen Ansatz. Wir gehen davon aus, dass ein Kobold anwesend ist, wenn keine »sachkundige Vernunft« mehr gegeben ist – wenn also die negativen Gedanken, Gefühle und Handlungen länger verweilen, als es von den meisten Sachkundigen als vernünftig angesehen wird. Die »Sachkundigen« sind in diesem Fall Ihr behandelndes Team, Ihr Ehepartner, Ihr Trainingspartner und/oder die Menschen, die Sie und Ihre Verletzung gut genug kennen. Uns ist bewusst, dass das alles sehr vage und unwissenschaftlich klingt – was es auch ist –, aber es funktioniert erstaunlich gut, weil Sachkundige dazu neigen, Dinge zu bemerken, zum Beispiel wie Ihre Einstellung Ihre Behandlung oder Genesung beeinflusst oder wie Ihre Stimmung Ihre Beziehung beeinflusst oder einfach Ihr Leben zu leben und Spaß zu haben.

Der einzige Weg, das herauszufinden, ist das Gespräch mit Ihren Sachkundigen. Sie selbst sind nämlich nur ein Teil der Gleichung zur Ermittlung sachkundiger Vernunft. Psychologen bezeichnen den Prozess, andere Menschen zu konsultieren, um festzustellen, ob man selbst komplett verrückt ist, als *Triangulation* – und das ist ein fantastischer praktischer Weg, um einen Konsens über subjektive Meinungen zu erzielen.

★ **Was Sie tun können:** Wir wenden bei verletzten Sportlern, die eine negative emotionale Reaktion auf die Verletzung zeigen, als Erstes die Strategie an, sie zu einer Trauerphase zu ermutigen. Wir vermeiden dabei Plattitüden wie »Du wirst gestärkt daraus hervorgehen« oder »Keine Angst, du bist in Nullkommanichts wieder zurück«. Solche Sprüche sind zwar gut gemeint, funktionieren aber so gut wie nie, sind oft unzutreffend und fast nie tröstlich. Das Beste ist, ein Trauerfenster oder eine »Scheißzeit« festzulegen, in der die Samthandschuhe ausgezogen werden und der Sportler die Erlaubnis hat, so nervtötend zu sein, wie er will. Es ist dabei geregelt, dass der Sportler nach dem offiziellen Ablauf der Trauerphase (wir beschränken sie üblicherweise auf zwei bis sieben Tage, je nach Schwere der Verletzung) zu einer positiven Denkweise wechseln muss – auch wenn sie nur geschauspielert ist.

Wenn Sportler länger als gerechtfertigt an einer negativen Emotion festhalten (das heißt, sie trauern viel länger als durch die sachkundige Vernunft vorgegeben), bringen wir ihnen bei, wie sie positiv und dankbar sein können. Wir bilden Athleten darin aus, positiv und dankbar zu sein, weil es hervorragende wissenschaftliche Beweise dafür gibt, dass der beste Weg, sich selbst aus einer verbleibenden negativen Stimmung zu befreien, darin besteht, sich dazu zu *zwingen*, positiv zu sein.[70] Ja, Sie haben richtig gelesen: Selbst wenn es das Letzte ist, wonach Sie sich fühlen, können Sie die Neurochemie Ihres Gehirns austricksen und es glauben machen, dass die Dinge besser sind, als sie tatsächlich sind, indem Sie vortäuschen, positiv zu sein. Dadurch entsteht ein Schneeballeffekt, der dafür sorgt, dass sich die positiven Emotionen leichter einstellen.

Eine der Techniken, mit denen dies erzielt werden kann, ist das Dankbarkeitstraining. Wenn Sie über einen Zeitraum von drei Wochen jeden Tag drei Dinge finden und aufschreiben, für die Sie dankbar sind, hilft dies erwiesenermaßen dabei, eine positive Stimmung auszulösen und zu erhalten.[71] Wie Sie dabei vorgehen, haben Sie in Kapitel 3 »Ich glaube nicht, dass ich das kann. Selbstbewusstsein und Selbstvertrauen aufbauen« bereits erfahren.

Eine weitere Technik zum Erstellen einer Aufwärtsspirale der positiven Emotionen ist das Achtsamkeitstraining. Wie bereits beschrieben, reguliert die Achtsamkeit unsere Gefühle.[72] Der zentrale Bestandteil der Achtsamkeit ist die bewusste Aufmerksamkeit für das Leiden selbst, doch anstatt eine Selbstmitleid-Party zu schmeißen, widerstehen Sie der Versuchung, Ihr Leiden zu beurteilen. Also kein Gerede mehr wie »Niemand versteht, wie schwer das für mich ist« oder »Meine Saison ist total im Eimer«. Ebenso wie das Dankbarkeitstraining kann Achtsamkeit die neurochemischen Grundlagen für positive Emotionen bereitstellen und zu einem Aufschwung verhelfen, der die positive Einstellung in Gang hält.[73] Wir widmen uns dem Achtsamkeitstraining ausführlicher in Kapitel 11 »Ich muss mich verdammt noch mal abhärten«.

Kobold 6: Daran scheitern, während der Rehabilitation aggressive Fitnessziele zu setzen

Unter Athleten ist die Denkweise verbreitet, dass die Rehabilitation von einer Verletzung eine Phase bedächtiger Genesung sei. Eine Zeit, in der man seine Sportleridentität ins Regal stellen kann, den physischen Ausfall durch eingeschränktes (oder gar kein) Training akzeptieren und sich einfach zusammenreißen muss, bis der Albtraum vorbei ist. Eine der häufigsten Ursachen für emotionale Sorgen bei verletzten Sportlern ist der Verlust ihrer Sportleridentität.

Wie Sie aus Kapitel 2 wissen, basiert die Sportleridentität auf einem Glaubenssystem (unserem Selbstschema), das unser allgemeines Selbstverständnis (unser Selbstkonzept) speist. Wenn dieses Selbstkonzept von einer Identität, die selbst gerade stark angegriffen ist, einen heftigen Schlag abbekommt – was bei Verletzungen passiert –, löst das eine emotionale Reaktion unseres Schimpansen aus, durch die wir uns richtig mies fühlen. Das ist einer der Gründe dafür, warum man verletzten Athleten rät, ihre geistige Energie während der Auszeit in eine andere Identität zu schleusen (zum Beispiel: »Du wolltest doch immer schon mal kochen lernen. Jetzt ist die perfekte Zeit dafür!«). Dadurch gerät das Selbstverständnis des Sportlers nicht so leicht ins Wanken. Das allgemeine Selbstverständnis wird auf diese Weise zwar unterstützt, aber der angekratzten Identität ist immer noch nicht geholfen.

Ein viel besserer Ansatz ist der Fokus auf die Sportleridentität. Wenn Sie nicht gerade in einem Ganzkörpergips stecken, haben Sie nun die Möglichkeit, an körperlichen, technischen oder taktischen Aspekten Ihres Sports, die sonst gerne vernachlässigt werden, zu arbeiten. Aus diesem Grund ermutigen wir Sportler dazu, ihre Verletzung als eine Chance zu sehen, sich den körperlichen, technischen oder taktischen Vorbereitungen zu widmen, statt einfach nur zu versuchen, den körperlichen Verfall abzumildern. Schauen wir uns das Beispiel von Melanie McQuaid an, einer Spitzensportlerin beim Triathlon, dreifache Weltmeisterin bei XTERRA und mehrfache Siegerin beim Ironman 70.3: Ihr Plan war, die Langdistanz anzugehen, doch Mel brach sich im März 2016 den linken Knöchel, sodass es erst mal aus war mit Radfahren und Laufen. Mit Unterstützung ihrer Trainerin Kelly Guest betrachtete Mel diese Verletzung als Gelegenheit, ihr Potenzial als Langstreckensportlerin durch eine Generalüberholung ihrer Laufmechanik zu verbessern. Mit einem kaputten Knöchel würde das jedoch viel Zuversicht und Einfallsreichtum erfordern. Und Wasser. Melanie beschreibt dies so:

> Ich habe als Mountainbikerin angefangen und bin dann zum Triathlon übergangen, habe es dort bei verdammt schnellen Läufen echt übertrieben. Ich hatte dann eine dislozierte Sprunggelenksfraktur am linken Knöchel, die innerhalb von drei Monaten zweimal operiert werden musste. Die Prognose des Arztes lautete dreieinhalb Monate, bis ich wieder laufen und ungefähr ein Jahr, bis ich wieder mein vorheriges Level im Triathlon erreichen könnte. In den Wochen nach meiner

ersten Operation durfte ich den Fuß für sechs Wochen nicht belasten, und weil ich Schrauben in meinem Schien- und Wadenbein hatte, die bei zu hoher Belastung brechen würden, durfte ich dreieinhalb Monate lang nicht laufen oder springen.

Das sah zuerst überhaupt nicht wie eine gute Gelegenheit für irgendetwas aus. Trotzdem haben meine Trainerin und ich besprochen, dass diese lange Pause vom Laufen uns die Gelegenheit bieten würde, meine Laufmechanik komplett zu überarbeiten und damit mein Potenzial beim Marathon zu verbessern. Ich durfte während dieser Zeit Aquajogging machen, und irgendwann konnte ich in dem flachen Pool (etwa 1,1 Meter tief) laufen. Dadurch dass mein Training in einem belastungsarmen Umfeld stattfand, konnte ich mich mehr auf die Kernmuskulatur, die Armarbeit und die Laufkoordination konzentrieren. Diese Aspekte werden beim Lauftraining gerne übersehen, weil man sich üblicherweise mehr mit dem Laufstil und der Laufleistung beschäftigt; sie sind aber wirklich wichtig, wenn man zu einer guten Form gelangen will.

Nach meinem Unfall bin ich jetzt eine effiziente Triathlonläuferin mit einer guten Laufkoordination. Wenn ich zu 100 Prozent von meiner Verletzung geheilt bin, werde ich in der Lage sein, den Marathon viel schneller zu laufen, weil ich einige Muskelstrukturen aktivieren kann, die mich bisher beim Ironman eingeschränkt haben.

★ **Was Sie tun können:** Richten Sie Ihren Fokus auf eine Schwäche, Einschränkung oder irgendetwas, das sie schon immer mal verbessern wollten, das aber natürlich die Heilung Ihrer Verletzung nicht gefährden darf. Setzen Sie sich hohe Ziele für Ihre Fitness, die Verringerung der Verletzungsgefahr oder technische Fertigkeiten und erstellen Sie um diese Ziele herum ein intensives Training. Wenn es Ihnen schwerfällt, Schwächen oder Einschränkungen zu finden (*ähem ...*), führen Sie die Leistungsprofilanalyse in Übung 4 durch, um Prioritäten für Ihre Leistungen zu setzen.

Kobold 7: Mit der Angst vor Symptomen und vor erneuter Verletzung umgehen

Verletzte Sportler sind häufig besorgt und haben regelrecht Angst davor, dass eine Verletzung schlimmer werden oder eine alte Verletzung wieder auftreten könnte. Es ist total nachvollziehbar, dass sie so empfinden. Wenn man Wochen, Monate, manchmal sogar Jahre damit verbracht hat, mit den Symptomen einer Verletzung zu leben[74], entwickelt man dahingehend eine extreme Empfindlichkeit. Die Verletzung ist wie ein alter Freund – allerdings einer, den man abgrundtief hasst.

Wir haben festgestellt, dass Sportler, während sich die Spirale in Richtung chronische Verletzung bewegt, ihren Symptomen eine Aufmerksamkeitsspanne geben, die von Verleugnung bis zu paranoider Hypochondrie reichen kann, meist aber irgendwo dazwischen liegt. Während der Rehabilitation und Genesung neigen Sportler jedoch dazu, die Denkweise über ihre Symptome zu ändern. Sie scheinen besser dazu in der Lage zu sein, Wundsein, Steifheit und Schmerzen zu unterscheiden und zu verstehen – meist weil sie von den behandelnden Spezialisten darin unter-

EINE LEISTUNGSPROFILANALYSE ERSTELLEN

ÜBUNG 4

Ein Leistungsprofil ist ganz einfach ein grafisches Display der Eigenschaften oder Charakteristika, die wichtig sind, um in Ihrem Sport erfolgreich zu sein. Sie können Einzelprofile oder kombinierte Profile für verschiedene Aspekte Ihres Sports erstellen, wie technische Fähigkeiten, körperliche Fähigkeiten, psychologische Fähigkeiten und so weiter. Ein Triathlet könnte zum Beispiel Fähigkeiten wie Core-Stärke, Hüftbeweglichkeit, Schwimmtechniken, schwimmspezifische Muskelkraft, FTP-Wert beim Lauf, Schmerzempfindlichkeit, Achtsamkeit und so weiter ermitteln.

Lassen Sie sich verschiedene Eigenschaften einfallen, bei denen Sie sich selbst von 1 bis 10 bewerten können (1 bedeutet: »Darin bin ich total mies«, 10 bedeutet: »Darin bin ich genial«). Schreiben Sie jede Eigenschaft in ein Kreissegment in der folgenden Grafik und markieren Sie Ihre Selbstbewertungsnote im entsprechenden Segment.

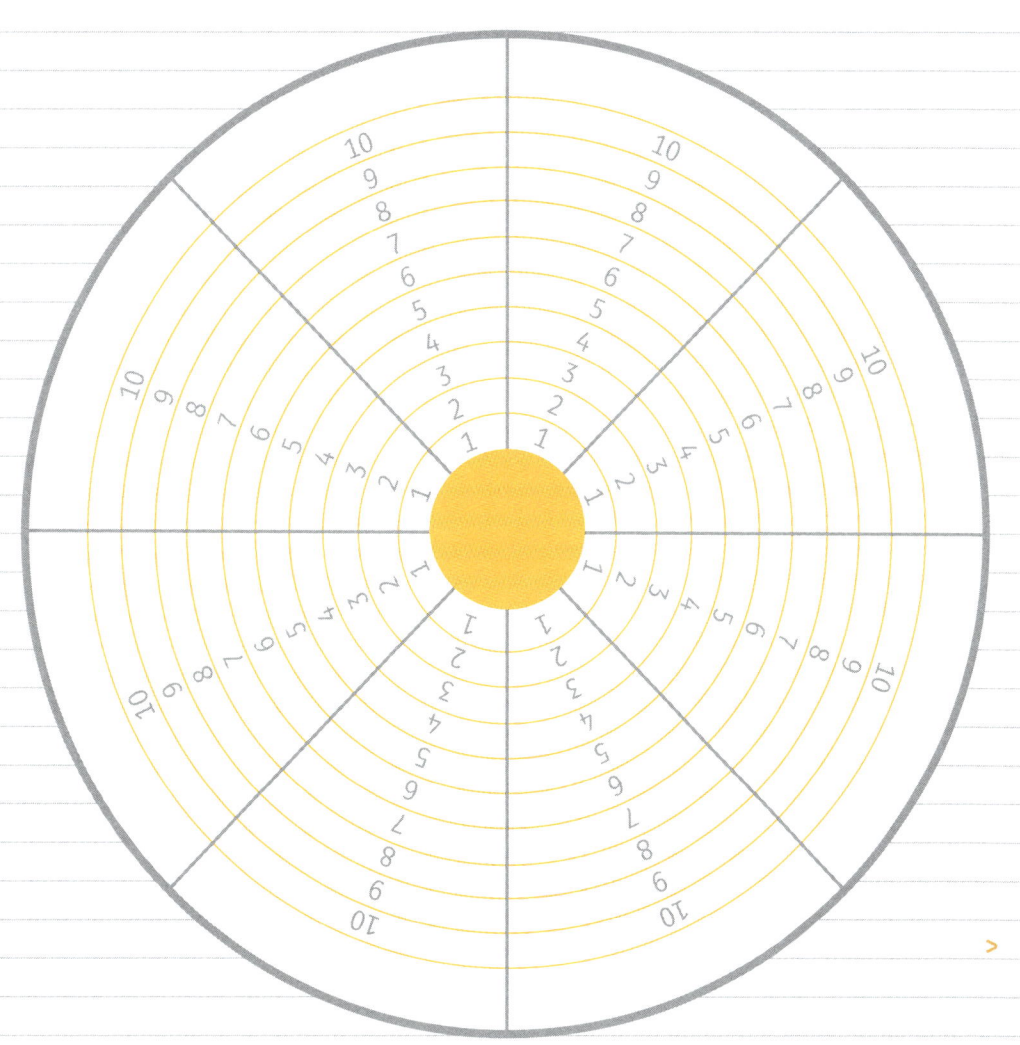

Fortsetzung

NACH GELEGENHEITEN SUCHEN

Wenn Sie die Schlüsseleigenschaften in dem Diagramm fertiggestellt haben, grenzen Sie Ihre Liste auf jene Fähigkeiten ein, an denen Sie trotz Ihrer Verletzung arbeiten können. Geben Sie den Fähigkeiten, bei denen Sie sich am schlechtesten bewertet haben, die höchste Priorität. Lassen Sie diese Liste und Ihre Selbstbewertungen von Ihrem Trainer oder einem anderen Sportler prüfen (wieder einmal die Triangulation), und führen Sie anschließend gegebenenfalls Anpassungen durch. Setzen Sie nun Ihre Priorität auf eine oder zwei der Fähigkeiten, die am schlechtesten bewertet sind.

Nun ist es an der Zeit, aggressive oder ehrgeizige Ziele zu setzen, um diese Fähigkeiten während der Zeit Ihrer Rehabilitation und Genesung zu verbessern.

Ziel	Zeitrahmen
1	
2	
3	
4	
5	

richtet wurden. Jedenfalls macht sich ein Kobold besonders während der Genesungsphase, wenn das Training wiederaufgenommen wurde, bemerkbar: die Angst vor der Rückkehr der Schmerzen und vor Folgeverletzungen.

Bei unserer Arbeit mit Sportlern, die nach einer Verletzung zurückkommen, suchen wir in der Regel nach einer Manifestation dieser Angst, die wir als »Symptom-Hypervigilanz« (also erhöhte Wachsamkeit) bezeichnen. Dies bezieht sich auf die Obsession der Sportler auf Mikrowahrnehmungen an und neben der Verletzungsstelle, die häufig übertrieben oder zu stark analysiert werden. Die Aufmerksamkeit richtet sich nur noch auf die betroffene Körperstelle und verstärkt den kleinsten Anflug von Schmerzen, die noch vorhanden sind oder bald zurückkehren könnten. Sie dominiert die psychologische Erfahrung des Trainings. Es ist fast so, als würde jede andere Wahrnehmung bedeutungslos oder ignoriert. Wachsamkeit in Bezug auf die Symptome ist zwar normal (das heißt regelmäßig prüfen, ob man Schmerzen hat, steif oder wund ist), eine Hypervigilanz ist aber fehlangepasst – eine abgehobene Art zu sagen, dass sie »falsch und nicht gut für uns« ist. Wenn Ihnen die Unterschiede nicht ganz klar sind oder Sie zu Hypervigilanz neigen, beantworten Sie diese 5-Sekunden-Umfrage.

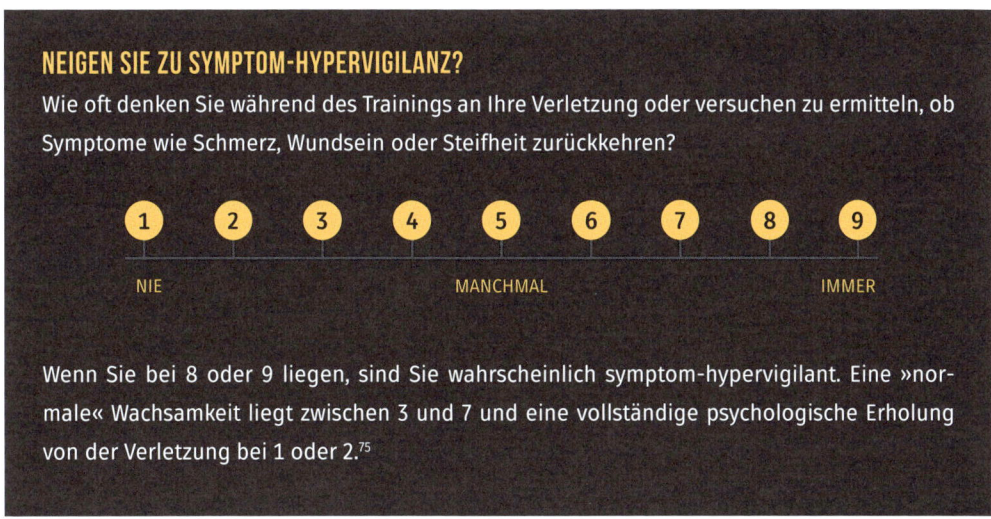

Sie sind vielleicht versucht zu sagen: »Na, und? Es ist doch sicher besser, mit seinem Körper im Einklang zu sein.« Das größte Problem bei Symptom-Hypervigilanz ist jedoch das, was dahintersteckt. Denn häufig spiegelt sie unrealistische Erwartungen bezüglich der Heilung, enormen Druck von außen, eine Bedrohung der Sportleridentität und eine Denkweise, die von Ängsten und Sorgen geprägt ist, wider. Und wir wissen, dass Ängste und Sorgen über eine erneute Verletzung negativ mit guten Rehabilitationsergebnissen assoziiert werden.[76] Die Angst entstammt speziellen angstauslösenden Situationen, wie zum Beispiel Bergläufe während der Genesung von einer Wadenverletzung. Die Sorge über eine erneute Verletzung ist eine konditionierte allgemeine Reaktion, dass irgendetwas passieren könnte, zum Beispiel: »Ich habe echt Angst, dass der Schmerz zurückkommt.« Beide werden durch Symptom-Hypervigilanz verschlimmert, was sehr problematisch ist. Schmerz zu empfinden oder Schmerz zu erwarten ist dann nicht mehr nur ein Zeichen für eine Gewebeschädigung, sondern beschwört die vollständige Verletzungserfahrung herauf, die uns dazu zwingt, die Erst- und Zweitbegutachtung zu wiederholen, durch die die Ängste und Sorgen überhaupt erst entstanden sind.

Symptom-Hypervigilanz ist also nicht nur auslaugend und macht uns unglücklich, sie kann auch schlechte biomechanische und neurologische Muster verstärken, die zu neuen Verletzungen führen. Wenn Sie zum Beispiel mit Knieschmerzen laufen, kann das in einer Ersatzbewegung resultieren, die zu einer weiteren Verletzung führen kann. Ein anderes Beispiel: Während der Genesungsphase mit nicht vorhandenen Knieschmerzen zu laufen, kann dazu beitragen, das Knie zu »schützen«, was wieder zu fehlangepassten Ersatzhandlungen beiträgt. Symptom-Hypervigilanz erfordert zudem ein hohes Maß an Aufmerksamkeit, die wir besser dafür einsetzen sollten, gute Entscheidungen im jeweiligen Moment zu treffen, um schnell, effizient und dankbar zu bleiben. Symptom-Hypervigilanz ist nicht gut für Sie. Hören Sie auf damit!

★ **Was Sie tun können:** Machen Sie sich als Erstes klar, dass Sie es überhaupt tun. Wenn Sie sich darüber im Klaren sind, dass Sie symptom-hypervigilant sind, hilft Ihnen das allein schon dabei, die Bereitschaft zu entwickeln, sich zu ändern. Wenn Sie merken, dass Ihre Verstärker eingeschaltet sind, stellen Sie sich in Ihrem Kopf ein großes rotes Stoppschild vor, begleitet von dem Geräusch quietschender Bremsen. Das wird zu Ihrem Signal, um Ihren Aufmerksamkeitskanal und Ihre Selbstgespräche von einem begrenzten/inneren Kanal auf einen externen Kanal der Aufmerksamkeit umzuschalten, wie etwa andere Leute oder die Welt um Sie herum (in Kapitel 12 werden die Aufmerksamkeitskanäle genauer beschrieben). Sie können sogar einen Kanalwechsel erzwingen, indem Sie während des Trainings Musik oder ein Hörbuch hören (es gelten natürlich die üblichen Sicherheitswarnungen).

Eine weitere Strategie ist, mit einer Plaudertasche zu trainieren. Es gibt Zeiten, in denen es hart ist, mit einer Plaudertasche zusammen zu sein, aber die Rehabilitationsphase gehört nicht dazu. Es kann eine großartige Therapie sein, mit einem gesprächigen Sportler zu trainieren, wenn in Ihrem Kopf alles auf Symptom-Hypervigilanz ausgerichtet ist. Plaudertaschen sind die beste Gesellschaft, um Ihnen dabei zu helfen, aus Ihrem eigenen Kopf herauszukommen und über Gott und die Welt zu reden. Ideal wäre natürlich, die Angst an sich zu bekämpfen; dazu passende Techniken finden Sie in Kapitel 13. Andere Techniken, wie die Loslösung, sind aber auch sehr hilfreich.

Kobold 8: Daran scheitern Dinge zu tun, die ein gutes Gefühl vermitteln

Es gibt viele Gründe dafür, warum es gut ist, sich mit etwas Angenehmen zu belohnen, wenn man am Boden ist. In der Psychologie nennt man das »Lifestyle-Puffer«, weil er nicht notwendigerweise mit dem Stressauslöser selbst (der Verletzung) verwandt sein muss, jedoch die dadurch verursachte Stressreaktion lindert. Diese Puffer können ganz unterschiedlich aussehen, wir bevorzugen aber diejenigen, die kleine Dosen Dopamin und Serotonin auslösen, die Neurotransmitter, die uns ein gutes Gefühl verschaffen. Wir kennen das als Selbstbelohnung.

★ **Was Sie tun können:** Eine der besten Belohnungen für einen verletzten Körper und ein depressives Gehirn ist eine Massage. Genauer gesagt die schöne Form der Massage. Den meisten Ausdauersportlern muss man die Vorzüge einer regelmäßigen Massage nicht extra erklären. Die Vorteile für die Physiologie, den Kreislauf und den Bewegungsapparat sind so deutlich, dass die meisten Sportler sich am liebsten jede Woche durchkneten lassen würden, wenn es ihr Geldbeutel erlauben würde. Man muss aber auch dazu sagen – und hier würden uns die Sportler auch zustimmen –, dass eine Sportmassage nichts mit einer Wellnessmassage zu tun hat, die für puren Genuss sorgt. Eine Bindegewebsmassage kann einem die Tränen in die Augen treiben und Schweiß ausbrechen lassen. Wenn Sportler verletzt sind, bleiben die Routinemassagen oft auf der Strecke, weil der Gedanke an ein 60-minütiges Knuffen nicht gerade reizvoll ist. Oft unterschätzt wird der Vorteil, dass eine Massage auch eine wirksame psychologische Therapie ist. Eine klassische oder sanfte Massage (also nicht die, bei der man die Zähne zusammenbeißen muss) verursacht eine Ausschüttung von Oxytocin, der die Angst- und Schmerzwahrnehmung reduziert. Massagen veranlassen die Neurochemie des Gehirns zu Veränderungen, sodass wir uns emotional besser fühlen. Nach einer Massage steigt der Dopaminwert um 31 Prozent und der Serotoninwert um 28 Prozent, gleichzeitig sinkt der Wert des Stresshormons Cortisol.[77] Einfach ausgedrückt ist Massage eine Hirntherapie für verletzte Sportler. Wenn Sie sich also besonders mies fühlen, vereinbaren Sie einen Massagetermin. Für die sanfte Version. Hier geht es jetzt mal nicht um Ihren Körper, diese Massage ist nur für Ihren Kopf gedacht.

Wenn nichts zu helfen scheint

Manche Verletzungen wird man nie wirklich los, weder körperlich noch emotional. Sie können Karrieren beenden, die Lebensanschauung verändern oder einfach über Jahre hinweg unglücklich machen. Außerdem kann eine Verletzungs- oder Krankheitserfahrung so resistent gegenüber den bisher besprochenen Strategien sein, dass nichts zu helfen scheint, egal was man auch tut.

Wenn Sie mit einer Verletzung umgehen müssen, die solch schlimme körperliche oder geistige Narben hinterlassen hat, ist ein guter Start zu lernen, wie Sie Ihr Selbstschema und Ihre Identität reparieren und wieder aufbauen. Für unser Schimpansenhirn mag es absolut gerechtfertigt sein, wenn wir mit einer Opfermentalität dahinvegetieren (»Warum ich?« oder »Das Leben ist so unfair«), aber das hilft auf lange Sicht nicht, das psychische Wohlbefinden wiederherzustellen. Es braucht Mut und ehrliche Reflexion, um einen neuen Normalzustand (eine Art Überlebender-Mentalität) zu finden, aber vor allem müssen Sie dafür Ihre Hausaufgaben machen. Es ist schwer, auf ein Neues herauszuarbeiten, wer Sie sind, und die Einstellung und Zuversicht zu entwickeln, die eine neue Identität zum Überleben und zum Gedeihen braucht. Lesen Sie dazu (noch mal) Kapitel 2, um die Bausteine des Selbstschemas (der Gedanken, die Sie über sich selbst haben) kennenzulernen, die das Gerüst einer starken, lebendigen neuen Identität sind. Das ist noch weit von einer Lösung entfernt, aber es ist der richtige Anfang.

Ratschläge für Partner von verletzten Sportlern

Der Umgang mit einem verletzten Sportler ist wie eine Pralinenschachtel. Man weiß nie, was man kriegt (obwohl garantiert Nüsse drin sind). Wenn Ihr Partner einen heulenden Schimpansen hat, kann Ihr Professorenhirn schnell die Lust verlieren, die Super-Nanny zu spielen, und dann kommt Ihr Schimpanse auch raus. Nun kann schnell jeder Streit eskalieren, Launenhaftigkeit und Rückzug können dominieren, und das Mitgefühl lässt nach, wenn man dieselben Sätze wieder und wieder hört. Selbst wenn Ihr Schimpanse gerne schreien würde »Kannst du einfach mal aufhören, über deine verdammte Achillessehen zu jammern?« – beißen Sie sich auf die Zunge, kneifen Sie die Pobacken zusammen und folgen Sie den folgenden Schritten zum Umgang mit Ihrem Lieblings-Sparringspartner.

Konzentrieren Sie sich auf Ihr Einfühlungsvermögen, nicht auf Mitgefühl

Mitgefühl ist die Fähigkeit, sich um jemanden zu kümmern, der in Not ist, indem man verständnisvoll und einfühlsam mit ihm umgeht. Natürlich klingt das alles sehr nobel, doch die Wissenschaft weiß, dass das nicht wirklich hilft. Tatsächlich ist es so, dass übermäßiges Mitgefühl die Fähigkeit eines Menschen, sich eigenhändig aus dem Dreck zu ziehen, bremsen kann, weil Mitgefühl erfordert, dass man sich emotional auf die Seite des Betroffenen stellt, völlig unabhängig davon, ob die Emotion für dessen Genesung produktiv oder hilfreich ist. Denken Sie nur an eine hässliche Trennung: »Ja, sie ist ein schrecklicher Mensch, und sie hat dich überhaupt nicht verdient!« Das ist Mitleid.

Einfühlungsvermögen (oder auch Empathie) hingegen ist ein nicht wertender Ansatz, in die Welt des Betroffenen zu gehen und sich vorzustellen, wie es sich anfühlt, er zu sein, wenn auch nur für einen Moment. Wenn man dort ankommt, versucht man dieses Verständnis von ihm zu kommunizieren (zum Beispiel: »Es ist schrecklich, sich zurückgewiesen und betrogen zu fühlen.«). Empathie hat großen therapeutischen Wert, wohingegen Mitleid so sinnvoll ist wie sich zu betrinken, um mit schlechten Nachrichten zurechtzukommen. Einfühlungsvermögen erfordert viel Zuhören und Reflexion, viele Fragen über die Gefühle des anderen, aber auch die Unterdrückung des Drang, die Probleme des anderen für ihn lösen zu wollen, selbst wenn der Lösungsweg offensichtlich erscheint.

Im Folgenden finden Sie einige Tipps für empathische Aussagen, die Ihnen dabei helfen, Ihren verletzten Schatz zu unterstützen.

Helfen Sie, das Problem der Verletzungsbewertung zu lösen

Denken Sie daran, dass Sportler, die nicht gut mit Verletzungen umgehen können, fast immer einen Kobold in ihrer kognitiven Beurteilung selbst oder in der Fähigkeit, mit dieser umzugehen, haben. Bieten Sie ihnen an, einen Teil ihrer Professorenhirn-Denkweise an Sie auszulagern. Sie können als dritte Partei agieren, die ihre verfälschten Denkweisen überprüft, welche zu negativen Emotionen führen. Sie könnten zum Beispiel darum bitten, dass der Patient Ihnen sein Trainingstagebuch mit den Schmerzen, Spannungen oder unerwünschten Empfindungen gibt. Sie können ihn dabei unterstützen, nicht wieder in einen Täuschungstrichter zu geraten. Halten Sie nach

Mustern oder Warnsignalen Ausschau und setzen Sie Ihre empathische Ausdrucksweise ein, um über diese Dinge zu sprechen.

WIE MAN MIT EINEM VERLETZTEN SPORTLER SPRICHT

Hilf mir zu verstehen, wie es sich anfühlt…	[damit umgehen zu müssen] [an deiner Stelle zu sein] [sich so sehr anzustrengen] [keine Motivation zu haben]
Du musst dich… fühlen	[ziemlich überwältigt] [frustriert] [traurig] [ratlos] [erschöpft, weil du mit alldem umgehen musst] [besorgt]
Wie kann ich dir helfen…	[da durchzukommen] [dich auf das Positive zu konzentrieren] [den heutigen Tag zu meistern]
Es klingt, als seist du…	[nervös wegen…] [echt sauer auf…] [besorgt, dass…] [frustriert von…] [verwirrt wegen…]
Du scheinst sehr [Emotion] zu werden, wenn…	[deine Behandlungssitzung nicht so gut gelaufen ist, wie du gehofft hast] [wir über… sprechen.] [ich das erwähne…]

Nehmen Sie sich Zeit, etwas über die Verletzung zu lernen

Sie können Ihrem Partner auch helfen, indem Sie sich über seine Verletzung schlau machen, um sich sachkundig mit ihm darüber unterhalten zu können. Ich (Simon) habe so viele Artikel über Borreliose, Tendopathie und das Piriformis-Syndrom gelesen, dass ich sie gedanklich auch schon erlitten habe. Abgesehen davon, dass Sie schlauer werden und die medizinischen Fachbegriffe, die Ihnen Ihr Sportler um die Ohren haut, endlich verstehen, zeigt es Ihrem Partner auch, dass Sie sich um ihn Gedanken machen. Das ist Liebe. Ich drücke das ganz deutlich aus.

ICH BIN AUßER GEFECHT GESETZT UND TOTAL ANGEFRESSEN
Ein positiver Rehabilitationsplan

Mason ist ein 34-jähriger Triathlet, bei dem gerade ein Überlastungsbruch im vierten Mittelfußknochen des linken Fußes diagnostiziert worden ist. In drei Wochen steht eigentlich sein wichtigster Wettkampf an: die Nationalmeisterschaft in der Sprintdistanz seiner Altersgruppe. Mason ist total angefressen. Er hatte früher schon Haarrisse, aber noch nie einen Überlastungsbruch im Fuß. Er hatte seit sieben Tagen schon Schmerzen im Fuß, und das MRT bestätigte die Diagnose. Beim Gehen hat er keine Schmerzen, soll aber vier Wochen lang keine Belastungsübungen machen, die Schmerzen verursachen.

Als feststeht, dass er nicht am Wettkampf teilnehmen kann, ist Mason am Boden zerstört. Er ist wütend auf sich selbst, weil er so lange trotz der Schmerzen gelaufen ist, und wird depressiv, wenn er daran denkt, dass damit seine ganze Saison ruiniert ist. Er weiß, was er für eine erfolgreiche Rehabilitation tun muss, und ist dazu entschlossen, das auch zu machen. Das ändert aber nichts daran, dass er sich beschissen fühlt. Er wird ziemlich streitsüchtig, und seine Freundin weiß nicht, was sie tun oder sagen kann, damit er sich besser fühlt.

✱ **Interpretation:** Masons Erstbegutachtung seiner Verletzung ist eine gesunde Sichtweise. Er ist verständlicherweise bei dem Gedanken, dass all seine harte Arbeit umsonst war und er den wichtigsten Wettkampf seiner Karriere verpasst, niedergeschlagen. Am meisten bereut er, dass er nicht direkt am ersten Tag, als er Schmerzen hatte, eine Pause eingelegt hat. Sein Arzt hatte ihm gesagt, dass die ersten Schmerzen wahrscheinlich das Symptom einer Stressreaktion waren, die sich nicht zu einem Überlastungsbruch ausgeweitet hätte, wenn er den Fuß nicht mehr belastet hätte. Dieses Wissen frisst ihn regelrecht auf. Die Tatsache, dass er sich dazu entschlossen hat, keine Schmerzmittel zu nehmen und an der Rehabilitation festzuhalten, ohne doch noch zu versuchen, an dem Wettkampf teilzunehmen, ist jedoch ein Zeichen dafür, dass auch seine Zweitbegutachtung gesund ist.

Wir vereinbaren mit Mason eine Trauerphase von 48 Stunden, in der er sauer, wütend und böse sein darf. Anstatt diese Gefühle zu bekämpfen, ermutigen wir ihn dazu, sich in ihnen zu suhlen. Wir erklären den Sinn dieser Trauerphase auch seiner Freundin und konzipieren einige empathische Aussagen für sie, die sie zum Abmildern eines Streits anwenden kann und mit denen sie ihm hilft, seine Emotionen rauszulassen. Nach Beendigung der 48-Stunden-Phase muss Mason den Schalter auf eine neue Rehabilitationsdenkweise umstellen, wofür er Dankbarkeitstraining anwendet und Achtsamkeit lernt.

In seiner vierwöchigen Rehabilitationsphase (Wochen 1 bis 4) muss er sich außerdem zwei aggressive Fitnessziele setzen, um seine positive Energie in die richtigen Bahnen zu lenken, ohne dabei die Heilung seines Fußes zu gefährden. Die Ziele sind die Steigerung seiner

Hüftflexibilität um 20 Prozent und die Reduzierung seiner Schwimmzeit um 15 Sekunden bei 1000 Metern mithilfe einer Pull-Buoy-Schwimmhilfe, aber ohne Rollwende. In seiner Erholungsphase (Wochen 5 bis 8) konzentrieren wir uns auf biochemische Analysen und das Trainieren von Lauftechniken, um das Risiko einer erneuten Verletzung zu minimieren. Mason hatte die Nationalmeisterschaft zwar verpasst, aber er kehrte viel früher als erwartet zu seinem vollen Training zurück. Was noch viel wichtiger ist: Er verfügt jetzt über wahnsinnige Fähigkeiten, um mit Verletzungen umzugehen.

8

ANDERE MACHEN SICH SORGEN UM MICH

SPORTSUCHT UND DAS UNABLÄSSIGE BEDÜRFNIS, MEHR ZU TUN

Der Preis einer Sache ist die Menge an Leben, die ich dafür eintauschen muss. – HENRY THOREAU

Ein Ausdauersportler zu sein, bringt Probleme mit sich. Man gibt Unmengen an Geld für seinen Sport und die Ausstattung aus, man trägt mit ziemlich großer Wahrscheinlichkeit Kleidung, die kleine Kinder in Verlegenheit bringt und Tiere erschreckt, und es ist sehr wahrscheinlich, dass man den Ruf hat, leicht obsessiv in Bezug auf das Training zu sein. Manche Sportler genießen den Familienurlaub oder Wochenendausflüge, andere machen sich dabei nur Sorgen, wie sie in dieser Zeit trainieren können, ohne (1) einen Pool, eine Laufstrecke oder einen nahegelegenen Trail; (2) zu viele Leute, die dabei zusehen; (3) in Streit über ihren Egoismus zu geraten, wenn (2) nicht vermieden werden kann. Wann wird eine gesunde Gewohnheit zur Sucht? Schauen Sie sich dazu diese Sportler an:

> Neal ist ein Triathlet, der 30 bis 35 Stunden pro Woche trainiert. An drei Tagen pro Woche trainiert er viermal täglich. Er nimmt sich jedes Jahr drei Tage frei, aber ein Tag pro Woche dient der aktiven Erholung. Er vermeidet Reisen, die nichts mit Wettkämpfen zu tun haben, damit er nicht zu viel darüber nachdenken muss, wo er trainieren kann.

> Jenny ist eine Marathonläuferin, die 15 bis 20 Stunden pro Woche trainiert. Ihre Trainingspartner haben mit der Zeit akzeptieren gelernt, dass ein 90-Minuten-Lauf mit ihr meist eher zwei Stunden dauert. Jenny reagiert auf Pausen und Neugruppierungen gereizt und hat den Ruf, es auch an leichten Tagen zu hart anzugehen.

> Matt ist ein Ultraläufer, der 18 bis 20 Stunden wöchentlich trainiert. Er hat als Cross-Country- und Mittelstreckenläufer angefangen, bevorzugt jetzt aber die Herausforderungen der längeren Distanzen, obwohl er von chronischen Verletzungen geplagt wird. Er veranstaltet regelmäßig Dauerläufe, um Geld für gute Zwecke zu sammeln, an die er glaubt, und er läuft jedes Jahr an seinem Geburtstag seine »Jahre«.
>
> Natalie ist Rennradfahrerin. Sie trainiert 12 bis 15 Stunden pro Woche, weil sie, wie sie selbst sagt, zu gerne isst. Sie lässt häufig das Frühstück vor dem Training ausfallen und wenn sie abends zum Essen ausgeht, trainiert sie am nächsten Tag normalerweise länger oder härter.

Ohne mehr über diese Sportler zu wissen, ist es schwer zu sagen, ob ihre Trainingsgewohnheiten ungesund sind, aber wir sind uns sicher einig, dass ihre Beziehung zum Training kompliziert ist. Wie würde sich Ihre Wahrnehmung über diese Athleten verändern, wenn ich Ihnen erzählen würde, dass Neal ein professioneller Triathlet ist, Jenny eine Angststörung hat, Matt früher drogenabhängig war und Natalie als Teenager eine Essstörung hatte? Kann Training »übertrieben« sein, wenn man damit, wie Neal, seinen Lebensunterhalt verdient? Schließlich können Sommeliers auch Alkoholiker sein. Spielt es eine Rolle, ob jemand das Training *benutzt*, um eine psychische Krankheit unter Kontrolle zu halten, wie vielleicht Matt, Jenny oder Natalie? Über solche Fragen sollten wir nachdenken, wenn wir die Rolle, die das Training im Leben eines Menschen spielt, verstehen möchten und einschätzen wollen, ob es vielleicht »etwas zu viel des Guten« geworden ist.

Übermäßige Trainingsgewohnheiten sind ziemlich kontrovers, zumindest aus wissenschaftlicher Sicht.[78] Dieses Thema ist so von strittigen Debatten belastet, dass Psychologen, Sportwissenschaftler und Forscher sich noch nicht mal darauf einigen können, was das Problem überhaupt ist, und – was viel wichtiger ist – ob wir es als etwas Verwandtes zu einer biologischen Sucht diagnostizieren sollten beziehungsweise können. Wir werden sehen, dass der Teufel wie so oft im Detail liegt. In diesem Kapitel geht es um die Details – zu wissen, wo für Sie die Grenze ist, und was zu tun ist, wenn Ihr Partner glaubt, dass Sie sie überschritten haben.

Verrückt nach Training oder ein Trainierender, der verrückt ist?

Der Konsens lautet: Übermäßiges Training ist wahrscheinlich eine Abhängigkeit oder eine Form einer biologischen Sucht. Beide Bezeichnungen haben ihre Wurzeln in den Kriterien für Drogenabhängigkeit – also die Unfähigkeit, einem Impuls, einem Trieb oder einer Versuchung zu widerstehen, eine Droge zu nehmen, die für die Person oder jemand anderen schädlich ist.[79] (Im nächsten Nerd-Alarm erhalten Sie eine detailliertere Beschreibung darüber, wie Seelenklempner Varianten einer Krankheit, die durch »Du solltest wirklich aufhören, das zu tun« charakterisiert ist, verstehen und diagnostizieren.) Wenn übermäßiges Training innerhalb des Bezugssystems einer Sucht verstanden wird, wirft dies mehr Fragen als Antworten auf. Zu trainieren ist nicht wie Heroin oder Kokain zu nehmen, denn bei den Letzteren sieht das Verhältnis von Nutzen und Schaden aus wie ein Fußballergebnis zwischen den Färöer-Inseln und Brasilien. Es ist unbestritten, dass Training viele Vorteile selbst für einen extrem abgehärteten Anwender hat. Wann also wird Training für den Sportler oder jemand anderen schädlich? Wenn man trotz Verletzung trainiert? Seine Kinder nicht oft genug sieht? Oft zu spät zur Arbeit kommt, weil man noch trainiert hat? Man sich darüber streitet, wie man seine wertvolle Urlaubszeit verbringt? Man in eine depressive Phase verfällt, wenn man nicht trainieren kann?

Psychologen definieren »schädlich« als eine wiederholte Verpflichtung, die schließlich die Funktionsfähigkeit in anderen Bereichen beeinträchtigt.[80] Hm... wenig hilfreich. Und wie definiert man »die Unfähigkeit, dem Training zu widerstehen«? Morgens um 3 Uhr aufzustehen, um zu trainieren? Das Trainieren einem wichtigen Familienereignis vorziehen? Jetzt säßen viele von uns schon auf der Anklagebank. Oh je, da sitzen wir wohl in der Patsche. Und das waren nur die Diagnosen. Wenn es an die Behandlung geht, wissen wir noch weniger!

Wir werden uns in diesem Kapitel nicht auf die komplexen psychologischen Gründe für übermäßiges Training konzentrieren, sondern darauf, was man dagegen tun kann.[81] Einige mutige Wissenschaftler haben den Versuch gestartet und konnten verwertbare Kriterien festlegen, anhand derer man herausfinden kann, ob man ein Problem mit dem Trainieren hat. Zwei der besten sind Heather Hausenblas und Danielle Symons-Downs, die die wissenschaftlichen Beweise überprüft haben und die Diagnosekriterien des *DSM-4* für Suchtmittelabhängigkeit angepasst haben, sodass diese auch auf Trainingsgewohnheiten anwendbar ist.[82] Sie schlussfolgerten, dass »Sportsucht« eine bessere Bezeichnung für dieses komplexe, verwirrende und erstaunlich verbreitete Phänomens ist. Sie können den Test, den die beiden entwickelt haben, später in diesem Kapitel selbst machen.

Die neuere Forschung unterscheidet bei Sportsucht zwischen häufig gleichzeitig auftretenden Störungen, wie Anorexia athletica, und vollständiger Abhängigkeit oder Sucht.[83] Wenn es um die Diagnosekriterien geht, ist sich der größte Teil der Wissenschaftler einig, dass die von Hausenblas und Symons-Downs überarbeiteten *DSM-4*-Kriterien die beste Chance bieten festzustellen, ob jemand ein Problem mit dem Training hat. Schauen wir uns diese mal an.

Diagnosekriterien für Sportsucht

Es gibt sieben Kriterien, die Sie betrachten müssen, um herauszufinden, ob Sie (oder Ihr Partner) ein Problem mit dem Trainieren haben. Wie diese Kriterien auf Profisportler anzuwenden sind, besprechen wir im weiteren Verlauf dieses Kapitels.

1. **Toleranz.** Es werden erhöhte Mengen an Training gebraucht (Häufigkeit, Dauer und/oder Intensität), um den gewünschten »Trainingsrausch« zu erzielen, oder es tritt eine verminderte Wirkung bei gleicher Trainingsmenge auf. Beachten Sie bitte, dass dies nicht mit einer Erhöhung des Trainingsreizes, der erforderlich ist, um die körperliche Fitness zu erhöhen, verwechselt werden darf. In diesem Zusammenhang bezieht sich die Toleranz auf das Bedürfnis nach mehr oder härterem Training, um Wohlbefinden auszulösen.

»Was zum Teufel stimmt nicht mit dir?«
Süchte, Zwänge, Abhängigkeiten und Obsessionen

Wenn Sie schon einmal beschuldigt wurden, übermäßig zu trainieren, hatten Sie sicher auch schon mit Anschuldigungen wie zwanghaftem Trainieren oder Obsession zu kämpfen oder wurden als »Trainings-Junkie« bezeichnet. Die psychologische Grundlage und Diagnose von Süchten, Zwängen, Abhängigkeiten und Obsessionen sind eindeutig, und auch wenn die Unterscheidung keine große Rolle dabei spielt, mit Ihren eigenen verrückten Trainingsgewohnheiten umzugehen, kann es hilfreich sein zu wissen, was Sie haben (oder vielleicht haben). Also, hier die Definitionen.

Eine **Sucht** ist der zwanghafte Gebrauch einer Substanz (zum Beispiel einer Droge) oder einer Nicht-Substanz (zum Beispiel einem Verhalten), den der Anwender trotz schädlicher Folgen nicht beenden kann, weil er zum einen belohnend ist (es fühlt sich gut an) und zum anderen bestätigend: es zu tun erhöht die Wahrscheinlichkeit, es wieder zu tun; das bedeutet, dass es den Belohnungsschaltkreis des mesolimbischen Dopaminsystems aktiviert. Die Schlüsselbegriffe, auf die man sich hier konzentrieren sollte, sind »zwanghaft«, »angenehm«, »schädlich« und »nicht beenden können«. Eine Sucht ist eine Störung im Belohnungssystem des Gehirns. In manchen Fällen wird immer mehr von der Substanz oder dem Verhalten gebraucht, um den gleichen Grad an angenehmen Gefühlen zu erlangen, und wenn die »Zufuhr« abrupt beendet wird, leidet der Anwender unter psychologischen Entzugserscheinungen, die sich unglaublich schrecklich anfühlen. Wenn es sich um eine Droge handelt, wird dies als *Substanzabhängigkeit* bezeichnet. Ist es ein Verhalten, nennt man es *Verhaltensabhängigkeit*. Zurzeit ist die einzige anerkannte Verhaltensabhängigkeit die Spielsucht, was sich aber wahrscheinlich bald ändern wird, da die Verhaltensabhängigkeiten zur der Bibel der Psychologen, dem *DSM-5*[84], hinzugefügt wurden.

Eine **Abhängigkeit** liegt vor, wenn man physische und/oder psychologische Entzugserscheinungen verspürt, nachdem man die Verwendung einer Substanz oder eines Verhaltens eingestellt hat. Im Gehirn haben sich die Neuronen an die wiederholte Belastung durch die Droge oder die neurochemischen Konsequenzen eines Verhaltens angepasst. Das bedeutet, dass die Neuronen nur noch normal funktionieren, wenn sie der Droge oder der neurochemischen Konsequenz des Verhaltens ausgesetzt sind. Wenn die Droge oder das Verhalten abgesetzt wird, fühlt man sich schlecht. Wenn die Abhängigkeit zwanghaft wird und außer Kontrolle gerät, entwickelt sie sich zur Sucht. Die meisten von uns haben zum Beispiel eine Koffeinabhängigkeit, manche sind aber auch koffeinsüchtig. Übermäßiges Training als Abhängigkeit zu bezeichnen ist meist zutreffend, weil es kaum alle Kriterien für eine Sucht erfüllt.

Ein **Zwang** ist eine wiederholte Handlung oder ein Verhalten, das nur einem Zweck dient: Angstgefühle zu reduzieren. In der Psychologie nennt man das *negative Verstärkung*, denn es vermindert oder entfernt etwas Unangenehmes (in diesem Fall Angst), wenn man den Zwang ausführt. Zwänge sind nicht notwendigerweise rational und beinhalten keine Gefühle der Freude. Sie umfassen unter anderem das wiederholte Überprüfen von Dingen, das Ordnen und Arrangieren von Dingen, das Zählen von Dingen sowie exzessives Putzen oder Händewaschen. Zwänge werden diagnostiziert, wenn der Betroffene das Gefühl hat, sie nicht länger unter Kontrolle zu haben, mindestens eine Stunde täglich darauf verwendet und sie das normale Alltagsleben erheblich beeinträchtigen.[85] Wenn die Angst, die die Zwänge antreibt, von wiederholten und ungewollten Gedanken oder Trieben verursacht wird, wird eine *Zwangsstörung* diagnostiziert. Zwangsstörungen können auch von motorischen Ticks begleitet werden, etwa plötzliche kurze wiederholte Bewegungen wie Blinzeln oder Gesichtszuckungen. Motorische Ticks können ebenfalls dazu beitragen, Ängste zu reduzieren. Training ist nicht wirklich eine Zwangsstörung, weil es rational sein kann, nicht wiederholt sein muss und oftmals in sich selbst belohnend ist, auch wenn es etwas außer Kontrolle geraten ist.

Eine **Störung der Impulskontrolle** bezieht sich auf die Unfähigkeit, einem Drang oder einer Versuchung zu widerstehen, etwas zu tun, das für den Betroffenen oder andere schädlich sein könnte. Stellen Sie sich eine Störung der Impulskontrolle als etwas Schlimmes vor, das Ihr Schimpansenhirn Sie machen lassen möchte. Der Schimpanse verabreicht dem Professorenhirn dazu Rohypnol, sodass es nicht die Kraft hat zu widerstehen. Wir sprechen hier nicht von Ihrer Unfähigkeit, einem leckeren Tiramisu zu widerstehen oder Ihrer fürchterlichen Selbstkontrolle, wenn Sie bereits ein Gläschen getrunken haben – nein, diese Dinge können ruinös sein, wie etwa pathologisches Spielen, Diebstahl oder Brandstiftung.

2. **Entzug.** Dieser zeigt sich entweder in den charakteristischen Entzugserscheinungen vom Training (zum Beispiel Angst, Müdigkeit, Reizbarkeit, Unruhe, Schlafprobleme) oder darin, dass ein vergleichbarer Trainingsumfang eingesetzt wird, um die Entzugserscheinungen zu mildern oder zu vermeiden. Manche Sportler entwickeln Entzugserscheinungen, wenn sie bewusst weniger trainieren (siehe Kasten Seite 206).

3. **Konsumhäufigkeit.** Training findet oftmals in größeren Mengen oder über einen längeren Zeitraum als ursprünglich beabsichtigt statt. So trainieren Sportler häufig länger oder härter als verschrieben oder ursprünglich geplant. Bei den Sportlern, die wir zu Beginn dieses Kapitels beschrieben haben, könnte man bei Jenny von einer Konsumhäufigkeit sprechen.

4. **Kontrollmangel.** Ein anhaltender Wunsch oder erfolglose Versuche, das Trainingspensum zu verringern oder zu kontrollieren. So kann sich ein Sportler zum Beispiel dessen bewusst sein, dass er weniger trainieren sollte, und sogar schon Phasen gehabt haben, in denen er das versucht hat, aber gescheitert ist und wieder zu seinen alten Trainingsgewohnheiten zurückgekehrt ist.

5. **Zeit.** Es wird viel Zeit mit Aktivitäten verbracht, die notwendig sind, um zu trainieren. Das bezieht sich nicht nur darauf, dass Sportler viel Zeit damit verbringen, tatsächlich zu trainieren, sondern auch einen beachtlichen Zeitaufwand in die Planung investieren, wie, wann und wo sie trainieren können, wenn sie wissen, dass sie unter ungewohnten Umständen trainieren werden, zum Beispiel im Familienurlaub oder auf Geschäftsreisen.

6. **Einschränkung anderer Aktivitäten.** Andere soziale, berufliche oder Freizeitaktivitäten werden aufgrund des Trainings aufgegeben oder eingeschränkt. So könnte der Sportler beispielsweise immer wieder soziale Aktivitäten ausfallen lassen, weil sie erfordern, dass er zu lange aufbleibt, oder er meidet Verpflichtungen in den frühen Morgenstunden wegen seiner Trainingspläne. Vielleicht sagt er auch private Verabredungen ab, einfach weil sie kein Training beinhalten, oder ordnet sie seinen Trainingseinheiten unter.

7. **Kontinuität.** Das Trainieren wird fortgesetzt trotz der Kenntnis eines anhaltenden oder wiederkehrenden körperlichen oder psychischen Problems, das wahrscheinlich durch das Trainieren verursacht wurde oder verstärkt wird. Das kann das Trainieren während einer Verletzung beinhalten, Trainieren trotz des Wissens, dass dies zu zwischenmenschlichen Konflikten führt, sich selbst die Schuld zu geben für die Unfähigkeit, erhöhte Erwartungen oder höhere Trainingsziele zu erfüllen, zu trainieren, um dadurch das Gefühl, den Körper unter Kontrolle zu haben, zu steigern et cetera.

Wenn eine Sportsucht ausschließlich den positiven Gefühlen, die man durch das Trainieren erzielt, zugeschrieben wird, spricht man von einer primären Sportsucht. Ist die Sportsucht hauptsächlich dadurch motiviert, dass der Sportler seinen Körperbau manipulieren oder kontrollieren will (oder diesbezügliche Gedanken und Gefühle), bezeichnet man dies als sekundäre Sportsucht. Diese Unterscheidung findet sich nicht in den Diagnosekriterien, sie hat aber Auswirkungen darauf, wie man sie am besten behandelt.

Wie verbreitet ist Sportsucht?

Wenn man mal betrachtet, welch eine Herausforderung es ist, Sportsucht zu diagnostizieren, ist es nicht verwunderlich, dass die Schätzungen zu ihrer Verbreitung stark variieren. Es wird jedoch gesagt, dass ungefähr drei Prozent der Menschen, die Sport betreiben, die Kriterien für eine Sucht erfüllen.[86] Sportsucht scheint im Ausdauersport, vor allem im Triathlon, viel häufiger vorzukommen; eine Studie dazu besagt, dass 52 Prozent der Triathleten die Diagnosekriterien für eine Sportsucht aufweisen.[87] Wenn Sie Läufer sind und gerade zustimmend nicken – nur ruhig, Tiger, Sie gehören zu den darauffolgenden 25 Prozent.[88] Da Sportsucht bei Elitesportlern weit verbreitet ist (die Schätzungen liegen bei 30 bis 35 Prozent), dürfte die Sportsucht bei Elitetriathleten besonders hoch sein.[89] Es ist schwierig herauszufinden, ob es der Triathlonsport an sich ist, der die Abhängigkeit verursacht, oder ob Menschen, die zu Abhängigkeiten neigen, sich schlichtweg eher zum Triathlon hingezogen fühlen. Jedenfalls weist die Forschung darauf hin, und anekdotische Beweise unterstützen diese Ergebnisse, dass Triathlon scheinbar vor allem anziehend ist für – wie können wir das freundlich ausdrücken – Schüsseln mit einem kleinen Sprung? Und an alle Triathleten da draußen: Wenn wir von einem Sprung in der Schüssel reden, meinen wir das natürlich wie einen Kosenamen, um zu zeigen, dass Ihr unglaublich leidenschaftlich und voller Antrieb seid, wenn nicht sogar ein bisschen neurotisch. *Ähem. Pssst*: Wenn Sie kein Triathlet sind, dürfen Sie den Sprung in der Schüssel wörtlich nehmen. Wenn Sie Triathleten persönlich kennen, wissen Sie, was wir meinen. *Zwinker.*

Sind Sie sportsüchtig?

Wenn Sie bis hierher gelesen haben, sollte Ihnen bewusst sein, dass wir nicht wirklich Sportsucht messen, sondern die Abhängigkeit vom Training. Das war ein Test, um zu sehen, ob Sie noch wach sind. Um eine Sucht, Abhängigkeit, Obsession oder einen Zwang – oder eine andere mentale Störung – zu diagnostizieren, führt man ein klinisches Interview mit einem Spezialisten durch. Wenn nur Tests mit Papier und Bleistift angewandt werden, tendieren die Profis dazu, zurückhaltende Ausdrücke wie »könnte darauf hinweisen« oder »eventuell gefährdet« zu verwenden. Das mag wie ein Rückzieher wirken, aber selbst Psychologen wissen, dass die meisten psychometrischen Messverfahren die diagnostische Gültigkeit einer Tasseografie (schlagen Sie das mal nach) haben. Das Letzte, was wir wollen, ist, dass Sie davon überzeugt sind, ein Irrer zu sein, obwohl Sie nur zu viel trainieren und jammern. Nachdem diese Haftungsausschlüsse bekannt sind, lassen Sie uns mal sehen, mit welcher Form der Verrücktheit Sie sich unter Umständen herumschlagen.

Ich bin Profisportler – natürlich erfülle ich diese Kriterien. Das ist mein Job!

Wenn Sie Ihren Lebensunterhalt als Sportler verdienen oder dies versuchen, kann es sein, dass Sie die Liste auf den nächsten Seiten mit einiger Belustigung durchgegangen sind und schnell dabei waren zu sagen: »Ja, trifft total auf mich zu.« Das kann erklären, warum die Verbreitung von Sportsucht bei Elitesportlern so hoch ist. Tatsächlich sind einige dieser Kriterien wie »Zeit« und »Einschränkung anderer Aktivitäten« de facto *Voraussetzungen* dafür, um überhaupt Profisportler zu sein. Wenn Ihre Miete oder Ihr Hauskredit von Ihrer körperlichen und geistigen Fitness abhängen, dann *müssen* Sie extrem fokussiert (sprich: »leicht obsessiv«) auf Ihr Training und Ihre Erholung sein. Das Leben eines professionellen Ausdauersportlers ist alles andere als nach herkömmlichen Standards ausgeglichen (körperlich, mental, sozial, finanziell – was auch immer).

Bis heute hat niemand versucht, die Kriterien für Sportsucht für Profisportler anzupassen, und es hat auch niemand untersucht, in welchem Ausmaß der Status eines Profisportlers eine Sportsucht verschleiern kann.[90] Profisportler bekommen normalerweise einen Freifahrtschein bei den Kriterien Zeit und Einschränkung anderer Aktivitäten, auch wenn diese Kriterien extrem ausgereizt werden, um Leistungen auf Spitzenniveau zu erbringen. Sogar wenn eine erhebliche Selbstverletzung vorliegt, werden sie für ihr längeres und härteres Trainieren oft noch mit Lob überschüttet (zum Beispiel »Ja, der ist eine Bestie« oder »Sie ist echt ein Tier«), wobei dieses selten von Verurteilung oder hochgezogenen Augenbrauen begleitet wird, wie es bei Sportlern, die nur »zum Spaß« trainieren, oft der Fall ist. Die Einzigen, die bisher dieses Phänomen bis zu einem gewissen Grad untersucht haben, sind Sportsoziologen, aber ihr Werk spricht nur selten normale Menschen an, weil sie dazu neigen, so unzugänglich komplex zu schreiben. Deswegen fragt man sich, wie ihre Forschungen jemals dort etwas bewegen sollen, wo es am notwendigsten ist.

ÜBUNG 1

DIE SKALA FÜR SPORTSUCHT

Bitte verwenden Sie die Skala, um die folgenden Aussagen so ehrlich wie möglich zu bewerten. Die Aussagen beziehen sich auf Ihre aktuellen Einstellungen und Verhaltensweisen in Bezug auf den Sport und das Training, die in den letzten drei Monaten aufgetreten sind.

	NIE IMMER
1. Ich treibe Sport, um nicht gereizt zu sein.	1 2 3 4 5 6
2. Ich trainiere trotz wiederkehrender körperlicher Probleme.	1 2 3 4 5 6
3. Ich erhöhe kontinuierlich meine Trainingsintensität, um den gewünschten Effekt/Nutzen zu erreichen.	1 2 3 4 5 6
4. Ich bin nicht dazu in der Lage, die Dauer meines Trainings zu reduzieren.	1 2 3 4 5 6
5. Ich mache lieber Sport, als Zeit mit meiner Familie/meinen Freunden zu verbringen.	1 2 3 4 5 6
6. Ich wende viel Zeit für das Training auf.	1 2 3 4 5 6
7. Ich trainiere länger als beabsichtigt.	1 2 3 4 5 6
8. Ich treibe Sport, um keine Angst zu haben.	1 2 3 4 5 6
9. Ich trainiere auch, wenn ich verletzt bin.	1 2 3 4 5 6
10. Ich erhöhe kontinuierlich meine Trainingsfrequenz, um den gewünschten Effekt/Nutzen zu erreichen.	1 2 3 4 5 6
11. Ich bin nicht dazu in der Lage, die Häufigkeit meines Trainings zu reduzieren.	1 2 3 4 5 6
12. Ich denke an Sport, wenn ich mich bei der Arbeit oder in der Schule/Uni auf andere Dinge konzentrieren sollte.	1 2 3 4 5 6
13. Ich verbringe den größten Teil meiner Freizeit beim Training.	1 2 3 4 5 6
14. Ich trainiere länger, als ich erwarte.	1 2 3 4 5 6
15. Ich trainiere, um nicht angespannt zu sein.	1 2 3 4 5 6
16. Ich trainiere trotz anhaltender körperlicher Probleme.	1 2 3 4 5 6
17. Ich erhöhe kontinuierlich meine Trainingsdauer, um den gewünschten Effekt/Nutzen zu erzielen.	1 2 3 4 5 6
18. Ich bin nicht dazu in der Lage, die Intensität meines Trainings zu reduzieren.	1 2 3 4 5 6
19. Ich entscheide mich für das Training, damit ich meine Zeit nicht mit meiner Familie/meinen Freunden verbringen muss.	1 2 3 4 5 6
20. Ich verwende erhebliche Zeit darauf, Trainingsmöglichkeiten für die Zeiten zu finden, wenn ich unterwegs bin, und mein Training für diese Zeiten zu planen.	1 2 3 4 5 6
21. Ich trainiere länger als geplant.	1 2 3 4 5 6

ÜBUNG 2

Puh! Jetzt, wo wir das geschafft haben, machen wir ein bisschen grundlegende Mathematik. Addieren Sie in der folgenden Tabelle Ihre Punktzahlen für die Fragen aus jedem Kriterium und fügen Sie diese in die Spalte »Punktzahl« ein. Kreisen Sie als Nächstes für jedes Kriterium den Grad der Abhängigkeit ein, der dem Ihrer Punktzahl bei diesem Kriterium entspricht. Schließlich können Sie die Anzahl von jedem eingekreisten Kriterium für jeden Grad der Abhängigkeit zusammenzählen.

Kriterium der Abhängigkeit	Punktzahl für Aussagen...	Punkt-zahl	Grad der Abhängigkeit, nach Kriterium (Kreisen Sie den Grad entsprechend Ihrer Punktzahl ein)		
			Asymptomatisch (d. h. alles gut)	Symptomatisch (d. h. dass einige Warnsignale vorhanden sind)	Gefährdet für... (d. h. Sie brauchen vielleicht Hilfe)
Entzugs-erscheinungen	1, 8, 15		<7	7–14	15+
Kontinuität	2, 9, 16		<7	7–14	15+
Toleranz	3, 10, 17		<7	7–14	15+
Kontrollmangel	4, 11, 18		<7	7–14	15+
Einschränkung anderer Aktivitäten 5, 12, 19	<7	7–14	15+	7–14	15+
Zeit	6, 13, 20		<7	7–14	15+
Konsumhäufigkeit	7, 14, 21		<7	7–14	15+

Gesamtpunktzahl (Bereich 21–126): Addieren Sie Anzahl der eingekreisten Antworten in jeder Spalte.

Anzahl der Kriterien in jeder Kategorie:

Je höher Ihre Gesamtpunktzahl ist, desto abhängiger vom Training sind Sie. Psychologen sehen jedoch über die Gesamtpunktzahl hinaus und konzentrieren sich auf die Gesamtzahl der *DSM-5*-Kriterien, die Sie erzielt haben. Wenn Sie drei oder mehr in der Spalte »Gefährdet für« haben, würde man davon ausgehen, dass Sie sportsüchtig sind. Herzlichen Glückwunsch, jetzt ist es offiziell. Na ja, nach einer Bewertung durch ein klinisches Interview bei einem fachkundigen Spezialisten. *Ähem.*

Vervielfältigt mit Erlaubnis von H. A. Hausenblas und D. Symons-Downs, »How Much Is Too Much? The Development and Validation of the Exercise Dependence Scale«, *Psychology and Health 17* (2000), S. 387–404

Das hätten wir also geklärt. Sollten Sie den Drang verspüren, mehr über die Themen »Von der Norm abweichend versus Konformität« und »Normative moralische Ambivalenz gegenüber supranormalen Handlungen in Hochleistungskulturen« wissen zu wollen, nur zu![91] Ungeachtet des eloquenten Quatschs sind die Einsichten in dieser Literatur außergewöhnlich relevant für Profisportler, weil sie ihnen dabei helfen zu verstehen, warum Burn-out so weit verbreitet ist, warum autokratische und diktatorische Trainer erfolgreich werden, die abgeschottete Sportlerkader trainieren, und warum es so schwer ist, aus der Tretmühle des mühsamen Trainings und der Wettkämpfe zu kommen und einfach hinzuschmeißen, um mehr Balance oder Glück im Leben zu finden.

★ **Was bedeutet das jetzt für den Profi?** Lassen wir mal die Wissenschaft außen vor und nutzen lieber einen pragmatischen Ansatz, um die Wahrscheinlichkeit einer Sportsucht bei Profiausdauersportlern zu bestimmen. Dies sind die Kriterien und zusätzlichen Warnsignale, auf die wir achten:

1. Der Sportler erfüllt mindestens *fünf* der Diagnosekriterien – egal welche fünf. Dies steht im Gegensatz zu den drei Diagnosekriterien, die von Sportlern in der Erholungsphase verlangt werden. Profis können also auch die Kriterien für »Zeit« und »Einschränkung anderer Aktivitäten« erfüllen, ohne die Diagnose zu beeinflussen.

2. Der Sportler scheint nicht dazu in der Lage oder unwillig zu sein, sein Training zu periodisieren. Das zeigt sich oft durch ein hohes Volumen und/oder eine hohe Intensität während des ganzen Jahres, durch eine eingeschränkte Flexibilität des Trainingsvolumens innerhalb eines Mikro- oder Mesozyklus oder das Fehlen einer Nebensaison.

3. Der Sportler ist erwiesenermaßen unkritisch, was die Art des Trainings angeht. »Trainingswillkür« findet dann statt, wenn die Art des Trainings weniger wichtig erscheint als der Drang, diese Abhängigkeit weiter fortzuführen. Wenn ein Sportler zum Beispiel nicht an seiner bevorzugten Betätigung teilhaben kann, wird eine andere Betätigung, die genauso lange oder länger dauert, als Ersatz verwenden. Der Sportler geht vielleicht drei Stunden ins Fitnessstudio, um auszugleichen, dass er keine zwei Stunden gelaufen oder gefahren ist.

WIE MAN MIT SPORTSUCHT UMGEHT

Im Gegensatz zu Substanzabhängigkeit hat Sport viele Vorteile. Es ist weder vernünftig noch gesund zu erwarten, dass jemand vollständig damit aufhört, sich zu bewegen. Das Ziel jeder Behandlung einer Sportsucht besteht demnach darin, den Abhängigen zu helfen, ihre Trainingsgewohnheiten unter Kontrolle zu bekommen.

Wenn Sie glauben, an sekundärer Sportsucht (das heißt übermäßiges Training plus einer möglichen Essstörung) zu leiden, dann machen Sie bitte die Übungen aus Kapitel 6 »Ich fühle mich dick«. Die folgenden Empfehlungen zielen darauf ab, sowohl bei der primären als auch der sekundären Sportsucht zu helfen. Wenn jedoch eine gleichzeitige Essstörung vorliegt, muss die Behandlung gezielt auf die verzerrte Körperwahrnehmung abgestimmt sein.

Da immer wieder neue Behandlungen für Sportsucht entwickelt werden, werden sich die Empfehlungen wahrscheinlich auch ändern. So gibt es zum Beispiel Beweise dafür, dass transkranielle Magnetstimulation und medikamentöse Therapie helfen könnte, aber es gibt dazu noch nicht viele Daten, und die vorhandenen sind noch dazu auf Studien von Leuten beschränkt, die auch noch anderes zu tun haben.[92]

Die Erinnerungszufuhr unseres Computerhirns erkennen

Sie kennen das Gehirn beziehungsweise die Gehirne ja bereits aus Kapitel 1 und wissen, dass unser Computerhirn uns permanent mit Erinnerungen füttert, die voller Assoziationen, Bedeutungen und automatischen Reaktionen sind. Das Computerhirn durchforstet unsere Erinnerungen, ruft sie superschnell ab und serviert sie uns in Lichtgeschwindigkeit, sodass unser Schimpanse und unser Professor kaum eine Chance haben, ein neues Drehbuch zu schreiben – also auf eine neue Art zu reagieren –, wenn wir in eine bekannte Situation geraten. Bevor wir auch nur den Hauch einer Ahnung davon haben, was gerade passiert, sind wir wahrscheinlich bereits dabei, so zu denken, zu fühlen und zu handeln, wie von unserem Computerhirn beeinflusst, das uns daran erinnert, wie wir in der Vergangenheit auf eine ähnliche Situation reagiert haben. Wenn wir beispielsweise über eine neue Umgebung nachdenken, die nicht in der Komfortzone unserer Trainingsroutine liegt, kann dies sofort zu Nervosität führen, weil wir genau wissen, was es für unsere Trainingsgewohnheiten bedeuten würde: die Auseinandersetzung mit etwas Neuem sowie erneute Planung. Denn genau das ist ja früher schon passiert.

Nachdem die Erinnerungen die unterbewusste Welt unseres Computerhirns verlassen haben, krallen sie sich unser nächstschnelles Gehirn, den Schimpansen. Dieses filtert die Erinnerungen unter Berücksichtigung emotional aufgeladener Erkenntnisse – und schon werden Gedanken an den Familienurlaub mit Ängsten gespickt, etwa mit Bedenken daran, wie man den Trainingszeitplan auch im Urlaub einhalten soll, oder daran, dass die anderen sauer werden. Bis die Erinnerungen das Professorenhirn erreicht haben, sind sie so angefüllt mit emotionalen Impulsen, dass unser Professor sich häufig einfach wegdreht und totstellt und wir schon bei dem bloßen Gedanken an den nächsten Familienurlaub völlig erschöpft sind.

Dasselbe Phänomen tritt bei Zwanghaftigkeit auf. Wir wissen alle, wie es ist, eine Fahrt mit 49,9 Kilometern auf dem Zähler zu beenden oder einen Lauf, der 59 Minuten und 30 Sekunden gedauert hat. Da unsere Gehirne zielorientiert sind, ist nichts falsch (oder eigentlich richtig) daran, noch ein paar Minuten zusätzlich laufen oder fahren zu wollen, damit die Trainingseinheit mit einer schönen runden Zahl beendet werden kann. Das gleiche Gefühl kennen wir von der Tankstelle, wo wir auch noch ein paar Tropfen Benzin mehr tanken, nur um auf eine runde Summe zu kommen.

Die meisten von uns haben eine sinnvolle Grenze, bis zu der sie bereit sind aufzurunden (Übersetzung: Der Professor sagt zum Schimpansen: »Okay, diese Belohnung gönne ich dir, aber nur ein bisschen mehr und es könnte negative Konsequenzen haben«), doch so mancher Sportler ist unfähig dazu, sein Professorenhirn einzuschalten, um überhaupt auf die Bremse treten zu können. Bei ihm hat der Schimpanse dann leichtes Spiel und ruft Erwartungen voller Angst und Enttäuschung (über sich selbst) hervor, weil der Sportler die Trainingseinheit nicht *genau so* abgeschlossen hat, wie es in seinem Drehbuch steht – und das obwohl dem Sportler sämtliche Fakten und die Logik sagen, dass er genug getan hat. »Ich bin nicht zufrieden mit mir, wenn ich das nicht genau so mache« oder »Die komplette Einheit ist ruiniert, wenn sie nicht zu 100 Prozent abgeschlossen ist.« Er weiß, wie unglücklich ihn das macht, weil er sich aus früheren Erfahrungen daran erinnert.

Obwohl das Schimpansen- und Professorenhirn für alle Inhalte, die unser Computerhirn füllen, verantwortlich sind, funktionieren sie nicht wie der Otto-Katalog: Wir können keine Erinnerungen zurückschicken und um Rückzahlung bitten. Wir haben sie für immer am Hals. Und wenn der Schimpanse Erinnerungen zum Computer schickt, obwohl der Professor protestiert, haben wir ein großes Problem. Denn es ist sehr schwer, die Gedanken und Gefühle zu ändern, die mit dieser Erinnerung einhergehen. Aber es *ist* möglich, und genau hier ist unser Zugang.

Unsere Strategie besteht darin, den automatischen und voreingenommenen Erinnerungen, die wir vom Computer und Schimpansen präsentiert bekommen, die Stirn zu bieten und Professorenhirn-Fähigkeiten einzusetzen – also Fakten und Logik –, um die falschen Assoziationen und katastrophalen Schlussfolgerungen zu entschärfen. Unser Professorenhirn ist zwar nicht gerade der King, wenn es darum geht, Widerstand gegen die Superkräfte der Emotionen zu leisten, aber wenn es Fakten und Logik richtig einsetzt, sind diese tödlich. Schließlich haben uns diese Fähigkeiten auf den Mond gebracht, haben David dabei geholfen, Goliath zu besiegen und uns im 10. Schuljahr gesagt, uns bloß nicht mit David Lindhagen einzulassen.[93] Sie können uns also sicher auch dabei helfen, vernünftige Entscheidungen hinsichtlich unseres Workouts zu treffen.

Fakten und Logik sind so ziemlich die mächtigsten psychologischen Waffen, die wir haben, doch wir müssen lernen, sie richtig einzusetzen, wenn sie effektiv sein sollen. Das ist ein bisschen wie Luke Skywalkers Ausbildung durch Obi-Wan Kenobi, nur dass bei uns Fakten die Macht sind und Logik unser Laserschwert ist. Das Problem ist nur, dass wir noch nicht ganz so weit sind und eher um uns schlagen und stechen wie ein Fünfjähriger im Nutellarausch.

Abhilfe schaffen – die selbstauferlegte Auszeit

Auszeiten werden heute in verschiedenen Lebensbereichen eingesetzt, von Eltern, Lehrern, Sportlern und in Beziehungen, weil sie helfen, Emotionen zu entschärfen und unserem Professorenhirn die Kontrolle zurückzugeben. Auszeiten helfen auch dabei, den Schimpansen auszubremsen. Wenn das Gehirn zur Ruhe kommt, hat der Professor eine faire Chance, seine Fähigkeiten einzusetzen, weil wir genug Zeit haben, die Dinge, die unser Schimpanse und Computer uns in Lichtgeschwindigkeit empfohlen haben, zu reflektieren und uns damit auseinanderzusetzen. Eine selbstauferlegte Auszeit ist ganz einfach die Festsetzung eines definierten Zeitraums, in dem wir uns verbieten, auf Basis unserer Gefühle und Eindrücke zu handeln. Nehmen Sie sich eine Auszeit, wenn der Drang zu trainieren oder Sport zu treiben am größten ist. Während Ihrer Auszeit wenden Sie dann Professoren-Fähigkeiten (Fakten und Logik) an, um die folgenden beiden Fragen zu beantworten:

> Muss ich das eigentlich tun?
>
> Was passiert, wenn ich jetzt nicht trainiere?

Denken Sie darüber fünf Minuten (oder wie lang auch immer Ihre Auszeit ist) nach, bevor Sie eine Entscheidung fällen.

Fakten und Logik schaffen es nicht, emotionsbasierte Dränge unmittelbar und automatisch zu überwältigen, doch mit ein wenig Übung wird es für Sie viel leichter, Hirnduelle zu gewinnen. Denken Sie daran: Die einzige Absicht von Emotionen ist das Antreiben der Entscheidungsfindung. Der Trick ist, zu erkennen, dass unser Computer und Schimpanse uns niemals zum Handeln zwingen, sondern uns lediglich unglaublich attraktive, emotionsgeladene Vorschläge unterbreiten können. Der erste Schritt in Richtung Sieg ist zu wissen, über welche attraktiven und emotionsgeladenen Vorschläge wir überhaupt sprechen. Im Folgenden lesen Sie einige automatische Gedanken, die Sportler mit exzessiven Trainingsgewohnheiten an sich beobachtet haben:

> Alles wird gut, wenn ich nur diese Trainingseinheit schaffe.
>
> Um der Beste zu werden, muss ich so viel trainieren, wie ich kann.
>
> Ich kann nicht klar denken, bevor ich nicht alles erledigt habe.
>
> Nur wenn ich mich vom Training ausgelaugt fühle, kann ich ohne Schuldgefühle essen.
>
> Wenn ich hart trainiere, spült das all meine Negativität weg.

Man kann das Werk des Teams Schimpanse und Computer sehr leicht in Begriffen wie »muss«, »kann nicht« und »fühle« entdecken. Das Professorenhirn verwendet eher Begriffe wie »sollte«, »bevorzuge« und »wünsche«. Setzen Sie während Ihrer Auszeit die Macht Ihres Professorenhirns ein, um automatischen Gedanken entgegenzuwirken. Ihre Jedi-Fähigkeiten werden sich dann einstellen, wenn Sie die Gegenargumente auswendig kennen und anbringen, sobald der Drang zu trainieren zu erdrückend wird. Jetzt sind Sie dran (siehe Übung 2)!

Belohnen Sie Ihr gutes Verhalten

Wenn Sie es schaffen, Ihre Trainingsgewohnheiten zu kontrollieren (zeitlich reduzieren, seltener trainieren, etwas anderes unternehmen), muss Ihr Gehirn dafür belohnt werden. Psychologen nennen das *Kontingenzmanagement*, aber wir können uns das als einen Motivationszünder vorstellen, der gute Gewohnheiten aufrechterhält. Denken Sie daran, dass das natürliche Belohnungssystem des Gehirns darauf angewiesen ist, sich erfolgreich zu fühlen, Befriedigung oder Freude zu verspüren und das Gefühl braucht, etwas erreicht zu haben, damit die Wahrscheinlichkeit steigt, dass Sie am Ball bleiben. Selbst wenn Sie nur einen ganz kleinen »Sieg« errungen haben, wie etwa zu Hause zu bleiben, statt ins Fitnessstudio zu gehen, einen Ruhetag einzulegen oder auf Ihren Körper zu hören, bevor Sie sich zum Laufen verpflichten, machen Sie sich bewusst, dass dies in der Welt des Gehirns auch zählt. Falls die natürliche Belohnung in Form der Errungenschaft oder Befriedigung nicht ausreichend ist, versuchen Sie sich mit realen Dingen zu belohnen, etwa gesunden Leckereien oder Genüssen, oder setzen Sie Meilensteine, wie etwa drei aufeinanderfolgende Tage mit reduziertem Training. So etwas spornt nämlich extrem an.

Weitere Strategien für den Weg aus dem Sumpf

Ich (Simon) habe mit vielen sportsüchtigen Athleten trainiert, und sie alle haben ihre persönliche Geschichte, wie es ist, wenn das Training das Leben diktiert. Die Strategien, mit denen sie den Weg aus der Sucht geschafft haben, finden Sie sicher nicht unter den üblichen Behandlungsratschlägen. Anbei einige unserer Favoriten:

Sich auf das Warum konzentrieren: Wenn der Drang zu trainieren übermäßig wird, denken Sie an Ihr »Warum«: Warum Sie mit dem Sport angefangen haben, warum Sie Wettkämpfe mögen, als was die treibende Kraft hinter Ihrer Leidenschaft begonnen hat. Versuchen Sie Ihre aktuellen Beweggründe – auch wenn sie außer Kontrolle sind – mit diesen ursprünglichen Motiven zu verbinden und konzentrieren Sie sich auf die Abweichung zwischen Ihrem aktuellen Warum und dem ursprünglichen, »puren« Warum.

Sich auf Leistungsziele konzentrieren: Wenn das Bedürfnis zu trainieren überhandnimmt, besinnen Sie sich auf Ihre Leistungsziele: Welche Art der Übung oder Erholung wird am besten sein, um Ihre Leistung als Sportler positiv zu beeinflussen?

Verbringen Sie Zeit mit Ersatzhandlungen: Die Zeit, die Sie normalerweise zum Trainieren verwendet hätten, sollten Sie mit anderen, wertvollen Aktivitäten füllen. Wenn Sie sich dazu entschlossen haben, nicht zu trainieren, schlagen Sie nicht einfach nur die Zeit tot, indem Sie herumsitzen oder langweilige Dinge machen. Unternehmen Sie stattdessen etwas, das Ihnen Spaß und Freude bereitet. Gehen Sie ins Kino, treffen Sie eine Freundin auf einen Kaffee oder widmen Sie sich einem anderen Hobby.

Finden Sie einen »Paten«, der Ihnen beim Ehrlichsein hilft: Genau wie einige 12-Schritte-Programme einen »Paten« einsetzen, der zuhört, unterstützt und einen genesenden Süchtigen auf dem Weg begleitet, können Sie eine Vertrauensperson bitten, Ihnen bei Ihrer Sportsucht zu helfen. Ein Pate sollte jemand sein, der Sie inspiriert, der vertrauenswürdig ist und der selbst keine emotionale Unterstützung benötigt. Das kann ein enger Freund sein, idealerweise ist es aber jemand, der selbst erfolgreich die Sportsucht besiegt hat.

Lesen Sie über die Sucht oder unterhalten Sie sich mit Leuten, die auch mit Sportsucht kämpfen: Es kann hilfreich sein, sich mit anderen Menschen, die mit demselben Problem konfrontiert sind, kurzuschließen. Sich gegenseitig seine Geschichte zu erzählen und Erfahrungen auszutauschen kann eine erstaunlich therapeutische Wirkung haben, weil die Empathie gestärkt wird, die Einsamkeit vermindert wird und sich eine Hoffnung auf Heilung einstellt. Wenn Sie sich die

ÜBUNG 3

DEN AUTOMATISCHEN GEDANKEN DIE STIRN BIETEN

Schreiben Sie fünf automatische oder impulsive Gedanken zu Ihrem Drang, Zwang oder Trieb zu trainieren auf. Vermeiden Sie den Versuch, diese zu rationalisieren oder für wertende Menschen (also Professorenhirne) zu filtern. Lassen Sie sie einfach so raus, wie sie kommen.

Meine automatischen Gedanken zum Trainieren:

1

2

3

4

5

Lesen Sie sich Ihre Aussagen jetzt noch mal durch und überprüfen Sie, ob sie womöglich bereits von Ihrem Professorenhirn kontaminiert wurden. Diese Auflistung ist wahrscheinlich sehr persönlich, unter Umständen peinlich, und vielleicht verspüren Sie sogar ein bisschen Angst dabei, diese Dinge einfach aufzuschreiben oder zu lesen (denn schließlich ist der Professor für das Lesen und Schreiben zuständig). Wenn dem so ist, führen Sie (noch mal) die Übung zum Loslassen aus Kapitel 2 (»Das Problem beobachten«) durch, um sich daran zu gewöhnen, Ihre Verrücktheiten zu *sehen*, nicht zu *fühlen*. Setzen Sie sich nun mit diesen Aussagen einfach eine Zeit lang hin. Schauen Sie sich die Aussagen auf der Seite an. Lesen Sie sie laut vor. Es hilft auch, sie mit einem lustigen Akzent zu versehen oder sie zu singen. Ja, uns ist klar, dass das lächerlich klingt, aber es ist ein erstaunlich effektives Werkzeug, das Sie dabei unterstützt, sich von Ihren Gedanken und Gefühlen zu lösen.

KONTERN

Für jeden automatischen Gedanken, den Sie aufgeschrieben haben, entwickeln Sie nun ein faktisch richtiges Gegenargument, das zusammenfasst, was Ihr Professor Sie denken lassen möchte. Ihr Schimpanse wird diese Dinge vermutlich nicht tun wollen, aber machen Sie sich trotzdem die Mühe, sich Gegenargumente einfallen zu lassen und aufzuschreiben. Versuchen Sie ganz gezielt, die falsche Logik des automatischen Gedankens anzusprechen, aber stellen Sie sicher, dass Ihre Gegenargumente korrekt und vernünftig sind. Ein Beispiel: Wenn Ihr automatischer Gedanke ist »Ich bin ängstlich und gereizt, wenn ich nicht trainiere«, könnten Sie kontern mit: »Trainieren ist nicht das Einzige, wodurch ich mich weniger ängstlich und gereizt fühle.«

Gegenargument 1:

Gegenargument 2:

Gegenargument 3:

Gegenargument 4:

Gegenargument 5:

Erlebnisse der anderen anhören, kann das eine beachtliche Wirkung auf Ihre Fähigkeit und Ihr Vertrauen in die Bewältigung Ihrer Sportsucht haben, insbesondere wenn diese Menschen Ihnen ähneln. Sie können im Internet nach Blogs oder Artikeln suchen, die sehr persönliche Geschichten über den Umgang mit Sportsucht enthalten.[94] Wir empfehlen auch, sich einer Onlinegruppe anzuschließen, in der sich Menschen mit Sportsucht austauschen. Einer unserer Favoriten ist https:// exercise-addiction.supportgroups.com (englischsprachig). Die Seite ist kostenfrei und anonym, Sie sollten sich aber bewusst sein, dass sie nicht von Experten moderiert wird und keine professionellen Behandlungsratschläge bietet – es ist schlicht und einfach ein Raum, um sich mit anderen Leuten, die auch mit Sportsucht kämpfen, zu unterhalten.

Nicht ich, sondern du

Sportsucht ist ein sehr sensibles Thema. Es kann enorm merkwürdig und schwierig sein, jemanden damit zu konfrontieren und mit ihm rational darüber zu sprechen, mal ganz davon abgesehen wie schwierig es ist, zu intervenieren. Wenn Sie dieser jemand sind, kann es schon ausreichend sein, dieses Kapitel zu lesen, um ein Bewusstsein und einen Ansporn zur Änderung zu entwickeln.

In Kapitel 6 »Ich fühle mich dick« haben wir einige Strategien für Gespräche mit Menschen, die unter einer Essstörung leiden, vorgestellt. Gespräche mit Sportsüchtigen sind in vielfacher Weise ähnlich. Das Ziel ist es, ein Bewusstsein zu entwickeln und dem Süchtigen dabei zu helfen, einen Antrieb zur Änderung seines Verhaltens zu finden. Das erreichen Sie, indem Sie empathisch und ehrlich sind, aber nicht werten und – ganz wichtig – den Betroffenen in Richtung der richtigen Hilfsmittel und professioneller Hilfe bringen, damit er die Sucht bekämpfen kann. Leider kommt es vor, dass Menschen an einem Freund oder Familienmitglied ein Verhalten entdecken, das auf Sportsucht hinweist, es aber nicht ansprechen, weil sie Angst haben, dass der Betroffene beleidigt sein oder ihm das peinlich sein könnte. Wenn Sie wissen möchten, wie ein solches Gespräch ablaufen kann, lesen Sie den Beispieldialog etwas weiter hinten in diesem Kapitel.

Denken Sie daran, dass Sportsucht aus biologischen (Toleranz, Entzug) und psychologischen (Angst, Kontrollbedürfnis) Komponenten besteht. Wenn man jemanden davon zu überzeugen versucht, weniger zu trainieren, weil sich durch das Training eine Verletzung verschlimmert, ist das ungefähr so effektiv wie einem Raucher zu sagen, er solle mit dem Rauchen aufhören, weil es Lungenkrebs verursachen kann (das weiß jeder Raucher bereits). Der erste Schritt besteht also darin, zu ändern, wie Sie reden und wie Sie dem Betroffenen zuhören. Natürlich können Sie niemanden dazu zwingen, sich zu ändern oder sich Hilfe zu suchen, aber Sie können Ihre ehrliche Sorge um ihn ausdrücken, Unterstützung bieten und ihm sagen, wo er professionelle Hilfe bekommt. Wie bei allen sensiblen Themen spielt die Ausdrucksweise eine wichtige Rolle. Schauen Sie sich dazu mal die Tabelle etwas weiter hinten an, um ein paar Tipps zu entdecken, die dafür sorgen, dass Sie nicht wie ein scheinheiliger Idiot klingen.

Es ist nie leicht, über unangenehme oder persönliche Dinge zu reden. Anbei ein Beispiel eines Gesprächs mit einem Freund, das als Inspiration dienen kann. Das Gespräch findet mit Ihrem Freund Matt statt, einem Ultraläufer, von dem Sie vermuten, dass er an Sportsucht leidet.

Sie: Hey Matt, ist es in Ordnung, wenn ich dich etwas Persönliches frage?

Matt: Klar. Worum geht's?

Sie: Ich mache mir ein bisschen Sorgen um dich … na ja, um dein Training. Ich weiß, dass Ultras viel Disziplin haben und verdammt viele Kilometer runterreißen müssen, aber ich habe das Gefühl, dass bei dir noch etwas anderes im Busch ist. Es wirkt so, als würdest du ständig nach Wegen suchen, um immer mehr zu machen. Es ist nicht nur das Rennen, sondern dass du immer neue kreative Möglichkeiten findest, wie du dich auspowern kannst. Die Wohltätigkeitsläufe, die du organisierst, die Erinnerungsläufe, jedes Jahr dein Alter zu laufen. Ich weiß, dass dir diese Dinge wichtig sind – aber ich frage mich, ob das der einzige Grund ist, warum du das alles machst. Wie siehst du das?

Matt: Mensch, Kumpel, du weißt, dass ich das Laufen liebe. Stimmt, von außen könnte es so aussehen, als wäre ich ein Irrer, aber die Geschichten dieser Menschen berühren mich einfach. Zum Beispiel Stevey. Vor ihm türmen sich diese enormen Arztrechnungen auf. Das ist so furchtbar. Ich muss doch etwas tun, um ihm zu helfen …

Sie: Verstehe ich total. Es ist schlimm, was mit Steve passiert ist, und ich finde es toll, dass du ihm helfen willst. Aber ich rede hier nicht über Steve. Ich rede über dich … über den Schaden, den du vielleicht bei dir anrichtest, und über die anderen Gründe, warum du das vielleicht alles machst. Was sagst du dazu?

Matt: Was meinst du genau?

Sie: Ich frage mich, was hinter deinem Bedürfnis steckt, so viel zu machen. Also, wie es sich anfühlt, wenn du nicht laufen kannst oder nicht läufst.

Matt: Dann fühle ich mich mies. Laufen ist ein so großer Teil von mir. Es hilft mir, mit dem Leben klarzukommen. Es ist meine Therapie, Mann.

Sie: Du machst also so viel, weil dir das dabei hilft, weniger Angst zu haben oder über Sachen nachzudenken? Kannst du mir helfen, das etwas besser zu verstehen?

Matt: Ich glaube schon. Ich glaube, wenn ich das Laufen nicht hätte, würde ich komplett neben der Spur laufen. Verstehst du? Ich wäre dann wahrscheinlich Alkoholiker oder würde mich mit ungesundem Essen vollstopfen.

Sie: Also fühlt es sich für dich gut an, wenn du bestimmte Dränge in etwas Gesundes kanalisierst? Das kann ich nachempfinden.

Matt: Genau.

Sie: Nur empfinde ich dein Laufen im Moment nicht als besonders gesund. Deine Persönlichkeit hat sich im Laufe des letzten Jahres etwas verändert. Ich weiß, dass Margie gerne mehr Zeit mit dir verbringen würde, und ich weiß, dass die Jungs dich bei unseren Wochenenden vermissen. Und du hast auch immer noch das Problem mit der Wade, oder?

Matt: [denkt nach]

Sie: Wie wäre es, wenn du mit jemandem darüber reden würdest? Einfach mal einige der Dinge hinter dem Laufen durchforsten und vielleicht ein bisschen Gleichgewicht zurückgewinnen, ohne deine Wohltätigkeitsengagements zu beeinträchtigen.

Matt: Du meinst einen Seelenklempner?

WIE MAN ÜBER SPORTSUCHT SPRICHT

DINGE, DIE MAN SAGEN ODER TUN SOLLTE	DINGE, DIE MAN NICHT SAGEN ODER TUN SOLLTE
Verwenden Sie »Ich«-Aussagen, wenn Sie Ihre Sorgen aussprechen, so wie »Ich sorge mich um dich« oder »Ich mache mir Sorgen um dich«.	Legen Sie den Schwerpunkt nicht auf den Sport oder das Training. Sagen Sie nicht »Du trainierst zu hart« oder »Du musst nicht so lange laufen«. Sie können die Verhaltensweisen ansprechen, die Ihnen aufgefallen sind, sollten sich dabei aber auf die Gefühle konzentrieren.
Lassen Sie die Person wissen, dass es sicher ist, mit Ihnen zu reden und dass Sie sie nicht verurteilen oder kritisieren werden: »Als dein Freund mache ich mir wirklich Sorgen um dich. Ich werde dich nicht verurteilen und kritisieren. Ich möchte nur wissen, wie ich dir helfen kann.«	Verwenden Sie keine Sprache, die anklagend wirkt oder impliziert, dass die Person etwas falsch macht. Natürlich wissen Sie, dass sie wahrscheinlich etwas falsch macht. Wenn Sie auf das Offensichtliche hinweisen, zwingt das Ihr Gegenüber jedoch in die Defensive.
Ermutigen Sie sie dazu, ihre Gefühle auszudrücken, und denken Sie daran, dass es wichtig ist zu verstehen, wie die Person sich fühlt, nicht zu erklären, wie Sie sich fühlen: »Ich weiß, dass es ziemlich hart ist, darüber zu reden, aber kannst du mir helfen zu verstehen, wie es sich für dich anfühlt?«	Nehmen Sie nicht die Rolle des Therapeuten ein und versuchen Sie nicht, die Dinge zu richten. Sie müssen nicht alle Antworten parat haben! Viel wichtiger ist es, dass Sie zuhören und der Person dabei helfen, sich dabei wohlzufühlen, sich Ihnen zu öffnen.
Wenn die Person nicht sehr gesprächig ist, versuchen Sie die Stille länger als normal nachklingen zu lassen, um ihr mehr Zeit zum Reden zu geben. Peinliche Stille mag niemand. Normalerweise wir Ihr Gesprächspartner diese Stille füllen, wenn Sie Ihren eigenen Drang zu reden unterdrücken können.	Verwenden Sie keine manipulativen Aussagen oder Begriffe, die zum Thema haben, welche Auswirkungen das Problem auf andere Menschen hat. Das kann alles nur noch verschlimmern und den Grad der Verleugnung steigern: »Wenn dir etwas daran liegen würde, dass das hier funktioniert, würdest du aufhören, so viel zu trainieren.«
Ermutigen Sie die Person, Hilfe zu suchen, und erklären Sie ihr, dass sie mit ihr gehen und da sein werden, wenn sie gebraucht werden: »Wenn du möchtest, können wir gemeinsam zu jemandem gehen. Einfach alles mal durchsprechen.«	Verzichten Sie auf Drohungen, vor allem wenn Sie eine Art von Kontrolle oder Autorität über die betreffende Person haben, zum Beispiel als Elternteil oder Trainer. Das macht eine ohnehin schon stressige Erfahrung für den Betroffenen noch stressiger und kann zu einer Verschlimmerung des Verhaltens führen. »Wenn du nicht weniger trainierst, dann kannst du auch nicht [mitmachen, dabei sein, verwenden, …].

Sie: [lachend] Ich weiß nicht, ob du einen Seelenklempner brauchst. Ich glaube nur, dass es dir helfen würde, mit jemandem darüber zu sprechen, was dahinter steckt. Dass dir das eine neue Perspektive eröffnen könnte. Weißt du, das würde dir vielleicht dabei helfen, dass du dich mit all dem weniger allein fühlst oder dass du verstehst, warum du so viel laufen willst.

Matt: Hmm. Vielleicht.

Sie: Na ja, denk mal darüber nach. Es ist in Ordnung, mit irgendetwas nicht klarzukommen. Ich habe zum Beispiel damit zu kämpfen, weniger Alkohol zu trinken. Vielleicht sollten wir nach einem Rabatt fragen, einem Zwei-für-eins-Sonderpreis.

Matt: Haha. Okay, mach ich.

Sie: Du bist einer meiner besten Freunde und ich stehe hinter dir. Du kennst mich, ich bin ein dickköpfiger Esel und ich werde nicht lockerlassen. Lass uns nächste Woche noch mal darüber reden, wenn du ein bisschen Zeit hattest, darüber nachzudenken.

Matt: Alles klar. Hey, danke, Mann, ich weiß, dass ich dir wichtig bin.

Wenn Sie den Eindruck haben, dass nichts, was Sie sagen, zu dem anderen durchdringt, könnten Sie dasselbe Gespräch – natürlich vertraulich – auch mit der Ehefrau oder Freundin (beziehungsweise Ehemann/Freund) des Sportlers führen. Manchmal hilft es, wenn unsere Bedenken unterstützt werden.

Allgemeine Hilfe

Es gibt aktuell keine evidenzbasierten Programme oder standardisierte Behandlungsprotokolle für Menschen, die unter Sportsucht leiden. Wir hoffen, dass sich das in naher Zukunft ändert. Wie dem auch sei, es gibt einige vielversprechende Ansätze, die auf der Behandlung anderer Verhaltensabhängigkeiten basieren, wie Wettsucht, Spielsucht und so weiter. Obwohl die Behandlungsansätze recht unterschiedlich sind, beruhen die meisten auf kognitiver Verhaltenstherapie – dabei wird versucht, die Art, wie jemand denkt und handelt, zu ändern, um dadurch auch zu ändern, wie er sich fühlt. Behandlungsangebote und weitere Hilfen werden meist von privaten Gruppen zur Verfügung gestellt,[95] es gibt aber sicher in Ihrer Nähe auch Therapeuten, die sich auf Verhaltensabhängigkeiten spezialisiert haben. Sie könnten zum Beispiel Therapeutenverzeichnisse im Internet nach einem geeigneten Therapeuten durchsuchen, für Deutschland zum Beispiel bei http://www.zns-deutschland.de, https://www.neurologen-und-psychiater-im-netz.org.

DER TAPERING-KOLLER
EIN SPEZIELLER FALL VON TRAININGSENTZUG

Wenn Sie ein Ausdauersportler sind, der an Wettkämpfen teilnimmt, stehen die Chancen gut, dass Sie sich mit Tapering auskennen. Technisch gesehen ist Tapering eine fortschreitende, nicht lineare Reduktion des Trainingsumfangs für unbestimmte Dauer. Ziel ist es, den körperlichen und psychologischen Stress des täglichen Trainings zu reduzieren und die sportliche Leistung zu optimieren.[96] Fast jeder Sportler profitiert vom Tapering, und die Wissenschaft ist sich sehr sicher, warum es so gut funktioniert.[97]

Das ist also der wissenschaftliche Teil. Wie ein Ausdauersportler Tapering tatsächlich erlebt, sieht jedoch eher so aus: Eine Woche, bevor es losgeht, verspüren Sie eine wahnsinnige Sehnsucht danach und freuen sich – das ist wie ein kurz bevorstehender Urlaub. Sie träumen von all den Dingen, die Sie in Ihrer freien Zeit machen möchten, und das macht die mörderische Schinderei des letzten großen Trainingsblocks irgendwie erträglicher. Wenn Tag 1 des Taperings endlich da ist, genießen Sie die extra Stunde im Bett, das gute Gefühl, länger als 20 Uhr aufzubleiben und wieder ein bisschen Gleichgewicht in Ihr Leben zu bekommen. Ihr Partner liebt diesen Teil des Taperings wahrscheinlich genauso sehr wie Sie. Er/sie hat Sie endlich wieder, und zwar nicht das komatöse erwachsene Kind, das kaum dazu in der Lage ist, einfache Hausarbeiten zu übernehmen oder ohne zu jammern die Treppe hochzugehen.

Dann beginnt Phase 2: Mehr freie Zeit bedeutet auch mehr Zeit, um sich darüber Sorgen zu machen, dass Sie bald einen großen Wettkampf zu bestreiten haben; mehr Zeit, um sich Sorgen zu machen, ob Tapering jetzt wirklich gut ist; mehr Zeit, um sich Sorgen zu machen, dass die Fitness abnimmt; mehr Zeit, sich über eine Gewichtszunahme zu sorgen. Und das passiert alles, noch bevor Sie von diesen komischen körperlichen und emotionalen Empfindungen überrollt werden. Sie fühlen sich merkwürdig träge und schlecht und haben eigenartige Phantomschmerzen. »Warum zum Kuckuck tut mein Knie weh?«, »Mist, meine Rippen schmerzen. Hab ich mir im Schlaf was gebrochen?« Die Zweifel setzen ein, Sie beginnen, alles übermäßig zu analysieren und fühlen sich mürrisch, frustriert oder lethargisch – oder sogar depressiv und panisch. Sie sind alles, nur nicht die leichte, schwungvolle und erfrischte Person, die Sie in zehn Tagen sein müssen. Was zur Hölle ist los? Willkommen beim Tapering-Koller.

Kaum jemand spricht über die dunklen Seiten des Taperings, aber wenn Sie aus einer enormen chronischen Trainingsbelastung ins Tapering gehen, ist es sehr wahrscheinlich, dass Sie einen Tapering-Koller erleiden. Viele der psychologischen Erfahrungen, die man dabei erlebt, sind verwandt mit denen eines Drogenentzugs, weil genau das zum Teil im Körper und im Gehirn passiert.[98] Es muss nicht so schlimm ablaufen wie die Entzüge, die man in Film und Fernsehen sieht (wie in *Trainspotting*). Doch nachdem Sie sich über Monate hinweg mit einer Verhaltensdroge gefüttert haben, wird Ihr Schimpansenhirn mit Neurotransmittern geflutet. Wenn der Neurotransmitter-Hahn zugedreht wird (oder präziser ausgedrückt herunterreguliert), ist der Schimpanse stinksauer! Das wird dann noch mit den Muskel-Skelett-Anpassungen, die durch die Ruhe bedingt sind, kombiniert, und schon beginnt das kognitive Beurteilungssystem, Überstunden zu schieben. »Och nein, ich fühle mich richtig scheiße!«, »Verliere ich meine Fitness?« »Habe ich mein Tapering richtig angesetzt?« Das ist eine Spirale, die Sie unterbrechen müssen, wenn Sie keine Tapering-Koller mehr erleiden wollen.

★ **Was Sie tun können:** Als Erstes sollten Sie das, was in Ihrem Körper geschieht, anerkennen und akzeptieren. Genauso wie Sie mürrisch und gereizt werden, wenn Sie keinen Kaffee bekommen (vorausgesetzt Sie sind koffeinsüchtig), rebelliert Ihr Körper jetzt, weil ihm sein regulärer Trainingsanreiz entzogen wurde. Das ist eine normale psychologische Reaktion, die nicht bedeutet, dass Sie an Fitness verloren oder eine neue Verletzung erlitten haben oder dazu bestimmt sind, einen enorm schlechten Wettkampf zu laufen. Sobald der Reiz zurückkehrt, werden Sie wieder aus allen Rohren schießen. Versuchen Sie, diesen Entzug als Chance zu sehen, Ihre Sensibilität für den Trainingsreiz zu steigern. Wenn Sie wieder zum normalen Trainingsplan zurückkehren oder in den Wettkampf gehen, werden Sie voller neuer Energie und unglaublich fokussiert sein.

Zweitens sollten Sie Trainingseinheiten während des Taperings sehr bewusst einsetzen. Versuchen Sie Trainingsarten zu finden, die Sie »offen« halten, aber bringen Sie Ihre verschiedenen Energiesysteme nicht zu lange in den roten Bereich. Wenn Sie beispielsweise ein Läufer sind, könnten Sie kurze Erholungsläufe einbauen, die zwei oder drei 10- bis 20-sekündige »Pickups« (eine allmähliche Erhöhung der Geschwindigkeit bis zum vollen Sprint) beinhalten.

KAMPF
NEUE KAMPFFÄHIGKEITEN ERLANGEN

9

ICH VERLASSE NICHT GERNE MEINE KOMFORTZONE

DIE ÜBERWINDUNG DER ANGSTBARRIERE

Ich werde dieses Mal keinen Krankenwagen rufen, denn wenn ich das mache, lernst du nichts. – BRIAN GRIFFIN, *FAMILY GUY*

Es ist ätzend, bei etwas schlecht abzuschneiden. Es nervt noch mehr, wenn andere Leute einem dabei zusehen. Und am meisten nervt es, wenn andere Leute das Gleiche tun wie man selbst und dabei *nicht* schlecht abschneiden. Willkommen in der Welt des Laufens, Radfahrens und Schwimmens in der Öffentlichkeit! Hand aufs Herz: Die meisten von uns sind lieber in etwas schlecht, wenn niemand sonst dabei ist. Schon der Gedanke daran, bei etwas nicht besonders gut zu sein, reicht für manche aus, um Situationen zu vermeiden, in denen sie beobachtet, bewertet und beurteilt werden. Wie etwa bei Wettkämpfen. Und mit Wettkämpfen meinen wir nicht das örtliche Rennen des Fahrradvereins durch die Altstadt, sondern offizielle Wettkämpfe: Man zahlt eine Anmeldegebühr, steckt sich eine Nummer an und tritt gegen andere Mitstreiter an. Die Ergebnisse werden veröffentlicht und alle können sie sehen. *Schluck*.

Wie kann ein und dieselbe Situation für den einen aufregend und belebend sein, bei anderen aber schieren Horror auslösen und ein Vermeidungsverhalten hervorrufen? Es ist normal, dass wir Dinge vermeiden, bei denen wir Sorge haben, sie erfolgreich durchführen zu können, und wissen, dass ein katastrophaler Fehler nicht unbemerkt bleiben wird. Hier geht es natürlich zum Teil, aber nicht ausschließlich, um Zutrauen. So kann ich beispielsweise null Zutrauen haben, dass ich eine Minute lang mit Orangen jonglieren kann, probiere es aber trotzdem. Worin liegt also der Unterschied? Wie sehr mich das Ergebnis kümmert? Ob ein Publikum anwesend ist? Was auf dem Spiel steht? Was der Mangel an Können in diesem Bereich meiner Meinung nach über mich als

Person aussagt? Die folgenden Beispiele stammen von Sportlern, denen wir geholfen haben (wir haben ihre Namen geändert, um die Unschuldigen zu beschützen).

> Ich habe jetzt sechs 70.3er gemacht und glaube, dass ich es gut im Griff habe, wie ich sie angehe. Ich würde unheimlich gerne einen Ironman probieren, aber ich habe ein bisschen Angst davor. Ich meine, die sind so elend lang! Ich entdecke einen Ironman-Wettkampf, von dem ich denke, dass ich damit gut einsteigen könnte, und dann traue ich mich doch nicht. Für den Ironman in Arizona habe ich mich sogar angemeldet, ihn dann aber doch sausen lassen. Ich habe irgendeine Story von einer Verletzung erfunden, aber mir fehlte gar nichts. Ich hatte nur Schiss. Oh Gott, du bist der einzige Mensch, dem ich das jemals erzählt habe!
>
> Dan, 32, Triathlet

> Ich weiß, dass wir Trainingsrennen machen sollen, aber ich finde es so schwer, nicht hundertprozentig auf ein Rennen vorbereitet zu sein. Mein Coach meint, dass das meinem Training hilft, aber es ist hart, mit müden Beinen ein Rennen zu laufen, wenn man tatsächlich konkurrenzfähig sein will! Ich weiß, was die Leute wahrscheinlich sagen werden: »Oh, die ist ja gar nicht so schnell, wie ich dachte.« Das geht mir echt an die Nieren!
>
> Janine, 27, 10-Kilometer- und Halbmarathonläuferin

> Jeder sagt mir, ich müsste meine Profilizenz jetzt endlich ziehen. Ich schlage mich ganz gut in den Amateurrennen und meine Zeiten liegen durchschnittlich im Profibereich. Ich weiß, ich sollte es wahrscheinlich tun – aber es ist ein großer Schritt. Ich bin mir nicht sicher, dass ich mental dazu bereit bin, also in jedem Rennen geschlagen zu werden, verstehst du?
>
> Antonio, 26, Triathlet

> Ich werde ständig Tiefstapler genannt, aber was die Leute nicht verstehen, ist, dass es eine völlig andere Sache ist, ein Rennen der Kategorie I/II zu fahren. Für mich sind die Masters-Rennen genau richtig. Ich bin alt.
>
> Bev, 40, Radrennfahrerin

Wir möchten nicht andeuten, dass all diese Sportler Angst davor hätten, sich Herausforderungen zu stellen, aber als wir mehr über ihre Hintergründe und Leistungsdaten erfuhren, fiel uns eine Gemeinsamkeit auf. Sie sind alle körperlich dazu in der Lage oder haben die Fähigkeit, sich weiterzuentwickeln und die Herausforderungen einer höheren Klasse anzunehmen. Doch sie haben sich dazu entschlossen, dies nicht zu tun. Um diesem psychologischen Rätsel auf den Grund zu gehen und um Ihr Gehirn dazu zu bringen, eine neue Herausforderung zu genießen, statt Angst davor zu haben, müssen wir über Komfortzonen sprechen. Vor allem über Ihre Komfortzone. Dieses Kapitel soll Ihnen helfen, über die Komfortbarriere zu klettern und sich in die Welt des unheimlichen Unbekannten vorzuwagen. Wenn Sie kein Problem damit haben, sich Unbekanntem zu stellen, sich aber regelmäßig deswegen in die Hosen machen, lesen Sie Kapitel 13.

Die Psychologie der Komfortzone

Wir alle kennen diese Motivationssprüche, die den Wert des Lebens außerhalb irgendeiner metaphysischen Komfortzone anpreisen. Ich weiß nicht, wie es Ihnen geht, aber triviale und gefährliche Ratschläge wie »Tun Sie jeden Tag etwas, das Ihnen Angst macht« gehören nicht gerade zu den Lebensregeln, die ich gerne befolgen möchte. Mir macht es Angst, über die Straße zu rennen, ohne nach rechts und links zu schauen, oder ins Wasser zu springen, ohne zu wissen, wie tief es ist – aber diese Ratschläge sind wohl kaum Strategien, um sich lebendig zu fühlen, und noch viel weniger, um am Leben zu bleiben.

Nein, wir haben aus einem ganz bestimmten Grund Angst, und dieser Grund heißt G-E-F-A-H-R. Das Problem ist nur, dass unser Schimpanse Gefahr ganz anders definiert als unser Professor (unser Frontallappen oder unser wahres Ich). Wie Sie aus Kapitel 1 »Hallo, Hirn!« wissen, läuft unser Schimpanse nur auf Emotion und ist darauf ausgerichtet, uns von der Gefahrenzone fernzuhalten und uns, wenn es absolut notwendig ist, in eine Kampfmaschine zu verwandeln, um sicherzustellen, dass wir diesen Tag überleben. Wenn wir hingegen wissen, dass wir körperlich und psychologisch sicher sind, können wir selbst unheimliche Dinge als aufregend empfinden. Denken Sie nur an Achterbahnen, Spukschlösser oder Horrorfilme.

Wir wollen auch nicht unter den Tisch fallen lassen, dass es manche Menschen gibt, die so sehr nach dem Reiz extremer Erlebnisse suchen, ja geradezu danach gieren, dass nur lebensbedrohliche Situationen ihre Bedürfnisse befriedigen können. Im Sport kennen wir zum Beispiel Base-Jumper, Freeclimber, Skydiver, Extremskifahrer, Wingsuit-Flieger und so weiter. Kognitive Wissenschaftler haben eindeutige Beweise dafür gefunden, dass die Hirnchemie der Adrenalinjunkies sich grundlegend von Ihrer (wobei ich davon ausgehe, dass Sie keiner von ihnen sind) und meiner unterscheidet, was zum Teil an deren fehlerhaften Steuerungen zur Ausschüttung und der Aufnahme von Dopamin – dem chemischen Botenstoff des Gehirns für Belohnung und Freude – liegt.[99] Es ist sicher nicht verwunderlich, dass die Suche nach Gefahr mit anderen Verhaltensweisen in Zusammenhang gebracht wird, die ebenfalls durch ein Ungleichgewicht im Dopaminsystem entstehen, wie etwa Drogen, Alkohol und Sex.[100] Also denken Sie zweimal darüber nach, bevor Sie einen Base-Jumper heiraten (ist nur Spaß).

Wenn ein »normales« Gehirn über bedrohliche Situationen nachdenkt, senden die primitiven Fraktionen (limbisches System) chemische Botschaften an die modernen Teile (Frontallappen, unser Professorenhirn). Diese Botschaften sollen die modernen Teile davon überzeugen, gemeinsame Sache mit den Alten zu machen und uns von der Gefahrenzone fernzuhalten. Warum? Weil das Schimpansenhirn denkt, dass [fügen Sie hier Ihre eigene bedrohliche Situation ein] nichts anderes als eine Jauchegrube voller physischer und psychologischer Risiken ist. Unser Professorenhirn weiß, dass der Tod oder ein körperlicher Schaden ziemlich unwahrscheinlich ist: Sportler ertrinken zum Beispiel ziemlich selten, ihre Organe explodieren in der Regel nicht und sie verlieren auch keine Gliedmaßen während eines Rennens. Es könnte aber davon überzeugt werden, dass ein psychologischer Schaden denkbar wäre.

Drei der gefürchtetsten psychologischen und emotionalen Messer, die das Schimpansenhirn auf keinen Fall in den Rücken bekommen will, sind Erniedrigung (»Mache ich mich damit zum

Affen?«), Verlegenheit (»Mache ich das richtig?«) und Unzulänglichkeit (»Bin ich gut genug?«). Natürlich empfinden wir nicht alle so. Sie müssen nur mal in eine Karaokebar oder in ein Mitmach-Theater gehen oder *Wer wird Millionär* schauen, um festzustellen, dass manche Leute sich einen Dreck darum scheren, wenn sie wie der letzte Idiot aussehen. Zu diesen Leuten kommen wir gleich. Einstweilen können wir eine statistisch solide Wette darauf abschließen, dass die meisten von uns den Gedanken nicht mögen, dass in der Öffentlichkeit über sie gelacht wird.

Damit wir Gefühle wie Verlegenheit, Erniedrigung oder Unzulänglichkeit nicht ertragen müssen, schaffen wir Komfortzonen. Eine Komfortzone ist schlicht und einfach ein psychologischer Zaun, den wir um uns herum errichten, um etwas zu beschützen, bei dem wir uns verletzlich fühlen. Der psychologische Zaun ist eine Verhaltensgewohnheit – eine Handlung, die wir ausführen, um Konfrontation zu vermeiden. Eine milde Variante davon erleben wir recht häufig: Zögern. Innerhalb des Zauns zu bleiben, verleiht uns ein Gefühl der Sicherheit und Geborgenheit – eine beruhigende Vorhersehbarkeit. Hinter dem Zaun liegt hingegen das Unbekannte, von dem wir annehmen, dass es Unbehagen, Angst, Versagen und Verurteilung mit sich bringt. Unter diesen Umständen ist es kein Wunder, dass manche Menschen sich dazu entschließen, überhaupt nicht bei einem Wettbewerb anzutreten oder in eine höhere Leistungskategorie zu gehen, eine neue Distanz zu probieren oder an einem Rennen teilzunehmen, für das sie sich nicht gut genug vorbereitet fühlen.

Komfortzonen sind normale und anpassungsfähige Reaktionen, um den inneren Frieden zu wahren. Wir haben alle welche, das ist so menschlich wie Small Talk im Büro. Die meisten Komfortzonen sind sehr hilfreich: Sie zeigen sich als Gewohnheiten oder Routinen, die das Denken aus unseren täglichen Aufgaben nehmen (und damit auch den Stress). Normalerweise behalten wir unsere unterschwelligen Verletzlichkeiten für uns, und das tun wir aus gutem Grund. Zuzugeben, dass wir Fehler haben, und diese Fehler dann der ganzen Welt zu zeigen, macht uns eine Höllenangst.

> **Machen Sie sich bewusst: Komfortzonen sind vollständig imaginär – wie ein emotionaler Gipsverband für ein Bein, das gar nicht gebrochen ist.**

Komfortzonen werden von uns erfunden, sie sind Hirngespinste unserer Vorstellungskraft. Einer Vorstellungskraft, die von unserem Schimpansen gekapert wurde und ausschließlich darauf ausgelegt ist, uns am Leben zu erhalten, Unbehagen zu minimieren, Freude zu maximieren und – *Trommelwirbel!* – unser Ego zu beschützen. Unser Gehirn verdient einen Nobelpreis für das Beschützen unseres Egos und unseres Selbstbilds, also der Wahrnehmung, die wir darüber haben, wer wir unserer Meinung nach sein sollen. Unser Schimpansenhirn lügt, betrügt und stiehlt, um diesen Schein aufrechtzuerhalten. Zumindest nach außen.

Manche Komfortzonen sind ziemlich trivial und man kann leicht mit ihnen leben. So wie etwa weiterhin allein zu schwimmen, weil der Gedanke, in eine Masters-Schwimmgruppe zu gehen,

Ängste darüber wachruft, zu langsam zu sein, keine Rollwende hinzubekommen, nur Brustschwimmen zu können oder als jemand entlarvt zu werden, der keine Ahnung hat, wie der Hase läuft. Andere Komfortzonen sind trivial und einfach nur lustig, wie etwa die Unfähigkeit, vor seinem Partner aufs Klo zu gehen. Manche Komfortzonen sind erträglich, aber frustrierend, zum Beispiel immer mit dem Duschen warten zu müssen, bis man zu Hause ist, weil der Gedanke daran, nackt in einer Umkleidekabine zu stehen, Schweißausbrüche verursacht. Manche sind ein bisschen nervig – auch für andere –, wie etwa die Neigung, das Wort »Rennen« zu vermeiden, weil der Gedanke an einen Kopf-an-Kopf-Wettkampf ein Feuerwerk an Ängsten vor Aggression, Peinlichkeiten und Versagen hochgehen lässt. Womöglich hält Sie Ihre Komfortzone davon ab, in einem Rennen wirklich Gas zu geben, weil Sie Angst vor den Schmerzen haben oder davor, es zu vergeigen oder – am allerschlimmsten – das Rennen nicht zu beenden. Denn wenn Sie schließlich da draußen alles gegeben haben und das *immer* noch nicht reicht, was sagt das dann über Sie aus? Andere Komfortzonen sind sehr ernst und ein Rezept für langfristiges Leid, wie aus Angst vor Zurückweisung feste Beziehungen zu vermeiden oder in einem Job auszuharren, den man hasst, weil man nicht weiß, was man sonst machen könnte, und irgendwie seine Rechnungen bezahlen muss.

Wer mit einem mentalen Geschwindigkeitsregler lebt und immer nur sichere Entscheidungen trifft, führt ein Leben voller Langeweile und Selbstgefälligkeit. Ein Durchbruch im Glücklichsein, Selbsterkenntnis und mentale Stärke erfordern neue Erfahrungen – und die besten Erfahrungen für unser Gehirn liegen da draußen, wo die Kobolde leben. Bevor wir zu den praktischen Strategien kommen, brauchen wir aber erst mal einige Grundregeln.

Grundlagen, damit Sie sich beim Unwohlfühlen wohler fühlen

Erkennen Sie, dass Handlungen scheitern können, Menschen aber nicht. Eines unserer größten Fehlurteile ist, einen gescheiterten Plan mit einer gescheiterten Person gleichzusetzen. Pläne scheitern. Handlungen scheitern. Menschen aber sind keine Fehlschläge. Das Entscheidende ist, was wir mit unseren gescheiterten Plänen und Aktionen (oder den Gedanken des Scheiterns) machen. Lernen wir etwas daraus? Ignorieren wir sie? Das Schlimmste, was wir tun können, ist aufzugeben, wenn die Konsequenzen nicht körperlich bedrohlich sind. Denn wenn die Konsequenzen nicht lebensbedrohlich sind (oder Verletzungsgefahr besteht), ist Durchhalten in nahezu jeder Situation die beste Option für unser Gehirn. Es gibt zunehmend wissenschaftliche Beweise dafür, dass im Gehirn wahrscheinlich neuronale, molekulare und hormonelle Änderungen stattfinden, die uns dabei helfen, in Zukunft besser vorbereitet, anpassungsfähiger und widerstandsfähiger zu sein, wenn wir lernen, Rückschläge und Versagen durchzustehen.[101] Wissenschaftler nennen die Fähigkeit des Gehirns, sich in Reaktion auf neue Erfahrungen physisch zu verändern, *Neuroplastizität*.

Lernen Sie, Ihre Ziele umzustrukturieren. Zwingen Sie Ihr Gehirn dazu, etwas zu sein, das Sie immer unter Kontrolle haben, auch bei einer neuen Erfahrung, die Ihre Komfortzone sprengt. Wenn das Ziel unter Ihrer Kontrolle ist, können Sie Erfolg und Misserfolg immer nach Ihren eigenen Maßstäben definieren. Sobald Ihr Ziel erfordert, dass andere Leute zustimmen müssen, haben Sie ein Problem. Das beste Ziel basiert auf dem Einsatz, den Sie bringen wollen, nicht darauf, wie lange es dauert, das Ziel zu erreichen, wo es beendet wird oder wie andere das sehen: »Egal, was heute passiert, ich bin damit einverstanden, unter den gegebenen Umständen mein Bestes zu geben.« Vielleicht sind Sie unfit oder nicht gut genug vorbereitet oder der langsamste Teilnehmer in Ihrer Kategorie – das sind die Umstände, aber diese haben keinen Einfluss auf Ihren Einsatz oder auf Ihre Einstellung während der Erfahrung.

Spontane Entscheidungen sind gut für Sie, sogar wenn sie sich als falsch herausstellen. Ja, Sie haben richtig gelesen. Wenn wir unsere Ängste und Bedenken lange genug unangetastet lassen, können sie uns lähmen und wir sind unfähig, Entscheidungen zu treffen. Manchmal ist es gut, impulsiv zu sein. Na los, ich fordere Sie heraus: Treffen Sie einen spontanen Entschluss über etwas Beängstigendes in der Zukunft. Der Zusatz »in der Zukunft« ist wichtig, weil er uns Zeit verschafft, einen Plan auszuarbeiten. Verwechseln Sie das nicht mit Kurzschlusshandlungen, die zur selben Zeit wie die Entscheidung stattfinden, wie etwa sich ein Tattoo stechen zu lassen, wenn man betrunken ist, oder etwas zu kaufen, das man sich nicht leisten kann. Wenn wir uns schnell und im Voraus einem Ziel verpflichten, überwinden wir die Angst vor der Entscheidung, haben aber immer noch Zeit, über die sorgfältige Durchführung unseres Plans nachzudenken. Das ist eine Win-win-Situation für unser Gehirn!

5 SCHRITTE, UM IHRER KOMFORTZONE ZU ENTKOMMEN

Schritt 1: Wählen Sie die Komfortzone, aus der Sie ausbrechen wollen

Wenn Sie kein Bedürfnis verspüren, eine Komfortzone zu verlassen, weil sie trivial ist oder Sie nicht davon abhält, ein Ziel zu erreichen, das wichtig für Sie ist, lautet unser Rat: Lassen sie sie einfach in Ruhe. Ein leichter Fall von Unlogik oder harmloser Heuchelei wird Sie nicht umbringen.

Die Komfortzonen, mit denen wir uns auseinandersetzen müssen, sind diejenigen, die uns davon abhalten, unser Leben in vollen Zügen zu genießen. Denken Sie an alle Situationen, die Sie momentan meiden und warum. Wenn Ihr Verleugnungsmechanismus schon so gut funktioniert, dass Sie alles rechtfertigen können, stellen Sie sich diese Frage: »Welche Dinge in meinem Sportlerleben werde ich mir in zehn Jahren wünschen, anders gemacht zu haben?« Vielleicht der Eintritt ins Masters-Schwimmen? Sich für den Ironman in Kona zu qualifizieren? Den Boston-Marathon zu laufen? Zu sehen, wie weit Sie Ihren Körper in einem Rennen treiben können? Also los, werfen Sie einen Blick über den Tellerrand – auf zu Übung 1!

ÜBUNG 1

DIE KOBOLDE IDENTIFIZIEREN

Drei Komfortzonen, von denen ich mir heimlich wünsche, mich von ihnen befreien zu können:

1

2

3

Kreisen Sie nun die Zone ein, die Ihrer Meinung nach die größte Auswirkung auf Ihr Glück, Ihre Freude oder Ihr Potenzial als Sportler hat.

Schritt 2: Nur mal zusehen

Um den Stress einer einschüchternden Situation zu minimieren, ist es hilfreich, erst mal nur Zuschauer zu sein, statt direkt teilzunehmen. Das ist wie den Zeh prüfend ins Wasser zu halten. Sie sehen, worum es überhaupt geht, bevor sie sich einer Blamage aussetzen. Es hilft auch dabei, falsche Erwartungen oder Vorurteile, die Sie womöglich über eine Herausforderung haben, abzubauen. Das funktioniert natürlich nicht bei allen Komfortzonensprengungen, es hilft aber dabei, eine neue Gewohnheit anzufangen oder etwas anderes Neues zu starten. Vielleicht möchten Sie in eine neue Gruppe eintreten, eine neue Distanz ausprobieren oder sogar eine völlig neue Sportart. Ein guter erster Schritt ist es, einfach hinzugehen und zuzusehen. Das kann jeder! Setzen Sie sich auf die Tribüne, arbeiten Sie als Freiwilliger bei einer Veranstaltung mit, stehen Sie an der Ziellinie oder was auch immer. Erfahren Sie es, ohne es selbst zu erfahren. Anderen, die einem selbst ähnlich sind, dabei zuzusehen, wie sie Erfolg haben, ist eine der effektivsten Strategien zum Aufbau von Selbstbewusstsein.

Schritt 3: Die Angst visualisieren

Wenn wir mit dem Gedanken spielen, eine unserer Komfortzonen zu verlassen und uns den Kobolden zu stellen, sollten wir nicht versuchen, diese ängstlichen Gedanken und Gefühle zu kontrollieren, sondern uns zuerst mal richtig darin suhlen. Ja, genau, wir springen mit Anlauf in dieses imaginäre Szenario und drehen total durch! Das klingt vielleicht verrückt, aber es funktioniert. Die Forschung zur Stressdesensibilisierung (eine Technik zur Steuerung von Ängsten) und zum Feedforward (einer Technik, um durch vorausschauendes Denken und Planen mit der Zukunft zurechtzukommen) zeigt, dass uns eine geistige Zeitreise zu den Worst-Case-Szenarien tatsächlich hilft, indem wir uns der Irrationalität unserer Ängste stellen und Notfallpläne für alles, was schieflaufen könnte, erstellen. Machen Sie dazu nun Übung 2.

Schritt 4: Das Szenario dekonstruieren

Sie haben das bedrohliche Szenario mehrfach visualisiert und Ihren mentalen Film mehrfach abgespielt. Füllen Sie nun das Arbeitsblatt in Übung 3 aus, um ein Drehbuch zu entwickeln, wie Sie diese Erfahrung durchstehen können.

ÜBUNG 2

LERNEN SIE DIE ANGSTERFAHRUNG KENNEN

Es ist nun an der Zeit, die Komfortzone ins Visier zu nehmen, die Sie in Übung 1 als die größte Gefahr für Ihr Glück, Ihre Freude oder Ihr Potenzial als Sportler identifiziert haben. Nachdem Sie diese Übung durchgeführt haben, können Sie sie gerne für die anderen beiden Komfortzonen wiederholen, aber gehen Sie nur eine Komfortzone pro Übung an.

Nehmen Sie eine ruhige, bequeme Position ein. Schließen Sie die Augen und visualisieren Sie das bedrohliche Szenario. Stellen Sie sich all die Aspekte der Situation vor, vor denen Sie sich am meisten fürchten. Versuchen Sie diese wirklich zu empfinden – Geräusche, Gerüche, Anblicke, die anwesenden Menschen, die Gedanken und Gefühle. Sehen Sie dabei zu, wie sich die Ereignisse entfalten, die Sie ängstigen. Beobachten Sie, was geschieht. Vielleicht gehen Sie durchs Schwimmbad zu Ihrem ersten Masters-Training, ohne den blassesten Schimmer zu haben, was dort abgeht; ratlos, in welcher Bahn Sie schwimmen sollen. Sie hören das Planschen und riechen das Chlorwasser. Sie sehen die Menschen, die Sie anstarren. Heimlich wünschen Sie sich Ihre eigene Bahn. Oder vielleicht ist Ihre Angst, bei Ihrem ersten Radrennen in Kategorie I/II abgehängt zu werden oder bei Ihrem ersten Rennen als Profi als Letzter ins Ziel zu kommen.

Wiederholen Sie als Nächstes die Visualisierung. Stellen Sie sich nun aber vor, ein erfahrener Außenseiter zu sein, und tun Sie so, als ob Sie jemand anderen dabei beobachten, wie er die exakt gleiche Situation durchlebt. Konzentrieren Sie sich auf die Gedanken und Gefühle, die Sie über diese Person haben, der Sie dabei zusehen, wie sie die gleichen Dinge macht, die Sie gemacht haben. Inwiefern verändern sich Ihre Gedanken und Gefühle, während Sie beobachten, wie jemand anderem dieselben »Fehler« unterlaufen? Stellen Sie fest, dass Sie mitfühlender und solidarisch sind? Gleichgültig? Sie haben nun gelernt, was tatsächlich in den Köpfen der Menschen vor sich geht, vor denen Sie so viel Angst hatten. Nutzen Sie dieses Wissen, um Ihr Drehbuch zum Überleben der Erfahrung in Übung 3 zu erstellen.

ÜBUNG 3

ERSTELLEN SIE IHR KOMFORTJÄGER-DREHBUCH

Es ist jetzt an der Zeit, einen Plan zu entwickeln, um einige der Worst-Case-Szenarien zu bekämpfen. Schreiben Sie in die linke Spalte alle Dinge, vor deren Eintritt Sie sich fürchten. Als Reaktion auf jedes Szenario schreiben Sie zwei positive Aussagen und eine positive Handlung für den Fall der Fälle auf.

Ihre Komfortjäger:

Denken	Sagen	Handeln
Dinge, von denen ich heimlich fürchte, dass sie eintreten könnten	Zwei positive Aspekte, die ich mir ins Gedächtnis rufe, wenn es passiert	Eine positive Handlung, die ich durchführen werde, wenn es passiert

Visualisieren Sie sich nun erneut in derselben Situation wie in Übung 2, konzentrieren Sie sich aber dieses Mal darauf, Ihre Gedanken und Handlungen zu kontrollieren, indem Sie die Strategien aus Ihrem Drehbuch anwenden. Nachdem Sie sich dabei beobachtet haben, wie Sie die Tortur überstanden haben, nehmen Sie sich 30 Sekunden Zeit und lassen Sie das Gefühl, sich Ihren Ängsten erfolgreich gestellt und überlebt zu haben, auf sich wirken.

Jedes Mal, wenn Sie sich dabei ertappen, dass Sie sich über die bedrohliche Situation Sorgen machen, lassen Sie das mentale Bild von sich in der Situation ablaufen: Wie Sie zurechtkommen, weil Sie Ihre positiven Gedanken und Handlungen einsetzen.

Schritt 5: Wagen Sie den Sprung!

Das erklärt sich von selbst.

Die Angstbarriere zu durchbrechen ist eine große Sache. Der Dopaminkick, der erfolgt, wenn man ein vorher scheinbar unüberwindbares Ziel erreicht oder eine unglaublich beängstigende Herausforderung gemeistert hat, ist unbeschreiblich. Neben den neurologischen Vorteilen wachsen Sie direkt ein bisschen. Ihr Selbstvertrauen wächst und Sie legen die Messlatte, was Sie glauben in Zukunft erreichen zu können, neu fest. Wir haben das wieder und wieder bei unseren Sportlern beobachtet. Wir gehen mit ihnen bis zum Abgrund der beängstigenden Szenarien, Ereignisse oder Erfahrungen und erinnern sie permanent an das Komfortzonenmantra »Dieses hier verdienst du dir«. Sie haben die Angst antizipiert, alle möglichen Ausgänge in Betracht gezogen und ihren Schimpansen davon überzeugt, dass die Welt noch nicht untergeht. Und dann springen sie.

Manchmal fühlt es sich wirklich so an, als seien wir Instruktoren für einen Tandem-Fallschirmsprung. Die meisten Sportler können sich selbst bis zur Kante bringen, aber einige brauchen einen kleinen Schubs, um das Flugzeug tatsächlich zu verlassen. Mit manchen muss man ruhig und gelassen reden, andere muss man anbrüllen. Erstaunlicherweise sind manche Sportler danach noch nicht mal erleichtert, dass es endlich vorbei ist, sondern erregt und motiviert. Einige sind in Tränen aufgelöst, andere dankbar, aber alle sind auf irgendeine kleine Art verändert. Ihre Sportleridentität ist gereift. Es kann eine so transformative Erfahrung für Sportler sein, dass wir mittlerweile routinemäßig unsere Trainingsprogramme so erstellen, dass sie regelmäßig Erfahrungen außerhalb der Komfortzone beinhalten.

ZUM TEUFEL, NEIN! ICH GEH DA NICHT HIN …
Die Angst vor der Masters-Schwimmklasse überwinden

Anna ist eine 41-jährige Läuferin, Triathletin und widerwillige Schwimmerin, die mit ihrem Mann und zwei Hunden in Phoenix, Arizona, lebt. Sie hat 15 Marathons absolviert und vor zwei Jahren mit dem Triathlon begonnen. Sie hat eine tolle Laufgruppe, mit der sie zweimal pro Woche trainiert (»Sie sind wie eine Familie geworden«, sagt sie), macht zweimal pro Woche einen Spinning-Kurs im örtlichen Fitnessstudio und fährt sonntags mit Ihrer örtlichen Triathlongruppe Rad. Aber sie schwimmt immer allein.

Schwimmen ist ihre schlechteste Disziplin in den drei Sportarten und das Training, das sie am häufigsten verpasst. Es scheint so, als würde sie immer nach einem Grund suchen, um sich vor dem Schwimmtraining drücken zu können. Es war offensichtlich, dass das Schwimmen Anna uninspiriert, gelangweilt und unmotiviert werden ließ. Wir empfahlen ihr, in eine Masters-Schwimmgruppe zu gehen. Anna fand ein Dutzend Gründe, warum das eine absolut miese Idee war: »Oh, ich muss aber zu anderen Zeiten schwimmen«, »Ich will ja, aber ich muss wirklich erst meine Technik verbessern«, »Ich bin zu langsam – ich schwimme doch nur 2:10/100.«

Schnell wurde klar, dass der wahre Grund, warum sie nicht mit dieser Gruppe schwimmen wollte, der Gedanke daran war, dass sie mit »echten« Schwimmern trainieren würde, und das machte ihr Angst. Sie konnte keine Rollwende und hatte noch nie Kreisschwimmen gemacht (in Kreisen schwimmen, wenn drei oder mehr Leute in einer Bahn sind). Sie hatte sich dazu entschieden, dass allein zu schwimmen die sicherere und komfortablere Option war. Das langweilte sie aber zu Tode und gefährdete ihren Spaß am Triathlon.

Ich (Simon) fragte sie, ob ich ihr helfen dürfte, das noch mal besser zu durchdenken. Widerwillig stimmte sie zu. Ich fand eine örtliche Masters-Gruppe, die sich montags, mittwochs und freitags um 6:30 Uhr, um 12:00 Uhr und um 18:00 Uhr traf. Ich sagte ihr, dass sie sich in der kommenden Woche zwei Trainings ansehen sollte. Das Zusehen sollte ein Teil ihres »Trainings« sein, und wir fügten es ihrem Kalender für Trainingshöhepunkte hinzu. Während sie beim Masters-Training zusah, sollte Anna eine mentale Notiz von der Struktur jeder Session machen und davon, ob sie etwas Überraschendes beobachtete. Am Ende der Woche sprachen wir über ihre Erfahrungen. Sie hatte bemerkt, dass Leute mit ganz unterschiedlichen Fähigkeiten anwesend waren, etwa fünf oder sechs Schwimmer, die keine Rollwende machten, und manche, die am Beckenrand saßen, wenn sie ein Intervall ausfallen lassen wollten.

Ich führte sie durch eine begleitete imaginäre Übung, in der sie an der Session teilnehmen würde, die sie gerade beobachtet hatte, und ermutigte sie dazu, sich selbst dabei zu visualisieren, wie sie es verkackte. Anna vervollständigte dann ihr Komfortjäger-Drehbuch (siehe Seite 221). Wie sich zeigte, hatte sie viel mehr Ängste, als sie zugab. Nachdem sie ihre Einträge überdacht hatte, stimmte sie zu, die imaginäre Übung noch mal allein durchzuführen, sich aber dabei zu visualisieren, wie sie einen anderen Neuling dabei beobachtete, der bei der Session einstieg. Sie sollte ihre Gedanken über diese Person reflektieren, ihren Fokus aber dabei immer noch auf ihrer eigenen Schwimmleistung haben. Sie war überrascht, wie wenig Zeit ihr blieb, die andere Schwimmerin wirklich wahrzunehmen oder sich darum zu kümmern, was sie tat. Schließlich musste sie sich selbst aufs Schwimmen konzentrieren. Anna wiederholte die imaginäre Übung ein drittes Mal, setzte nun aber einige der Strategien ein, die sie in ihrem Drehbuch erstellt hatte.

Innerhalb von zwei Wochen hatte Anna ihr erstes Masters-Schwimm-Workout absolviert und rückte nach vier Trainingssessions eine Bahn vor. Heute freut sie sich auf das Masters-Schwimmen und ist erstaunt darüber, wie positiv es ihre Stimmung beeinflusst. Sie schwimmt nun dreimal wöchentlich in der Masters-Schwimmgruppe.

ANNAS KOMFORTJÄGER-DREHBUCH

Dein Komfortjäger: Einer Masters-Schwimmgruppe beitreten

Denken	Sagen	Handeln
Dinge, von denen ich heimlich fürchte, dass sie passieren könnten	Zwei positive Aspekte, die ich mir ins Gedächtnis rufe, wenn es passiert	Eine positive Handlung, die ich durchführen werde, wenn es passiert
Nicht schnell genug für die Schwimmgruppe sein	Das ist genau, was ich brauche! Es ist gut, angetrieben zu werden. Ich entwickle mentale Stärke.	Ans Ende des Kreises gehen. Wenn die anderen in meiner Bahn immer noch zu schnell sind, auf eine langsamere Bahn wechseln.
Mich in meinem Badeanzug gehemmt fühlen	Niemand schert sich darum, wie ich aussehe. Allen anderen geht es wahrscheinlich genauso.	Selbstbewusstsein vortäuschen und vorgeben, mir nichts daraus zu machen! Schultern zurück, Kopf hoch. Gut so!
Mit anderen Schwimmern kollidieren	Ich orientiere mich an der schwarzen Linie. Ich behalte die Schwimmleinen im Blick, ich behalte die Schwimmleinen im Blick!	Ich entschuldige mich und frage die Mitschwimmer meiner Bahn nach Tipps fürs Geradeausschwimmen.
Nicht verstehen, was der Trainer sagt	Kein Stress, ich mache einfach, was die anderen machen. Ich werde darin besser!	Ich frage jemanden aus meiner Bahn.
Nicht wissen, welche Bahn ich benutzen soll	Ich kalkuliere meinen Durchschnitt und addiere 10 Sekunden, um sicherzugehen. Ich kann jederzeit die Bahn wechseln.	Ich frage den Trainer nach der Grundgeschwindigkeit der langsamsten Bahn und zähle von da an hoch.
Andere Schwimmer nerven, weil ich zu langsam bin	Die meisten Schwimmer wissen noch, wie sich das anfühlt. Ich konzentriere mich auf Catch-and-Pull. Gleichmäßig geht es schneller.	Während der Wiederholung setze ich mich an den Beckenrand oder wechsle auf eine langsamere Bahn.
Nicht um 5:30 Uhr aufstehen können!	Ich zähle bis 30, sobald ich wach bin.	Bei 30 stehe ich sofort auf.
Mich in der Umkleide unwohl oder wie ein Versager fühlen	Jeder ist zum Schwimmen hier. Ich habe das schon zig Mal gemacht.	Ich quatsche mit einer anderen Frau, die sich fertig macht.
Nicht die richtige Ausrüstung dabeihaben (Sollte ich Flossen mitnehmen? Eine Pull Buoy?)	Ich kann mir die meisten Sachen im Schwimmbad leihen.	Ich frage den Coach, was ich brauche.

10

WENN ES SCHWIERIG WIRD, FALLE ICH HINTER DIE ZÄHEN ZURÜCK

DEM DRANG WIDERSTEHEN, DAS HANDTUCH ZU WERFEN

Charakter kann nicht durch Leichtigkeit und Ruhe entwickelt werden. Nur indem wir Schwierigkeiten und Leiden erfahren, kann die Seele gestärkt werden, nur so kann unsere Ambition geweckt werden, nur so können wir Erfolg haben. – HELLEN KELLER

Das kennt jeder: Man hat eine neue Trainingsmethode begonnen oder einen neuen Kurs oder einfach irgendetwas, das unbekannt und herausfordernd ist. Man ist voller Adrenalin, Antrieb und Stolz, und alles scheint gut zu laufen. Vielleicht genießt man es sogar. Und dann fängt es ohne große Vorwarnung an schiefzugehen. Das Unbehagen ist viel stärker als normal, oder vielleicht schwindet die Motivation, auf Dauer morgens so früh aufzustehen. Bei manchen ist es nur die Eintönigkeit, immer und immer wieder dasselbe zu machen. Vielleicht hört man nicht wirklich auf, aber innerlich hat man schon das Handtuch geworfen. Und dann lässt man nach oder lässt andere Läufer oder Fahrer vorbeiziehen, weil es sich zu schwer anfühlt, mitzuhalten. Man läuft im Leerlaufmodus, obwohl man noch einiges im Tank hat. Schon bald will man nur noch, dass das alles aufhört. Der Streit im Kopf wird immer lauter, weil Teile des Gehirns krampfhaft versuchen, mit anderen Hirnregionen einen Deal abzuschließen, um zu vermeiden, dass man hinschmeißt oder seinem Körper gestattet, nachzulassen oder völlig zum Stillstand zu kommen. Dann setzt man sich kurzfristige Ziele, wie etwa »Nur bis zur Feed-Zone kommen, dann kannst du gehen« oder »Nur noch fünf Wiederholungen, dann war's das«. Das funktioniert eine Zeit lang. Doch irgendwann stellen sich Fluchtgedanken und das Bedauern über die Entscheidungen ein: »Wie komme ich aus der Nummer bloß wieder raus? Vielleicht könnte ich einen Platten vortäuschen?« oder »Wie bin ich nur darauf gekommen, das zu machen? Ich mache das verdammt noch mal nie wieder!« Dies kann sich schnell in anschwellende Wut verwandeln: »Wo zur Hölle ist die blöde Kilometermarkierung?« oder »Der Trainer soll eine Minute abzählen, aber er sieht nicht mal auf seine verdammte Uhr!« Nur zur Information: Das sind alles völlig normale Reaktionen auf einen Konflikt der Gehirne.

Psychologisch betrachtet ist der Widerstand gegen den Drang aufzugeben ein bisschen komplizierter, als uns die üblichen Motivationssprüche weismachen wollen, obwohl die Wahl selbst total einfach ist. Seit Jahren versetzt dieses kleine Phänomen die Wissenschaft in Erstaunen, denn die Entscheidung des Gehirns, mit etwas aufzuhören, das wehtut oder einfach nur nervt, wird von der Fähigkeit des Gehirns beeinflusst, große Mengen neurologischer, chemischer, mechanischer, emotionaler und psychologischer Daten zu verarbeiten und zu filtern. Alle »Was-wäre-wenns« und »Vielleichts« führen zu enormen Schwankungen bezüglich unserer Tendenz, etwas hinzuschmeißen. Wenn die Wissenschaftler eine Ausprägung erforscht haben und dann darüber hinausblicken, wird es noch komplizierter. Hierbei muss noch erwähnt werden, dass zum Aufgeben auch die Situationen gehören, in denen man das *mentale* Handtuch wirft – das bedeutet, dass man nachlässt, es nicht weiter versucht oder die Anstrengungen anderweitig reduziert, obwohl man die körperliche Kapazität hätte, auf einem höheren Level weiterzumachen.

Um ein tapferer Sportler zu werden, müssen Sie die Art des Aufgebens, von der Sie bedroht sind, ermitteln und anschließend Strategien entwickeln, um das Hirnduell zu gewinnen und weiter dranzubleiben. Wir nennen diesen Ansatz »Aufgeben ist nicht«, die praktische Wissenschaft vom Dranbleiben, selbst wenn es ätzend ist.

Aufgeben ist nicht

Wie Sie aus Kapitel 1 wissen, ist eine der Hauptaufgaben unseres Gehirns, den inneren Frieden zu wahren. Bei gegensätzlichen Gedanken (zum Beispiel »Ich muss weitermachen, aber ich will nicht«) flippt das Gehirn aus und setzt eine Reihe von Strategien in Gang, um zur Harmonie zurückzufinden. Psychologen nennen diesen Zustand des Konflikts innerhalb des Gehirns *kognitive Dissonanz*, weil unsere Gedanken, unsere Einstellungen oder unser Glauben im Gegensatz zueinander stehen oder eben »dissonant« sind. Kognitive Dissonanz nimmt üblicherweise solche Formen an: »Ich weiß, dass das schlecht für mich ist, aber ich mag es« oder »Ich weiß, dass das gut für mich ist, aber ich mag es nicht«. Unser Gehirn ist so gepolt, dass es sich immer der mentalen Debatte stellt, und es setzt drei Strategien ein, um den Frieden wiederherzustellen:

1. Es ändert schlichtweg den Gedanken oder die Handlung, sodass gar kein Konflikt mehr vorhanden ist. Sehr erwachsen, oder? Also widerstehen wir dem Drang, die Trainingseinheit abzubrechen, wir hören mit einer schlechten Gewohnheit auf oder gewöhnen uns eine neue, gesunde Gewohnheit an et cetera.

2. Es fügt einen neuen Gedanken oder Glauben hinzu, um zu beweisen, dass alles gerechtfertigt war. Wir können zum Beispiel eine Entschuldigung anbringen wie »Ich hatte keine Zeit«, »Ich hatte einen Platten« oder »Ich habe mich nicht gut gefühlt«.

3. Es spielt die Wichtigkeit einer Seite des Streits herunter, um das Konfliktpotenzial zu reduzieren. Wir können uns beispielsweise selbst sagen: »Na ja, es war nur ein Trainingsrennen.« Oder wir versichern uns, dass Aufgeben nicht so schlimm ist, denn »Ich mache das nur aus Spaß, ich bin ja nicht wirklich ein Profisportler«.

Die erste Strategie ist die Einzige, die keine Selbsttäuschung verlangt. Wie Sie sehen, sind die unzähligen Entschuldigungen, mit denen manche Sportler um die Ecke kommen, wenn sie keine Lust haben, wie ein Schaufenster ihrer bevorzugten Strategie zur Reduktion ihrer Dissonanz.

Legitimes versus falsches Aufgeben

Nicht jedes Aufgeben ist gleich. Manchmal ist ein Rückzieher die beste Option: eine Beziehung aufgeben, weil sie schlecht für uns ist; einen Job aufgeben, bei dem wir uns mies fühlen; mitten in einem Trainingslauf aufgeben, weil wir Verletzungsschmerzen haben. Das sind Zeiten, in denen Aufgeben bedeutet, dass unser Gehirn sagt: »Ich mache mir Sorgen um dich. Du hast etwas Besseres verdient.« Wir nennen das »legitimes Aufgeben«. In der Welt des Sports beschränkt sich legitimes Aufgeben normalerweise auf Situationen, in denen die Gefahr von körperlichen, emotionalen, finanziellen oder sozialen Schäden besteht, wenn man weitermachen würde. Dies kann jeder nur selbst einschätzen und beurteilen, ob tatsächlich eine Gefahr vorliegt. Einer der offensichtlichsten Gründe ist natürlich, wenn der Sportler verletzungsbedingte Schmerzen hat, aber es gibt natürlich weitere, häufig sehr subjektive und individuelle Gründe für legitimes Aufgeben, wie etwa andere Verpflichtungen, die man erfüllen muss, oder Menschen nicht zu verärgern, weil man zu selbstsüchtig ist. Wir befürworten legitimes Aufgeben, denn es ist ein Zeichen dafür, dass Ihr physischer, psychischer und emotionaler Kompass richtig kalibriert ist. Ihr Gehirn rechnet schnell aus, was auf dem Spiel steht: »Wie viel habe ich schon in diese Sache investiert?« (in der Verhaltensforschung und bei Strebergesprächen auch als »versunkene Kosten« bekannt). »Was sind die Konsequenzen, wenn ich jetzt aufgebe?« »Wie sehen die Alternativen aus, und wie attraktiv sind diese?« Und weiter geht's.[102]

Wir schätzen, dass bei Trainingsgewohnheiten rund 10 Prozent der Rückzieher zum Bereich legitimes Aufgeben gehören, aber das kann man unmöglich genau sagen, wenn man bedenkt, dass das menschliche Gehirn dazu neigt, Bockmist zu verzapfen, wenn es sich rechtfertigen muss.

Schauen wir uns nun die andere Art des Aufgebens an, das falsche Aufgeben. Wir wissen genau, wenn wir es getan haben, denn wir empfinden dann ein tiefes heimliches Bedauern. Welche Art des Aufgebens gerade stattgefunden hat, weiß nur jeder selbst. Das Blöde ist nur, dass unser Gehirn verzweifelt versucht, beide Arten zu rationalisieren, denn es ist darauf aus, Unstimmigkeiten zu reduzieren und das Wohlbefinden und die Zufriedenheit wiederherzustellen, die sich einstellen, wenn unsere Gedanken zu unseren Handlungen passen. Es ist nichts Wohltuendes daran zu wissen, dass man aufgegeben hat, wenn man insgeheim weiß, dass es ein Fehler war.

Das ist schlecht für unsere Gelassenheit und Zufriedenheit und zwingt unser Gehirn dazu, auf Verrenkungen zurückzugreifen, um die Dissonanz zu reduzieren (denn zwei der drei Strategien erfordern ja Selbsttäuschung).

Sondermeldung: Wenn Sie ein chronischer Falschaufgeber sind, ist das in der Regel für jeden offensichtlich, nur nicht für Sie selbst. Nicht lange, und Sie werden zu diesem Typ (oder dieser Frau). Zu dem, der immer tausend Entschuldigungen parat hat, warum es nicht ging. Zu dem, der es irgendwie nie schafft, eine Session durchzuziehen oder eine Herausforderung zu meistern.

Je öfter wir aufgeben, desto mehr versucht unser gutes, altes Gehirn, die Gelassenheit wiederherzustellen und die Dissonanz zu reduzieren. Es spinnt immer wildere Geschichten, warum unsere Handlungen gerechtfertigt waren – und wir beginnen tatsächlich, sie zu glauben! Wenn das zur Gewohnheit wird, fällt es dem Gehirn zunehmend schwerer, dem zu widerstehen. Neuronale Schaltkreise, die mit den negativen Empfindungen und Erinnerungen an das Aufgeben verbunden sind, werden gestärkt, und mit der Zeit werden diese Botschaften immer schneller übermittelt, und es entsteht eine neue Gewohnheit. Oh je, wir haben dann das Aufgeben grundlegend geübt! In der Zwischenzeit muss unser Frontallappen immer tiefer graben, um rational erklären zu können, warum der Rückzieher gerechtfertigt war. Die »Gründe« (Entschuldigungen) werden immer weiter verfeinert: »Ich bin müde«, »Es war so viel Verkehr«, »In der Arbeit war so viel zu tun«, »Ich hatte heute einfach keine Zeit«. 90 Prozent dieser Gründe sind völliger Blödsinn. Wenn es einen Charakterzug gibt, den hochgradig erfolgreiche Menschen gemeinsam haben, dann ist es der, dass sie immer einen Weg finden, ihr Ding durchzuziehen.

▰ WIE MAN MIT DEM AUFGEBEN AUFHÖRT

Die perfekte Umgebung, in der man dieses Problem angehen kann, ist das Ausdauertraining. Natürlich ist keiner von uns vor falschem Aufgeben gefeit, wir sind schließlich nur Menschen. Wir sind alle fehlerhafte, irrationale, dissonanzreduzierende Leute, die ihr Bestes geben. Wenn es bei Ihnen aber zur Gewohnheit geworden ist, dass Sie aus den falschen Gründen aufgeben, müssen Sie eingreifen, denn es kann sonst nur schlimmer werden. Sie bringen sich dann selbst bei, dass es in Ordnung ist, etwas nicht zu tun, wenn die Situation nur ein bisschen unangenehm wird.

Wichtig ist dabei, dass Sie sich keine Sorgen zu machen brauchen, wenn Sie ab und zu mal falsch aufgeben. Sehen Sie das wie eine »Du-kommst-aus-dem-Gefängnis-frei«-Karte beim *Monopoly*. Wenn Sie diese Karte sparsam einsetzen (zum Beispiel einmal im Monat), ist alles gut und Sie können in dieser Situation schuldbefreit aufatmen. Machen Sie es nur nicht zur Gewohnheit, denn falsches Aufgeben ist eine Einstiegsdroge. Menschen, die chronisch falsch aufgeben, brauchen Hilfe dabei, den Teil des Gehirns, der stets das Handtuch werfen will, umzuprogrammieren.

Zu lernen, wie man falsches Aufgeben vermeidet, ist eine Fähigkeit, die Ihnen dabei hilft, Ihr Potenzial zu entfalten. Die erste Strategie erfordert ein wenig Metakognition – also darüber nachzudenken, wie Sie denken. Sie können übrigens die Leute auf fast jeder Party damit beeindrucken, wenn Sie das Wort »metakognitiv« locker einstreuen.

Strategie 1: Analysieren Sie Ihre Rückzieher

Unabhängig davon, ob Sie denken, dass Sie Gefahr laufen, bei Ihrem aktuellen Training irgendetwas falsch aufzugeben, sollten Sie eine Selbstanalyse durchführen. Wie Ihnen jeder Verhaltensforscher sagen wird, ist schon viel gewonnen, wenn man sich eines Problems bewusst ist. Selbst wenn Sie denken, Sie seien keiner, der grundlos das Handtuch wirft, sollten Sie die Überprüfung durchführen, aufgrund des sogenannten *Dunning-Kruger-Effekts*: Dieser hat – und das ist wirklich bizarr – gezeigt, dass eine illusionäre Überlegenheit in gegenläufiger Beziehung zu tatsächlicher Überlegenheit steht. Was für uns hier nichts anderes heißt, als dass die Leute, die am ehesten Hilfe brauchen, meist diejenigen sind, die sich dessen am wenigsten bewusst sind.

Wenn Sie das Arbeitsblatt aus Übung 1 fertiggestellt haben, sehen Sie sich jedes Beispiel an und denken Sie über jedes Muster nach, das Ihnen auffällt. Wenn Ihre Quoten bei körperlichem Unbehagen höher sind als bei geistigem Unbehagen, müssen Sie wahrscheinlich mehr Belastungsübungen in Bezug auf körperliches Unwohlsein durchführen, um Ihre Toleranz zu erhöhen. Falls Ihre Rate beim geistigen Unbehagen höher ist als beim körperlichen und Ihre durchschnittlichen Legitim/falsch-Bewertungen über 5 liegen, sollten Sie mehr mentale Strategien lernen, um dem Drang zu widerstehen, das Handtuch zu werfen. Gehen Sie dann zu Strategie 2 über.

Sollten Ihre Ergebnisse dafür sprechen, dass der häufigste Grund zum Aufgeben darin lag, dass Sie Schmerzen und Unbehagen aufgrund der durchgeführten Übung verspürten (keine Verletzungsschmerzen!), hilft Ihnen Kapitel 11 weiter. Dort lernen Sie, sich abzuhärten.

Strategie 2: Nutzen Sie kognitive Vorbereitung, um seltener aufzugeben

Kognitive Vorbereitung ist das Vorspiel des Gehirns. Ihr Gehirn hat es am liebsten, wenn Sie es vor einer schwierigen Herausforderung aufwärmen. Kurz gesagt: Stimulieren Sie Ihr Hirn, wenn Sie etwas tun wollen, das wehtun wird. Wenn wir unserem Gehirn die Gedanken und Gefühle zu einer speziellen Aufgabe verraten, hilft uns das später bei der Aufgabe, unser Verhalten zu lenken. Helfen Sie Ihrem Gehirn also vor jeder Herausforderung dabei, Dopamin auszustoßen. Dopamin ist genau die richtige Würze, die unsere Motivation braucht. Ein guter Weg, die Schleusentore des Dopamins zu öffnen, ist es, sich inspirierende Aspekte der Aktivität, bei der wir zum Aufgeben neigen, anzusehen oder anzuhören. Im Gegensatz zu Motivationssprüchen im Internet bieten zum Beispiel Videos eine praktische sensorische Erfahrung. Super funktioniert auch Musik, weil sie eine unglaubliche Dopaminkraft hat. Musik kann nicht nur angenehme Gefühle auslösen, sondern auch das Verlangen und Wünschen steigern – zwei kritische Elemente in der sportlichen Motivation.[103]

ÜBUNG 1

SELBSTANALYSE IHRER RÜCKZIEHER

Wie es zu dem Rückzieher kam: Rufen Sie sich bis zu vier Ereignisse ins Gedächtnis, bei denen Sie eine Aufgabe frühzeitig abgebrochen oder dabei nachgelassen haben. Sie können sich nur auf Ihren Sport beziehen oder auch andere Lebensbereiche einschließen. Versuchen Sie Beispiele zu verwenden, die für Sie wichtig sind oder Ihnen besonders in Erinnerung geblieben sind. Da die menschliche Erinnerung so wunderbar verzerrt ist, denken Sie in Ruhe nach, bevor Sie etwas aufschreiben. Es kann sogar ein paar Tage dauern, bis Sie fertig gegrübelt haben und Ihre Ergebnisse zu Papier bringen können. Wenn es Ihnen schwerfällt, sich an frühere Rückzieher zu erinnern, verwenden Sie das Arbeitsblatt, um Situationen, in denen Sie jetzt aktuell frühzeitig aufgeben, zu dokumentieren.

Unbehaglichkeitsquote: Bewerten Sie den Grund für das Aufgeben basierend auf Ihrem körperlichen und geistigen Wohlbehagen zur Zeit des Rückziehers. Die Skala für körperliches Unbehagen bezieht sich auf die Schwere der körperlichen Empfindungen, die Sie unmittelbar vor dem Aufgeben gespürt haben (zum Beispiel Herzfrequenz, Atmung, Muskelbeschwerden). 0 steht dabei für kein oder minimales Unbehagen, 5 für das größte Unbehagen. Die Skala für geistiges Unbehagen bezieht sich auf die Schwere des psychischen oder emotionalen Unwohlseins, das Sie zu der Zeit empfunden haben. Wenn Sie sich beispielsweise daran erinnern, extrem sauer, frustriert oder von der Aufgabe gelangweilt gewesen zu sein, könnten Sie Ihr Unbehagen mit 4 oder 5 von 5 Punkten bewerten. Oder wenn Ihnen einfällt, dass sie keinerlei Motivation hatten, das körperliche Unwohlsein durchzustehen oder einfach nicht dazu bereit waren, könnten Sie das mentale Unwohlsein mit 3 von 5 Punkten bewerten.

Der offizielle Grund für das Aufgeben: Schreiben Sie auf, was Sie den Leuten sagen würden, wenn man sie fragen würde, warum Sie aufgegeben haben. Und seien Sie ehrlich, Sie kleiner Münchhausen! Es muss gar nicht so sein, dass Sie jemandem den Grund tatsächlich genannt haben, es geht hier nur darum, an Ihre grundlegenden dissonanzreduzierenden Strategien heranzukommen.

Meine dunklen Gedanken: Schreiben Sie hier die Dinge auf, die nur Sie über Ihren Rückzieher wissen oder die Sie darüber denken. Hier notieren Sie also das, was Sie niemals mit anderen teilen würden.

Quote für legitimes Aufgeben: Zum Schluss bewerten Sie jedes Aufgeben auf der Legitim/Falsch-Skala, wobei 10 mit ziemlicher Sicherheit ein falsches Aufgeben und 0 ganz sicher legitimes Aufgeben war. Stellen Sie sicher, dass Sie jeden Rückzieher bewerten, bevor Sie die anderen Spalten ausfüllen.

>

Fortsetzung

SELBSTANALYSE

Wie es zu dem Rückzieher kam	Offizieller Grund	Meine dunklen Gedanken
UNBEHAGEN Körperlich 0 1 2 3 4 5 Geistig 0 1 2 3 4 5		LEGITIM/FALSCH-BEWERTUNG _____
UNBEHAGEN Körperlich 0 1 2 3 4 5 Geistig 0 1 2 3 4 5		LEGITIM/FALSCH-BEWERTUNG _____
UNBEHAGEN Körperlich 0 1 2 3 4 5 Geistig 0 1 2 3 4 5		LEGITIM/FALSCH-BEWERTUNG _____
UNBEHAGEN Körperlich 0 1 2 3 4 5 Geistig 0 1 2 3 4 5		LEGITIM/FALSCH-BEWERTUNG _____

Strategie 3: Der biologische Hebel zur Steigerung der Resistenz Ihres Gehirns

Der frühe Morgen ist fast immer die beste Zeit, um eine herausfordernde Aufgabe anzugehen. Wir sind alle vielbeschäftigt und haben oftmals keine große Auswahl, zu welcher Tageszeit wir sonst trainieren könnten. Arbeit, Kinder, Verkehr, Tageslicht – was auch immer –, wir leben in einer von außen eingeschränkten Welt. Wenn man dazu noch unseren Biorhythmus berücksichtigt (bevorzugte Zeiten zum Aufstehen oder Schlafengehen), kann es zu einem echten Kampf werden, eine nachhaltige Trainingsgewohnheit zu entwickeln.

Neurowissenschaftler und kognitive Psychologen haben herausgefunden, dass wir es schwerer finden, uns am Ende des Tages einer Herausforderung zu stellen.[104] Der Teil unseres Gehirns, der für die Selbstkontrolle zuständig ist, der dorsolaterale präfrontale Kortex, ermüdet ähnlich wie ein Muskel. Er arbeitet weniger intensiv, wenn er bereits im Einsatz war, bevor er wieder gebraucht wird. Aus diesem Grund vermindern sich unsere emotionalen Reserven, eine Herausforderung anzugehen und Unbehagen zu ertragen, im Laufe des Tages. Denn wir müssen schon während des Tages permanent Versuchungen widerstehen, Emotionen unterdrücken und uns andere Selbstbeschränkungen auferlegen. Uns ist noch nicht mal bewusst, dass wir das tun. Am Abend sind die meisten von uns dann oft einfach zu müde, um sich noch einem Kampf zu stellen. Wir sind dann auf die einfachste Möglichkeit voreingestellt – und deswegen ist der Gedanke an das große Glas Wein zu Hause viel attraktiver als der Gedanke daran, sich von einem Personal Trainer beim Schwimmen im kalten Wasser anbrüllen zu lassen. Wenn Sie also in der glücklichen Lage sein sollten, die Wahl zu haben, gehen Sie ins Fitnessstudio oder machen etwas, wobei die Wahrscheinlichkeit für einen Rückzieher hoch ist, wenn Ihr dorsolateraler präfrontaler Kortex noch frisch, glücklich und voller Tatendrang ist.

Strategie 4: Machen Sie einen Deal mit Ihrem Gehirn, indem Sie »Du-kommst-aus-dem-Gefängnis-frei«-Karten austeilen

Unser Gehirn hat einen eingebauten Mechanismus für Reizung und Verspannung, die *antizipatorische Regulation*. Der Grad des Leidens, den wir zu einer bestimmten Zeit empfinden, basiert zum Teil auf unseren Erwartungen. Wenn wir etwas falsch aufgeben, kann es sein, dass das so ist, weil unser Gehirn in Erwartung dessen, was vor uns liegt, aufgibt. Der Gedanke, etwas machen zu müssen, das uns schwerfällt, wenn wir uns ohnehin schon schlecht fühlen, lässt sich dem Gehirn nur schwer vermitteln. Denn der Gedanke daran, etwas Unangenehmes ertragen zu müssen, wenn wir uns bereits unwohl fühlen, gelangweilt oder unmotiviert sind, kann viel schlimmer sein als die eigentliche Ausübung. Wenn wir mit unserem Gehirn daher einen Deal abschließen, geben wir uns selbst eine eingeschränkte Erlaubnis zum Aufgeben – einen Ausweg. Eine unserer Braveheart-Sportlerinnen, Elaine Morison, hat mit sich selbst den Deal abgeschlossen, niemals beim Bergauflaufen aufzugeben. Wenn sich die Gedanken ans Aufgeben auftürmen, verschiebt Elaine die Entscheidung darüber, bis sie wieder auf einem leichteren Teil der Strecke ist.

Diese einfache Strategie ist erstaunlich effektiv und hält unser Gehirn davon ab, frühzeitig das Handtuch zu werfen. Wenn wir diese Strategie bei Schmerztoleranz auf Basis von Zeit oder

Distanz anwenden, nennen wir das »Segmentierung«. (In Kapitel 11 finden Sie eine ausführliche Beschreibung zum Einsatz der Segmentierung, um sich abzuhärten.)

Für falsches Aufgeben kann man dies auch wie eine »Du-kommst-aus-dem-Gefängnis-frei«-Karte betrachten – eine Option, jederzeit aussteigen und abhauen zu können. Das wirkt wie eine mentale Kuscheldecke. Allerdings hat diese Strategie auf manche Leute den gegenteiligen Effekt: Manchen Menschen erleichtert das Wissen, dass sie theoretisch aufgeben können, einen Rückzieher. Trotz unserer jahrelangen Erfahrung können wir nicht vorhersagen, bei wem die Strategie funktioniert und bei wem nicht. Die beste Empfehlung, die wir Ihnen geben können: Probieren Sie es aus.

Hier ein Beispiel, wie das bei einem echten Sportler aussieht: Tanja Fichera ist Sprintdistanz-Triathletin. Sie neigte dazu, im mittleren Intervall bei hoch intensivem Strömungsschwimmen im Endless Pool (ein Pool mit Gegenstromanlage, in dem man auf einer Stelle gegen die Strömung schwimmt; für Triathleten so etwas wie eine Tretmühle) aufzugeben. Dieses Dilemma wurde als »Tanja Tapout« bekannt. Es lief üblicherweise so ab:

Tanja: Aber es ist so schwer, dabei Luft zu bekommen. Ich habe das Gefühl zu ertrinken. Ich kann das nicht!

Trainer: Du ertrinkst nicht, und doch, du kannst das! Dein Gehirn lässt nicht zu, dass du ertrinkst!

[Wiederholung]

So beendeten wir Tanjas falsches Aufgeben: Zu Beginn jeder 45-minütigen Session platzierte Tanja drei gelbe Gummienten am Beckenrand. Jede Ente repräsentierte eine »Du-kommst-aus-dem-Gefängnis-frei«-Karte. Tanja konnte damit zu jeder Zeit der Session mitten im Intervall aufhören, ohne dass sie ihr Aufgeben vor sich selbst oder dem Trainer rechtfertigen musste. Aber jedes Mal, wenn sie stoppte, verbrauchte sie eine ihrer Gummienten. Diese musste sie ans andere Ende des Beckens schmeißen.

Das Wissen, dass sie diese Enten hatte, unterstützte Tanja dabei, ihre Panik vor dem Ertrinken zu reduzieren. Dieser »Ausweg« half ihr, die Session viel entspannter zu sehen, was wiederum ihre Atmung verbesserte. Die Herausforderung war nun, wie weit sie in der Session kommen würde, bis sie alle Enten aufgebraucht hatte. Als sie dazu in der Lage war, eine Session komplett durchzuziehen, bestand ihr nächstes Ziel darin, sie zu schaffen und wenigstens noch eine Ente übrig zu haben. Innerhalb weniger Wochen gelang es ihr: Alle drei Enten standen noch immer am Beckenrand, als sie die Session beendete.

Strategie 5: Holen Sie sich einen Schubs

Unser Gehirn hasst es, dafür verurteilt zu werden, nicht gut genug zu sein. Die Angst vor Peinlichkeiten, Erniedrigung, Unfähigkeit und Versagen tötet jegliche Motivation und Glücksgefühle. Was unser Gehirn aber liebt, ist soziale Unterstützung. Ermutigt, gelobt und anerkannt zu werden ist ein bisschen wie Dirty Talking für unsere Amygdala – die Region für Triebe, Instinkte und Belohnungen. Warum sonst ist Facebook so beliebt? Weil es der reine Amygdala-Porno ist.

Wenn es um die Fitness geht, lassen Freunde ihre Freunde nicht allein trainieren. Gruppentraining spornt an, denn es verringert unsere Wahrnehmung von Anstrengung, gibt uns Verantwortung und massenweise Gelegenheit zu loben und gelobt zu werden. Und wir können insgeheim andere beurteilen (bleiben Sie ruhig, das ist völlig normal). Das einzige Problem ist, dass Sie Ihren Hintern erst mal dorthin bewegen müssen.

Eine tolle Strategie ist es auch, den Einfluss der Gruppe auf uns zu erhöhen. Wenn Sie das nächste Mal beim Gruppentraining sind, fragen Sie jemanden, ob er Ihr »Donner-Buddy« werden will. Okay, vielleicht fragen Sie ihn das nicht direkt, aber Sie könnten ein oder zwei Leute finden, mit denen Sie Handynummern austauschen (oder bitten Sie die Trainer, das zu empfehlen). Dann könnten Sie sich gegenseitig am Trainingstag eine SMS schreiben und einen Schubs geben, zum Training zu gehen: »Wag es ja nicht, das Training heute ausfallen zu lassen! Wir sehen uns um 5:45«. Wechseln Sie sich ab, und seien Sie mal der Anschubser und mal der, der geschubst wird. Probieren Sie es aus – diese Strategie ist Gold wert!

ICH HAB'S AUFGEGEBEN, SCHNELL ZU SEIN
Das Problem des falschen Aufgebens angehen

Daphne ist eine 28-jährige Rechtsanwaltsfachangestellte und Altersklassen-Triathletin. Sie nimmt seit drei Jahren an Wettkämpfen teil und trainiert zehn Stunden in der Woche. Sie macht hauptsächlich Sprint (persönlicher Rekord 1:26) und Olympische Distanz (persönlicher Rekord 3:02), hat aber letztes Jahr erfolgreich ihren ersten Halbmarathon absolviert. Daphne möchte sich hauptsächlich auf Langdistanz-Triathlon konzentrieren, weil sie eine bekennende lahme Krücke ist und darauf besteht, dass sie nicht schnell genug ist, um in den Kurzdistanzen wettbewerbsfähig zu sein. Sie neigt dazu, Trainingseinheiten nicht durchzuziehen oder mental aufzugeben, wenn wirklich Konkurrenz am Start ist. Wenn man sie fragt, hat Daphne immer einen wichtigen Grund, warum es nicht so lief wie geplant.

Nachdem sie ihre Selbstanalyse (siehe Seite 233) durchgesehen hatte, stellte sie fest, dass alle ihre aufgegebenen Aktionen auf der Skala des legitimen Aufgebens bei 5 oder höher lagen und dass ein deutliches Muster erkennbar war:

1. Es ist wahrscheinlicher, dass sie das Training abbricht, wenn sie allein trainiert.

2. Sie ist wirklich enttäuscht von sich, das Ziel der Session nicht erreicht zu haben (und es dann ihrem Trainer erklären zu müssen).

3. Das geistige Unbehagen war im Allgemeinen höher als das körperliche, was bedeutete, dass ihr Kopf in der Regel früher aufgab als ihr Körper.

Daphne schickt ihr Rückzieher-Protokoll an ihren Trainer, und sie einigen sich darauf, damit während des nächsten Monats zu arbeiten. Sie gehen davon aus, dass sie mehr motiviert ist, nicht aufzugeben, wenn sie weiß, dass sie jeden Rückzieher notieren muss. Vor jeder Session, bei der die Wahrscheinlichkeit für ein Aufgeben groß ist, sieht sich Daphne ein kurzes Motivationsvideo auf YouTube auf ihrem Handy an, das davon handelt, wie wichtig es ist, niemals aufzugeben. Sie kontaktiert eine Freundin vom Triathlon und die beiden vereinbaren, dass sie »Verantwortlichkeits-Buddys« werden und sich gegenseitig bei den Nachmittags- und Abendsessions anzuschubsen, wenn ihre Tendenz aufzugeben steigt. Beim Intervalltraining nimmt sie ihre Rundenzeiten auf, klebt aber Isolierband über den Monitor, damit sie die Zeiten während des Trainings nicht sehen kann. Das zwingt sie dazu, nach Gefühl zu laufen, und hält sie davon ab, entmutigt zu werden, wenn sie die Zielzeiten nicht erreicht.

Nach vier Wochen hat Daphne statt viermal Aufgeben pro Woche (vor ihrer Rückzieher-Therapie) nur zwei Trainingseinheiten abgebrochen.

DAPHNES SELBSTANALYSE

Wie es zu dem Rückzieher kam	Offizieller Grund	Meine dunklen Gedanken
Sollte 6 × 400 Wiederholungen machen. Hab nur 4 geschafft. UNBEHAGEN Körperlich 0 1 2 3 **(4)** 5 Geistig 0 1 2 3 4 **(5)**	Musste um 8:30 Uhr in der Arbeit sein und habe keinen Parkplatz gefunden, weswegen ich später als üblich angefangen habe.	Hab mich selbst runtergezogen. Meine Zeiten waren scheiße, aber statt mich anzustrengen, hab ich entmutigt bei 4 aufgegeben. War ja keiner da, der es mitgekriegt hätte. Bäh, hab aber Angst vor den Fragen des Trainers. Komme mir wie ein Versager vor. LEGITIM/FALSCH-BEWERTUNG __8__
Leichter 90-Minuten-Lauf auf dem Plan. Bin 60 gelaufen. Musste die Zähne zusammenbeißen, um durchzuhalten. UNBEHAGEN Körperlich 0 1 2 **(3)** 4 5 Geistig 0 1 2 3 4 **(5)**	Bin immer noch müde von letzter Woche und habe morgen enorm viel zu tun.	War mir einfach egal. Teils Langeweile, teils Sorgen wegen der Arbeit. Beine fühlten sich ein bisschen schwer an, aber ich hätte sicher noch die 30 Minuten machen können. LEGITIM/FALSCH-BEWERTUNG __5__
Hab das 6-Uhr-Schwimmen zweimal ausfallen lassen. Bin zwar wach geworden, als der Wecker klingelte, hab aber nur gestöhnt. Hab mir gesagt, dass ich dann eben mittags schwimmen gehe. Hab ich nicht gemacht. UNBEHAGEN Körperlich **(0)** 1 2 3 4 5 Geistig 0 1 **(2)** 3 4 5	Brauchte den zusätzlichen Schlaf, und mittags ist es im Schwimmbad nicht so voll.	Ich bin faul. Ein richtiger Sportler hätte das durchgezogen. Voll verkackt! LEGITIM/FALSCH-BEWERTUNG __9__
Hab letztes Wochenende Olympische Distanz beim Triathlon gemacht. Schwimmen gut, Radfahren ordentlich, hab aber zwei andere Mädels an mir vorbeilaufen lassen. Irgendwie hab ich aufgegeben UNBEHAGEN Körperlich 0 1 2 3 **(4)** 5 Geistig 0 1 2 3 4 **(5)**	Bin mein eigenes Tempo gelaufen. Die anderen waren zu schnell für mich. Wäre wahrscheinlich geplatzt, wenn ich mitgezogen hätte.	Ich bin so sauer, weil ich normalerweise mit den anderen mithalten kann. Ich bin die einzige Sportlerin, die wirklich langsamer wird. Herzfrequenz schien okay, wollte aber keine Schmerzen mehr. LEGITIM/FALSCH-BEWERTUNG __5__

11

ICH MUSS MICH VERDAMMT NOCH MAL ABHÄRTEN

LERNEN, DAS ÄTZENDE ZU UMARMEN

Ich wollte aufgeben, weil ich gelitten habe. Dieser Grund war aber nicht gut genug. – TED CORBITT

Es kann gut sein, dass Eskimos 50 Begriffe für Schnee haben, aber Ausdauersportler kennen 51 Wörter für Leiden. Etwas, das Ausdauersport von anderen Sportarten unterscheidet, ist die Fähigkeit des Sportlers, anstrengendes Unbehagen zu ertragen – eine vornehme Art, das persönliche »Sufferfest« zu beschreiben, das durch eine Erhöhung der Trainingsintensität entsteht. Je härter man kämpft, desto mehr schmerzt es. Bei sonst gleichen Verhältnissen wird derjenige, der am leidensfähigsten ist, im Wettbewerb in den Rängen aufsteigen.

Schmerz versus Leiden

Wenn wir von anstrengendem Unbehagen sprechen, meinen wir ausdrücklich die Gefühle, die durch die Intensität selbst verursacht werden und nicht Schmerzen, die von tatsächlichen Gewebeschäden herrühren, wie etwa ein Überlastungsbruch, ein gezerrter Muskel, Gelenkschmerzen, Angina oder was auch immer. Wenn Sie irgendwelche Zweifel über den Unterschied zwischen anstrengendem Unbehagen und Schmerzen verursacht durch Verletzungen/Krankheiten haben, stellen Sie Ihrem Arzt oder Physiotherapeuten diese eine einfache Frage über die Art der Schmerzen, die Sie erleiden: »Könnte ich es verschlimmern, indem ich es ignoriere?« Wir müssen hoffentlich nicht erklären, was Sie mit der Antwort anfangen sollen.

Wichtig ist, dass Sie den Unterschied kennen, Schmerzen zu haben oder sich Schmerzen zuzufügen. Wenn Sie anfällig dafür sind, dem Drang nach Training zu erliegen, obwohl sie eigentlich nicht trainieren sollten, lesen Sie bitte in Kapitel 7 nach, wie Sie mit den mentalen Folgen von Verletzungen besser zurechtkommen und wie Sie der Versuchung widerstehen können, trotz Schmerzen zu trainieren. Wo Sie gerade dabei sind, können Sie auch noch mal in Kapitel 10 das Konzept der kognitiven Dissonanz und die Strategien, die Ihr Hirn anwendet, um schlechte Entscheidungen zu rechtfertigen, nachlesen.

Die Wissenschaft zeigt, dass unser Gehirn uns nicht an anstrengendem Unbehagen sterben lässt. In der Sportphysiologie kennt man das als *Central-Governor-Modell*, und obwohl es etwas umstritten ist, besagt es, dass der einzige negative Effekt von anstrengendem Unbehagen ist, dass es sich so unglaublich schrecklich anfühlt.[105] Unser Herz wird nicht zerspringen, die Lungen nicht explodieren und unsere Muskelzellen werden auch nicht durch Übersäuerung absterben (alles Dinge, die uns Sportler schon gefragt haben). Nachdem wir das nun wissen, müssen wir aber auch erwähnen, dass Durchhalten verdammt unangenehme Folgen haben kann, wie etwa Blasen, Sonnenbrand, Dehydrierung und Wundscheuern, die aber alle vermeidbar sind und nicht durch das anstrengende Unbehagen selbst verursacht werden.

Was ist nun also der Unterschied zwischen Schmerz und Leiden? Schmerz ist eine unangenehme sensorische und emotionale Erfahrung in Verbindung mit Gewebeschädigungen (tatsächlichen oder potenziellen), die verschiedene Bereiche des Nervensystems beeinflusst.[106] Sportler kennen »gute Schmerzen«, die von der Anstrengung selbst kommen oder als akutes Symptom einer normalen Trainingsanpassung auftreten, zum Beispiel Muskelkater oder Müdigkeit. Im Gegensatz dazu sehen wir »schlechte Schmerzen« als diejenigen an, die von Verletzungen der Muskeln, Sehnen, Bänder, Knorpel oder Knochen herrühren.

Unsere Schmerzgrenze ist der Punkt, an dem wir beginnen, die Schmerzen zu spüren, und unsere Schmerztoleranz bezieht sich auf das nächste Konzept der miesen Erfahrungen: **Leiden. Leiden findet im präfrontalen Kortex statt und wird durch unsere Erfahrungen und Interpretation von Schmerz definiert: was er bedeutet, warum er da ist, wie wichtig er ist, unsere Vorerfahrungen mit dem Schmerz und wie lange wir glauben, ihn aushalten zu können.** Leiden wird auch von unserer Stimmung und unseren Leidensfähigkeit beeinflusst. Es ist also kein Wunder, dass einige Menschen besser darin sind als andere. Wie vorherzusehen war, sind Ausdauersportler und Trainer sehr an Schmerzgrenzen und Schmerztoleranz interessiert, weil sie eine wichtige Rolle in der Leidensfähigkeit des Sportlers (also mit Anstrengungsschmerzen zurechtkommen) spielen und Einfluss darauf haben, ob ein Sportler in der Folge bessere (oder schlechtere) Leistungen erbringen kann.

Kommen wir zurück zum anstrengenden Unbehagen, das wir im Folgenden mit »AU« abkürzen. Darüber dürfen wir jetzt mal einen kurzen Moment lächeln.

Die Wissenschaft von Schmerz und Leid

Bevor wir uns daran machen, Sie verdammt noch mal abzuhärten, oder anders gesagt Ihre Fähigkeit zu verbessern, anstrengendes Unbehagen zu ertragen, sehen wir uns an, was die Wissenschaft dazu sagt. Die folgende Aussage ist die einzige metaanalytische und evidenzbasierte, die wir über

Schmerzen und Leiden bei Sportlern treffen können (wenn Sie wissen möchten, was metaanalytisch bedeutet und warum es in der Wissenschaft wichtig ist, lesen Sie den Nerd-Alarm »Das Problem des Rosinenpickens« auf Seite 244). Eine evidenzbasierte Aussage: Sportler haben im Vergleich zu normal aktiven Menschen eine höhere Schmerzgrenze und Schmerztoleranz, und es ist bewiesen, dass dies an der regelmäßigen Bewegung liegt und nicht daran, dass sie gerne Sport betreiben, weil sie bereits abgehärtet sind.[107]

★ **Was das für Sie bedeutet:** Sie sind wahrscheinlich schon leidensfähiger als Sie glauben, zumindest im Vergleich zu Nicht-Sportlern, und eine der besten Arten, um noch besser mit AU umzugehen, ist sich zu zwingen, mehr davon zu erfahren. Ja, Sie müssen üben, das Leiden zu umarmen.

Ergebnisse anderer Studien zeigen, dass unser Gehirn nicht einfach mit von der Partie ist, wenn wir in der Folterkammer sind, sondern aktiv filtert, was es uns fühlen lassen möchte – unsere individuelle Wahrnehmung von Anstrengung. So ist zum Beispiel unsere Leidensfähigkeit abhängig von unserer Erkenntnis, wann das Leiden beendet sein wird. Wenn Sportler über das Maß an Leid, das noch bevorsteht, getäuscht werden, ändern sich das Anstrengungsempfinden und die körperliche Belastbarkeit. Psychologen bezeichnen das als antizipatorische Regulation, und eine Art, wie wir diese erfahren, ist die *Stimulationsfähigkeit* – die Fähigkeit, unsere Anstrengung basierend auf dem Wissen, was uns noch bevorsteht, zu messen. Wenn wir nicht wissen, was und wie viel noch kommt, erhöht sich das Anstrengungsempfinden, selbst wenn es keine tatsächliche Änderung in der Belastung gibt.[108] Die antizipatorische Regulation unseres Gehirns unterstützt uns auch dabei, weniger Schmerzen zu empfinden, wenn wir uns auf sie vorbereiten (*Feedforward*) und dann zu versuchen, sie zu akzeptieren, statt sie zu bekämpfen, wenn sie eintreten.[109]

★ **Was das für Sie bedeutet:** Wenn Sie wissen, dass Ihnen Leiden bevorsteht, ignorieren Sie die Gedanken daran nicht. Im Gegenteil, entwickeln Sie ein Ritual, das das Leiden willkommen heißt. Stellen Sie sich das vor wie das Anziehen einer »Leidensrüstung«. Wenn das Leid dann kommt (und das wird es), müssen wir Achtsamkeitstechniken anwenden (nicht wertende Aufmerksamkeit), um damit umzugehen.[110] Damit umzugehen heißt in diesem Fall, Gedanken, Gefühle und Verhalten einzusetzen, um unsere Wahrnehmung des Unangenehmen zu reduzieren. Neue Forschungen zeigen, dass wir unser Gehirn trainieren können, genau das zu tun.

Okay, genug von der Wissenschaft. Zeit zu lernen, wie Sie sich verdammt noch mal abhärten und lernen zu leiden wie ein Champion!

EIN HANDLUNGSPLAN, UM BESSER LEIDEN ZU KÖNNEN

Leiden ist eine Fähigkeit, die man nur auf die harte Tour lernen kann. Sie können Ihre Leidensfähigkeit aber auch schneller verbessern, wenn Sie einen Plan haben. Wir fahren dazu zweigleisig. Zuerst werden Sie lernen, auf das bevorstehende Leiden vorbereitet zu sein. Dann geben wir Ihnen Strategien an die Hand, mit dem Leiden umzugehen, wenn es eintritt.

Das Problem des Rosinenpickens: Metaanalyse und warum sie für die Sportwissenschaft wichtig ist

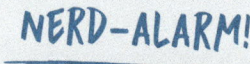

WENN WISSENSCHAFTLER ZUSAMMENFASSEN, was uns über ein gut erforschtes Thema bekannt ist, verwenden sie häufig eine spezielle Methode namens Metaanalyse. Eine Metaanalyse ist eine statistische Erfassung der besten Studien zu einem Thema – sie wird als die objektivste Art angesehen, wissenschaftliche Kenntnisse zusammenzufassen. Hier ein Vergleich: Sagen wir mal, wir möchten wissen, wie gut ein spezieller Altersgruppen-Triathlet war. Wir könnten uns ein einziges Wettkampfergebnis ansehen, aber daraus können wir noch nicht wirklich etwas schließen, denn die Konkurrenz könnte schwach gewesen sein, alle könnten im Windschatten gefahren sein, es hätte fiesen Gegenwind geben können oder vielleicht war die Rennstrecke auch einen halben Kilometer zu kurz bemessen. Sich ein einziges Rennergebnis anzusehen, um einen Sportler zu bewerten, kommt dem Lesen einer einzigen wissenschaftlichen Studie gleich, wenn man anschließend behauptet, diese Erkenntnis sei die neue Wahrheit.

Noch schwieriger wird es, wenn wir zwei Sportler (oder wissenschaftliche Studien) vergleichen möchten, die noch nie gegeneinander angetreten sind. Woher wollen wir wissen, dass ein Sieg in Rennen X so beeindruckend ist wie ein fünfter Platz in Rennen Y? Würden wir alle Ergebnisse des einen Sportlers zusammenstellen und jedes Ergebnis anhand von Faktoren gewichten, die für den Ausgang wichtig sind, zum Beispiel die tatsächlich gemessene Distanz, die Bedingungen vor Ort, die Stärke der Konkurrenz, hätten wir eine viel bessere Vorstellung davon, wer der leuchtende Stern wäre. Das ist ungefähr das, was die Metaanalyse für einzelne wissenschaftliche Studien macht.

Wenn Sie also das nächste Mal von einer Einzelfallstudie hören, die verkündet, dass ein Eisbad die Genesung und die Leistung verbessert oder dass die Visualisierung eines Rennens Sie körperlich schneller macht, fragen Sie leise nach dem größeren Zusammenhang – dem metaanalytischen Beweis für diese Behauptung.

Strategien zur Vorbereitung auf das Leiden

Erfahrungen im Leiden sammeln

Überlegen Sie mal, mit welcher Art von Leiden Sie nicht gut umgehen können, und zwingen Sie sich dann dazu, diese beim Training öfter zu erfahren. Das bedeutet nicht, dass sie bei jeder Trainingssession durch das Tal der Schmerzen gehen sollen, Sie sollten sich aber sowohl körperlichem als auch geistigem Unbehagen recht häufig aussetzen, mindestens einmal wöchentlich. Denken Sie daran, dass Leiden viele Formen annehmen kann, zum Beispiel:

1. Das »Brennen« einer anaeroben Aktivität ertragen (durch eine Freisetzung von Wasserstoffionen verursacht, die das Blut ansäuern und nebenliegende Nervenzellen angreifen);
2. Mit allgemeiner Müdigkeit umgehen, die vom Training oder Rennen herrührt und die einfach nicht weggehen will;
3. Eine erhöhte Wahrnehmung von Anstrengung steuern, die sich einstellt, weil man frustriert und enttäuscht ist, wenn man Zielzeiten nicht erreicht hat oder von schnelleren Trainingspartnern oder Konkurrenten abhängt wurde;
4. Sich für harte Trainingseinheiten unmotiviert oder unvorbereitet fühlen, diese aber trotzdem durchziehen.
5. Es gibt noch viele weitere Formen, doch diese sind die gängigsten. Biologisch gesehen verstärken wir bei der Erfahrung von Leid neurale Bahnen, die mit Unbehagen und Verhaltenspersistenz in Verbindung stehen. Versuchen Sie es mal mit Übung 1.

Feedforward einsetzen, um Schmerzakzeptanz aufzubauen

Feedforward ist wie eine geistige Zeitreise, bei der man über den Schmerz nachdenkt, bevor er einsetzt. Die Methode hilft dabei, sich auf das bevorstehende Leiden einzustellen. Das mag nicht einleuchtend klingen, denn warum sollten wir über das Leiden nachdenken wollen? Anders als Feedback unterstützt uns Feedforward darin, unser künftiges Verhalten zu verbessern, indem es die Vorliebe des Gehirns für antizipatorische Regulation schult. Es ist eine Art vorausschauendes Planen, nur dass man beim Feedforward zusätzlich versucht, in die Erfahrung einzutauchen, als erlebe man sie wirklich.[111] Man kann sich das so vorstellen, als umarme man die Zukunft, indem man an sie denkt. Aus diesem Grund ist es auch suboptimal, wenn ein Arzt oder eine Krankenschwester dem Patienten sagt, dass »es nicht wehtun wird« oder dass man »nur einen kleinen Stich verspürt« – wahrscheinlich um den Patienten zu beruhigen. Doch dies untergräbt die Fähigkeit des Gehirns, sich auf den Schmerz einzustellen.

Kognitive Neurowissenschaftler haben entdeckt, dass Feedforward ein sehr effektives Werkzeug ist, um mit dem Leiden zurechtzukommen, weil es uns dabei hilft, uns auf alle möglichen Ausgänge vorzubereiten, anstatt zu hoffen, dass irgendwie schon alles gut werden wird. Wie Sie in Kapitel 10 gesehen haben, ist Feedforward außerdem eine praktische kognitive Vorbereitungsstrategie. Entscheidend ist hier, dass uns Feedforward dabei hilft, Schmerzakzeptanz zu entwickeln. Diese Fähigkeit ist viel effektiver beim Umgang mit Schmerzen als die Fähigkeit, Schmerz zu unterdrücken. Das zeigen wir mit Übung 2.

ÜBUNG 1

IHR LEIDENSBELEG

Nehmen Sie sich einen Moment Zeit und rufen sich Ihre letzten drei Leidenserfahrungen ins Gedächtnis und auch den Grund, warum Sie gelitten haben. Als Nächstes beschreiben Sie in der Spalte »Konstruierte Leidenssession« eine Trainingseinheit, die Sie dazu zwingen würde, diese Leidenserfahrung öfter zu durchleben. Versuchen Sie die Trainingseinheit an die Form des Leidens anzupassen. Das könnte zum Beispiel eine extrem lange Session sein, wenn Sie mit allgemeiner Müdigkeit kämpfen, oder Sie könnten bewusst eine sehr harte Trainingseinheit planen, wenn Sie wissen, dass Sie unmotiviert sind. Sie könnten Intervalltraining machen, bei dem Sie Ihren persönlichen Rekord einhalten müssen, oder die Zielmarke für die Wattzahl beim FTP-Wert steigern, um die Wahrscheinlichkeit des Scheiterns zu erhöhen. Wir nennen diese Einheiten »Sessions für mentale Stärke«, weil das Ziel darin besteht, sie einfach durchzuhalten. Es zählt nichts, außer durch diese Session zu kommen.

Leidenserfahrung	Konstruierte Leidenssession
1	
2	
3	

ÜBUNG 2

IHR FÜNFMINÜTIGES FEEDFORWARD- UND LEIDENSGELÖBNIS

Setzen oder legen Sie sich vor einem Ereignis, von dem Sie wissen, dass es Ihnen Schmerzen bringen wird, ruhig hin. Schließen Sie die Augen und konzentrieren Sie sich ausschließlich auf die Schmerzen und das Leiden. Vielleicht liegt ein 10-Kilometer-Lauf oder ein Ironman vor Ihnen und Sie wollen dabei wirklich gut abschneiden. Beschwören Sie vor Ihrem inneren Auge die genauen Momente des Leidens herauf. Tauchen Sie ein in das, was Sie sehen, hören, riechen, schmecken und fühlen, während es immer schwerer und schwerer wird. Achten Sie darauf, wie sich das Leiden tatsächlich anfühlt, und stellen Sie sich dann vor, die Daumenschrauben noch weiter anzuziehen und auf die schlimmsten Schmerzen und Leiden zu steigern, die Sie jemals gespürt haben. Nehmen Sie sich ausreichend Zeit dafür, sich vorzustellen, wie es sich anfühlt, was durch Ihren Kopf geht und was Sie sehen und hören können. Obwohl Sie ruhig sitzen oder liegen, werden sich Ihr Herzschlag und Ihre Atemfrequenz erhöhen.

Öffnen Sie nach fünf Minuten die Augen und denken Sie logisch darüber nach, ob Sie darauf vorbereitet sind, das alles auf sich zu nehmen – mehr zu leiden als jemals zuvor in Ihrem Leben. Wenn die Antwort Ja lautet, legen Sie ein persönliches Leidensgelöbnis ab (oder ein Leidensgebet, wenn das hilft). Manche Sportler finden es sogar hilfreich, ihren Körper und ihr Gehirn um Erlaubnis zu bitten, sie dem größtmöglichen Leid aussetzen zu dürfen. Wichtig ist hier vor allem, dass Sie eine Erwartung erzeugen. Und denken Sie daran: Erwartungen treiben die antizipatorische Regulation an – die Fähigkeit des Gehirns, sich auf das, was vor ihm liegt, gefasst zu machen. Das ist Wissenschaft, Leute!

Durchhaltestrategien, die während des Leidens helfen

Segmentierung

Wie isst man einen Elefanten? Mit einem Bissen nach dem anderen. Unser Gehirn bekommt die Dinge gerne in kleinen Häppchen serviert. Ob es nun um das Lösen von Problemen, das Laufen eines Marathons oder den Umgang mit den schlimmen Dingen im Leben geht – die Evolution hat auf diese Weise dafür gesorgt, dass wir harte Zeiten überdauern können. Wenn das Leiden beginnt, bittet unser Gehirn flehentlich darum, dass wir nicht zu weit in die Zukunft blicken: »Ich kann das nicht 60 Minuten lang aushalten, aber 10 Minuten schaffe ich«, »Ich halte keine acht Wochen solides Training durch, aber ich kann heute durch den Tag kommen«.

Die neurologische Schönheit der *Segmentierung* liegt darin, dass wir nach der Vollendung eines Teils mit einer kleinen Dosis Dopamin (Glückssaft) belohnt werden, die die Uhr neu startet. Setzen Sie diese Strategie zu Ihrem Vorteil ein, indem Sie die Reaktionen Ihres Gehirns auf Vollendung und Erfolge nutzen. Zweimal 5 Kilometer zu laufen ist leichter als 10 Kilometer am Stück zu laufen. Dreimal zu einer Boje zu schwimmen ist einfacher als um drei Bojen herumzuschwimmen. Denken Sie niemals an alles, was Sie noch machen müssen, weil Ihr Gehirn Sie dafür hassen wird. Denken Sie nur daran, was die nächsten Minuten für Sie bereithalten.

Je intensiver das voraussichtliche Leiden ist, desto kürzer sollten die Segmente sein. Die Ironman-Radfahrdistanz beträgt nicht etwa 180,2 Kilometer, sondern 18 Abschnitte à 10 Kilometer – plus 200 Meter Vorfreude, dass es bald vorbei ist. Die letzten 6,5 Kilometer eines Marathons auf schnell versagenden Beinen sind nicht etwa weitere 30 Minuten der Qual, sondern nur 16 weitere Bahnen zu laufen oder von einem Orientierungspunkt auf dem Kurs zum nächsten zu laufen, die etwa 200 Meter voneinander entfernt sind.

Segmentierung funktioniert auch bei Aufgaben, die schier unmöglich zu erledigen scheinen, bevor man überhaupt damit beginnt. Wenn Sie schon mal eine Trainingseinheit mit dem Gedanken »Ich weiß ehrlich nicht, ob ich das packe« begonnen haben, verpflichten Sie sich einfach dazu, ein Viertel davon durchzuziehen, bevor Sie eine Entscheidung darüber fällen, ob Sie weitermachen. Warten Sie einfach mal ab, was passiert!

Zählen

Wir sprechen hier vom Zählen wie eine obsessiv verrückte Person. Gute Fähigkeiten im Umgang mit dem Leiden greifen auf die fundierte und außergewöhnliche Kompetenz der rhythmischen Wiederholung zurück. Das ist einer der Gründe, warum Musik gut geeignet ist, um die erwartete Belastung zu verringern. Eine der besten Strategien, um Schmerzen auszuhalten, ist bis 4, 6 oder 8 zu zählen, während man leidet – immer und immer wieder. Wenn Sie ohnehin schon eine rhythmische Aktivität durchführen (laufen, schwimmen, Rad fahren), können Sie im Rhythmus Ihrer Arm- oder Beinbewegungen zählen. Das Zählen hilft bei der Verbesserung der Schmerztoleranz, weil es unsere Aufmerksamkeit bindet. Es füllt unseren Arbeitsspeicher (im präfrontalen Kortex) mit einer Aufgabe, die normalerweise von unserem prozeduralen Gedächtnis ausgeführt wird. Das verbraucht wertvolle Gehirnbandbreite, die ansonsten darauf verwendet würde, sich zu wünschen, dass die Anstrengung vorbei wäre, und darüber nachzudenken, warum man das nicht noch mal machen würde.

Glücklicherweise ist Zählen für unser Gehirn einfach, aber nicht so einfach, dass es komplett abschalten könnte. Wenn Sie feststellen, dass Ihre Gedanken während des Zählens immer noch wandern, dann zählen Sie nur Primzahlen (Schlaumeier). Optimal ist eine Zählaufgabe, die einfach genug ist, um während des Leidens ausgeführt zu werden, aber nicht so kompliziert, dass sie unseren Arbeitsspeicher zum Überhitzen und Qualmen bringt. Wissenschaftliche Studien zeigen, dass eine Überlastung des präfrontalen Kortex (das Hauptquartier für die Wahrnehmung von Anstrengung) während des Trainings dazu führt, dass die Wahrnehmung der Anstrengung sich erhöht, statt sich zu verringern. Das sollten Sie also lieber nicht machen.

Das Zählen hat noch weitere Vorteile. Wenn Sie zählen, stellt sich ein klares Gefühl des Fortschritts ein, weil die Zahlen ja aufsteigen. Manchen Menschen hilft die rhythmische Wiederholung dabei, einen auto-hypnotischen Zustand einzuleiten. Das Zählen der Armschläge beim Schwimmen ist besonders hilfreich, weil man damit auch die Schwimmdistanz einschätzen kann. Dafür braucht es aber Übung. Kalibrieren Sie dazu zunächst die Anzahl Ihrer Armschläge bei Rennstärke auf einer festgelegten Distanz, zum Beispiel 100 Meter. Testen Sie die Anzahl mindestens dreimal, um sicherzustellen, dass Sie eine verlässliche Einschätzung bekommen. Dies sollte bevorzugt in der Wasserart geschehen, in der auch das Rennen stattfinden wird. So könnten Sie beispielsweise in Renngeschwindigkeit im offenen Gewässer 80 Schläge auf 100 Metern brauchen. Wenn Sie während des Rennens bis 80 zählen, erledigen Sie die Distanz als eine Serie von 100-Meter-Anstrengungen und setzen dabei sowohl die Strategie des Zählens als auch die Strategie der Segmentierung zu Ihrem Vorteil ein.

Daumenklopfen

Die meisten Menschen haben noch nie etwas vom Daumenklopfen gehört und es auch noch nie gemacht. Unser Daumenklopfen darf nicht mit dem pseudowissenschaftlichen Quatsch der Meridian-Klopftechnik (auch als EFT bekannt) verwechselt werden. Um Schmerzen auszuhalten, ist das Daumenklopfen einfach eine Verhaltensstrategie, um die Aufmerksamkeit zu kontrollieren und den Arbeitsspeicher zu beschäftigen. Wenn Sie schon mal ein Kind zur Welt gebracht haben, hat Ihnen Ihre Hebamme vielleicht eine Variante dieser Technik beigebracht, um die Wehen und Geburtsschmerzen besser ertragen zu können. Obwohl sie so simpel ist, ist diese Technik erstaunlich effektiv und unterstützt uns dabei, kurze Phasen extremen Unbehagens zu überstehen.

✱ **Wie es funktioniert:** Machen Sie zuerst zwei entspannte Fäuste, so als ob Sie in jeder Hand einen Stift halten würden. Klopfen Sie dann mit Ihren Daumen sanft auf die Seite Ihrer Zeigefinger, als ob Sie den Drücker des Stifts betätigen würden. Die Technik lässt sich am besten beim Laufen einsetzen, weil Daumenklopfen während des Schwimmens nicht so praktisch ist und es auch ein bisschen merkwürdig wäre, das zu tun, während man die Hände an der Lenkstange des Fahrrads hat.

Klopfen Sie während des Laufens mit beiden Daumen im Rhythmus Ihrer Schrittfrequenz, oder klopfen Sie mit dem linken Daumen im Gleichtakt mit dem linken Bein und mit dem rechten Daumen im Gleichtakt mit dem rechten Bein – wählen Sie aus, bei welchem Rhythmus Sie sich am wenigsten kognitiv anstrengen müssen, während Sie Schmerzen haben. Sie können die Technik auch einsetzen, um Ihre Schrittfrequenz festzulegen, nicht um sie zu spiegeln. Die rhythmische Wiederholung bietet auch ein metronomisches Signal, das Arme und Beine in Bewegung hält. Es ist nichts Besonderes am Daumen, an der geballten Faust oder daran, wie Sie klopfen. Wenn Sie opponierbare Ohren mit Mini-Klauen hätten, würden wir Ihnen empfehlen, diese auch einzusetzen.

Daumenklopfen sollte am besten genutzt werden, um sich durch kurze Höllenphasen zu pushen – Bergintervalle, den letzten Kilometer eines Rennens oder Momente, in denen es wirklich wehtut. Sie sollten nicht über länger Zeiträume mit dem Daumen klopfen (zum Beispiel ein komplettes Rennen), denn obwohl das Daumenklopfen einfach auszuführen ist, ist es auch eine überflüssige körperliche Bewegung, die Konzentration und Koordination erfordert.

Achtsamkeit

Die finale Strategie besteht aus mehreren Techniken, die Sie entwickeln können, um Probleme wie den Umgang mit Angst und Stress oder die Verbesserung des Schlafs anzugehen. Achtsamkeit fördert eine nicht wertende Akzeptanz von Unbehagen oder Leid (ein Fokus auf das Hier und Jetzt). Damit wird die Neigung minimiert, darüber nachzudenken, wie schlimm sich alles anfühlt und wie grausam die Konsequenzen sind. Das zentrale Merkmal der Achtsamkeit ist die bewusste Beachtung des Leids und das gleichzeitige Widerstehen der Versuchung, es zu bewerten. Mit anderen Worten: Schluss mit »Das ist doch scheiße! Mir geht es gerade so schlecht. Ich weiß nicht, wie viel ich noch ertragen kann.«

Es gibt zunehmend wissenschaftliche Untermauerung dafür, dass Achtsamkeitsstrategien bei Sportlern gut funktionieren.[112] Sportler empfinden dies allerdings häufig als Herausforderung, weil sie dazu neigen, ungeduldig zu werden, wenn man ihnen rät, mit ihren eigenen Gedanken mal stillzusitzen. Anstatt also zu versuchen, Schmerz oder Unbehagen zu besiegen oder zu unterdrücken, stehen wir dem einfach neugierig gegenüber. Achtsamkeit funktioniert auf ähnliche Weise wie Zählen oder Daumenklopfen – wir verdrängen Gedanken an Leid und Unheil im präfrontalen Kortex, indem wir unsere Aufmerksamkeit auf andere Dinge richten. Einige grundlegende Elemente des Achtsamkeitstrainings beinhalten passive Aufmerksamkeit, Neugier und Akzeptanz.

Passive Aufmerksamkeit kann damit verglichen werden, dass man etwas bemerkt, ohne es beobachtet zu haben. Das bedeutet, dass wir, während die Leidensgefühle (zum Beispiel Brennen der Muskeln, hektisches Atmen, Gedanken an Flucht, Wut) unsere volle Aufmerksamkeit fordern, zwar wahrnehmen, dass sie da sind, uns aber nicht mit ihnen aufhalten. Stattdessen lassen wir unser Augenmerk um unseren Körper und um unsere Umgebung herum wandern. Die folgende Analogie zeigt, wie das funktioniert: Stellen Sie sich vor, Sie stehen auf einer Brücke und blicken auf einen schnell fließenden Fluss hinab. Im Wasser schwimmen beschriebene Notizblätter. Im selben Moment, als Sie gelesen haben, was auf einem Blatt steht, ist es auch schon vorbeigeschwommen und verschwindet unter der Brücke. Sie haben gar keine Zeit, über das Geschriebene nachzudenken, weil Sie schon damit beschäftigt sind, das nächste Blatt zu lesen. Und so geht es weiter. Das ist der Wesenskern der passiven Aufmerksamkeit.

Bevor Sie die passive Aufmerksamkeit in einer Leidenssituation anwenden, probieren Sie sie in einer ruhigen Umgebung aus. Wenn Dinge Ihre Aufmerksamkeit erregen (zum Beispiel Geräusche von draußen, der Druck auf Ihrem Hintern durch den Stuhl, die Blase an Ihrem rechten Fuß), konzentrieren Sie sich für 10 bis 15 Sekunden intensiv darauf und widmen Sie sich dann dem nächsten Sinneseindruck. Wenn Sie darin gut geworden sind, können Sie jede Empfindung anhand von Kategorien wie Emotion, Gedanke, Körpergefühl, Wertung, Drang und Erinnerung kennzeichnen. Fügen Sie jeder Kennzeichnung eine Bemerkung hinzu, bevor Sie sie in ihr jeweiliges Kämmerlein stecken. Wenn Sie beispielsweise zunächst einen Schmerz im Fuß verspürt haben und sich nun darum sorgen, ob er schlimmer werden könnte, könnten Sie sagen »Das ist ein Körpergefühl« [der Schmerz], »Das ist eine Emotion« [die Sorge] und so weiter. Sie können es laut aussprechen oder in Gedanken machen.

Neugier ist ganz einfach der Prozess, bei dem Sie Ihre Aufmerksamkeit herumwandern lassen, ohne nach etwas Bestimmten zu suchen. Sie könnten beispielsweise während des Schwimmens einen Körperscan durchführen, bei dem Sie von Kopf bis Fuß gehen und darüber nachdenken, wie sich jeder Körperteil zu einer bestimmten Zeit anfühlt. Als ob Sie sich bei bestimmten Körperteilen anmelden würden, bevor Sie weitermachen. Im Unterschied zur passiven Aufmerksamkeit peilen Sie hier gezielt bestimmte Bereiche Ihres Körpers oder die Gefühle, die das Unbehagen erzeugt, an.

Nutzen Sie die Neugier, wenn Sie leiden, um mental so viele Merkmale des Leidens wie möglich zu untersuchen. Sie könnten sich zum Beispiel nur auf das Brennen der Muskeln, die Wut, die Langweile et cetera konzentrieren. Versuchen Sie, jede Empfindung in einer Farbe und einer

Form auszudrücken. So könnte beispielsweise der heftige Schmerz in Ihrem Quadrizeps gezackt und rot sein, und Ihre schwindende Motivation nach zwei Stunden Laufen könnte sich wie ein sich verdunkelndes gelbes Licht anfühlen.

Akzeptanz beinhaltet die Konzentration auf eine unangenehme oder schmerzende Empfindung, doch anstatt sie zu bekämpfen, heißt man sie willkommen. So könnten Sie das Leiden zum Beispiel als eine Möglichkeit ansehen, sich abzuhärten. Herzlichen Glückwunsch, Sie befinden sich jetzt offiziell im Training für mentale Stärke! Alternativ könnten Sie versuchen, Form und Farbe der Schmerzempfindung mental zu verändern. Lesley sieht ihre Schmerzen während eines Rennens oft wie ein Kartenspiel, bei dem sie den Einsatz ihres Körpers und dessen, was er bewältigen kann, erhöhen kann. Das Ziel all dieser Akzeptanzstrategien besteht darin, einen tieferen Einblick in die Empfindung zu erhalten, statt sich einfach nur zu wünschen, dass sie verschwindet.

Achtsamkeit ist eigentlich nur eine spezielle Form der Meditation – dieses Wort vermeiden wir aber, wenn wir mit Sportlern sprechen, weil es mit vorgefassten Vorurteilen beladen ist. Man findet viele gute Quellen für Achtsamkeitstraining im Internet. Bei unseren Sportlern wenden wir eine kostenlose App namens Headspace an (www.headspace.com). Diese bietet einen leichten und ansprechenden Zugang zu den Grundlagen.

FALLSTUDIE: ICH HAB'S SATT, MICH IMMER NUR MIT DEM ZIELEINLAUF ABZUFINDEN
Eine Strategie zur Umarmung des Übels

Nick ist ein 43-jähriger Wettbewerbsläufer. In der Highschool ist er Cross Country gelaufen und hat während seiner Collegezeit ab und zu 5-Kilometer- und 10-Kilometer-Läufe zum Spaß absolviert. Nach dem Abschluss widmete er sich seinen Verpflichtungen in der Familie und im Job und wurde zur bekennenden Couch-Potato. Mit 35 fing er wieder an zu laufen, um wieder in Form zu kommen, seinen Bierbauch loszuwerden und den Stress von der Arbeit abzubauen. Er hat seitdem nicht zurückgeblickt.

Nick läuft mittlerweile 40 bis 60 Kilometer pro Woche und konzentriert sich auf Halbmarathons und Marathons. Bei längeren Läufen bekommt er öfter mal Krämpfe, hat aber das Gefühl, dass er das langsam in den Griff bekommt, nachdem er sein Training und seine Ernährung angepasst hat. Als wir ihn fragen, worauf er sich mental fokussieren möchte, antwortet Nick, dass er gerne wettbewerbsorientierter werden möchte: »Ich möchte trotz der Schmerzen und des Leidens beim Rennen eine härtere Gangart einlegen. Ich gehe nämlich mit der Einstellung ›Einfach ankommen‹ da rein, statt die Eier zu haben, es richtig aggressiv anzugehen.« Nick glaubt, dass er mental aufgibt, sobald es hart wird, und dass er dann in einen Überlebensmodus umschaltet. Er fährt fort: »Ich starte das Rennen eher reaktiv, statt mich konstant anzutreiben.« Er spricht auch über seine Ängste wegen der Krämpfe: »Ich habe das während der Rennen immer im Hinterkopf, was noch ein Grund dafür ist, dass ich mich zurückhalte. Wenn ich trainiere, denke ich: ›Wenn ich Krämpfe kriege, höre ich auf, kein Problem.‹ Aber im Rennen sehe ich das anders.«

Bei einem Blick auf Nicks Trainingsdaten wird klar, dass er die körperliche Kapazität dazu hat, beim Rennen eine schnellere Geschwindigkeit einzuhalten. Als Erstes lassen wir Nick deswegen mehr Kurzdistanzläufe (1 Kilometer, 5 Kilometer, 10 Kilometer) und intensives Intervalltraining machen. Wir passen sein Training dafür nicht an, weil das Ziel einfach darin besteht, ihn dazu zu zwingen, sich seinem Leiden zu stellen. Wir geben ihm Rennziele für taktische Aggressivität, auch wenn dadurch das Risiko erhöht wird, dass er hochgeht. Als er dazu in der Lage ist, seinen Entscheidungspunkt bei der Frage, ob er weiter pushen oder nachlassen sollte, zu erkennen (leiden versus nicht leiden), bringen wir ihm bei, 1 Minute lang Daumenklopfen anzuwenden, unmittelbar gefolgt von 4 Minuten immer wieder bis 6 zählen. So erhält er ein 5-Minuten-Fenster, in dem er sich auf ein bestimmtes mentales Ziel fokussieren kann, was ihn davon abhält, sich nur auf die Frage zu konzentrieren, ob er aufgeben oder das Leiden umarmen soll. Nun hat er eine persönliche Strategie, um mit dem Leiden umzugehen, wenn er sich ihm stellen muss. (Und das wird er!)

12

ICH VERMASSEL ES IMMER

JEDI-KONZENTRATIONSFÄHIGKEITEN ENTWICKELN, UM EIN BESSERER SPORTLER ZU WERDEN

Jeder hat so lange einen Plan, bis er eins auf die Fresse bekommt. – MIKE TYSON

Wenn es einen Satz gibt, der mir von Lehrern, Eltern, Trainern und meiner Frau immer wieder an den Kopf geworfen worden ist, dann ist es dieser: »Um Himmels willen, Simon, pass doch mal auf!« Wäre Fremde anstarren oder Tagträumen eine olympische Disziplin, ich würde es locker aufs Treppchen schaffen. Ich lasse mich unglaublich leicht ablenken, mir wird schnell langweilig und ich bin überhaupt kein guter Multitasker. Anscheinend ist das eine fatale Kombination für den Ausdauersport. Qualitäten wie Zielstrebigkeit und extremer Fokus sind Merkmale großartiger Sportler, nicht Qualitäten wie »lebt in seiner eigenen Welt« oder »langweilt sich und hört mitten in den Intervallen auf«. Wie dem auch sei, ich kann jedenfalls stundenlang völlig zufrieden irgendwo lesend oder schreibend sitzen und vergesse darüber manchmal sogar das Essen. Lesley ist das genaue Gegenteil: Wenn es ums Trainieren oder Rennen geht, ist sie wie eine lasergesteuerte Rakete. Sie läuft schnurgerade auf das Ziel zu. Stellt man ihr aber eine kognitive Aufgabe oder eine, für die sie keinerlei Interesse hat, ist sie wie ein Tiger im Käfig.

Wie kann es sein, dass wir bei den Dingen, auf die wir uns gut konzentrieren können, so unterschiedlich sind, und doch so ähnlich darin, dass jeder von uns eine starke Vorliebe dafür hat, wie er seine Konzentration einsetzt? Es stellt sich heraus, dass viele Sportler genau wie wir sind, oder zumindest in irgendeiner Kombination. Einige der Sportler, die wir gecoacht haben, haben kein Problem damit, fokussiert zu bleiben. Ihre Planung und Umsetzung laufen wie bei einer militärischen Operation ab. Anderen Sportlern wird langweilig und sie hören mit dem Training auf. Wieder andere durchleben am Wettkampftag grundsätzlich Riesendramen (ein mechanisches Problem, Ausrüstung vergessen, Lizenz verloren oder irgendetwas anderes), und irgendwie wird ihre Krise immer zu der Krise anderer. Das kann so weit gehen, dass andere Sportler sich weigern, mit diesen Kollegen gemeinsam zu fahren oder mit ihnen zu Wettkämpfen zu gehen, weil sie wissen, dass unweigerlich etwas passieren wird, das ihre eigenen Pläne gefährden könnte. Bei anderen Sportlern gibt es ein ganz bestimmtes Problem, mit dem sie immer zu kämpfen haben, wie etwa ihre Kräfte richtig einzuteilen oder die richtige Wettkampfverpflegung zu wählen.

All dies sind mentale Probleme, die durch eine schlechte Aufmerksamkeitssteuerung entstehen. Vorausgesetzt man ist körperlich gut vorbereitet, sind mentale Probleme der Hauptgrund für schlechte Rennen – und sie sind selbstverschuldet.

Wir möchten noch klarstellen, dass wir die Begriffe *Konzentration* und *Fokus* und die dazugehörigen Verben verwenden, dies aber nicht wirklich so meinen. Psychologen bevorzugen den Ausdruck *Aufmerksamkeit*, weil dies viel besser beschreibt, was im Gehirn vor sich geht. Aufmerksamkeit ist ein viel weiter gefasstes Konzept, das sich auf die Hirnleistung bezieht, auszuwählen, was in einer Situation relevant ist und was nicht, und dazu passend die Ressourcen und Prozesse zuzuteilen. Der feine und entscheidende Unterschied ist dabei, dass das Gehirn sich nicht einfach auf etwas einschießt (also sich konzentriert oder fokussiert), sondern siebt, ordnet und auswählt, worauf es seine Aufmerksamkeit richtet, wann und wie lange es das tut, und – ganz wichtig – wie es schnell und mühelos die Aufmerksamkeit wechselt und gleichzeitig unwichtige Dinge herausfiltert und diese davon abhält, unsere Aufmerksamkeit zu fordern.

Schauen wir uns mal an, wie das im Wettbewerb umgesetzt wird. Um eine Windschatten-Strafe zu vermeiden, müssen Triathleten

1. die Regeln über das Windschattenfahren kennen,
2. ihre Geschwindigkeit und Position im Vergleich zu den anderen Teilnehmern kontrollieren, damit sich die Windschattenboxen nicht überlappen,
3. wissen, wo die Kampfrichter sind, und
4. spontan taktische Entscheidungen treffen, die regelkonform sind und ihnen trotzdem einen physischen oder psychischen Vorteil gegenüber den anderen Teilnehmern verschaffen.

Ganz schön viel, was man da auf dem Schirm haben muss! Würden wir dieses Problem auf »Konzentration« reduzieren, müsste der Sportler nur die ersten beiden Aufgaben erledigen. Doch, wie Sie sich sicher denken können, ist das nur die halbe Miete, um die Leistung zu optimieren.

Wir fügen der Mischung einige weitere Hirnkonzepte hinzu. Wir nennen die Dinge, die um unsere Aufmerksamkeit buhlen, *Signale*. Das Universum der Signale zu einer beliebigen Zeit ist unser *Aufmerksamkeitsbereich*. Unser Aufmerksamkeitsbereich besteht aus Signalen in unserem Kopf (Gedanken, Gefühle, Wahrnehmungen) und äußeren Eindrücken (Anblicke, Geräusche, Gerüche et cetera). Diese Signale können auch in *leistungsrelevante* Signale – also Dinge, auf die wir unsere Aufmerksamkeit richten müssen, um das Rennen so schnell wie möglich abzuschließen – oder *leistungsirrelevante* Signale – Dinge, die keinen Bezug zu unserer Fähigkeit haben, das Rennen so schnell wie möglich abzuschließen – eingeteilt werden. Verstanden? Okay, dann kommen wir jetzt zum Vermasseln.

Aufmerksamkeitsdefizite führen zu geistigen Fehlern

Die meisten Fehler, die Ausdauersportler machen, entstehen, weil sie zur falschen Zeit den falschen Dingen (Signalen) ihre Aufmerksamkeit schenken, wahrscheinlich weil ihr Aufmerksamkeitsbereich die falsche Größe hat. Wie Sie später sehen werden, haben Stress und Angst merkwürdige Auswirkungen auf unseren Aufmerksamkeitsbereich. Dies kann man sich wie eine unbeabsichtigte Reaktion vorstellen, die uns bis zu einem gewissen Grad hilft, dann aber zu einer Gefahr für die Aufmerksamkeit wird.

Anbei einige Beispiele für geistige Fehler und Ausrutscher, die bei Ausdauersportlern zu beobachten sind, wenn sie eine schlechte Aufmerksamkeitssteuerung haben:

- Immer registrieren, wer fitter, schlanker und stärker aussieht.
- Regelmäßig zu spät kommen.
- Wie eine Rakete abgehen, nur um dann zwei Minuten später zu hyperventilieren.
- Während des Trainings oder Rennens vergessen, zu essen oder zu trinken.
- Nicht gut darin sein, das Tempo zu halten.
- Vergessen, wo ihr Rad in der Wechselzone ist.
- Das Tempo eines stärkeren Sportlers halten, obwohl sie nicht mithalten können.
- Wichtige Ausrüstung vergessen – Schuhe, Helm, Schutzbrille, Neoprenanzug und so weiter.
- Leidensunfähig sein oder schlechte Schmerzbewältigungsfähigkeiten haben.
- Viel zu lange auf der Wettkampf-Expo bleiben.
- Beim Schwimmen, Laufen, Radfahren vom Kurs abkommen. Kurzum: sich verirren.
- Zu viel Zeit in der Wechselzone verschwenden oder die Wechselzone ohne Startnummernband verlassen.
- Startzeit verpassen.
- Eine Windschatten-Strafe bekommen.
- Gedanken an Flucht haben wie: »Warum tue ich mir das an? Das mache ich verdammt noch mal nie wieder!«
- Oft mit dem Rad stürzen.

Es gibt noch Hunderte anderer Beispiele, inklusive einige unserer Favoriten beim Triathlon, wie Zone 1 immer noch im Neoprenanzug zu verlassen oder einen Aerohelm falsch herum anzuziehen, sodass er beim ersten Wind wie ein Vogelschnabel in den Hinterkopf des Sportlers schnappt. Beim Radfahren und Laufen haben wir viele Sportler gesehen, die ihren Sieg zu früh gefeiert haben und dann auf der Ziellinie noch überholt wurden.

Manche dieser Fehler passieren aus Unwissenheit (zum Beispiel nicht zu wissen, wann man beim Triathlon den Helm verschließen muss) oder aus einem Mangel an körperlicher Fähigkeit, mit Schwierigkeiten umzugehen (zum Beispiel nicht das notwendige Gleichgewicht auf dem Rad zu haben, um nach einem Stoß oder Schlag nicht umzukippen). In den meisten Fällen passieren diese geistigen Ausrutscher aber aufgrund von Aufmerksamkeitsproblemen. Diese können zum Großteil abtrainiert werden. Wer nicht gut in Aufmerksamkeitssteuerung trainiert ist, leidet unter den richtigen Umständen schon mal an Aufmerksamkeitsblindheit. Wenn Sie im Grundkurs Psychologie nicht eingeschlafen sind, kennen Sie dieses berühmte Experiment vielleicht. Wenn nicht, schauen Sie es sich mal an.[113] Es ist großartig!

Achtung: Unser Schimpanse will unsere Aufmerksamkeit auch kontrollieren

Wir erhalten von unserem Schimpansen Dränge, Gefühle und Eindrücke, die bitten und betteln, dass wir unsere Aufmerksamkeit auf bestimmte Dinge richten. Diese »bestimmten Dinge« sind fast immer für unsere Leistung irrelevant. Das Geplapper des Schimpansen ist im Grunde fast immer irrelevant für die Leistung, weil ihr Fokus auf Instinkten und Trieben liegt, die uns am Leben erhalten, unser Ego stärken und uns um jeden Preis vor Demütigungen, Peinlichkeiten und Unzulänglichkeiten bewahren wollen. Denken Sie daran: All das ist nicht in wirklicher Gefahr, wenn wir uns in unseren Wettkampfanzug quetschen und zum Rennen gehen.

Es gibt einige wenige Gelegenheiten, bei denen der Schimpanse hilfreich ist. So kann er zum Beispiel dafür sorgen, dass wir nicht im Erste-Hilfe-Zelt landen, indem er uns mit dem dringenden Instinkt übermannt, uns am Straßenrand hinzusetzen oder hinzulegen, wenn wir bei einem heißen Rennen dehydriert sind. Unser Professorenhirn weiß, dass wir weiterlaufen müssen, aber es hat keine Chance gegen die Überlebensinstinkte des Schimpansen. Diese Duelle von Gehirn und Körper findet man im Ausdauersport ziemlich regelmäßig. Manchmal gewinnt das Schimpansenhirn, wie im Fall von Melanie McQuaid, die bei der XTERRA-Weltmeisterschaft 2011 knapp 400 Meter vor der Ziellinie kollabierte. Manchmal gewinnt das Professorenhirn, wie im Fall von Sian Welch und Wendy Ingraham, die im Jahr 1997 bei den Ironman-Weltmeisterschaften nur noch auf allen Vieren ins Ziel kriechen konnten. Manchmal muss das Professorenhirn eines anderen uns helfen, wie im Fall von Alistair Brownlee, der im Jahr 2016 im Finale der ITU World Series seinem deliranten und dehydrierten Bruder, Jonny Brownlee, über die Ziellinie half. Bei manchen Gelegenheiten kann es vorkommen, dass das Geplapper des Schimpansen dem Professor willkommen ist und er ihm die Erlaubnis gibt zu übernehmen. Haben Sie beispielsweise schon mal beim Laufen Vollgas gegeben, weil sie total sauer waren, dass Sie vorher gefallen waren? Vielleicht haben Sie auch die Fähigkeit, mehr aus sich herauszuholen, entdeckt, weil jemand zusah, den Sie beeindrucken wollten? Das sind Beispiele für Situationen, in denen es gut war, dass das Schimpansenhirn am Ruder war. Wenn die Aufmerksamkeit auf bestimmte Art kanalisiert wird, können Sie die Stärke des Schimpansen entfesseln.

> **Als Sportler ist es unser oberstes Ziel, dazu in der Lage zu sein, unter Berücksichtigung unserer Stärken und Schwächen bei der Aufmerksamkeit zu erkennen, wann wir anfällig dafür sind, mentale Fehler zu machen und dann unsere Aufmerksamkeit zu trainieren, sodass wir künftig unter Druck oder Stress großartige Entscheidungen treffen.**

Das ist das Geheimnis, ein konsistenter Sportler zu werden. Um zu verstehen, warum wir Aufmerksamkeitsfehler begehen und was wir dagegen tun können, müssen wir verstehen, wie Aufmerksamkeit funktioniert. Denn wenn man nicht weiß, wie ein Automotor funktioniert, wie zum Teufel soll man ihn dann reparieren, wenn die Karre liegenbleibt?

Was sagt die Wissenschaft?

Aufmerksamkeit ist eines der am besten erforschten Themen in der Psychologie und der kognitiven Neurowissenschaft. Seit der Einführung ausgefeilter Messmethoden wie funktioneller Magnetresonanztomografie (fMRT) und Eye-Tracking können Hirnforscher ständig neue Entdeckungen vorweisen. Hier einige fundierte Erkenntnisse, die für Sportler relevant sind.

Der präfrontale Kortex macht die meiste Arbeit, wenn es an die Aufmerksamkeitsverarbeitung geht. Ja, hier ist unser Professorenhirn am Werk, oder genauer gesagt eine Region im präfrontalen Kortex knapp über unseren Augen, die die ausführende Funktion steuert.[114] Diese Region agiert wie ein Dirigent, der Teilen des Gehirns befiehlt, einen Zahn zuzulegen, und anderen Teilen, sich zu beruhigen. Das ist wichtig, denn wenn hier ein unwillkommener Schimpanse ins Spiel kommt, kann das für die Aufmerksamkeitssteuerung gefährlich werden. Umgekehrt verbessert die Steuerung des Schimpansen die Aufmerksamkeitssteuerung und Entscheidungsfindung.

Das menschliche Gehirn ist beim Denken nicht multitaskingfähig.[115] Wir können verschiedene Handlungen auf einmal durchführen (zum Beispiel beim Autofahren singen), was aber nicht bedeutet, dass wir über beide nachdenken. Wenn wir glauben, wir würden multitasken, schaltet unser Gehirn tatsächlich in Lichtgeschwindigkeit von einem Aufmerksamkeitsfokus auf den anderen um. Eine gute Analogie hierfür ist Fernsehen: Unser Gehirn hat keine Bild-in-Bild-Fähigkeiten, wir können nur einen Sender auf einmal sehen. Wer sich leicht ablenken lässt, hat das gegenteilige Problem: Er zappt durch die Kanäle und schafft es nicht, lange genug beim richtigen Sender zu bleiben. Wenn Sie also (so wie ich) ein schlechter Multitasker sind, weil Sie entweder zu lange bei einem Kanal hängenbleiben oder zu viel zappen, müssen Sie daran arbeiten, Ihre Aufmerksamkeitsflexibilität zu verbessern, statt noch mehr Bälle in die Luft zu werfen. Das heißt also, dass Sie Ihr Zapping verhindern beziehungsweise Ihre Fähigkeit verbessern, den richtigen Kanal dann einzuschalten, wenn es nötig ist. Dies erfordert, dass Sie in Schlüsselmomenten wissen, was wichtig und was unwichtig ist; dass Sie auf Erinnerungen zugreifen können, die Ihnen dabei helfen einzuschätzen, was am ehesten erfolgversprechend ist; und dass Sie schnell und mühelos genug Ihre Aufmerksamkeit zwischen den relevanten Informationen wechseln können. Wir stellen Ihnen in Kürze einige Strategien dafür vor.

Wie man Aufmerksamkeit konzipiert

Eine alte, aber gute Theorie zur Aufmerksamkeit, die im Sport intensiv genutzt wird, ist die Ausrichtung der Aufmerksamkeit.[116] Obwohl diese Theorie nicht alle neuesten Erkenntnisse der neurowissenschaftlichen Forschung einbezieht, stimmt sie erstaunlich mit den meisten von ihnen überein. Sie liefert einen fundierten und sehr wichtigen Ansatz für den Sport, weil die grundlegenden Prinzipien zuverlässig sind und sie ein Arbeitsmodell zur Verfügung stellt, das leicht verständlich ist und uns dabei hilft, Strategien zur Verbesserung unserer Aufmerksamkeitsfähigkeit zu entwickeln.

Unsere Aufmerksamkeit umfasst zwei Dimensionen: die Breite und die Richtung. Die **Aufmerksamkeitsbreite** reicht von eng bis weit. Wenn unsere Aufmerksamkeit eng ist, konzentrieren wir uns auf bestimmte Dinge oder Aufgaben, beispielsweise wenn wir versuchen, beim Schwimmen im offenen Wasser die Boje zu entdecken, oder wir uns darauf konzentrieren, beim Radfahren an einem Konkurrenten dranzubleiben. Ist die Aufmerksamkeit weit, richten wir sie auf viele Dinge (oder versuchen es). Wenn wir zum Beispiel durch die Expo beim Rennen gehen, scannen wir alles nach Dingen ab, die uns interessieren, oder wir suchen ein bestimmtes Zelt. Beim Rennen wollen wir vielleicht eine Windschatten-Strafe vermeiden, also beobachten wir die anderen Fahrer um uns herum genau, bevor wir vorbeiziehen. Die meisten Situationen im Ausdauersport erfordern eine Aufmerksamkeitsbreite irgendwo zwischen eng und weit.

Die zweite Dimension ist die **Aufmerksamkeitsrichtung**, die entweder intern oder extern ist. Wenn unsere Aufmerksamkeit intern ist, konzentrieren wir uns auf Dinge in unserem Kopf, wie Gedanken oder Gefühle. Ist sie extern, fokussieren wir Dinge (Signale) außerhalb unseres Kopfes und Körpers, also das, was wir sehen, hören, riechen oder anfassen können. Wenn wir zum Beispiel während eines Marathons über Laufgeschwindigkeit nachdenken, herrscht interne Aufmerksamkeit vor. Auch unser Anstrengungsempfinden in Relation dazu, wie weit wir noch laufen müssen, ist eine interne Aufmerksamkeit. Wenn wir verzweifelt versuchen, das Rad in Balance zu halten oder keine Lücke offen zu lassen, ist das externe Aufmerksamkeit. Bei einem Rennen ist eindeutig ein Mix aus interner und externer Aufmerksamkeit erforderlich.

Wir können diese beiden Dimensionen im Lot zueinander anordnen oder *orthogonal*, wie es der Wissenschafts-Freak ausdrücken würde. Das bedeutet einfach, dass wir ein Fadenkreuz aus diesen beiden Dimensionen erstellen können, aus dem sich vier Quadranten ergeben. Neurowissenschaftler haben herausgefunden, dass jeder Quadrant in Verbindung zu einer bestimmten neuralen Signatur im Gehirn steht, die mit der Ausrichtung der Aufmerksamkeit, die erforderlich ist, übereinstimmt.[117] Stellen Sie sich jeden Quadranten wie einen Aufmerksamkeitskanal vor, ähnlich wie einen TV-Kanal, es gibt aber kein Bild-in-Bild, sodass man sich zu einem beliebigen Zeitpunkt nur auf einem Kanal befinden kann. Und das ist das Coole daran: Jeder von uns hat einen Lieblingskanal, auf dem er aufgrund seiner genetischen Veranlagung und seiner Erziehung am liebsten Zeit verbringt.

Welcher Kanal ist bei mir dominant und warum ist das wichtig?

Woher weiß man denn, welchen Kanal man bevorzugt? Wenn es Ihnen schwerfällt zu ermitteln, zu welchem Quadranten Sie sich hingezogen fühlen, überlegen Sie mal, worauf Sie stolz sind.

SEHEN SIE SICH HAUPTSÄCHLICH ALS JEMANDEN, DER ...	DOMINANTER KANAL
... die Dinge erledigt?	Enger interner Fokus
... weiß, was Sache ist?	Weiter externer Fokus
... gerne Probleme löst?	Enger interner Fokus
... analysiert und plant?	Weiter externer Fokus

Natürlich sind dies keine wissenschaftlichen Fragen, aber sie sind nahe dran. Ein weiterer Hinweis lässt sich finden, indem Sie überlegen, wie Sie sich in Bezug auf die Aufmerksamkeit verhalten, wenn Sie aufgeregt sind. Wenn Sie sich in eine gesellige Plaudertasche verwandeln, sind Sie wahrscheinlich weit und extern veranlagt. Neigen Sie dazu, sich in sich selbst, in Ihren Kopf zurückzuziehen und alles zu überdenken, sind Sie eher weit und intern. Wichtig ist hierbei, dass niemand ununterbrochen in einem oder zwei Kanälen verortet ist. Bei geringer Belastung ist unsere Aufmerksamkeit »zentriert«, weil wir uns dann recht leicht zwischen den Kanälen bewegen können (siehe Kasten »Konzentration beeinflusst unsere Wahrnehmung der Zeit« auf Seite 263) und auf die Dinge reagieren können, die unsere Aufmerksamkeit erfordern. Obwohl wir den Begriff »zentriert« verwenden, sind wir in Wahrheit selbst in normalen Situationen etwas dezentriert und in Richtung eines Quadranten geneigt, da wir einen bestimmten Kanal bevorzugen. Lesleys Kanal ist zum Beispiel eng und extern, meiner ist eng und intern.

DIE VIER AUFMERKSAMKEITSKANÄLE

Obwohl der dominante Kanal uns zu dem macht, wer wir sind, ist er auch der Grund dafür, dass wir unter Druck oder bei Aufregung leicht die Fassung verlieren. Die mentalen Fehler, die Sportler begehen, hängen eng mit ihrem dominanten Kanal zusammen. Schauen Sie sich dazu mal die Vor- und Nachteile in der Tabelle »Pro und Kontra der Aufmerksamkeitskanäle« auf Seite 264 an.

Weil der Aufmerksamkeitsfokus auch in Verbindung zu unserem Arbeitsspeicher steht, können uns viele Folgefehler unterlaufen, wenn wir gerade im falschen Kanal sind. Man sieht dies gut bei Leuten, die sich leicht verlaufen oder den Weg nicht mehr wissen. Sie befinden sich normalerweise in einem internen Kanal (weit oder eng), wenn sie mit den Richtungsinformationen ihrer Umgebung (die immer extern sind) konfrontiert werden. Wenn Sie zu diesen Menschen gehören und sich nicht auf einer neuen Strecke verfahren möchten, zwingen Sie sich zu einem engen externen Fokus, um Orientierungspunkte zu bestimmen, an die Sie sich später erinnern können.

Stress und Sorgen sind Gift für unsere Aufmerksamkeitsfähigkeit

Wenn wir eine Situation als stressig empfinden, arbeitet derselbe Kanal, der bisher für uns gearbeitet hatte, gegen uns. Die Aufmerksamkeit verringert sich und wird enger, sodass wir mehr intern fokussiert sind und unflexibel werden. Falls das nicht offensichtlich sein sollte, schauen wir uns mal an, warum dies unsere Leistung negativ beeinflusst.

KONZENTRATION BEEINFLUSST UNSERE WAHRNEHMUNG DER ZEIT

Die Zeit kann uns übermäßig langsam oder schnell vorkommen, je nachdem wie es um unsere Konzentration bestellt ist. Wenn wir das wissenschaftlich vereinfacht betrachten, könnten wir uns vorstellen, dass unser Gehirn eine Videokamera ist, die 40 Bilder pro Sekunde aufnehmen kann. Die Kamera folgt zu jeder Zeit unserer Aufmerksamkeit. Wenn wir also eine Viertelsekunde auf Kanal 1 sind, dann eine Viertelsekunde auf Kanal 2, dann eine Viertelsekunde auf Kanal 3 und schließlich eine Viertelsekunde auf Kanal 4, nimmt die Kamera in einer Sekunde 10 Bilder pro Kanal auf. Wenn nun aber die gesamte relevante Information auf Kanal 2 ist, haben wir davon nur 10 Bilder, die uns bei der Entscheidung helfen können. In der Folge überkommt uns bald ein gehetztes Gefühl und alles passiert für unsere Begriffe viel zu schnell.

Umgekehrt könnten wir eine komplette Sekunde auf einem Kanal bleiben, sodass alle 40 Bilder aus diesem Kanal stammen. Damit hätten wir einen externen Fokus (weit oder eng), und die Zeit schiene sich zu verlangsamen, weil wir ein viel hochauflösenderes Bild davon hätten, was um uns herum geschieht. Wenn Sportler davon sprechen »im Flow« zu sein, befinden sie sich vollständig in einem engen externen Fokus, im Handlungskanal. Sie nehmen keine internen Bilder mehr auf; alle 40 Bilder konzentrieren sich auf die aktuelle Aufgabe. Ihre Wahrnehmung der Zeit wird verlangsamt. Deswegen ist eines der schlimmsten Dinge, die man tun kann, wenn man möchte, dass etwas schneller vorbei ist, auf die Uhr zu starren.

Werfen Sie dazu einen Blick in die Grafik auf Seite 266 an, um zu sehen, was mit aufgabenrelevanten Signalen und unserem Aufmerksamkeitsfeld passiert, wenn wir gestresst sind. Die Plus-Symbole stehen für aufgaben*relevante* Signale und die Minus-Symbole für aufgaben*irrelevante*. Die Trichterlinien stellen unser Aufmerksamkeitsfeld zu einer beliebigen Zeit dar (welche Signale sprechen uns an, welche nehmen wir wahr). Wie Sie sehen, nimmt am Wettkampftag, wenn die Nervosität steigt, die Aufnahmefähigkeit für Informationen rapide ab. Der Sportler fängt an, wettkampfrelevante Informationen auszublenden (weil er sie entweder vergisst oder ignoriert). Die Aufmerksamkeit wird nicht nur enger, sondern auch unflexibler, weil die Fähigkeit, von einer Sache zur anderen zu wechseln, abnimmt. Die Aufmerksamkeit des Sportlers neigt dann dazu, sich nach innen zu richten (interner Fokus). Im Extremfall versagt der Sportler dann. Er ist nicht mehr leistungsfähig, weil er zu viel Zeit damit verbringt, über sehr spezielle Dinge nachzudenken (zum Beispiel darüber, wie er eine Fähigkeit, die er eigentlich perfekt beherrscht, ausführen könnte, anstatt sie einfach automatisch abzuspulen). Häufig übersieht er auch andere wettkampfrelevante Informationen; ihm unterlaufen Flüchtigkeitsfehler. Er fühlt sich gehetzt, unkoordiniert und einfach fürchterlich.

PRO UND KONTRA DER AUFMERKSAMKEITSKANÄLE

EXTERN

Wann es hilfreich ist

Auf ein externes Signal reagieren. Sie können beim Schwimmen hinter jemandem bleiben und dessen Wasserschatten nutzen, einen anderen Läufer auf dem letzten Kilometer einholen und beim Radfahren auf Straßenschäden achten. Gut bei Mann-gegen-Mann-Rennen.

Das Leiden umarmen. Sie wissen, wie Sie schwierige Situationen umkehren und Schmerzen kontrollieren können.

Reiner externer Fokus. Sie sind voll und ganz in die zu erledigende Aufgabe vertieft oder im Flow.

Wann es nicht hilfreich oder nachteilig ist

Wenn sich Ihre Strategie ändern muss. Wenn Sie nicht dazu in der Lage sind, das große Ganze zu sehen, kann es sein, dass Sie an einer Strategie festhalten, selbst wenn diese nicht funktioniert. Vielleicht merken Sie noch nicht mal, dass sie nicht funktioniert!

Zurückfallen. Sie ärgern sich, weil Sie Ihr Zieltempo oder Ihre Zielwattzahl für eine Session nicht erreichen, auch wenn Ihre Herzfrequenz und die erwartete Belastung Ihnen sagen, dass Sie nur müde sind.

Verletzungsrisiko. Sie laufen trotz Verletzungsschmerzen weiter und verursachen womöglich mehr Schaden.

ENG

Wann es hilfreich ist

Kinästhetisches Bewusstsein. Sie sind dazu in der Lage, nach einem Feedback des Trainers etwas an Ihrer Technik zu ändern. Sie sind dazu in der Lage, Ihre Körperposition minimal anzupassen, um örtliche Muskelermüdung zu reduzieren.

Achtsamkeitstraining. Sie können sich auf ein einzelnes internes Signal fokussieren (zum Beispiel Ihre Atmung), um die Nerven zu beruhigen und zu entschleunigen.

Gut für die Selbstdisziplin

Wann es nicht hilfreich oder nachteilig ist

Sie können nicht loslassen. Sie spielen gedanklich immer wieder ein Ereignis, ein Szenario, einen Gedanken durch. Vielleicht haben Sie einen Kommentar gehört, der Sie geärgert hat, und haben Probleme damit, sich davon zu lösen.

Falsch fokussiert sein. Sie können keine neuen Informationen aufnehmen und nehmen Dinge um sich herum nicht wahr. (Das ist ein generelles Problem der internen Aufmerksamkeit.)

INTERN

EXTERN

Wann es nicht hilfreich oder nachteilig ist

Zu schnell reagieren. Ein Konkurrent überholt Sie schnell und Sie versuchen mitzuhalten, statt in Ihrem eigenen Tempo und mit Ihrem FTP-Wert zu laufen.

Zu viele Kompromisse. Sie gehen ständig Kompromisse bei Ihrem Training ein, weil Sie sich dem beugen, was die anderen in der Gruppe wollen.

Wann es hilfreich ist

Komplexe Situationen erkennen. Sie wissen wahrscheinlich zu jeder Zeit, wo sich Ihre direkten Konkurrenten auf dem Kurs befinden. Sie erkennen, wie müde andere Sportler sind, wenn Sie sehen, wie diese auf Anstiege reagieren.

WEIT

Wann es nicht hilfreich oder nachteilig ist

Lähmung durch Analyse. Sie verlieren sich in der Überanalyse Ihrer Körpermechanik. Sie wollen zu viele Korrekturen auf einmal durchführen. Sie denken zu viel über alles nach und reagieren deshalb nicht, wenn es nötig ist. Sie lassen Bewegungen aus.

Konsequent sein. Sie haben Probleme damit, sich an einen Trainingsplan zu halten, weil Sie über all die anderen Dinge nachdenken, die vielleicht auch wichtig sein könnten, die Sie aber nicht machen.

Wann es hilfreich ist

Rennstrategien oder Taktiken ausführen. Sie sind dazu in der Lage, auf Basis Ihrer Stärken schnell zu entscheiden, ob Sie einen Konkurrenten aus Ihrer Altersklasse, der Sie überholt hat, in Sichtweite behalten sollten.

Planung. Sie kennen die optimale Startposition beim Schwimmen, die auf der Strömung basierende Ideallinie zur ersten Boje und an wen Sie sich hängen sollten.

INTERN

GRAD DER »ERREGUNG« ODER NERVOSITÄT AM WETTKAMPFTAG

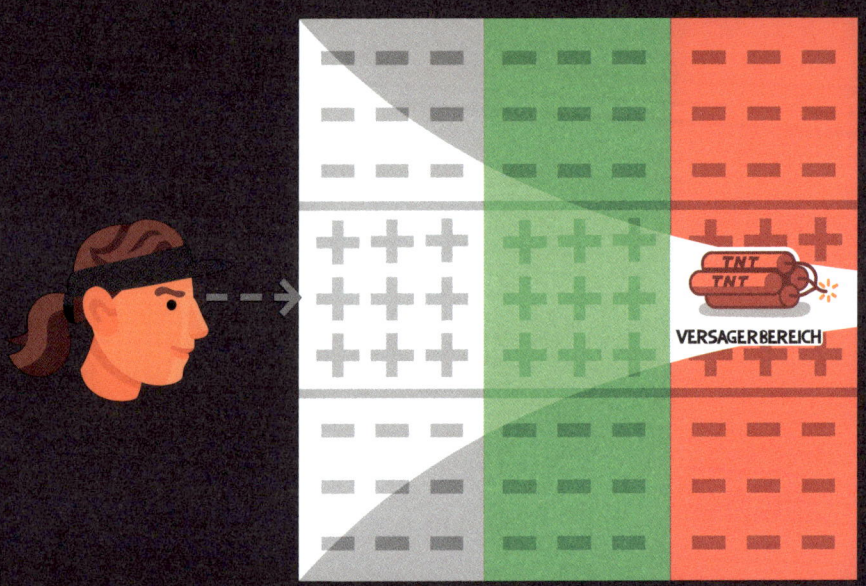

— WETTKAMPFIRRELEVANTE INFORMATIONEN (zum Beispiel wie stark und fit die anderen wirken)

+ WETTKAMPFRELEVANTE INFORMATIONEN (zum Beispiel wo Sie Ihr Rad abgestellt haben, Ihre Ernährungsstrategie et cetera)

▪ Bei NIEDRIGEM ERREGUNGSGRAD ist Ihr Aufmerksamkeitsfeld weit und enthält viele Informationen.

▪ Bei OPTIMALEM ERREGUNGSGRAD sind Sie dazu in der Lage, alle irrelevanten Informationen abzublocken und sich auf die wichtigen Dinge zu konzentrieren.

▪ Bei HOHEM ERREGUNGSGRAD gelingt es Ihnen nicht, sich auf die Dinge, die für ein gutes Rennen relevant sind, zu konzentrieren (zum Beispiel Ihre Ernährungsstrategie).

Aus diesem Grund ist es so wichtig, dass wir in solchen Situationen aus unserem Kopf herauskommen. Denken Sie an den Film *Rocky*, wo der Trainer dem Boxer ins Gesicht schlägt und brüllt: »Sieh mich an!« So klischeehaft das auch sein mag, so funktioniert es doch, denn es zieht den Sportler aus seinem eigenen Kopf und zwingt ihn dazu, wieder zu seinem engen externen Fokus zurückzukehren, also zu seinem Handlungskanal.

Selbst wenn wir noch nicht im Versagerbereich angekommen sind, machen wir trotzdem Dummheiten, wenn unsere Aufmerksamkeit sich verengt. So sind manche Sportler beim Start so aufgeladen, dass sie durchstarten wie eine Rakete, dabei aber vergessen, dass sie dieses Tempo nicht halten können und innerhalb weniger Minuten anaerob und gezwungen sein werden, langsamer zu machen. Oder ein Athlet kommt in die Wechselzone und ist so scharf darauf, schnell dort wieder rauszukommen, dass er sein Getränk oder sein Startnummernband vergisst. Denken Sie immer daran, dass Ruhe, Fokus und Schnelligkeit Hand in Hand gehen.

Schauen wir uns mal an, wie Sportler darauf reagieren, wenn sie in einem Aufmerksamkeitskanal feststecken, weil sie unter Druck sind.

WELCHE AUSWIRKUNGEN STRESS AUF DIE AUFMERKSAMKEIT HAT

Unsere Nerven und Stress können unsere Aufmerksamkeit aus ihrem Zentrum ziehen, sodass wir in einem der Aufmerksamkeitskanäle feststecken.

DIE AUFMERKSAMKEITSKONTROLLE TRAINIEREN

Wir haben festgestellt, dass viele mentale Fehler aufgrund eines falschen Aufmerksamkeitskanals passieren oder weil wir Signalen, die aufgabenirrelevant sind, zu viel Aufmerksamkeit schenken oder eine schwache Aufmerksamkeitsflexibilität ausweisen. Nun stellt sich die Frage, wie wir darin besser werden können. Mit den folgenden Strategien gelingt es.

Strategie 1: Kontrollieren Sie das Kontrollierbare

Diese Strategie ist zwar unter Trainern schon zu einem ermüdenden Klischee geworden, aber es ist erstaunlich, wie viele Leute ihre körperliche und geistige Energie auf Dinge verschwenden, die außerhalb ihres Einflussbereichs liegen. Das Wetter, die Wassertemperatur, die Markierungen der Rennstrecke, wie wenig Schlaf man doch in der Nacht zuvor abgekriegt hat, welche Erzrivalen anwesend sind, die wichtigen Trainingseinheiten, die man letzte Woche verpasst hat, wie viele Plätze noch für die Kona-Qualifikation frei sind und so weiter. Natürlich können manche dieser Dinge den Ausgang eines Rennens beeinflussen, Sie können sie aber zum aktuellen Zeitpunkt nicht mehr ändern. Klar, Sie können sich weiterhin darüber Sorgen machen, doch dies hat keinerlei Effekt darauf, was Sie dagegen tun können. Denken Sie nicht an einen rosa Elefanten. Genau. Sie haben das gerade getan. Wenn wir unsere Aufmerksamkeit zu irrelevanten, negativen oder unkontrollierbaren Dingen wandern lassen, lenkt uns das von den Dingen ab, die wir tatsächlich kontrollieren können. Entschließen Sie sich deshalb dazu, das Kontrollierbare zu kontrollieren.

Diese fünf Dinge haben Sie immer unter Kontrolle:

1. **Ihre Ausrüstung.** Stellen Sie sicher, dass alles funktioniert.
2. **Ihre Anstrengung.** Stellen Sie sicher, dass Sie immer alles geben, unter allen Umständen.
3. **Ihre Lebenseinstellung.** Stellen Sie sicher, dass Sie immer positiv, nett, dankbar und wertschätzend sind.
4. **Ihre Augen.** Stellen Sie sicher, dass Sie nur die Dinge wahrnehmen, die Sie positiv und taktisch und technisch bereit bleiben lassen.
5. **Ihre Ohren.** Stellen Sie sicher, dass sie nur auf Dinge hören, die Sie positiv und taktisch und technisch bereit bleiben lassen.

Das ist alles, was zählt. Wettkämpfe und wichtige Trainingseinheiten können ziemlich stressfrei werden, wenn Sie einsehen, dass Sie sich nur auf die Dinge konzentrieren sollten, die Sie unter Kontrolle haben. Schauen wir uns diese fünf Dinge jetzt mal genauer an.

Kontrollieren Sie Ihre Ausrüstung. Die Wahrscheinlichkeit, einen mechanischen Schaden am Wettkampftag zu haben, kann nahezu ausgeschlossen werden, wenn Sie eine ganz einfache Sache in der Woche vor dem Wettkampf machen: Lassen Sie Ihr Rad (inklusive Reifenverschleiß) von einem Mechaniker überprüfen. Vereinbaren Sie den Termin dafür mindestens zwei Wochen im Voraus, damit keine Panik aufkommen kann. Schwimmen Sie niemals beim Wettkampf mit einer nagelneuen Schwimmbrille oder einem ganz neuen Neoprenanzug – Sie wollen nicht während des Rennens feststellen, dass die Brille leckt oder der Anzug doch zu eng ist. Drucken Sie vor dem Rennen eine Checkliste für Ihre Ausrüstung aus und hängen Sie sie an den Kühlschrank. Mein erster Radtrainer hat uns nie mit einem dreckigen Fahrrad antreten lassen. Er hat einmal sogar zwei meiner Teamkollegen am Morgen eines Rennens nach Hause geschickt, weil sie mit schmutzigen Fahrrädern aufgetaucht waren. Zu dieser Zeit haben wir alle nicht verstanden, warum er davon so besessen war. Natürlich entwickelten wir dadurch Stolz und Verantwortungsbewusstsein, doch ein weiterer Faktor beim Reinigen des Rads war, dass wir aufmerksam darauf achteten, ob vielleicht etwas lose war, kurz vor dem Kaputtgehen oder nicht so funktionierte, wie es sollte. Somit war dies eine wichtige Lektion.

Kontrollieren Sie Ihre Anstrengung. Sie brauchen in einem Rennen nur ein Ziel – alles zu geben, was Sie an diesem Tag geben können. Wir haben mit Hunderten von Sportlern gearbeitet (vom Altersgruppen-Sportler bis zum Olympiateilnehmer), und das, was die Sportler bei Weitem am häufigsten nach einem Rennen bedauerten, war, dass sie nicht genug gekämpft, zu früh aufgegeben oder mental das Handtuch geworfen hatten, als es hart auf hart kam. Das nagt viel mehr an einem Sportler, als einen Platz auf dem Siegertreppchen um 5 Sekunden zu verpassen. Vermeiden Sie Gedanken wie »Hätte ich machen sollen« oder »Hätte ich gekonnt, wenn ich doch nur ...«, indem Sie jeden Wettkampf mit dem Wissen beenden, dass Sie definitiv Ihr Bestes gegeben haben. Das ist alles, was Sie von sich verlangen können. Punkt. Ja, manchmal ist das Beste nicht genug. In Wirklichkeit ist es sogar häufig nicht genug. Aber machen Sie sich klar: Das ist irrelevant, wenn Sie schlichtweg nicht mehr hätten machen können.

Kontrollieren Sie Ihre Lebenseinstellung. Sie stehen jeden Morgen auf und fällen eine Entscheidung über Ihre Einstellung während des Tages. Egal, wie tief das Loch ist, in dem Sie sich befinden, wie laut Ihr Körper schreit, dass es Ihnen schlecht geht und dass Sie negativ drauf sein müssen; egal, was alles gegen Sie spricht, wie bescheiden die Aussichten sind – Sie können grundsätzlich Ihre Einstellung dazu kontrollieren. Wir sprechen hier natürlich nicht von Menschen mit psychischen Krankheiten, die so überwältigende Gedanken und Gefühle erfahren haben, dass sie keine Wahl haben. Wir sprechen von Menschen, die offensichtlich mental gesund sind. Sie stehen auf und fällen eine Entscheidung. In Kapitel 13 »Ich kann nicht gut mit Druck umgehen« gehen wir näher auf die Wichtigkeit der Einstellung ein und darauf, wie man seine Aufmerksamkeit auf eine wichtige Denkweise richtet – Dankbarkeit.

Kontrollieren Sie Ihre Augen und Ohren. Das Machtzentrum aller eingehenden sensorischen Daten sind die Augen. Eingehende visuelle Informationen sind die verlässlichste sensorische Modalität, die wir haben, weil sie direkt zur Netzhaut gelangen und es dabei keine Verzerrungen gibt (oder nur sehr wenige). Das zweite Machtzentrum sind die Ohren. Akustische Eindrücke sind gut, aber nicht so verlässlich wie die der Augen (es ist zum Beispiel manchmal schwer zu erkennen, aus welcher Richtung ein Geräusch kommt). Wenn visuelle und akustische Informationen kombiniert werden, wird unser Schimpansenhirn plötzlich mit einem Ansturm potenziell gefährlicher Informationen konfrontiert. Wenn der Schimpanse, der ständig auf der Hut vor diesen Gedanken und Gefühlen ist, nun das Ruder an sich reißen kann, ist das Feuerwerk an negativen Gedanken und Gefühlen nur zu bekannt. Selbst wenn der Professor gerade zuständig ist und wir wissen, dass die Schmetterlinge im Bauch und das Herzrasen gute Anzeichen dafür sind, dass wir bereit sind, ist es sinnvoll zu kontrollieren, worauf wir blicken und was wir hören. Denn dies hilft uns dabei, unsere Aufmerksamkeit auf der bevorstehenden Aufgabe zu belassen, unterstützt uns darin, positiv und zuversichtlich zu sein und hält das Gehirn davon ab, in eine Höhle zu wandern, von der wir wissen, dass sie dunkel und unheimlich ist. **Blicken und hören Sie nur auf die Dinge, die Sie ruhig, zuversichtlich und bereit machen.**

Machen Sie im Auto auf dem Weg zum Rennen Musik an, die Ihnen Energie und ein Gefühl der Unbesiegbarkeit gibt. Erstellen Sie eine mindestens 60-minütige Playlist, die Sie einschalten können, sobald Sie am Wettkampfort ankommen. Fangen Sie vielleicht mit Musik an, die geerdet, ruhig und zuversichtlich ist, und gehen dann zu Liedern über, die Sie auf Ihre optimale Stärke pushen. Wenn Sie schon überspannt sind, brauchen Sie vielleicht beruhigende Musik; wenn Sie sich noch nicht ganz bereit fühlen, wählen Sie eher Musik in einem höheren Tempo.

Versuchen Sie sich von krisenanfälligen Freunden und Teamkollegen fernzuhalten, weil diese Sie mit ziemlicher Sicherheit in eine ihrer eigenen Katastrophen verwickeln werden. Deren Mangel an Vorbereitung sollte nicht zu Ihrem Notfall werden. Sie können Ihre Kollegen ja dann nach dem Rennen auf der Expo treffen. Wenn Sie selbst einer dieser krisenanfälligen Menschen sind, sichern Sie sich doppelt ab, packen Sie alles in zweifacher Ausführung ein und vermeiden Sie es, andere Sportler um Hilfe zu bitten (fragen Sie gerne die freiwilligen Helfer beim Rennen, aber lassen Sie bitte die anderen Sportler in Frieden!).

Strategie 2: Entwickeln Sie eine Routine vor dem Rennen

Der Mensch ist ein Gewohnheitstier. Gewohnheiten und Routinen sind beruhigend, weil sie geistige Bandbreite freigeben, mit der wir uns dann auf andere Dinge konzentrieren können. Für Sportler sind Routinen besonders wichtig, da sie ihnen dabei helfen, organisiert zu sein und im richtigen Aufmerksamkeitskanal zu bleiben. Eine grundlegende Strategie dafür, am Wettkampftag optimal fokussiert zu bleiben (das heißt dazu in der Lage zu sein, Unwichtiges abzublocken und offen für wettkampfrelevante Informationen zu bleiben), ist die Entwicklung einer Routine vor dem Rennen. Diese beinhaltet eine Reihe von Aktionen, um unsere Nerven im Griff zu behalten, die wichtigen Informationen gedanklich zur Hand zu haben und sicherzustellen, dass wir alles tun, was getan werden muss, und das auch noch in der richtigen Reihenfolge, um auf den »Kampf«, der vor uns liegt, vorbereitet zu sein.

Starten Sie Ihre Routine mit Übung 1. Die Routine erinnert Sie daran, dass Ihr Ziel die Beständigkeit ist. Die wichtigsten Elemente einer guten Routine vor dem Rennen sind:

1. Ein detaillierter Zeitplan
2. Eine Liste aller physischen Dinge, die Sie so gut wie möglich vorbereiten sollten
3. Dinge, die Ihnen dabei helfen, so gut wie möglich psychologisch und emotional vorbereitet zu sein
4. Sich Raum freihalten, um auf unvorhergesehene Umstände eingehen zu können.

Beginnen Sie am Tag vor dem Rennen mit Ihrer Routine. Dazu gehört, die Tasche zu packen, das Rennrad vorzubereiten (wenn Sie Radfahrer oder Triathlet sind), das Auto zu beladen und die Snacks vorzubereiten, die Sie nach dem Rennen zu sich nehmen wollen. Wir können nicht genug betonen, wie wichtig es ist, diese Vorbereitungen zu treffen, weil Sie das psychologisch und emotional auf das Rennen einstimmt. Strukturieren Sie Ihre Routine so, dass sie auch Dinge beinhaltet, die Ihre Augen und Ohren kontrollieren. Das bedeutet, dass die Playlist, die Sie in den Flow bringt, bei der Hand sein und auf dem Weg zum Rennen und beim Aufwärmen gehört werden sollte und so weiter. Die Musikwahl ist absolut individuell. Lesley hört deutsche Technomusik, ich bevorzuge Barockmusik, am liebsten Streichquartette. Eine weitere Strategie besteht darin, sich Signale zu schaffen, die dabei helfen, vom Elternteil/Ehepartner/Hausmeister zum Sportler zu werden – die Fähigkeit, eine Rolle hinter sich zu lassen und in eine andere Rolle zu schlüpfen, wenn auch nur für wenige Stunden.

Strategie 3: Lernen Sie die Aufmerksamkeitskanäle zu wechseln

Je besser Sie die Aufmerksamkeitskanäle wechseln können, wenn nötig, desto unwahrscheinlicher ist es, dass Sie irgendwo stecken bleiben, wenn sich der Druck erhöht. Unsere Übung zum Wechseln der Aufmerksamkeitskanäle basiert auf dem Training, das in der kognitiven Verhaltenstherapie angewendet wird, wurde hier aber für Sportler angepasst.[118]

In Übung 2 sollen Sie 15 Sekunden in jedem Kanal verbringen und dann wechseln. Führen Sie diese Übung zunächst zu Hause durch. Wir raten dazu, die Übung immer am selben Ort, zur selben Zeit und für eine bestimmte Zeitspanne, zum Beispiel 2 bis 3 Minuten, durchzuführen. Daher ist diese Übung ideal für die Werbepause beim Fernsehen. Wenn Sie diese Fähigkeit zu Hause eingeübt haben, können Sie sie auch beim Schwimmen, Radfahren oder Laufen abrufen. Da das schnelle Kanalwechseln zudem dabei hilft, die Wahrnehmung der Zeit zu beschleunigen, kann es als sinnvolle Strategie eingesetzt werden, um lange oder stumpfsinnige Trainingssessions durchzustehen.

Enger externer Kanal	Weiter externer Kanal	Weiter interner Kanal	Enger interner Kanal
Ganz bestimmte Dinge in der Umgebung wahrnehmen	Zahlreiche Dinge in der Umgebung scannen	Strategie und Planung	Bestimmte Gefühle wahrnehmen oder Probleme lösen

ÜBUNG 1

IHRE ROUTINE VOR DEM RENNEN

Verwenden Sie diese Vorlage, um Ihre Routine vor dem Rennen zu planen. In der Fallstudie am Ende des Kapitels können Sie die Routine nachlesen, die wir für Mark, einen exzellenten Altersgruppen-Triathleten, entwickelt haben.

Vortag	
Uhrzeit	Aufgabe

Rennmorgen	
Uhrzeit	Aufgabe

ÜBUNG 2

TRAINING ZUM WECHSEL DER AUFMERKSAMKEITSKANÄLE

Entwickeln Sie Ihre Kanalsignale. Bevor Sie anfangen können, hilft es aufzuschreiben, womit Sie sich in jedem Kanal beschäftigen wollen. Bis Sie in dieser Aufgabe geübt sind, verlassen Sie sich nicht auf »Oh, mir wird schon etwas einfallen«, weil Sie dann die ganze Zeit darauf verwenden, darüber nachzudenken, was Ihnen wohl einfallen könnte, oder Ihre Gedanken driften einfach ab. Deswegen brauchen wir vorab definierte Inhalte, sodass Sie Ihre eigenen Inhalte entwickeln können. Hier ein paar Beispiele:

Stellen Sie sich einen Wecker, der alle 15 Sekunden klingelt.

Konzentrieren Sie sich in jeder 15-Sekunden-Phase nur auf ein Kanalsignal aus Ihrer Liste. Wenn der Wecker klingelt, gehen Sie zum nächsten Kanalsignal und so weiter, bis Sie die Übung zwei bis drei Minuten gemacht haben (oder ein kompletter Werbeblock im Fernsehen vorüber ist). Versuchen Sie die Übung dann auf fünf Minuten zu steigern. Machen Sie sich keine Gedanken, wenn Ihnen das sehr schwer fällt – es ist nämlich schwer. Es ist geistig anstrengend, aber Sie werden mit der Zeit besser werden und Ihre Aufmerksamkeitsfähigkeiten werden sich verbessern.

Wenn Sie die Übung fünf Minuten lang machen können, fügen Sie Ablenkungen hinzu, die versuchen, Sie in einen anderen Kanal zu ziehen. Drehen Sie zum Beispiel die Lautstärke des Fernsehers während der Übung auf oder machen Sie die Übung draußen beim Training (vorausgesetzt Ihre Sicherheit ist gewährleistet).

Strategie 4: Schimpansen-Niederschlagung alias Achtsamkeitstraining

Die letzte Strategie zur Verbesserung der Aufmerksamkeitskontrolle ist das Achtsamkeitstraining. Wir bezeichnen es auch gerne als »Schimpansen-Niederschlagung«, weil es die Geschwindigkeit und das nervige Geplapper des Schimpansen verlangsamt. Wir widmen uns dem Thema Achtsamkeit auch in anderen Kapiteln dieses Buchs, weil sie bei so vielen Dingen hilft, die für Sportler wichtig sind: die Nerven vor einem Rennen in den Griff bekommen, mehr Selbstakzeptanz entwickeln, sich weniger Sorgen um seinen Körper machen, das emotionale Reaktionsvermögen senken, die Zufriedenheit in der Beziehung steigern und so weiter.[119] Im Zusammenhang mit Aufmerksamkeitskontrolle hilft Achtsamkeit Sportlern dabei, sich ideal auf wichtige Dinge in den Schlüsselmomenten des Rennens zu konzentrieren, was von der aktuellen Hirnforschung bestätigt wird.[120]

Achtsamkeit ist tatsächlich nur eine spezielle Form der Meditation, weswegen man auch gerne von Achtsamkeitsmeditation spricht. Die Praxis der Meditation umfasst Hunderte von Techniken, um den Geist zur Ruhe zu bringen oder ein »Bewusstsein ohne Nachdenken« zu entwickeln. Das klingt, als ob wir hier eine harte Nuss zu knacken hätten, und die Experten zu diesem Thema machen uns das Verständnis noch schwerer. Dawna Flath, eine anerkannte Meditationsexpertin beschreibt in ihrem Buch *A Clear Blue Mind* die Meditation wie folgt: »Die Meditation ist das Instrument, durch das wir alle Bereiche unseres Selbst ergründen und schließlich zu unserem Zentrum des Bewusstseins finden.«[121] Und was soll das bitte bedeuten? Ich habe keine Ahnung. Wichtig ist: Wir sollten erkennen, dass es einen Geisteszustand gibt, in dem wir uns der Dinge um uns herum äußerst bewusst sind (wir sind im Hier und Jetzt), in dem wir aber nicht an die Vergangenheit oder an die Zukunft denken. Das ist es, was damit erreicht werden soll. Aus diesem Grund ist Achtsamkeit ein Begriff, der die meisten Sportler dazu bringt, ohne Umschweife zur nächsten Ausfahrt zu schwimmen, zu fahren oder zu rennen. Denn es beschwört Bilder von alten Yogis herauf, Musik von Enya (bitte, bitte nicht), Trommelkreise (nein, danke), Auftragen – Polieren (das überlassen wir mal dem Kino) und Singen (bei uns nur zu ganz speziellen Anlässen erlaubt).

Unserer Erfahrung nach sind Sportler eher empfänglich für einen Begriff wie »Aufmerksamkeitssteuerungstraining« (was mehr nach *Uhrwerk Orange* klingt) als den der »Achtsamkeit«. Wie man es auch nennt, es geht darum, dass man die Dinge ganz bewusst, im aktuellen Moment und ohne Wertung wahrnimmt. **Wenn wir Dinge ganz bewusst im aktuellen Moment und ohne Wertung betrachten, beruhigen sich aus neurologischer Sicht einige Teile des Schimpansenhirns.** Wenn unsere Aufmerksamkeit gelenkt ist und auf ganz bestimmte Dingen gerichtet wird, hypnotisiert das quasi Teile unseres Schimpansen (die Amygdala und den anterioren cingulären Cortex, und es ist unwahrscheinlicher, dass wir eine Situation dramatisieren und aus ihr schließen, dass alles den Bach runtergegangen ist.

In diesem Fall empfehlen wir gerne eine App, denn wir haben jahrelang Google nach guten Hilfen für das Achtsamkeitstraining durchforstet und schließlich diese eine sinnvolle App gefunden: Andy Puddicomes Headspace-App (www.headspace.com). Sie ist eine quatschfreie Zone, kostenlos in den Grundfunktionen, und Sportler lieben sie. Wir nutzen sie beide selbst und empfehlen sie all unseren Sportlern. (Und nein, wir verdienen keinen Cent für diese Empfehlung.) Laden Sie sie herunter und legen Sie los – 10 Tage lang 10 Minuten täglich, und schon beherrschen Sie die Grundlagen.

FALL-STUDIE

ICH BIN SCHNELL, ABER ES GEHT IMMER ETWAS SCHIEF
Eine Leistungsroutine entwickeln

Mark ist Triathlet und absolviert die Olympische Distanz regelmäßig unter 2 Stunden 10 Minuten. Er nimmt schon jahrelang an Wettkämpfen teil, seit zwei Jahren »ernsthafter«. In den letzten zwei Jahren hat er es unter die Top 10 seiner Altersgruppe bei den USA Triathlon National Championships geschafft. Sein Ziel ist es, im kommenden Jahr in der Olympischen Distanz in die Top 5 zu kommen. Mark beschrieb sich in Bezug auf seine Rennvorbereitung als »irgendwie überall beschäftigt«. Er hat nicht wirklich eine Routine. Er wechselt die Aufmerksamkeitskanäle sehr schnell, aber nicht strategisch. Er neigt dazu, alles bis zur letzten Minute liegen zu lassen, und hat bei seinen Rennkumpels den Ruf, dass am Renntag immer irgendetwas kaputt ist oder vergessen wurde. Als wir Mark fragten, warum er keinen ausführlichen Plan habe, wusste er das nicht genau. Er sagte aber, er sei unglaublich beschäftigt und zu viel Zeit mit der Rennvorbereitung zu verbringen, mache ihn nervös. Das zeigt uns, dass er bei der Beschäftigung mit Aufgaben wie das Rad vorbereiten oder die Taschen packen dazu neigt, seine Aufmerksamkeit wandern zu lassen, daraufhin intern wird und steckenbleibt, wahrscheinlich bei aufgabenirrelevanten Signalen wie Erwartungen, Selbstzweifeln und Sorgen. Obwohl diese Verzögerungstaktik seine Nerven zu beruhigen scheint, ist er ständig schlecht vorbereitet.

Mark willigte ein, mit uns eine Routine vor dem Rennen zu entwickeln, die auch zum Ziel hatte, seine Nervosität während des Rennens zu mindern. Wir gaben ihm eine Vorlage für eine Ausrüstungs-Checkliste, die er für jedes Rennen anpassen konnte. Wir baten ihn, die Liste in zweifacher Ausführung auszudrucken, zu laminieren und eine an den Kühlschrank zu hängen. Die andere kam hinter die Sonnenblende im Auto.

Wir besprachen mit Mark ein typisches Wettkampfwochenende, wobei wir uns auf seine Aufgaben vor dem Rennen konzentrierten und darauf, wann er sie üblicherweise ausführte. Es war wichtig, dass wir eine Routine um die Dinge herum entwickelten, die Mark bereits tat, um Störungen zu vermeiden und zu verhindern, dass Sorgen über die Routine selbst hinzukamen. Wir fügten neue Aufgaben hinzu, wie etwa das Vorbereiten von Snacks, und stellten andere um, wie das Packen des Autos am Abend vor dem Rennen statt am Renntag.

Im Folgenden finden Sie Marks Routine für seine örtlichen Wettkämpfe. Sie werden feststellen, dass die Aufgaben so konzipiert sind, dass sie ihn in einem externen Aufmerksamkeitsfokus halten und ihm dabei helfen sollen, in den internen Fokus zu wechseln, um rennrelevante oder aufgabenrelevante Informationen zu verarbeiten. Mark hat eine andere Routine für den Vortag für Rennen außerhalb seiner Heimatstadt. Wenn er diese ausdruckt, lässt er die Bereiche für die Uhrzeiten leer, damit er sie basierend auf der Startzeit des jeweiligen Rennens eintragen kann.

MARKS AUSRÜSTUNGS-CHECKLISTE

Schwimmen
- ☐ Trisuit
- ☐ 2 Paar Schwimmbrillen
- ☐ 2 Badekappen (Rennkappe + eigene)
- ☐ Buntes Handtuch
- ☐ Neoprenanzug

Fahrrad
- ☐ Rad
- ☐ Helm mit schon befestigter Nummer
- ☐ Radschuhe
- ☐ Ersatzsocken
- ☐ Sonnenbrille
- ☐ Wasserflasche + extra Flasche
- ☐ Verpflegung
- ☐ Werkzeug: Ersatzschlauch, 2 CO_2-Kartuschen, Reifenheber, Multifunktionswerkzeug, Schere, Kabelbinder, Teppichmesser, Isolierband
- ☐ Fahrradpumpe

Laufen
- ☐ Startnummernband
- ☐ Laufschuhe
- ☐ Aufwärmschuhe
- ☐ Schirmkappe

Sonstiges
- ☐ Bargeld
- ☐ Herzfrequenzmesser mit Brustband
- ☐ Handtuch für die Wechselzone
- ☐ Badelatschen
- ☐ Gleitmittel
- ☐ Sonnencreme
- ☐ Vaseline, Pflaster, Babypuder, Ibuprofen
- ☐ Etwas zu essen, Snacks und Getränke für die Regeneration nach dem Rennen

MARKS ROUTINE VOR DEM RENNEN

Am Tag vor dem Rennen	
13:00 Uhr	Startunterlagen abholen
15:00 Uhr	Fahrrad reinigen, Reifen auf Schnitte untersuchen, Schlüsselbolzen überprüfen. Startnummern anbringen. Zwei Energy-Gelpackungen festkleben.
18:00 Uhr	Renntasche packen und Ausrüstungs-Checkliste prüfen. Auto beladen.
18:30 Uhr	Bill und/oder Andy anrufen wegen Fahrgemeinschaft oder Treffen vor dem Rennen.
19:00 Uhr	Motivationsfilm anschauen (meistens Ali, Freiwurf oder Warrior)
21:00 Uhr	Ins Bett gehen

Am Morgen des Rennens

04:30 Uhr	Aufstehen
04:45 Uhr	Frühstücken: Haferflocken, frisches Obst, Joghurt, Kaffee, 300 bis 450 Milliliter Wasser
05:15 Uhr	Essensrucksack packen, Trinkflaschen aus dem Kühlschrank nehmen, Verpflegung für nach dem Rennen packen
05:30 Uhr	Rennanzug anziehen, relaxen, Musik hören, das perfekte Rennen visualisieren.
05:40 Uhr	Ausrüstungs-Checkliste noch mal prüfen. Zum Wettkampfort fahren.
06:00 Uhr	Am Wettkampfort ankommen. Kapuzenpullover und Kopfhörer (mit Playlist für vor dem Rennen) tragen, um Ablenkungen zu vermeiden und Angstzustände zu regulieren.
06:30 Uhr	Wechselzonen einrichten. Zwei externe Signale festlegen, um in T1 und T2 die Ausrüstung zu finden. Die Anordnung und den Ablauf jeder Wechselzone visualisieren und mich selbst dabei sehen, wie ich jeden Wechsel reibungslos, ruhig und effektiv durchführe.
06:45 Uhr	Körpermarkierungen anbringen lassen und »Walkthrough« vom Ständer zum T1- und T2-Ausgang machen.
07:00 Uhr	200 Milliliter Wasser und Gel trinken und Aufwärmlauf starten (Übungen und kurze Intervalle).
07:20 Uhr	Klamotten ausziehen, Neoprenanzug anziehen. Gleitmittel auf Hals, Knöchel und Handgelenke schmieren. Letzte Überprüfung der Wechselzone.
07:25 Uhr	Am Ufer die Bojen und Ideallinie überdenken. Rettungsschwimmer nach der Strömung fragen, wenn möglich.
07:25 Uhr	Aufwärmen im Wasser.
07:40 Uhr	Zum Schwimmstart gehen. Auf der Startlinie stehen, Augen geschlossen. Zwerchfellatemübung machen, kurze Visualisierung des perfekten Starts und an Schwimmsignale erinnern: »Locker starten«, »Rhythmus beachten« »Wasserschatten finden«.
07:45 Uhr	Los geht's!

13

ICH KANN NICHT GUT MIT DRUCK UMGEHEN

STRESS, ÄNGSTE UND ERWARTUNGEN AM WETTKAMPFTAG BEKÄMPFEN

Ein Diamant ist ein Stück Kohle, das unter Druck besser geworden ist. – HENRY KISSINGER

Elliot ist ein 34-jähriger Triathlet, der unter chronischer Wettkampfangst leidet. Vor großen Rennen wird er so nervös, dass er sich übergeben muss. Sogar bei kleinen lokalen Wettkämpfen gibt es in seiner Vorgeschichte Anfälle von Übelkeit und Durchfall, und er fühlt sich, als ob ihm jemand Gewichte an jedes Körperglied geschnallt hätte. Und dann kommen die Selbstzweifel. Ein Olympisches Schwimmbecken gefüllt mit Gedanken wie: »Was, wenn ich es nicht kann?«, »Was, wenn ich versage?«, »Was, wenn es ein komplettes Desaster wird?«, »Ich bin nicht bereit.«, »Ich habe nicht genug Grundarbeit/Geschwindigkeitsarbeit/Tempoarbeit gemacht.«, »Ich kann kaum erwarten, bis das alles vorbei ist!«, »Warum tue ich mir das an? Ich *hasse* das!« Manchmal ist ihm so übel, dass er sich dazu zwingt, vor dem Rennen zu erbrechen. Da er seinen Körper und Geist wieder und wieder durch diesen selbstauferlegten Shitstorm quält, beschließt er, dass es das alles nicht mehr wert ist. Er hat alle Ausdauersport-Zeitschriften und -Blogs gelesen, hat unzählige Ratschläge über positive Selbstgespräche ausprobiert, Achtsamkeit und mentale Vorstellungskraft – doch nichts davon hat bei ihm eine Veränderung bewirkt. Es ist wie im Dunkeln zu pfeifen, um so zu tun, als habe man keine Angst.

Elliots emotionales Schimpansenhirn hat sich so sehr daran gewöhnt, seinem logischen Professorenhirn den Hintern zu versohlen, dass das Professorenhirn sich schlichtweg nicht mehr dagegen wehrt. Am Renntag hat das Schimpansenhirn also nicht nur das Ruder in der Hand, es hat noch dazu einen total unterwürfigen Handlanger.

Es mag sein, dass Sie keine Angst in derselben Art oder Stärke wie Elliot verspüren, aber es ist dennoch wahrscheinlich, dass Sie *etwas* fühlen, das Sie nicht fühlen möchten. Wenn Sportler uns erzählen, dass sie überhaupt nicht nervös werden und keinerlei ungewollte Gedanken haben, wissen wir, dass sie entweder lügen oder Medikamente einnehmen (oder beides). Fakt ist: Jeder von uns verspürt ein gewisses Maß an Angst als Reaktion auf eine Bedrohung, egal ob sie real oder eingebildet ist. Eine Gefahr zu spüren und darauf zu reagieren ist die elementare Verteidigung des Körpers und des Gehirns gegen Tod, körperliche Verletzungen und seelische Verletzungen (Bin ich gewollt?), Verlegenheit (Mache ich das richtig?), Erniedrigung (Werde ich mich zum Affen machen?) und Unzulässigkeit (Bin ich gut genug?). Selbst wenn es nicht um viel geht, ist es völlig normal, negative Emotionen zu haben. Manche Sportler sehnen sich sogar nach negativen Emotionen und versuchen sie mit Gewalt zu erzeugen, wenn sie keine haben. Sportpsychologen nennen das *instrumentale emotionale Regulierung* (würden Sie doch auch so nennen, oder?), doch wir kennen es wohl eher als den Jungen oder das Mädchen, der/das gerne eine Schlägerei anfängt, ziemlich streitsüchtig ist oder sich einfach vor einem Rennen in ein riesiges Arschloch verwandelt. Die natürliche Reaktion von Teamkollegen, Familienmitgliedern und Trainern ist es, sie zu beruhigen. Das ist aber oftmals das Letzte, was sie brauchen – zumindest für eine gute Leistung.[122] Eine gute emotionale Regulierung (wir nennen es »Steuerung des Schimpansen«) ist ein Grundpfeiler, um ein tapferer Sportler zu werden. Unserer Erfahrung nach wünschen sich die meisten Athleten, sowohl Amateure als auch Profis, eine bessere Kontrolle über ihre Gedanken und Gefühle, besonders zu bestimmten Zeiten.

Eines der größten Märchen ist, dass Profisportler immun gegen den Schwachsinn sind, der durch die Köpfe der gewöhnlichen Sterblichen ihrer Altersklasse schwirrt. Nichts könnte weiter von der Wahrheit entfernt sein. Ich (Simon) habe mit vielen bekannten Sportlern gearbeitet, die kämpfen müssen, um ihre innere Welt vor dem Kollabieren zu bewahren. Die Wirklichkeit sieht so aus, dass die Gehirne der meisten Menschen in Stressmomenten eher aussehen wie ein ungeordneter Schulhof. Alle Hauptcharaktere sind anwesend, werden hier aber von verschiedenen Teilen unseres Gehirns gespielt: die Angeber und die Rüpel (Amygdala), die Schüchternen (ventromedialer präfrontaler Kortex), die Streber (dorsolateraler präfrontaler Kortex), die Kinder, die sich für die Streber einsetzen (orbitofrontaler Kortex) und eine Gruppe anderer Kinder, die nur versuchen, irgendwie den Tag zu überleben, ohne gehänselt oder gedemütigt zu werden oder nachsitzen zu müssen.

Unter dem Strich kämpfen verschiedene Teile des Gehirns um die Kontrolle. Weil diese Hirnteile zu einem der drei Teams gehören (Schimpanse, Professor, Computer), entscheidet unsere Fähigkeit, mit Stress, Ängsten und Druck umzugehen, wer gewinnt. Wie Sie aus Kapitel 1 »Hallo, Hirn!« wissen, sind ungewollte Gedanken und Gefühle Anzeichen dafür, dass unser Professorenhirn (unser wahres Ich) von unserem Schimpansenhirn gekapert wurde. Das Schimpansenhirn wird in Lichtgeschwindigkeit vom Computerhirn mit einseitigen Informationen gefüttert und zieht die Fäden. Es gibt spezielle Techniken, um die Symptome von Wettkampfangst zu steuern und unter Druck bessere Leistung zu bringen. Diese sind essenziell, um sich nicht mehr in die Hose zu machen. Trotzdem sollten wir nicht vergessen, dass es größtenteils unvollkommene Gegenmittel und halbgare Lösungen sind. Warum? **Weil die Lösungen zum Angst- und Druckmanagement nichts als Gedankenmasseure, Symptomfilter und Kontextsanierer sind –**

Dinge, die lediglich den eingehenden Bockmist von unserem Schimpansen abblocken. Sie schaffen es also nicht unbedingt, dass der Schimpanse weniger Aufstände probt, aber sie helfen uns dabei, besser mit der mentalen Schlammschlacht zurechtzukommen. In dem Moment, in dem unsere Verteidigung zusammenbricht oder wir überrascht werden, geht es wieder los. Anbei einige Beispiele von ansonsten mental starken Sportlern, die wegen kleinen Fehlern in ihrer Bewältigungsrüstung überrumpelt wurden:

Ich habe mich super gefühlt, bis ich [Erzrivalin »Hannah«] beim Rennen gesehen habe. Ich hatte nicht erwartet, dass sie das Rennen laufen würde. Sie stand nicht auf der Starterliste, sie hatte nicht auf Facebook geschrieben, dass sie teilnehmen würde, und trotzdem war sie da. Wenn ich ehrlich bin, hat mich das ein bisschen ins Schwanken gebracht. Ich hatte jeden Schritt dieses Rennens visualisiert, aber nichts davon beinhaltete sie. Es war, als ob ich plötzlich die Einstellung gehabt hätte, um den zweiten Platz zu laufen. So kann man nicht gewinnen!

Jordan, 28 Cross-Country-Läuferin

Ich war bei der Nationalmeisterschaft sowas von bereit. Ich war in Topform, die Vorbereitungen waren nahezu perfekt und ich hatte keinerlei Verletzungen. Ich war so zuversichtlich, aber dann wurde mir die Schwimmbrille ziemlich früh beim Schwimmen runtergeschlagen. Es ist mir vorher schon mal passiert, dass jemand drangekommen ist oder sie sich verschoben hat, aber ich hatte sie noch nie verloren. Ich bin total durchgedreht. Ich trage Kontaktlinsen und wollte deshalb meine Augen nicht öffnen, damit ich die Linsen nicht verliere. Ich habe gebrüllt und bin getaucht, um die Brille zu finden. Es war total trüb, und ich bin nur noch in die Leute geknallt. Ich hab totale Panik bekommen. Ich erinnere mich daran, dass ich gedacht habe: »Das darf doch wohl nicht wahr sein!« Wenn ich einfach weitergeschwommen wäre, hätte ich vielleicht eine Minute verloren. So kam ich fünf oder sechs Minuten später an. Rennen vorbei.

Ethan, 33 Triathlet Olympische Distanz

Wie in Kapitel 3 besprochen, ist ein himmelhohes Selbstbewusstsein die beste Waffe gegen Angst, Stress und Druck. Wenn das Selbstbewusstsein gut ist, verbessert sich alles andere auch. Wir fühlen uns weniger ängstlich, stellen uns gerne Schwierigkeiten, setzen uns höhere Ziele, strengen uns mehr an, halten mehr Belastungsschmerzen aus, haben uns besser unter Kontrolle und sind viel optimistischer und enthusiastischer. Selbst wenn mal etwas nicht nach Plan oder sogar richtig schiefläuft, scheren wir uns einen feuchten Dreck darum. Machen Sie all diese Dinge und Sie werden unter Druck viel besser. Es wird nicht alle Spuren der Nervosität beseitigen – und das wollen wir auch nicht. Wie wir in diesem Kapitel noch sehen werden, macht uns ein gewisses Maß an Nervosität sogar schneller. Aus diesem Grund sollte die Bewältigung von Angst und Druck immer eine zweigleisige Vorgehensweise sein: Selbstbewusstsein aufbauen *und* Techniken aneignen, die den Schimpansen unter Kontrolle halten.

Stress, Angst und Druck – der Teufel liegt im Detail

Wir verwenden häufig Begriffe wie »Nerven«, »Angst«, »Stress« und »Druck fühlen«, um ungewollte kognitive und somatische Reaktionen auf eine wahrgenommene Gefahr zu umschreiben. Sportler beschreiben diese Erfahrung so:

> Obwohl ich in guter Form war, konnte ich mich nicht von dem Gedanken lösen, dass alles außer einem perfekten Rennen nicht gut genug sein würde, um zu gewinnen.

> Ich hatte so einen Schiss. Ich hatte zum ersten Mal am Gruppentraining teilgenommen. Ich wollte mich einfach anpassen, aber ich merkte, dass die anderen mich alle taxierten.

> Ich wurde permanent daran erinnert, was auf dem Spiel stand. »Das wäre die erste Olympische Medaille für [Land]« und »Wir wissen, dass du es schaffen wirst!«. Die Unterstützung war unglaublich, aber diese Erfahrung geht an die Substanz. Da stand ich nun und wollte verzweifelt versuchen, den Höhepunkt meiner sportlichen Karriere zu genießen – doch alles, was ich mir wünschte, war, dass es endlich vorbei war.

> Als ich den Kurs vorher abgefahren bin, stand ich oben am Abhang an der Strecke und bin einfach erstarrt. Ich dachte: »Keine zehn Pferde bringen mich da runter!«

> Ich stand an der Startlinie und fragte mich, was zur Hölle ich hier tat. Ich sah mich um, und da waren all diese fitten und schlanken Läufer. Ich fühlte mich wie ein Hochstapler.

> Bei den Abfahrten verliere ich immer den Mut. Ich stürze dann so leicht, weil alles, was ich denken kann, ist: »Bitte kein Unfall!«

> Ich habe mich nur mal umgeschaut und wusste, dass ich ganz schön was abkriegen würde. Ich war total eingeschüchtert.

> Ich hab's komplett verkackt, weil ich so nervös war. Mein Timing war total mies. Ich habe mich zu lange aufgewärmt und den Start verpasst.

> Ich wollte im Erdboden versinken. Es war fürchterlich. Ein beschämender Albtraum.

> Ich wusste, dass ich am Rennen teilnehmen musste, aber ehrlich gesagt habe ich nach einem Grund gesucht, mich zu drücken. Wenn du dir wünschst, dass du verletzt wirst, weißt du, dass etwas schiefläuft.

In diesen Beschreibungen verstecken ähnliche und doch verschiedene psychologische Konfrontationen. Es ist wichtig, dass wir zwischen ihnen unterscheiden können, weil davon abhängt, was wir dagegen tun können. Manche Sportler bekommen Angst, weil Verletzungsgefahr besteht (oder weil sie glauben, dass sie verletzt werden könnten), andere möchten ihre Mitmenschen nicht enttäuschen und manche haben Angst, vor anderen nutzlos zu wirken (zum Beispiel langsam, unfit, untalentiert). Manche sind nervös, weil der Ausgang vielleicht ihr Leben verändern wird. Für andere ist es eine Kombination von all dem. Wenn wir verstehen möchten, warum wir diese Gedanken und Gefühle haben, müssen wir die Wissenschaft des Stresses, der Angst und des Drucks kennenlernen.

Ich bin total gestresst

Wie Sie aus Kapitel 1 wissen, ist unser Gehirn so verkabelt, dass es uns vor Schaden schützt, indem es sicherstellt, dass unser Körper bereit ist. Und mit »bereit« meinen wir, dass physiologische Systeme darauf vorbereitet sind, uns darin zu unterstützen, wie ein Profi zu kämpfen, zu laufen oder uns zu verstecken. Dies kennt man gemeinhin als Kampf-oder-Flucht-Reaktion oder im wissenschaftlichen Fachjargon auch als *Stressreaktion*.

Nicht jeder Stress ist schlecht oder negativ. Manche Stressformen können sich sogar angenehm oder aufregend anfühlen, wie etwa der Erhalt einer Bestätigungs-E-Mail, dass Sie sich für Ihren ersten Ironman angemeldet haben (*schluck*), oder wenn Sie auf eine wichtige »Eröffnung« warten, wie das Öffnen eines Geschenks, die Veröffentlichung der Ergebnisse oder die Vorfreude auf ein Treffen mit alten Freunden. Wenn Stress gut ist, bezeichnen ihn Wissenschaftler als *Eustress*. Die körperlichen Veränderungen, die durch Stress hervorgerufen werden, egal ob er gut oder schlecht ist, sind dieselben. Für den Rest des Kapitels fokussieren wir uns hauptsächlich auf Stress, der in Reaktion auf eine Gefahr entsteht (also den schlechten Stress). Schauen wir uns mal an, wie unser Körper auf Stress reagiert.

Es beginnt mit einem sensorischen Radar

Stress beginnt mit einem Sinneseindruck (sehen, hören, riechen, schmecken, fühlen), einem realen oder imaginären. Unsere fünf Sinne sind mächtige Objekterkennungssysteme und arbeiten ähnlich wie ein ausgefeilter Radar. Diejenigen mit der größten Reichweite sind die mächtigsten und versorgen unseren Schimpansen mit den meisten Informationen. Würden wir uns den Erfassungsbereich für jeden der Sinne ansehen, wäre schnell klar, warum unsere Augen und Ohren unter den Sinnen die Herren im Haus sind. Dies sehen Sie in der Grafik »Der Erfassungsbereich unseres sensorischen Radars« auf Seite 284.

Daher ist es kein Wunder, dass die größte Quelle gefährdender Informationen aus Dingen besteht, die wir sehen und hören. Selbst wenn wir gerade keine physische Wahrnehmung erfahren, können wir die Sinneseindrücke in unserem Kopf durch Vorstellung und Denken (oder Träumen) nachempfinden. Aus diesem Grund können wir uns selbst nervös machen, indem wir nur an ein Rennen denken – wir stellen Sinneseindrücke wieder her, indem wir das Rennen in unserem Kopf hauptsächlich sehen und hören. In der Sportpsychologie wenden wir das Prinzip des Vorstellungsvermögens zu unserem Vorteil an; wir nennen es *Visualisierung*. Andere sensorische Organe, wie etwa unsere Haut, geben ebenfalls gefährdende sensorische Daten weiter, die aber im Vergleich zu den Eingangsdaten der Augen erblassen.

Bei manchen Sportarten sind jedoch der Seh-, Hör- und Riechsinn unterdrückt und andere Sinne werden entsprechend wichtiger. Wenn Sie beispielsweise ein Triathlet sind und im offenen Gewässer schwimmen, kennen Sie genau das Gefühl von etwas Merkwürdigem, das an ihrem Bein entlang streicht oder das Salzwasser, das Sie zum Würgen bringt. Unabhängig davon ist und bleibt die größte sensorische Herausforderung, der wir uns als Athleten stellen müssen, die Kontrolle unserer Augen und Ohren. Je mehr Sie auf Gefahrenhinweise blicken oder hören (selbst in Ihrem eigenen Kopf), desto mehr Möglichkeiten zum Ausflippen geben Sie Ihrem Schimpansen. Dazu später mehr.

DER ERFASSUNGSBEREICH UNSERES SENSORISCHEN RADARS

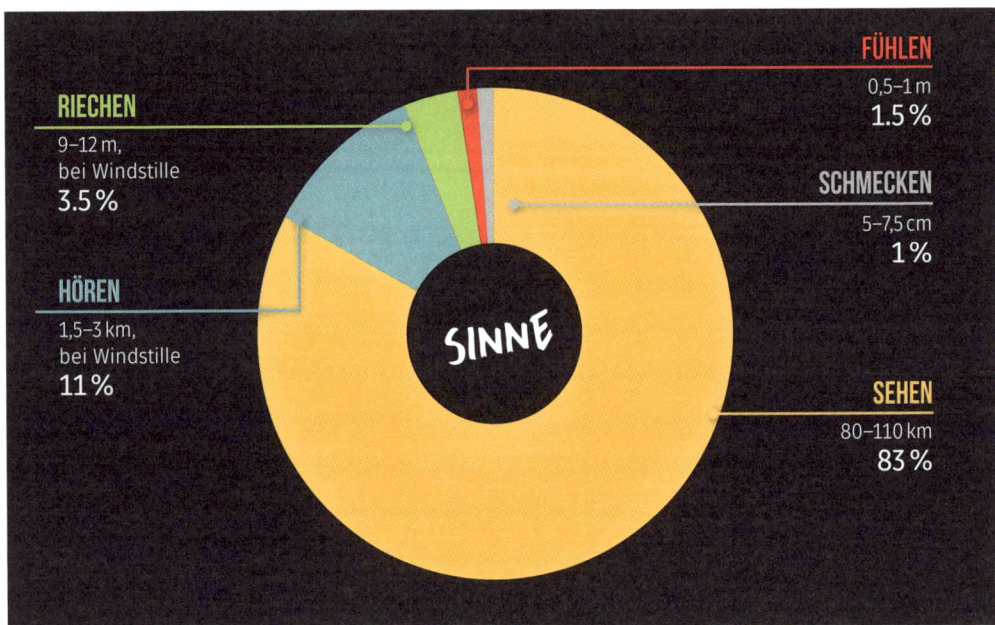

Hinweis: Wissenschaftliche Schätzungen zum relativen Beitrag der sensorischen Daten zum Wahrnehmungsprozess sind dazu bestimmt, unpräzise und fehlerhaft zu sein. Diese Schätzungen sind jedoch in der aktuellen Wissenschaft einheitlich.

Der Schimpanse ist unser Stabschef

Eingehende sensorische Informationen werden umgehend zur Verarbeitung an unsere Amygdala geschickt (das mandelförmige Bündel an Nervenzellen in unserem Schimpansenhirn). Dies kennen wir als Wahrnehmung – der erste Schritt, um herauszufinden, was die sensorischen Informationen bedeuten. Wenn ein Notsignal gerechtfertigt ist (das heißt, dass etwas als Stressfaktor gekennzeichnet wurde), schickt die Amygdala eine chemische Botschaft an den Hypothalamus, das Kommandozentrum für die Truppen. In diesem Fall sind die Truppen die Drüsen und Hormone, die sicherstellen, dass wir bereit sind zu kämpfen oder zu fliehen. Zum Beispiel aktiviert der Hypothalamus die Hypophyse, die unsere Nebennierendrüsen damit beauftragt, Cortisol auszuschütten, das wichtigste Stresshormon des Körpers. Dieser Prozess findet innerhalb von Millisekunden statt, viel zu schnell für unser langsames und faules Professorenhirn. Manchmal erfahren wir diesen unbewussten, blitzschnellen Prozess in Form eines Schreckreflexes – die plötzliche Aktivierung unseres motorischen Systems, das uns aus der Gefahrenzone zieht, bevor uns dies überhaupt bewusst ist.

Die Fähigkeit, sich zu erschrecken und für Kampf oder Flucht bereit zu machen, ist so abhängig von Hypothalamus, Hypophyse und Nebennierendrüsen, dass diese drei wie der Stabschef unseres Körpers handeln, wenn etwas schiefgeht. Physiologen nennen diese heilige Dreifaltigkeit des endokrinen Systems die *Hypothalamus-Hypophysen-Nebennierenrinden-Achse* (HPA), weil ihre

Funktionen so eng miteinander verknüpft sind. Die Nebennieren schütten außerdem Epinephrin (Adrenalin) und Noradrenalin aus. Diese Hormone erhöhen die Rate und Kraft der Herzkontraktionen, leiten Blut in die Muskeln, verengen Blutgefäße, erhöhen den Blutdruck und die Körpertemperatur und beschleunigen unter anderem die Reaktionszeit.

Cortisol gewährleistet, dass wir ausreichend Blutzucker zur Verfügung haben, um sofort Energie freizusetzen, und wandelt Kohlenhydrate, Fette und Proteine um, um sicherzustellen, dass die Energieversorgung gewahrt ist. Cortisol unterdrückt zudem unser Immunsystem, das nicht unbedingt gebraucht wird, wenn wir um unser Leben kämpfen oder laufen müssen. Außerdem macht uns eine starke Immunreaktion wahrscheinlich eher lethargisch und schwach, und das sind wohl kaum die richtigen Zutaten, um uns in einen Mixed-Martial-Arts-Kämpfer mit den Beinen von Usain Bolt zu verwandeln. Allerdings macht Cortisol uns auch übermäßig wachsam, risikoscheu (indem es das Testosteron unterdrückt), paranoid und negativ – und dies sind alles zumindest kurzfristig lebensrettende Eigenschaften.[123] Sie verstehen nun sicher, warum wir vom Schimpansenhirn immer als paranoide, reaktive und emotionale Maschine sprechen.

Natürlich sind Sie mit vielen Stressreaktionen bestens vertraut, weil Sie diese wahrscheinlich regelmäßig erleben, insbesondere wenn Sie an Sportwettkämpfen teilnehmen. Es ist aber hilfreich, genau zu wissen, wofür die einzelnen Reaktionen gut sind und warum Sie Ihren Körper in eine laufende und kämpfende Maschine verwandeln. Das gibt Ihnen auch einen Hinweis auf die Macht der Interpretation. Sie mögen sich fühlen, als würden Sie sich gleich in die Hosen machen, doch wir sehen den FTP-Wert nach oben schnellen. Hashtag #Sieg.

Eines unserer großen Probleme ist, dass unser modernes Gehirn nicht gut darin ist, zwischen echten und eingebildeten Gefahren zu unterscheiden. Bedenken Sie, dass sich die Stressreaktionen vor Millionen von Jahren entwickelt haben, um uns beim Umgang mit Kreaturen zu helfen, die uns fressen oder als Spielzeug benutzen wollten. Diese Form von Gefahren erleben wir zwar heute noch, aber nur selten und ganz vereinzelt. Wenn wir sehen, wie eine hohe Brandung gegen das Ufer schlägt, während wir über unsere schlechten Schwimmfähigkeiten nachdenken, hat das etwas von realer Gefahr, genauso wie mit dem Mountainbike vor einem zwei Meter tiefen Abgrund zu stehen. Wir bezeichnen das als »natürlichen Stress«, weil es, nun ja, irgendwie natürlich ist, leben zu wollen und sich nicht alle Knochen im Leib zu brechen.

WIE UNSER KÖRPER AUF STRESS REAGIERT

WIE ES SICH ANFÜHLT: Die Herzfrequenz steigt. Es kann sich anfühlen, als ob das Herz aus dem Brustkorb springen möchte.

Was passiert: Eine Ausschüttung von Adrenalin und Noradrenalin erhöht die Herzleistung, indem die Herzfrequenz beschleunigt und das Schlagvolumen (die Menge an Blut, das pro Herzschlag gepumpt wird) gesteigert wird.

Warum es funktioniert: Wenn mehr Blut zur Verfügung steht, stehen auch mehr Sauerstoff und Glukose bereit. Uff!

WIE ES SICH ANFÜHLT: Die Atmung wird tiefer oder schneller. Beim Telefonieren könnte man Ihnen schwere Atmung vorwerfen.

Was passiert: Atmungszentren im Gehirn verursachen einen unwillkürlichen Anstieg der Atmungsrate, was zu einem Gefühl von Stress führen kann.

Warum es funktioniert: Schnelleres und tieferes Atmen erhöht die Verfügbarkeit von Sauerstoff und bis zu einem gewissen Grad die Sauerstoffverwertung. Stress kann auch dazu führen, dass man hyperventiliert. Wenn man flache, schnelle Atemzüge macht, stößt man mehr Kohlendioxid aus, als der Körper herstellt. Das vermindert den CO_2-Wert im Blut und im pH-Wert, was die Blutgefäße verengt und den Blutdruck senkt. Das verursacht den falschen Eindruck, nicht ausreichend Sauerstoff zu bekommen.[124]

WIE ES SICH ANFÜHLT: Man hat Schmetterlinge im Bauch oder leidet unter Übelkeit.

Was passiert: Die Ausschüttung von Epinephrin stört die Säuren und Enzyme im Magen, reduziert den Blutfluss in Magen und Darm und erhöht die Muskelanspannung im Bauchbereich.

Warum es funktioniert: Der Magen wird gesperrt, weil er für den Kampf oder das Laufen nicht benötigt wird. Alles, was sich noch darin befindet, würde uns nur verlangsamen.

WIE ES SICH ANFÜHLT: Man bekommt schweißnasse Handflächen... und Füße. Das Gesicht sieht auch nicht gerade toll aus.

Was passiert: Das sympathische Nervensystem aktiviert die apokrinen Schweißdrüsen in der Hand, um eine Schweißreaktion in den Handflächen, an den Fußsohlen, im Gesicht und in den Achselhöhlen auszulösen. Auch bekannt als emotional bedingtes Schwitzen, hat dies nichts mit Körperabkühlung zu tun.

Warum es funktioniert: Die Gründe sind noch unbekannt, wahrscheinlich dient es aber dazu, die Feuchtigkeit der äußeren Hautschichten zu erhöhen, um die Hautreibung zu verbessern, was beim Kämpfen, Bergsteigen, Klettern und der Manipulation von Objekten wichtig sein könnte. Lässt auch Köpergeruch entstehen, was ein neurales Angstnetzwerk bei den Gegnern aktiviert.

> **WIE ES SICH ANFÜHLT:** Man möchte pinkeln und kacken. Oft.
>
> **Was passiert:** Stressrezeptoren an der Wand des Rektums werden sensibler und lösen reflektorische Kontraktionen aus, die einen Drang zur Darmentleerung verursachen. Die Harnröhrenschließmuskel ziehen sich ebenfalls zusammen und lösen einen Harndrang aus.
>
> **Warum es funktioniert:** Leicht ist schnell. Wenn man schnell eine große Strecke laufen oder sich auf einen Angreifer stürzen muss, zahlt es sich aus, wenn man vorher Gewicht verloren hat. Jedes Gramm zählt.
>
> **WIE ES SICH ANFÜHLT:** Man ist nervös und zappelig und erschrickt sich schnell.
>
> **Was passiert:** Das sympathische Nervensystem wird hyperstimuliert. Die Reaktionszeit wird beschleunigt.
>
> **Warum es funktioniert:** Ein vorbereitetes Nervensystem ist wie eine gespannte Feder – allzeit bereit, schnell und kraftvoll zu agieren.

Im Gegensatz dazu wirft uns das moderne Leben fast nur Dinge in den Weg, die uns nerven oder erschrecken, aber nicht lebensbedrohlich sind. Das nennen wir »modernen Stress«. Die Stressreaktion ist gleich, nur die Gründe sind recht verschieden. Nahezu all unsere heutigen Stresserfahrungen sind von der modernen Art. **Festzustellen, dass andere Sportler schlanker, gerissener, fitter und schneller aussehen als man selbst, ist eine eingebildete Gefahr, genauso wie der Gedanke, verlegen, gedemütigt oder unzulässig zu sein.** Natürlich ist das alles unangenehm und schwierig. Lebensbedrohlich? Nö. Aber versuchen Sie das mal Ihrem Schimpansen zu erzählen. Der ist total ahnungslos und schert sich ohnehin einen Dreck darum.

Während die bedrohlichen sensorischen Daten von den Stabschefs verarbeitet werden, durchforstet das Computerhirn fieberhaft unseren Datenspeicher nach Vorerfahrungen, also ob wir schon mal in derselben bedrohlichen Situation waren und wie diese ausgegangen ist. Das Problem ist nur, dass das Schimpansenhirn uns mit Cortisol überschüttet hat, was Paranoia und Aufmerksamkeitsvoreingenommenheit fördert und alles ins Negative verzerrt. Im Ergebnis hat sich das Computergehirn mit dem Schimpansen zusammengetan und liefert zahlreiche Beispiele dafür, warum wahrscheinlich alles schieflaufen wird. Natürlich hat unser wahres Ich, das Professorenhirn, in dieser Diskussion nicht viel zu sagen, weil es langsam, faul und schwach ist. Sollten wir doch mal versuchen, unsere Jedi-Fähigkeiten der Fakten und Logik anzubringen (»Es ist nur ein Rennen!«, »Gib einfach dein Bestes, das ist alles, was du erwarten kannst.«), lacht uns der Schimpanse aus und benimmt sich weiter völlig daneben. Kein Wunder, dass viele Sportler sich hilflos und machtlos fühlen, etwas daran zu ändern. Sie befinden sich im Ringkampf mit einem 400-Kilo-Brocken mit chemischen Waffen und alles, was sie zu ihrer Verteidigung haben, sind Fakten und Logik und das verzweifelte Bedürfnis, allem einen Sinn zu geben – beste Voraussetzungen dafür, sich mental den Hintern versohlen zu lassen.

Ich bin nicht einfach nur gestresst, ich bin ängstlich. Moment, ist das nicht dasselbe?

Wir haben bisher über die Stressreaktion gesprochen – eine körperliche Reaktion auf eine bestimmte Gefahr (der Stressfaktor), egal ob sie real oder imaginär ist. In so gut wie allen Fällen wird die Gefahr oder der Stressfaktor von externen Situationen verursacht, zum Beispiel ein Wettkampf, eine wichtige Trainingseinheit, eine harte Schwimmsession, ein Autounfall, ein Streit, eine Präsentation, ein Vorstellungsgespräch, Geldmangel, die Kinder rechtzeitig abholen oder was auch immer.

Im Gegensatz zu Stress ist Angst eine psychologische und physische Erfahrung, die durch Sorgen, Befürchtungen, Bedenken oder Furcht, begleitet von der körperlichen Stressreaktion, gekennzeichnet ist. Sportpsychologen unterscheiden zwischen *mentaler* oder *kognitiver Angst* (zum Beispiel Befürchtungen, Zweifel, Sorgen) und *körperlicher* oder *somatischer Angst* (zum Beispiel Schmetterlinge im Bauch und der Drang, sich in die Hose zu machen). Für unsere Zwecke betrachten wir die somatische Angst als synonym zur körperlichen Stressreaktion.

Ein weiterer Unterschied zwischen Stress und Angst ist, dass Stress grundsätzlich eine eindeutige Ursache hat, wohingegen die Quelle der Angst auch vage oder unbekannt sein kann. Wie dem auch sei, wenn Sportler sich in Bezug auf ihren Sport ängstlich fühlen, gibt es dafür ganz offensichtlich eine klare Ursache: den Sport. Ach nee! Wenn ein Sportler uns erzählt, dass er nur vor einem Wettkampf Angst verspürt, ist die Ursache noch offensichtlicher. Unklar ist aber, was genau es am Wettkampf ist, das dem Sportler Angst einflößt. Der Gedanke daran, zwei Stunden lang mit extremem Unwohlsein umgehen zu müssen? Sich nicht bereit zu fühlen? Sich Sorgen darum zu machen, einen schlechten Wettkampf abzuliefern? Oder dass man sich nicht verlegen fühlen möchte? Oder andere nicht enttäuschen will? Vielleicht sind es auch all diese Dinge.

Selbst wenn der genaue Grund nicht leicht zu bestimmen ist, so *müssen* wir ihn doch bestimmen, wenn wir ihn in den Griff bekommen wollen. Viel zu viele Selbsthilferatgeber aus dem Gebiet der Sportpsychologie raten Athleten dazu, sich auf allgemeine Entspannungstechniken zu konzentrieren, ignorieren dabei aber die konkrete Ursache. Wenn ich zum Beispiel auf der Startlinie eine Technik zur Muskelentspannung anwende und mir selbst sage, dass ich gut vorbereitet und bereit bin, wird mir das wahrscheinlich nicht helfen, wenn ich Angst davor habe, bei Kilometer 30 des Rennens Krämpfe zu bekommen. Manche Sportler sind permanent ängstlich, unabhängig von der Situation (das nennt sich *Eigenschaftsangst* oder *Trait-Anxiety*). Wir nennen diese Athleten »Bedenkenträger«, denn egal, worüber wir sprechen – sie finden immer irgendetwas, worüber sie sich Sorgen machen können. Wie zum Beispiel Alyssa:

Beim Gespräch über den Einsatz von Training Peaks (eine Online-Software, die im Coaching eingesetzt wird): Ich hasse es, Sessions in Training Peaks zu sehen, die rot sind [was bedeutet, dass sie noch nicht abgeschlossen wurden]. Mir macht das dann so lange Sorgen, bis sie alle grün sind [abgeschlossen]. Selbst wenn einige davon orange sind [teilweise abgeschlossen], hasse ich das. Das stresst mich total!

Über Zielsetzung: Aber ich möchte mir keine Ziele setzen. Ich schaue lieber, wohin die Saison mich bringt. Es ängstigt mich, konkrete Vorhaben zu haben. Wenn das erst auf Papier steht, ist es ein bisschen zu beständig. Was, wenn ich es dann doch nicht mache oder nicht kann? Das ist mir zu viel Stress!

Beim Gespräch über ihren bevorstehenden Urlaub: Ich kann es kaum erwarten. Wir haben dieses tolle Hotel am Strand gebucht. Es gibt dort einen Wellnessbereich und sie bieten glutenfreies Essen an! Der Gedanke daran, dass sie keinen 25-Meter-Pool haben, ist schlimm. Ich habe online gesucht, und der nächste Pool mit der richtigen Länge ist 30 Minuten entfernt. Wir wollten eigentlich kein Auto mieten, aber jetzt müssen wir. Das wird dann teurer. Darüber mache ich mir Sorgen.

Beim Gespräch über ihren neuen Welpen: Wenn ich es nicht schaffe, rechtzeitig von der Arbeit nach Hause zu kommen, mache ich mir Sorgen, dass er ausflippt oder alles zerfetzt. Und wir hatten bisher noch keine Zeit, ihn impfen zu lassen.

Es ist anstrengend, mit Alyssa zu reden. Was aber noch viel wichtiger ist: Für Alyssa ist es noch viel anstrengender, ständig diesem Grad an Besorgnis ausgesetzt zu sein. Bedenkenträger sind auch noch anfällig für sogenannte »sekundäre Ängste« – sie machen sich also Sorgen über die Tatsache, dass sie sich Sorgen machen. Ja, die bekommen es echt von allen Seiten ab!

Warum wir uns Sorgen machen

Einer der Gründe, warum wir uns Sorgen machen, ist, weil wir es können. Das menschliche Gehirn hat einen hochgradig ausgefeilten präfrontalen Kortex (Professor) mit einer Superkraft entwickelt: der Vorstellungskraft. Das bedeutet, dass wir geistige Zeitreisen unternehmen können. Wir sind eine der wenigen Spezies, die dazu in der Lage sind. Bei geistigen Zeitreisen versetzen wir uns in die Vergangenheit oder Zukunft und stellen uns vor, diese (wieder) zu erleben. In unserer Vorstellung der Zukunft können wir Szenarien und Ausgänge durchspielen, ebenso wie die emotionalen Reaktionen, die durch diese imaginären Begebenheiten ausgelöst werden. Meistens stellt dies kein Problem dar. Wir wenden diese Fähigkeit an, um Probleme zu lösen, zu fantasieren und uns Tagträumen hinzugeben, abstrakte Gedanken zu wälzen und uns darüber klar zu werden, wie wir uns unser Leben vorstellen. Doch diese Fähigkeit ist auch ein Nährboden für Ängste und Sorgen.

Wie Sie aus Kapitel 1 wissen, gibt es eine Hotline, die das Schimpansenhirn mit dem Professorenhirn verbindet. Dieses vier bis fünf Zentimeter große Nervenfaserbündel heißt Fasciculus uncinatus (siehe Seite 25). Hier kommen vernünftig und dämlich zusammen.[125] Unser emotionaler und paranoider Schimpanse ist wegen seiner chemischen Waffen dazu in der Lage, unseren rationalen und logischen Professor direkt zu beeinflussen, und übernimmt dann das Denken für uns. Das ist wie einem betrunkenen Fahrer die Autoschlüssel zu geben und das Beste zu hoffen. Nur dass wir noch auf dem Rücksitz sitzen. Unser Schimpanse lenkt diese ausgefeilte Hirnregion – den präfrontalen Kortex –, der dazu in der Lage ist, sich etwas vorzustellen, zu projizieren und Dinge zu erfinden, die *nicht real sind*. Und unser Schimpanse hat einen Plan: Er will die Wahrscheinlichkeit maximieren, dass seine primitiven Dränge und Triebe befriedigt werden, und will uns vor körperlichem und seelischem Schaden (Gefahren für das Ego, die Macht, Kompetenz, Akzeptanz, Ansehen und so weiter) bewahren. Kein Wunder, dass in den Köpfen mancher Sportler die Hölle los ist!

Da die meisten heutigen Stressfaktoren keine körperliche Bedrohung unseres Lebens enthalten, sind die Stressfaktoren, die der Schimpanse erstellt, in der Regel psychologischer Natur.

Wenn der Schimpanse der Meinung ist, dass unsere psychologischen Bedürfnisse bedroht sind und wir für potenzielle Peinlichkeiten, Erniedrigungen und Unzulässigkeiten anfällig sind, versucht er uns davon zu überzeugen, diese in jedem Fall zu vermeiden, indem er uns mit sehr starken Gefühlen und Eindrücken überflutet. Schließlich hat uns die Evolution Gefühle gegeben, damit wir Entscheidungen erzwingen können.

Wie wir mit Sorgen umgehen können

Psychologen teilen die Strategien der Menschen zum Umgang mit Stress in zwei Typen ein. Der erste wird als *problemorientierte Bewältigung* bezeichnet und bezieht sich auf Strategien, die Stress in Angriff nehmen, indem wir nach geeigneten Wegen suchen, um den Stressfaktor zu reduzieren oder zu eliminieren. Dabei wird direkt an der Ursache gearbeitet, Informationen darüber gesammelt, Ziele gesetzt, Zeitmanagement genutzt und das Problem gelöst. Wenn jemand zum Beispiel gestresst ist, weil er Probleme mit dem Schwimmen in unruhigen Gewässern hat, sähe eine problemorientierte Bewältigung so aus, dass er öfter in diesen Gewässern trainiert und neue Techniken erlernt, um gut durch die Wellen und Wogen zu kommen.

Der zweite Typ ist die *emotionsorientierte Bewältigung*, bei der wir unter anderem versuchen, die Intensität der schmerzlichen und vom Stress erzeugten Emotionen zu reduzieren und zu steuern. Wir zielen also auf die emotionalen Konsequenzen des Stresses ab. Beim Problem mit dem Schwimmen in unruhigen Gewässern sieht die emotionsorientierte Bewältigung vor, mit Zwerchfellatmung und Visualisierung zu arbeiten, bevor man ins Wasser geht. Einige emotionsorientierte Bewältigungen sind sehr häufig, enthalten aber manchmal auch blöde Ideen, die natürlich zu noch mehr Problemen führen können: mehr trinken, mehr essen, mehr einkaufen und mehr spielen. Wie dem auch sei, eine gute emotionsorientierte Bewältigung beinhaltet unter anderem Selbstgespräche, Umdeutung, Entspannung, Meditation und sogar Vermeidung.

In der Praxis wenden die meisten von uns beide Strategien an, weil beide effektiv sind. Manche Sportler haben allerdings Probleme damit, ihren Stress zu bewältigen, weil sie nicht beide Methoden einsetzten. Sie bleiben dann bei dem Versuch, mit nur einer Methode weiterzukommen, stecken, weil sie beide brauchen würden, um den Kampf gegen das Hosenvollmachen zu gewinnen.

Sportler: Ich bin so aufgeregt wegen meines ersten Halbmarathons. Ich wende Mantren an, um positiv zu bleiben, und ich glaube, dass das Achtsamkeitstraining wirklich wirkt. Aber ich bin trotzdem noch ziemlich nervös wegen des Laufs.

Simon: Bist du jemals zuvor 21,1 Kilometer gelaufen?

Sportler: Nein.

Simon: Dann lass uns da ansetzen.

Leider neigen Frauen viel eher zu Ängsten und Sorgen als Männer. Die Wissenschaft ist widersprüchlich in Bezug auf geschlechtliche Unterschiede in der Anatomie des Gehirns, dennoch scheinen Frauen in Reaktion auf eine negative emotionale Stimulation eine stärkere Aktivierung der Amygdala zu zeigen – was bedeutet, dass sie Gefahrensignale wahrscheinlicher erkennen und stärker darauf reagieren.[126] Das ist vielleicht einer der Gründe dafür, warum Depressionen und Angststörungen bei Frauen viel häufiger vorkommen (Angststörungen sind bei Frauen zweimal so häufig wie bei Männern). Die Forschung zeigt auch, dass Frauen eher emotionsorientierte Bewältigung bevorzugen, während Männer zu problemorientierter Bewältigung neigen.[127] Frauen geben auch eher zu, wenn sie sich ängstlich fühlen, und suchen Hilfe, wenn sie Angst verspüren. Als Coaches sehen wir das fast täglich. Weibliche Sportler sagen uns viel eher als männliche Sportler, wenn sie gestresst oder ängstlich sind, und bitten uns darum, ihnen zu helfen.

Das bringt uns zum Unterschied zwischen Druck und Stress

Bevor wir uns den Strategien zum Umgang mit Stress und Ängsten widmen, müssen wir noch einen weiteren Begriff klären, weil dieser immer wieder in unseren Gesprächen mit den Sportlern auftaucht: *Druck*. Der Druck, etwas zu leisten, den Trainer nicht zu enttäuschen, zu zeigen, dass sich die Zeit, die Anstrengungen und das Geld gelohnt haben, die Saison unter den Top Ten abzuschließen, einen neuen Sponsor zu finden, gute Leistung zu bringen, wenn die ganze Familie zum Rennen kommt, die gute Leistung des Vorjahrs zu wiederholen (jeder mehrfache Weltmeister erzählt, dass es mit jedem Gewinn schwerer wird). Druck ist zu einem richtigen Modewort geworden – es wird mittlerweile so häufig verwendet, dass es viel von seiner Bedeutung verloren hat. Jeder erzählt uns, er stünde unter Druck, würde Druck spüren oder versuchen mit dem Druck klarzukommen. Für uns ist das Schwachsinn. Bei diesem Gemecker geht es nicht nur um die Wortbedeutung, sondern um ein grundlegendes Missverständnis davon, was Druck ist und was dabei auf dem Spiel steht. Was normalerweise verdammt noch mal alles ist.

Wenn ein Sportler zu uns kommt und um Hilfe bittet, unter Druck bessere Leistung abzuliefern, finden wir zunächst mal heraus, ob er *wirklich* unter Druck steht. Das klingt vielleicht dämlich, denn wenn man sich vor Angst in diese Hosen macht, steht ganz bestimmt *irgendetwas* auf dem Spiel. Doch genau zu wissen, warum man diese Gefühle hat, hat grundlegende Auswirkungen darauf, was man dagegen tun kann.

Was also genau ist Druck? Ich glaube, wir sind uns alle einig, dass eine Teilnahme an den Olympischen Spielen Druck bedeutet, ein wichtiges Bewerbungsgespräch zu führen ebenfalls, eine wichtige Prüfung auf jeden Fall, und sogar das erste Date kann einen unter Druck setzen. Was haben all diese Situationen gemein? Ein großes Ereignis? Dass etwas auf dem Spiel steht? Eine Herausforderung? Wie ist es damit, fünf aufeinanderfolgende 400-Meter-Sprintintervalle jeweils in 75 Sekunden zu laufen? Ist das Druck? Oder einen Strava-Rekord beim lokalen Klettern brechen zu wollen? Wie sieht es mit dem ersten 10-Kilometer-Lauf nach einer Verletzung aus? Es gibt sicher Unterschiede zwischen diesen Szenarien, doch sie sind nicht unbedingt offensichtlich.

Druck tritt dann auf, wenn wir daran erinnert werden, dass wir *beurteilt* und eingeschätzt werden; dass ein Grad von *Unsicherheit* über den Ausgang vorhanden ist; dass das, was wir tun werden, sehr *wichtig* ist; dass wir dabei im *Wettbewerb* zu anderen stehen werden; dass wir bestimmte *Erwartungen* haben, wie wir abschneiden wollen. Mit anderen Worten: Druck entsteht, wenn die Dinge auch von außen betrachtet von Bedeutung sind.[128] Diese fünf fundamentalen Elemente bilden die DNA des Drucks. Wir bezeichnen dies als »Drucksaft«, weil man mit einem schnellen Test herausfinden kann, ob jemand wirklich unter Druck steht, und weil Menschen, die unter Druck stehen, auf diese Weise daran erinnert werden, dass sie sich mit dem Trinken dieses Safts – also mit dem Akzeptieren und Fokussieren auf die Inhalte – mit großer Wahrscheinlichkeit diesem auch beugen werden. Um zu sehen, ob Sie den Drucksaft-Test bestehen, führen Sie Übung 1 aus.

Der Drucksaft

Beurteilung: Sie sind verantwortlich für Ihre Leistung und werden von anderen dafür beurteilt. Beurteilung birgt das Risiko der Demütigung, Peinlichkeit, Unzulänglichkeit und Ablehnung – all diese Dinge aktivieren Bereiche im Gehirn, die soziales Leid entwickeln. Echter Druck entsteht, wenn die Beurteilung von außen kommt und konkret ist, nicht wenn sie im Inneren stattfindet und eingebildet ist. Obwohl es sein kann, dass Sie mit sich selbst schimpfen, wenn Sie etwas verkacken, Ihre Schwester mit den Augen rollt und Jenny Blödsinn über Ihre Leistung erzählt, sind diese Beurteilungen sehr subjektiv, unmöglich zu bestätigen und oftmals mit anderen Faktoren (äääh, Gepäck) verwoben, die nur ganz entfernt etwas mit Ihrer eigentlichen Leistung zu tun haben, zum Beispiel die Wahrnehmung des Selbstwerts, Missgunst oder Neid.

Unsicherheit: Sie wissen nicht, wie gut Sie sein werden oder wie das Ergebnis ausfallen wird. Das bezieht sich nicht immer auf eine Unsicherheit über den Ausgang der Veranstaltung oder des Rennens selbst. Unsicherheit kann sich auch auf Ihre Fitness oder Sorgen über körperliche Reaktionen (Verletzungen, Krämpfe et cetera) beziehen. Sie können unsicher über die Vollständigkeit der Ausrüstung, über die Kompetenz der Teamkollegen oder des Support-Teams oder über die Aufnahme in ein Team sein (siehe Nerd-Alarm »Unsicherheit versus Enttäuschung« auf Seite 295, der ein Beispiel dafür zeigt, wie Unsicherheit von Trainern als Motivations-Tool missbraucht wird.)

Wichtigkeit: Der Wettkampf ist sehr wichtig für Sie. Natürlich ist eine Einstufung der Wichtigkeit zuverlässiger, wenn sie von außen verifiziert wird. So kann ich mich zum Beispiel selbst davon überzeugen, dass der bevorstehende FTP-Test der wichtigste Termin in meiner bisherigen Saison ist, doch es ist unwahrscheinlich, dass die meisten anderen, so auch mein Trainer, dem zustimmen werden. Um Wichtigkeit zu verifizieren, sollten Sie sich selbst fragen, ob andere sachkundige Leute diese Situation, diese Veranstaltung oder dieses Rennen ebenfalls als wichtig einstufen würden. Wenn nicht, fragen Sie sich, warum nicht.

Wettbewerb: Sie treten in den Wettbewerb mit anderen Menschen, mit denen Sie verglichen werden. Wettbewerb bezieht sich nicht unbedingt auf Rennen oder andere organisierte Veranstaltungen, doch für einen Wettbewerb müssen diese Faktoren zusammenkommen: Ihre Leistung muss klar und unmissverständlich von der eines anderen unterscheidbar sein, und die Teilnehmer sind sich darüber einig, dass es hier um einen Wettbewerb geht. Aus diesem Grund kann auch der örtliche Vereinslauf (alias die samstäglichen Weltmeisterschaften) Wettbewerbsdruck erzeugen, selbst wenn man nur an Straßenschildern vorbeirennt.

ÜBUNG 1

DER DRUCKSAFT-TEST

Dieser Test soll Ihnen helfen herauszufinden, ob Sie unter echtem Druck stehen oder ob Sie nur davon überzeugt sind, dass Sie unter Druck stehen. Beantworten Sie die folgenden Fragen für ein bevorstehendes Rennen oder ein anderes Ereignis, das Sie stresst, und addieren Sie dann die Ergebnisse.

KRITERIEN/BESCHREIBUNG	DEFINITIV NEIN		JA, EIN BISSCHEN		DEFINITIV JA
Beurteilung: Ich bin verantwortlich für meine Leistung und werde von anderen dafür beurteilt. (Geben Sie Beispiele dafür, wer Sie beurteilen wird.)	1	2	3	4	5
Unsicherheit: Ich habe keine Ahnung, wie gut ich abschneiden werde.	1	2	3	4	5
Wichtigkeit: Dieses Rennen oder Ereignis ist sehr wichtig.	1	2	3	4	5
Wettbewerb: Ich werde gegen andere antreten und unsere Leistungen werden gemessen.	1	2	3	4	5
Erwartung: Ich habe eine klare Vorstellung davon, wie ich mir den Ausgang erhoffe.	1	2	3	4	5

Auswertung des Tests

Addieren Sie die Antworten zu jeder Frage, um Ihre Drucksaft-Punktzahl zu erhalten.

5–10 Punkte. Oh, bitte ..., das ist doch kein Druck.
11–19 Punkte: Kommen Sie mal wieder runter. Das ist nur Stress.
20–25 Punkte: Jawohl, Sie stehen unter Druck. Ich wette, Sie können ihn mehr als deutlich spüren.

Erwartung: Sie haben eine Vorstellung oder einen Richtwert für das gewünschte Ergebnis. Erwartungen können selbstauferlegt sein oder durch andere an uns herangetragen werden. So können wir zum Beispiel beschließen, dass wir nur glücklich sind, wenn wir den Halbmarathon nächsten Monat in unter zwei Stunden schaffen, einen Platz beim Kona-Ironman ergattern oder unter die Top 5 unserer Altersgruppe kommen. Erwartungen können auch auf uns übertragen werden, selbst wenn sie sich nicht mit unseren eigenen Erwartungen decken: »Das wäre die erste Olympische Medaille für [Land]. Wir wissen, dass du es schaffen wirst!«

Unsicherheit versus Enttäuschung: Was die Wissenschaft über das Zurückhalten wichtiger Neuigkeiten sagt

Viele Trainer und Teammitarbeiter denken, dass es Sportler »hungriger« macht, wenn sie sie über ihre Entscheidung zur Mannschaftsaufstellung im Dunkeln lassen. Die Annahme dahinter ist, dass es motivierend ist, seine Zukunft noch nicht zu kennen, und dass man deswegen dazu gezwungen ist, noch mehr an sich zu arbeiten, sein Bestes zu geben und sich zu beweisen. Die Wissenschaft weiß aber, dass nichts ferner von der Wahrheit entfernt sein könnte.

Es ist nicht verkehrt, sich beweisen oder um einen Teamplatz in einem wichtigen Rennen kämpfen zu müssen, das erst Monate später stattfindet. Und natürlich ist die »aktuelle Form« eine wichtige Komponente einer vernünftigen Auswahlpolitik. Doch mit chronischer Unsicherheit leben zu müssen, ist ein Kernelement von Druck und verursacht eine höhere Ausschüttung von Cortisol, als mit Enttäuschungen leben zu müssen, zum Beispiel mit der Nachricht, dass man nicht mehr auf der Starterliste für ein Rennen steht. Wenn Phasen der Unsicherheit in die Länge gezogen werden, ist der Cortisolspiegel höher, was die Fähigkeit des Körpers, optimal zu funktionieren, beeinträchtigt. Die Immunabwehr wird gehemmt, die Risikovermeidung erhöht und die Aufmerksamkeitsvoreingenommenheit gefördert, die emotionale Negativität nimmt zu und die Leistungswahrnehmung wird schlechter (alles fühlt sich schwieriger an). Man schafft tatsächlich die besten Konditionen für eine schlechte Leistung, selbst bei Sportlern, bei denen die Wahrscheinlichkeit höher ist, einen Platz im Team zu bekommen.

Und jetzt stecken wir alle zusammen in das Teambuilding-Camp, und schon haben wir quasi einen Schnellkochtopf voller interner Konflikte. Da braucht man sich nicht zu wundern, wenn die Leute egoistischer werden, mehr lästern und Verletzungen vertuschen. Die Konsequenzen einer Enttäuschung sind dagegen kurzlebig; darüber kommen Menschen schneller hinweg. Die wissenschaftlichen Beweise zeigen sogar, dass Enttäuschung die Motivation langfristig steigern kann, wahrscheinlich weil sich die Selbstreflexion schult und der Drang, weiterer Ablehnung vorzubeugen und zu beweisen, dass die anderen falsch lagen, verstärkt wird.

Das Fazit ist also, dass es psychologisch gesehen eine viel bessere Strategie ist, Sportlern zu sagen, dass sie ausgewählt wurden, und dabei gleichzeitig zu betonen, dass sie kurz vor dem

> Ereignis auch wieder abgewählt werden können, als die Entscheidungen zur Mannschaftsaufstellung nur wenige Tage, bevor die Athleten packen müssen, zu fällen und/oder zu verkünden. Machen Sie das einfach nicht.

Manche Sportler versuchen irrtümlicherweise, ihren Stress bei größeren Rennen in den Griff zu bekommen, indem sie eine andere Definition für Druck finden. »Och, es ist nur ein normales Rennen« (nein, ist es nicht), »Keinen schert's, wie ich abschließe« (doch, tut es) und »Alles, was zählt, ist, dass ich mein Bestes gebe« (nein, du musst wirklich aufs Treppchen kommen, wenn du deine Förderung behalten willst). Umgekehrt akzeptieren manche Athleten automatisch ihre Stressreaktion, weil sie davon überzeugt sind, dass der Druck real ist: »Dieses Rennen ist wirklich wichtig« (nein, ist es nicht), »Alle sehen mir zu« (nein, tun sie nicht) und »Wenn ich nicht aufs Treppchen komme, ist alles ruiniert« (nein, ist es nicht). Wenn unser Körper und Geist bei dem Gedanken daran, dass wir unbedingt weiterhin die Führung beim örtlichen Rennen verteidigen müssen, ausflippen, überzeugen wir uns vielleicht selbst davon, dass wir unter Druck stehen. Dem ist aber nicht so, denn wir haben nur Stress. Diese Unterscheidung ist wichtig, weil echter Druck oder die Fehlinterpretation von Stress als Druck dazu führen kann, dass wir dumme Dinge tun.

Unser Schimpansenhirn versucht das Professorenhirn davon zu überzeugen, dass die Umstände so wichtig sind, dass wir *mehr* tun müssen, um die Lage zu retten. Vielleicht kämpfen wir uns durch Verletzungsschmerzen, übertreiben es mit dem Training oder essen zu wenig. Manche Athleten betrügen, indem sie leistungsfördernde Medikamente einnehmen oder versuchen, eine medizinische Ausnahmegenehmigung (TUE) mittels einer hochgradig dubiosen Begründung zu beantragen. Wir fühlen uns direkt für alles verantwortlich, inklusive äußerer Ereignisse, zum Beispiel wie andere abschneiden, uns bewerten oder einschätzen. Diese Denkweise macht uns extrem anfällig dafür, unsere Aufmerksamkeit und damit auch unsere Pläne zu verändern. Das bedeutet nicht, dass die objektive Realität von echten Drucksituationen nicht wichtig wäre (natürlich ist sie das!), doch diese Tatsache zu kennen, ist irrelevant für die Erfüllung der Aufgabe. Alles, was wir tun können, ist, die Stressreaktion zu steuern und uns darauf zu konzentrieren, unsere Leistung so fehlerfrei und schnell zu erbringen wie möglich. Wenn es nur die Stressreaktion ist, mit der wir zurechtkommen müssen (das heißt wir stehen nicht wirklich unter Druck), wird die Aufgabe leichter und das geistige Chaos nimmt ab.

Unabhängig von all dem ist Druck einfach nur ätzend. Doch wir müssen ihm entgegentreten, um zu überleben und uns weiterzuentwickeln. Er verursacht wichtige physische Veränderungen im Gehirn, die die Widerstandsfähigkeit fördern, und außerdem wohnt ihm das Prinzip der natürlichen Auslese inne. Wir sollten ihn nur nicht heraufbeschwören, wenn er eigentlich gar nicht da ist, es sei denn wir möchten bewusst unsere Drucksteuerungsfähigkeiten testen.

Wie unser Professorenhirn zum Druck beiträgt – die Wissenschaft des Überdenkens

Jetzt, da wir die Elemente kennen, die vorhanden sein müssen, um Druck zu erzeugen, können wir anhand unseres Umgangs mit diesen Informationen vorhersagen, ob wir dem Druck erliegen werden. Warum? Weil Denken und Handeln von verschiedenen Teilen des Gehirns kontrolliert werden.

In unserem Professorenhirn gibt es eine Funktion namens *Arbeitsgedächtnis*. Es ist für die Erfassung, Verarbeitung und Beeinflussung flüchtiger Informationen verantwortlich. Wir nennen es auch den »geistigen Notizblock«, weil es genau so arbeitet. Wenn wir 20 Prozent von 120 ausrechnen wollen, kommt unser Arbeitsgedächtnis zum Einsatz. Wenn wir uns beim Freistilschwimmen auf den hohen Ellenbogen konzentrieren, setzen wir das Arbeitsgedächtnis ein. Wir stützen uns grundsätzlich auf unser Arbeitsgedächtnis, wenn wir uns auf unsere Technik im Sport konzentrieren, weil wir bewusst darüber nachdenken, was wir tun. Das Arbeitsgedächtnis ist wirklich schlau, es ist aber auch fürchterlich langsam und hat eine beschränkte Kapazität.

Im Gegensatz dazu ist das *prozedurale Gedächtnis* (oft auch als *Verhaltensgedächtnis* bezeichnet) für Aufgaben verantwortlich, über die wir nicht nachdenken müssen. Dank unserem prozeduralen Gedächtnis können wir Autofahren und gleichzeitig überlegen, was wir noch einkaufen müssen. Das prozedurale Gedächtnis beinhaltet Gewohnheiten und Routinen. Wenn wir gerade nicht über Techniken beim Schwimmen, Laufen oder Radfahren nachdenken, wird dieses Wissen im prozeduralen Gedächtnis abgelegt. Das prozedurale Gedächtnis ist schnell, funktioniert reibungslos und automatisch. Kein Wunder, dass es im Schimpansenhirn lebt (im Kleinhirn). Je erfahrener wir in einer Fähigkeit werden, desto besser kann das prozedurale Gedächtnis diese kontrollieren. Deswegen sind ehemalige Profis auch nicht unbedingt gute Trainer. Denn Techniktraining besteht aus der Kunst, Aufgaben des prozeduralen Gedächtnisses ins Arbeitsgedächtnis zu bringen, wo sie dann analysiert, artikuliert und anderen kommuniziert werden. Und darin gut zu sein, ist nicht gerade leicht.

Wir möchten so viele Fähigkeiten wie möglich im prozeduralen Gedächtnis ansiedeln, weil dies bedeutet, dass wir unsere wertvolle mentale Bandbreite für andere Dinge nutzen können, wie etwa zu denken oder neue Fähigkeiten zu erlernen. Doch unter Druck können unser Arbeitsgedächtnis und die mentale Bandbreite dazu genutzt werden, um ... na, wozu wohl? Genau, um uns Sorgen zu machen und alles zu überdenken! Unter Druck sind wir oft mit den technischen Elementen einer Fähigkeit beschäftigt, weil uns der Druck daran erinnert, dass wir alles richtig machen müssen und es bloß nicht vermasseln dürfen.

Es kann desaströs enden, wenn wir das Arbeitsgedächtnis für eine Fähigkeit des prozeduralen Gedächtnisses nutzen. Versuchen Sie mal, richtig schnell zu laufen und sich gleichzeitig auf den Fußaufsatz, die Länge des Bodenkontakts und die vertikale Bewegung zu konzentrieren. Das klappt nie! Wer jemals versucht hat, sämtliche Ratschläge seines Schwimmtrainers gleichzeitig umzusetzen, weiß, dass man dadurch eher langsamer als schneller wird. Alles bricht zusammen. Nicht weil man plötzlich ein lausiger Schwimmer geworden wäre, sondern weil man versucht, das Arbeitsgedächtnis einzusetzen, um Aufgaben des prozeduralen Gedächtnisses auszuführen. Das verursacht

»Versagen« im Sport: Man versucht, Routinefähigkeiten und -handlungen mit dem Arbeitsgedächtnis statt mit dem prozeduralen Gedächtnis zu steuern.[129] **Einer der Tricks, um Druck zu bewältigen, liegt darin, das Arbeitsgedächtnis auszuschalten und das prozedurale Gedächtnis seinen Job machen zu lassen.** Es ist kein Zufall, dass viele Spitzenausdauersportler entweder dumm wie Brot oder extrem schlau sind. Die Dummen haben nicht viel, was sie ausschalten können, und die Schlauen haben das metakognitive Talent entwickelt, den Schalter nach Belieben umzulegen.

Dem Druck erliegen

Der britische Sportpsychologe Professor Andy Lane meint, dass Sportler dann Druck verspüren, wenn sie ihren Job nicht richtig machen. Um zu verstehen, was er damit meint, versuchen Sie mal, diese Frage zu beantworten:

> Was ist die einzige Aufgabe eines Ausdauersportlers bei einem Rennen oder Wettkampf?[130]

Wir erliegen dem Druck, wenn wir uns auf die falschen Dinge konzentrieren, wenn eine oder mehrere der Zutaten des Drucksafts sich ins Arbeitsgedächtnis drängen. Auf diese Dinge sollten wir uns nicht konzentrieren, weil sie nicht zu den Aufgaben eines Athleten gehören. Der Drucksaft ist ein Mix aus Ergebnisfaktoren und Dingen, die außerhalb unseres Einflussbereichs liegen. Das bedeutet nicht, dass Ergebnisse bei Wettkämpfen nicht wichtig wären, dass Sponsoren und Verträge egal oder Podiumsplätze irrelevant wären – sie sind nur schlicht und ergreifend *nicht die Aufgabe* des Athleten. Wenn Sie bei den Triathlon-Weltmeisterschaften antreten, ist die Aufgabe, die vor Ihnen liegt, keine andere als beim Start bei einem örtlichen Wettkampf: Sie müssen immer noch schwimmen, Rad fahren und laufen wie der Teufel, Ihre Wechsel, Verpflegung und Kräfteeinteilung gut hinbekommen und so wenige Fehler wie möglich machen. Das heißt nicht, dass die Situation oder der Kontext identisch wäre (bei einem großen Wettkampf auf keinen Fall), doch Ihre Aufgabe ist dieselbe. Das Geheimnis, das bestmögliche Ergebnis zu erzielen, ist, sich zu 100 Prozent darauf zu konzentrieren, einen Vorgang durchzuführen. Das gilt nicht nur für den Sport. Es ist eine Lektion fürs Leben.

> Ob wir es nun Vorgang, Tun oder Reise nennen, das Beste, was wir tun können, um mit Druck zurechtzukommen, ist – neben einem enorm großen Selbstbewusstsein –, uns ausschließlich auf die Dinge zu konzentrieren, die *großartige Ergebnisse* erzielen statt auf die Ergebnisse selbst.

Das ist natürlich leichter gesagt als getan, aber dafür ist der Rest dieses Kapitels ja da.

Stehe ich wirklich unter Druck?

Es ist wichtig zu wissen, ob Sie tatsächlich unter Druck stehen oder nur Stress haben. Denn das hat wichtige Auswirkungen darauf, was Sie dagegen unternehmen sollten. Wenn Sie sich selbst davon überzeugt haben, unter Druck zu stehen, obwohl dem nicht so ist, helfen Ihnen Übungen, die Sie dabei unterstützen, die Perspektive zu wahren und mit Angst und Stress umzugehen (Ziele setzen; körperlich und mental entspannen und dem Schimpansen die Stirn bieten, ihn ablenken und loswerden). Wenn Sie sich selbst davon überzeugen möchten, dass Sie nicht unter Druck stehen, aber dennoch Druck ausgesetzt sind, sind für Sie Übungen hilfreich, die Ihnen dabei helfen, sich darauf zu konzentrieren, unter Druck gute Leistungen zu erbringen. Das Letzte, das wir tun möchten, ist Ihre Leistung, Druck abzubauen oder vorbeugend ein schlechtes Ergebnis zu erklären, zu sabotieren. Das haben Sie bestimmt schon erlebt. Es kann sich darin äußern, nicht vorbereitet zu sein, das Ziel in letzter Minute zu ändern, sich allein mit der Teilnahme zufrieden zu geben oder eine Verletzung oder Krankheit vorzutäuschen.

▄ STRATEGIEN ZUR BEWÄLTIGUNG VON STRESS, ANGST UND DRUCK

Über Jahre hinweg hat man angenommen, dass Stress, Angst und Druck am besten mit Strategien gesteuert werden könnten, die Kontrolle über die Symptome erlangen oder diese ausradieren sollten – also negative Gedanken verbannen, Zweifel austreiben und nichts als Positivität verströmen. Anders ausgedrückt basierte dies auf einem Modell der Unterdrückung von Emotionen. Es hat sich herausgestellt, dass dies nicht nur wissenschaftlich betrachtet Unsinn ist, sondern auch völlig unrealistisch. Es scheitert schon in der Theorie, weil es problemorientierte Verarbeitungsstrategien für einen emotionalen Bereich einsetzen will und dabei vergisst, dass das menschliche Gehirn so verkabelt ist, dass es schreit und tobt, wenn Gefahr droht. Es scheitert in klinischer Hinsicht, denn es ignoriert die Einsichten darüber, womit Menschen bei Ängsten geholfen werden kann, komplett. Und schließlich scheitert es auch in der Praxis, weil wir nicht eine einzige Person kennen, die in der Lage ist, dies umzusetzen.

Unser Ansatz ist eine Kombination aus Jedi-Professoren-Fähigkeiten (problemorientierte Bewältigung) und Ringen-mit-dem-Schimpansen-Fähigkeiten (emotionsorientierte Bewältigung). Die zwölf Strategien, die wir Ihnen gleich vorstellen, beinhalten die effektivsten Techniken, die unserer Erfahrung nach allen Sportlern dabei helfen (von Einsteigern bis Olympiagewinnern), besser mit Stress, Angst und Druck umzugehen. Zwölf Dinge, die man machen kann, um das Problem zu bewältigen, können leicht überwältigend wirken, und wenn Sie ein Bedenkenträger sind (Stichwort Eigenschaftsangst), ist die Wahrscheinlichkeit groß, dass der Gedanke daran, all diese Dinge tun zu müssen, bei Ihnen noch mehr Angst auslöst. Das menschliche Gehirn bevorzugt es auch, die Dinge in kleinen Häppchen serviert zu bekommen. Deswegen empfehlen wir die folgende simple Vorgehensweise.

Wählen Sie aus der folgenden Tabelle *eine* Jedi-Professoren-Fähigkeit und *eine* Ringen-mit-dem-Schimpansen-Fähigkeit aus, zu der Sie sich *eine Woche lang* verpflichten, um diese zu erlernen und zu praktizieren. Wir schlagen vor, dass Sie oben in der Tabelle anfangen, da die Strategien grob hierarchisch geordnet sind und aufeinander aufbauen.

Fügen Sie nach der ersten Woche, in der Sie zwei Fähigkeiten gelernt und praktiziert haben, zwei weitere Fähigkeiten hinzu, versuchen Sie jedoch aus den ersten beiden Fähigkeiten Gewohnheiten zu machen, indem Sie die Auslöser-Ritual-Belohnung-Technik aus Kapitel 4 einsetzen.

Wenn Sie irgendeine der zwölf Methoden nicht hilfreich, nutzlos oder einfach lächerlich finden, hören Sie damit auf … aber bedenken Sie dabei, dass es völlig normal ist, sich durchbeißen zu müssen oder manchmal darüber amüsiert zu sein. Schließlich ist das menschliche Gehirn ein Gewohnheitstier, das es gerne gemütlich hat, und es wird wahrscheinlich negativ darauf regieren, wenn es etwas tun soll, das sich anders oder komisch anfühlt. Bevor Sie also das Handtuch werfen, verpflichten Sie sich mindestens zu einer Woche Übung. Unserer Erfahrung nach sind gerade die Strategien, gegen die sich bei Ihnen am meisten Widerstand regt, diejenigen, die Ihnen wirklich helfen können. Also, suchen Sie sich aus jeder Spalte eine aus.

JEDI-PROFESSOREN-FÄHIGKEIT (problemorientierte Bewältigung)	RINGEN-MIT-DEM-SCHIMPANSEN-FÄHIGKEITEN (emotionsorientierte Bewältigung)
1. Steuerung der Sensoren	1. Schimpansen-Reinigung
2. Zielsetzung	2. Dem Schimpansen die Stirn bieten
3. Zeitmanagement	3. Belohnung und Ablenkung des Schimpansen
4. Fähigkeiten verbessern	4. Körperlich zur Ruhe kommen
5. Prozesstraining	5. Mental zur Ruhe kommen
6. Unter Druck üben	6. Scheiß-drauf-Moment finden

Manche dieser Fähigkeiten werden an anderen Stellen dieses Buchs behandelt, daher weisen wir auf die entsprechenden Buchstellen hin, um Wiederholungen zu vermeiden.

Jedi-Professoren-Fähigkeiten

Fähigkeit 1: Steuerung der Sensoren

Wenn eingehende visuelle und akustische Daten sich verbinden, tun sich der Schimpanse und das Computerhirn zusammen, um alle möglichen paranoiden und unsinnigen Emotionen zu projizieren, die uns davon überzeugen sollen, dass uns ein erniedrigender Tritt in den Hintern kurz bevorsteht. Mit der Steuerung der Sensoren reduzieren wir einfach die Menge an sensorischen Gefahrendaten, die an den Schimpansen geschickt werden. Das tun wir, indem wir unsere Augen und Ohren steuern.

Das Erste, was wir unseren Sportlern raten, ist, sich einen großen Kapuzenpullover, große Kopfhörer und eine große Sonnenbrille zu kaufen. Wie Michael Phelps die letzte Stunde vor einem großen Schwimmwettbewerb verbringt, ist ein Musterbeispiel für die Steuerung der Augen und Ohren. Beobachten Sie mal, was er macht und wohin er sieht, wenn er ins Schwimmbad kommt. Versuchen Sie, direkten Augenkontakt mit allen zu vermeiden, ebenso wie alles andere, das auch nur im Entferntesten störend sein könnte. Singen Sie leise bei Liedern mit, die Ihnen ein Gefühl von Energie und Unbesiegbarkeit geben. Lesley erstellt sich für jeden Wettbewerb eine eigene Playlist und kann für gewöhnlich dabei beobachtet werden, wie sie, abgetaucht in eine eigene Welt in ihrem Kopf, durch die Wechselzone geht. Sie startet immer mit deutscher Technomusik, die wie ein Presslufthammer dröhnt.

Musik ist sehr gut dazu geeignet, unseren Gefühlszustand zu verändern, weil sie die Sinneseindrücke von den Gefahrensignalen ablenkt und dabei hilft, das Arbeitsgedächtnis – den Notizblock des Gehirns, um alles zu überdenken und sich in negativen Selbstgesprächen zu verlieren – abzuschalten. Probieren Sie Ihre neue Steuerung der Sensoren aber nicht erst beim Wettkampf aus, Sie müssen das vorher üben. Wenn Sie sich damit unwohl fühlen oder nicht wie Darth Maul aussehen wollen, ziehen Sie ein Schutzschild nach dem anderen an, bis die Leute Sie nicht mehr anstarren – obwohl Sie ja gar nicht wissen dürften, dass Sie jemand ansieht, weil Sie ja jeglichen Augenkontakt vermeiden, richtig?

Fähigkeit 2: Zielsetzung

Wir setzen Ziele, um unsere Motivationen schnell zu aktivieren und zu kanalisieren. Zielsetzung ist außerdem eine gute Strategie zur Stressbewältigung, weil mit ihrer Hilfe Emotionen, wie sich unvorbereitet, überwältigt oder gehetzt zu fühlen, bekämpft werden. Beim Einsatz der Zielsetzung zur Reduzierung von Ängsten muss sichergestellt werden, dass durch die Erreichung des Ziels auch wirklich die Angst reduziert wird. Denken Sie daran, dass Ihre Ziele SMARTER (also schlauer) als die aller anderen sein müssen (Sie erinnern sich an das Akronym in Kapitel 4?). Hier ein Beispiel, wie man das SMARTER-Prinzip einsetzen kann, um ein hartnäckiges Problem anzugehen: »Ich habe echt Angst, dass ich es nicht schaffe, die komplette Distanz zu laufen (in diesem Fall ein Halbmarathon).«

SICH BESSERE ZIELE SETZEN

SPECIFIC (SPEZIFISCH): Seien Sie präzise. Denken an das Was und Wo.

Erster Versuch ein Ziel niederzuschreiben: Vor dem Rennen mindestens zwei lange Läufe machen.	Ein viel schlaueres Ziel: 21,1 Kilometer um 09:45 Uhr am See laufen.

MEASURABLE (MESSBAR): Denken Sie in Dingen, die Sachen messen. Lineal, Stoppuhr, Waage, GPS-Uhr.

Erster Versuch ein Ziel niederzuschreiben: Einen langen Lauf im anvisierten Marathontempo laufen.	Ein viel schlaueres Ziel: 21,1 Kilometer in unter 2:10 Stunden auf einer Strecke mit maximal 150 Höhenmetern laufen.

ACHIEVABLE (ERREICHBAR): Der optimale Punkt liegt zwischen zu leicht und zu schwer. Peilen Sie 70 bis 80 Prozent Erfolgswahrscheinlichkeit an.

Erster Versuch ein Ziel niederzuschreiben: Einfach 21,1 Kilometer schaffen (zu leicht). Die Distanz in persönlicher Rekordzeit laufen (zu schwer).	**Ein viel schlaueres Ziel:** Zielzeit im Rennen ist unter 2 Stunden, aber ich will im Training unter 2:10 Stunden kommen.

RELEVANT (RELEVANT): Das Ziel zu erreichen muss den Stress, die Angst oder die Sorgen mindern.

Erster Versuch ein Ziel niederzuschreiben: Sicherstellen, pro Woche mindestens 30 Kilometer zu laufen.	**Ein viel schlaueres Ziel:** 21,1 Kilometer am Stück laufen.

TIME-DEPENDENT (ZEITABHÄNGIG): Wenn Sie kein Datum festlegen können, ist es nicht zeitrelevant.

Erster Versuch ein Ziel niederzuschreiben: Mindestens vier Wochen vor dem Rennen einen 21,1-Kilometer-Lauf in Zielzeit laufen.	**Ein viel schlaueres Ziel:** Am 23. Februar 21,1 Kilometer in unter 2:04 Stunden laufen.

ENERGIZING (ANTREIBEND): Das Gedanke an das Erreichen des Ziels muss motivierend und aufregend sein.

Erster Versuch ein Ziel niederzuschreiben: 21,1 Kilometer auf dem Laufband laufen.	**Ein viel schlaueres Ziel:** Die genaue Rennstrecke vier Wochen vor dem Rennen laufen.

REEVALUATED (NEU BEWERTET): Wenn es anfängt, schiefzulaufen, flexibel sein und das Ziel anpassen.

Erster Versuch ein Ziel niederzuschreiben: Wade hat beim 15-Kilometer-Lauf echt wehgetan. Daumen gedrückt, dass es gutgeht.	**Ein viel schlaueres Ziel:** Morgens 10 Kilometer laufen und abends noch mal 5 Kilometer.

Fähigkeit 3: Zeitmanagement

Wie Sie aus Kapitel 12 »Ich versemmle es immer« wissen, geht unsere Fähigkeit, uns auf die richtigen Dinge zu konzentrieren, den Bach runter, wenn unser »Erregungspegel« zu hoch steigt, also wenn wir unter Stress, Angst oder Druck stehen. Stress nimmt uns unsere Aufmerksamkeitsflexibilität, denn wir bleiben in unserem dominanten Kanal stecken und verpassen häufig aufgabenrelevante Signale, die extrem wichtig dafür sind, dass wir ideal vorbereitet sind und eine gute Leistung erbringen können. Wir halten uns dann viel zu lange mit Dingen auf, die unwichtig sind, oder verschieben Sachen auf die letzte Minute, die uns dann natürlich gehörig in den Hintern beißen, wie zum Beispiel neue Laufschuhe am Tag vor dem Rennen kaufen.

Zwei der besten Zeitmanagement-Tools, die Sie wahrscheinlich noch nicht genug ausreizen, sind diese: eine gute Kalender-App mit aktivierter Erinnerungsfunktion (wir empfehlen den Google-Kalender) und die guten alten Post-Its (die echten gelben Haftnotizen oder auch virtuell als

App). Kein ängstlicher Athlet sollte darauf verzichten. Wenn Sie superheldenhafte Zeitmanagementfähigkeiten entwickeln, bekommen Sie nicht nur mehr erledigt, sondern können auch die Dinge aufgliedern und auslagern, die die Sorgen überhaupt erst verursachen. Zeitmanagement erfüllt also zwei Zwecke: Es hilft Ihnen dabei, Zeit auf das Lösen der Probleme oder auf die Verringerung des Stressfaktors zu verwenden, und es stellt Zeit dafür bereit, sich um die Sorgen zu kümmern (genannt Schimpansen-Reinigung).

Zeit zum Denken einplanen: Sammeln Sie Informationen, entwickeln Sie Strategien und schulen Sie die Fähigkeiten, durch die Sie besser vorbereitet sind. Panik vor einem großen Rennen? Verwenden Sie diese Zeit darauf, sich die Strecke anzusehen, Infos zur Temperatur und Luftfeuchtigkeit einzuholen. Entwickeln Sie zudem einen Plan, in dem Sie Ihre genaue Ernährungsstrategie aufschreiben und erstellen Sie einen Ausfallplan für alles, was schiefgehen könnte.

Sorgenzeit planen: Nehmen Sie sich in dieser Phase Zeit dafür, nur über die Dinge nachzudenken, die Sie nervös machen. Legen Sie eine genaue Zeit für die Schimpansen-Reinigung fest. Richtig, Samstagnachmittag von 16:00 Uhr bis 16:30 Uhr dürfen Sie sich ausschließlich Sorgen machen. Psychologen nennen das *Stimuluskontrolle*, weil manipuliert wird, wann Sie den Auslöser drücken, sich zu sorgen. Jahrzehntelange Forschung hat gezeigt, dass diese Technik erstaunlich effektiv bei der Reduzierung von Angst ist.[131] Das funktioniert, weil Sie Zeit eingeplant haben, um Ihren Sorgen freien Lauf zu lassen, und das Wissen darüber reduziert tatsächlich die Dauer der Besorgnis. Die Strategie *der* Schimpansen-Reinigung zeigt Ihnen, wie es funktioniert.

Fähigkeit 4: Fähigkeiten verbessern

Eines der besten Dinge, die Sie tun können, um mit den Sorgen über potenzielle Unzulänglichkeiten oder Peinlichkeiten umzugehen, ist die Konzentration darauf, ein besserer Sportler zu werden. Das scheint vielleicht ganz offensichtlich, aber es geht nicht nur darum, schneller zu werden. Wenn Sie an Ihren Fähigkeiten arbeiten, fühlen Sie sich auch besser vorbereitet. Wenn Sie sich unsicher sind, worin Sie sich verbessern könnten, machen Sie Übung 4 in Kapitel 7 »Ich komme nicht gut mit Verletzungen zurecht«. Das hilft Ihnen dabei, Ihre Defizite zu sortieren, zu ordnen und zu priorisieren; Sie benötigen dazu aber eine zweite Person (zum Beispiel Coach, Personal Trainer, kompetenter Trainingspartner), die Ihre Einschätzungen stützt. Wenn Sie die Übung fertiggestellt haben und wissen, an welchen Fähigkeiten Sie noch arbeiten sollten, können Sie zu den Nebenzielen oder zur Ein-Prozent-Regel übergehen.

Ein Prozent ist etwas irreführend – es ist als heuristischer (genereller), nicht als metrischer Takt gemeint. Schließlich dürfte es schwer sein, zu messen, was eine einprozentige Verbesserung genau ist. Das ist auf einer täglichen Basis kaum messbar, und nach 100 Tagen werden Sie nicht doppelt so gut sein wie jetzt. Die Ein-Prozent-Regel ist ein Code für: **Tue viele kleine Dinge, die zusammengefügt eine große Verbesserung ergeben, wenn du sie konsequent durchziehst.** Wie sieht so ein Nebenziel aus? Zwischen zwei Paar Laufschuhen wechseln, in Training Peaks Ihre Kommentare über das Rennen vervollständigen, jeden Tag 15 Minuten Roll- und Dehnübungen machen, alle 600 Kilometer die Laufschuhe wechseln, jeden Tag eine Strategie zum Stressmanagement anwenden, in jedem Training 100 Prozent geben, drei Wochen lang jeden Tag drei Dinge aufschreiben, für die Sie dankbar sind. Auch das Erstellen einer Liste von 20 Nebenzielen, die unter die Ein-Prozent-Regel fallen, ist schon eine Ein-Prozent-Aktion.

Fähigkeit 5: Prozesstraining

Wie Sie wissen, besteht das Geheimnis, mit echtem Druck umzugehen, darin, sich darauf zu konzentrieren, was die Aufgabe eines Ausdauersportlers ist: einen Prozess so fehlerfrei und schnell wie möglich auszuführen. Dies erfordert, dass Sie während der Leistungserbringung im Hier und Jetzt bleiben. Die Aufmerksamkeitsfähigkeit, mit der dies erreicht werden kann, ist Achtsamkeit, und der Gegenstand der Aufmerksamkeit ist, darüber nachzudenken, wie die fehlerlose Ausführung dieser Fähigkeit aussieht und sich anfühlt. Das Ziel ist nicht, das Arbeitsgedächtnis damit zu beladen, sondern dem prozeduralen Gedächtnis einen Vorsprung zu verschaffen, damit es übernehmen kann.

Wenn Sie beispielsweise ein Triathlet sind, der am Strand steht und auf seinen Schwimmstart wartet, sollten Sie nicht über die Temperatur des Wassers nachdenken oder hoffen, dass sie keine Schläge oder Tritte abbekommen. Sie sollten stattdessen eine Mikrovisualisierung nutzen (vor Ihrem inneren Auge die fehlerfreie Ausführung der ersten 30 Sekunden des Rennens sehen) oder sich zwei oder drei technische Strategien über die Essenz dessen, was Sie tun müssen, vor Augen führen. So sagen Schwimmer zum Beispiel häufig »lang, stark und rollen«, um sich an das Wasserfassen, Strecken und die Rotation der Hüfte zu erinnern. Läufer könnten »Füße schnell, Körper aufrecht« sagen, um sich die schnelle Schrittfrequenz und den aufrechten Lauf ins Gedächtnis zu rufen. Ein Mountainbiker könnte sich vor einer Abfahrt etwas sagen wie »locker, Druck«, um daran zu denken, nicht zu verkrampfen, Druck auf das Vorderrad auszuüben und den Körper der Bewegung anzupassen. Wenn Sie Probleme damit haben, sich auf den auszuführenden Prozess zu konzentrieren, lesen Sie Kapitel 12 »Ich versemmle es immer« (noch mal). Denken Sie immer daran, in jedem Moment beim Training oder im Wettkampf sollten Sie sich auf die lächerlich einfache, doch grundlegende Herausforderung zurückbesinnen: »Was muss ich tun, um mich darauf zu konzentrieren, in den nächsten zwei oder drei Minuten fehlerfrei zu sein?«

Fähigkeit 6: Unter Druck üben

Es dürfte nicht überraschend sein, dass stressige Situationen viel von ihrem Stress verlieren, wenn man sich an sie gewöhnt hat. Psychologen bezeichnen das als *systematische Desensibilisierung*. Es ist ein Prozess, durch den wir nur noch eine geringe emotionale Reaktion auf einen Reiz verspüren, wenn wir diesem wiederholt ausgesetzt ist. Aus diesem Grund können erfahrene Profis vor Tausenden von Zuschauern gute Leistungen bringen, wird freies Reden vor Publikum mit der Zeit immer leichter, und ähem, fühlt es sich nur pervers an, wenn man es zum ersten Mal macht. Sie sollten daher Dinge, die Ihnen Angst machen, nicht meiden. Das Ziel ist es vielmehr, Gelegenheiten zu suchen, bei denen Sie Druck erfahren und sich ihm stellen können. Wenn Sie zum Beispiel an einem Rennen teilnehmen, gerade weil Ihnen die Strecke nicht liegt oder Sie sich nicht gut genug vorbereitet fühlen, wird das Ihren Schimpansen noch stärker machen. Im Gehirnjargon eine *synaptische Erregung*.

Unter Druck zu üben erfordert, dass Sie künstlichen Drucksaft erzeugen. Für Sportler, die an Wettkämpfen über kurze Distanzen teilnehmen, ist das relativ einfach, weil ihr Körper und ihre Brieftasche (normalerweise) viele Rennen bewältigen können. Wenn man nur zwei- oder dreimal im Jahr an Wettkämpfen teilnimmt, ist das schon schwerer. Wie dem auch sei, wenn es bei einem Rennen oder Wettkampf bestimmte Elemente gibt, die mehr zu Ihrem persönlichen Drucksaft beitragen, sollten Sie nach Möglichkeiten suchen, diese zu isolieren und zu simulieren. Unsere Athleten üben beispielsweise das Schwimmen in offenen Gewässern, auch den Start und das Ende, komplett mit Körperkontakt, Wasserschatten und Pannen. Für schnellere und erfahrenere Triathleten erstellen wir Drucksituationen mit einem Handicap, zum Beispiel indem sie mit Tennisbällen in der Hand schwimmen müssen. Wir beenden das Schwimmtraining üblicherweise mit einer Übung, bei der der letzte Schwimmer, der über die Linie kommt, ausscheidet, und machen das so lange, bis nur noch ein einziger »Überlebender« bleibt.

Wie auch immer Druck für Sie aussieht: Finden Sie Wege, um ihn nachzubilden und viele positive Erfahrungen darin zu sammeln, also wo die Dinge gut gelaufen sind (sie haben überlebt) oder Sie sich sogar großartig gefühlt haben.

Ringen-mit-dem-Schimpansen-Fähigkeiten

Strategie 1: Schimpansen-Reinigung

Anstatt Ihrem Schimpansen zu sagen, dass er die Schnauze halten soll (was nicht funktionieren wird), erfordert diese Strategie, dass Sie das genaue Gegenteil tun. Das nimmt den Druck von der Brust, nur dass diese Brust dem Schimpansen gehört. Die Technik der Reinigung entstammt der *Stimmungsinduktion* und der *Expositionstherapie* – therapeutische Techniken, die dabei helfen, Angst zu reduzieren, indem man der Belastung einer Gefahr oder einer negativen Emotion häufiger ausgesetzt wird, nicht seltener. Schimpansen-Reinigung ist insofern einfach, als der Akt der Enthüllung eine reinigende Befreiung ist, die man auch unter dem Begriff Entlüftung kennt. Das ist wie das Leeren des Mülleimers.

Das Ziel ist es, dem Schimpansen ein Mikrofon (oder Papier und Bleistift) zu geben, während Sie einfach im Publikum sitzen. Lassen Sie alles in einem Rutsch raus, was den Schimpanse beunruhigt. Denn der Schimpanse muss wissen, dass er gehört wurde. Oftmals kommen dabei lauter Quatsch und Worst-Case-Szenarien heraus, zum Beispiel: »Ich werde als Letzter ankommen.«, »Ich werde von diesen riesigen Wellen runtergedrückt werden.«, »Ein Hai wird mich fressen.«, »Die Leute werden denken, ich sei ein Witz.«, »Ich bin kein echter Sportler.«, »Jeder sieht auf meine fetten Beine.«, »Ich bin ja ganz gut in den kleinen Rennen, aber hier habe ich nichts verloren.« Machen Sie weiter, bis Ihr Schimpanse erschöpft ist. Gestatten Sie ihm 15 Minuten unkontrolliertes Gezeter, und stoppen Sie ihn nicht, bevor die Zeit um ist. Das ist sehr wichtig. Wenn Ihr Drucksaft zur Neige geht, wandern Sie zurück zu den Sorgen, die zuerst aufgetaucht sind. Das zwingt Sie dazu, Frustration darüber zu erleben, dass sie nicht mehr dazu in der Lage sind, weiteres Schimpansen-Geplapper zu erzeugen, was dessen Schwere und Einfluss wiederum mildert. Und lassen Sie Ihren Professor den Schimpansen nicht mit einem Kommentar darüber unterbrechen, wie dämlich die Übung ist (»Das ist doch blöd. Wie soll das denn helfen?«) oder warum es irrational ist, so zu denken (»Ich weiß, dass die Leute nicht wirklich so über mich denken, aber ich kann nicht aufhören, mir darüber Sorgen zu machen.«). Eine Reinigung hilft Ihrer Amygdala runterzukommen, was Ihr sympathisches Nervensystem reguliert. Ein müder Schimpanse ist viel entspannter – das sind gute Neuigkeiten für ängstliche Sportler.

Strategie 2: Dem Schimpansen die Stirn bieten

Nachdem Sie dem Schimpansen mit der Reinigung etwas Wind aus den Segeln genommen haben, sind Sie nun bereit, die Kontrolle zu übernehmen. Der Schimpanse ist zwar ein mächtiger kleiner Primat, doch seine Vorschläge sind eben nur das: Vorschläge. Sie müssen nicht danach handeln. Es mag sich nicht immer so anfühlen, als hätten Sie eine Wahl, aber die haben sie! Wenden Sie diese beiden Waffen an, um jegliche Schimpansen-Tiraden zu entwaffnen:

1. **Fakten:** Wie wahrscheinlich ist dieses Geschehnis überhaupt? Was sind andere mögliche Ausgänge?
2. **Logik:** Wie sehen die Pros und Kontras dieser schaurigen Szenarien aus? Was könnten Sie tun, um diese Szenarien zu verbessern, wenn sie Wirklichkeit werden würden? Welche Dinge wären zeitlich begrenzt, was wäre dauerhaft? Wenn die alternativen Ausgänge eintreten würden, was wären die Vorteile?

Indem Sie Ihren Schimpansen mit Fakten und Logik konfrontieren, gehen Sie das Worst-Case-Szenario nicht nur gedanklich durch, sondern stärken auch die konkurrierenden Alternativen. Sie geben sich selbst wichtige Zeit, um über alternative Perspektiven nachzudenken, die Dinge zu betrachten. Denken Sie daran, dass Entschleunigung eine mächtige Waffe gegen den tyrannisierenden Schimpansen ist. Sie decken seine Tendenz, alles zu einer Katastrophe aufzubauschen und aus allem etwas Fürchterliches zu machen und all die anderen negativen Einstellungen, die er so liebt, gnadenlos auf. Was immer Sie tun, vergessen Sie nie, immer bei Fakten und Logik zu bleiben, denn der Schimpanse riecht auf eine Meile Entfernung, wenn etwas faul ist. Wenn Sie versuchen, Ihren Schimpansen davon zu überzeugen, dass Sie einen Marathon mit einer Kilometerzeit von 4:40 Stunden laufen könnten, obwohl Sie kaum einen Halbmarathon in dieser Zeit schaffen, ist das offensichtlich lächerlich. Wenn die Chance besteht, dass Sie in den ersten drei Runden eines Kriteriums abgehängt werden, ergibt es keinen Sinn, dem Schimpansen zu erzählen, dass Sie das Ding noch gewinnen können.

Das Geheimnis bei der Konfrontation des Schimpansen liegt darin, erst mal *zuzuhören*, was bei der Reinigung gesagt wird. Wenn die Reinigung von Gefühlen der Unsicherheit oder der Sorgen über Ihre körperlichen Fähigkeiten oder darüber, dass andere Leute Sie beim Scheitern sehen könnten, geprägt war, müssen Sie genau diese Dinge entkräften. Zum Beispiel würde die Sorge »Die Gruppe zieht bestimmt an mir vorbei« zergliedert in: »Wenn die Gruppe an mir vorbeizieht, werde ich mich umorganisieren und mit anderen Fahrern zusammentun, die auch abgehängt wurden, und eine zweite Gruppe bilden. Wenn ich allein bin, werde ich meine Schmerzbewältigungsfähigkeiten für die Zeitfahrten anwenden, um zu sehen, wie lange ich durchhalte, ohne überrundet zu werden.« Sollte der Schimpanse tatsächlich in einer seiner Reinigungstiraden die Wahrheit sagen, muss das Professorenhirn das akzeptieren. Wenn Sie sich in Ihren Schimpansen hineinversetzen, fühlt dieser sich besser.

Strategie 3: Belohnung und Ablenkung des Schimpansen

Wir wissen bereits, dass als Reaktion auf bestimmte Aktionen mächtige Neurotransmitter im Gehirn die Freude steigern können (Dopamin), Gefühle wie Glück und positive Stimmung entstehen lassen (Serotonin), Stress reduzieren und Schmerzen mildern (Endorphine) und ein Gefühl von Vertrauen und Intimität schaffen (Oxytocin). Diese Neurotransmitter werden »Verhaltensverstärker« genannt, weil sie die Wahrscheinlichkeit erhöhen, dass Sie dieses Verhalten erneut ausüben möchten. Dr. Steve Peters vergleicht dies damit, dem Schimpansen eine Banane zu geben. Schimpansen mögen Bananen, also zahlt es sich aus, ihnen ab und zu mal eine zuzuwerfen. Wenn Sie Ihren Schimpansen belohnen, suchen Sie nach Dingen, die eine kleine Extraportion Neurotransmitter erzeugen, die dann die positiven Emotionen steigert. Lesley belohnt ihren Schimpansen zum Beispiel mit einem Neoprenanzug, um ihre Angst vor einem kalten Pool am Morgen anzugehen. Sie müssen nicht immer Bananen als Belohnung einsetzen. So gehen Lesley und ich beispielsweise am Abend vor einem Wettkampf ins Kino oder schauen uns zu Hause stundenlang Netflix-Serien an. Obwohl das nur ein zeitlicher Aufschub vor ungewollten Gedanken und Gefühlen ist, erzeugt es doch eine Ablenkung von ihrem Schimpansen und schenkt ihrem autonomen Nervensystem eine kleine Auszeit von dem Ansturm an Cortisol, Epinephrin und Noradrenalin, der durch ihre Venen jagt.

Strategie 4: Körperlich zur Ruhe kommen

Weil Stressreaktionen und physische (somatische) Erscheinungsformen der Angst körperliche Empfindungen sind, müssen ängstliche Sportler lernen, wie sie sich körperlich entspannen können. Indem Sie Ihre körperlichen Reaktionen auf Stress, Angst und Druck steuern, helfen Sie Ihrem Kopf, sich zu beruhigen und verbessern Ihre Fähigkeit, Ihre Aufgabe zu erledigen, die – wie Sie wissen – darin besteht, Ihre Leistung so fehlerfrei und schnell wie möglich auszuführen.

Körperlicher Stress macht dies extrem schwer. Stress erhöht zum Beispiel die Muskelanspannung (Muskelfasern verkürzen sich), dies vermindert die funktionelle Kontraktionskraft und verringert die Bewegungsfähigkeit der Gelenke, was wiederum die Biomechanik beeinträchtigt. Sportler müssen daher körperliche Entspannungstechniken lernen, die die Muskeln und Gelenke anvisieren, weil diese wichtig sind, um die *Aufgabe* zu erledigen. Läufer und Radfahrer sollten die Priorität auf eine Reduzierung der Muskelanspannung in den Hüften legen, Schwimmer sollten besonders die Schultern beachten und so weiter. Eine Muskelverspannung (die gleichzeitige Verkürzung von antagonistischen Muskeln) macht den Job eines Radfahrers bei der schnellen Abfahrt viel schwieriger, weil der Schwerpunkt verändert wird und die Neigung und Steuerung beeinflusst. Wenn Sie schon mal eine Haarnadel-Abfahrt mit vom Bremsen weißen Knöcheln runtergerast sind, wissen Sie, wie hart es ist, die engen Kurven zu kriegen. Wahrscheinlich ist es leichter, einen Betonklotz durch einen perfekten Kreis zu schieben. Da müssen sich nicht nur die Muskeln beruhigen. Stress verursacht Hyperventilation, dadurch verringern sich der Kohlendioxidanteil im Blut und die Alkalität (niedriger pH-Wert). Das verengt die Blutgefäße und senkt den Blutdruck. Die Lösung ist eine Erhöhung des Kohlendioxids im Blut (statt mehr Sauerstoff) Das können Sie erreichen, indem Sie mehr davon einatmen (zum Beispiel in eine Tüte atmen).

Muskelanspannung reduzieren. Eine der besten Techniken zur Reduktion von übermäßiger Muskelanspannung ist die *progressive Muskelentspannung* (PME). Unserer Erfahrung nach ziehen Athleten PME anderen Methoden vor, weil man tatsächlich etwas tut, statt nur dazuliegen und wirre Gedanken heraufzubeschwören. PME beinhaltet die maximale willentliche Anspannung bestimmter Muskelgruppen, gefolgt von deren Entspannung. Die Konzentration wird dabei auf die unterschiedlichen Empfindungen bei Anspannung und Entspannung gerichtet (zum Beispiel Schwere, Wärme). Mit etwas Übung kann man dann einen entspannten Zustand hervorrufen, indem man die Empfindungen, die man mit ihm assoziiert, abruft.

Wir empfehlen, eine App zum Erlernen von PME-Techniken einzusetzen, die Sie verbal und visuell optimal anleitet. Einer unserer Favoriten ist das Muskelentspannungsprogramm, das in der kostenlosen App Pacifica – Anxiety & Stress (www.think-pacifica.com) enthalten ist.

Atemkontrolle verbessern. Es gibt viele tolle Apps, um Atemtechniken zu lernen, die einen Entspannungszustand anregen. Zwei unserer Favoriten sind Breathing Zone (www.breathing.zone) und Paced Breathing (pacedbreathing.blogspot.com). Diese Apps helfen nicht nur dabei, die Geschwindigkeit der Ein- und Ausatmung zu steuern, sondern bieten auch Visualisierungen zur Ablenkung des Schimpansenhirns. Das ist wie einem Vierjährigen ein iPad in die Hand zu drücken. Es ist gut, die Techniken täglich zu üben; wir empfehlen, sie vor allem am Abend vor einem Wettkampf und am Morgen des Rennens einzusetzen – am besten in der Stunde vor dem Start. Wenn Sie noch 3 bis 5 Minuten Zeit haben, bis die Startpistole losgeht, schließen Sie die Augen und sehen den Bildschirm vor Ihrem inneren Auge, während Sie 30 Sekunden lang Entspannungsatmen durchführen.

Strategie 5: Mental zur Ruhe kommen

Um mit kognitiven Ängsten (Sorgen, Befürchtungen und Zweifeln) umgehen zu lernen, empfehlen wir, eine mentale Entspannungstechnik zu erlernen. Im Gegensatz zur körperlichen Entspannungstechnik, die Muskeln und Atmung anspricht, lehren Sie mentale Entspannungstechniken, wie Sie das ungewollte innere Geplapper loslassen können. Wenn Sie wirklich gut darin werden, können Sie das Geplapper durch neue Gedanken austauschen, die Sie besser darin unterstützen, die Herausforderungen, die vor Ihnen liegen, anzugehen. Viele dieser Techniken wurzeln in der Meditation. Die meisten Sportler schalten schon bei der Erwähnung des »M«-Worts ab, also können Sie es sich auch als Aufmerksamkeitssteuerungstraining vorstellen (das wir in Kapitel 12 behandelt haben) oder, wie es Andy Puddicombe beschreibt: Kopfraum schaffen.[132] Sie müssen dafür noch nicht mal in ein Zen-Retreat einchecken oder sich in Gefilde begeben, in der eine gefährlich hohe Dichte an merkwürdigen Eso-Typen herrscht. Sie können einfach eine App herunterladen. Das ist okay, Wissenschaftler stimmen dem zu.[133]

Meditation, insbesondere achtsamkeitsbasierte Stressreduktion, ist ideal, um mental zur Ruhe zu kommen.[134] Ein Teil der wissenschaftlichen Gemeinschaft spielt diesbezüglich gerade total verrückt, obwohl sie schon seit Tausenden von Jahren eingesetzt wird. So zeigen zum Beispiel neue Hirnstudien, dass die Ausübung von Meditation funktionale und strukturelle Änderungen im Gehirn verursacht, die nicht nur dabei helfen, Ängste und Sorgen zu reduzieren, sondern auch regulieren können, wie wir uns wahrnehmen, unsere Fähigkeiten beurteilen und Selbstkontrolle, Aufmerksamkeit und Erinnerungen einsetzen.[135] Meditation ist das Schweizer Taschenmesser der Hirntherapie. Wir haben Ihnen in Kapitel 11 die Meditationstechnik Achtsamkeit nähergebracht.

Achtsamkeitstraining bezieht sich auf die Technik, eine nicht wertende Akzeptanz von schmerzlichen Gedanken zu fördern. Das zentrale Element der Achtsamkeit ist, dass wir den Dingen, die uns Sorgen bereiten, bewusst Aufmerksamkeit schenken (das heißt wir machen uns unsere beängstigenden Gedanken bewusst), doch wir widerstehen dem Drang, uns auf sie einzulassen. Stellen Sie sich das vor wie bei einem Feuerwerk zuzuschauen. Sie nehmen all die krachenden Geräusche und bunten Lichter wahr, doch Sie wechseln Ihren Fokus sehr schnell zur nächsten Rakete, ohne groß zu überdenken, was Sie gerade gesehen haben. Unsere bevorzugte App zum Erlernen der Achtsamkeit ist Headspace (www.headspace.com). Wir werden nicht für das Bewerben dieser App bezahlt. Wir kennen noch nicht mal den Typen, der dahintersteckt, Andy P. Wir empfehlen sie, weil sie funktioniert. Machen Sie zu Beginn 10 Tage Achtsamkeitstraining, je 10 Minuten pro Tag.

Strategie 6: Scheiß-drauf-Moment finden

Die letzte emotionsbasierte Strategie kommt ebenfalls aus der Familie der Strategien für mentale Beruhigung. Wir sehen sie als eine eigenständige Strategie an, weil es hier nicht um etwas geht, wozu Sie sich hinsetzen und etwas erlernen müssen, sondern eher etwas, das Sie zumindest ein Mal im Leben erfahren haben und dann versuchen es nachzubilden oder nachzuempfinden. Ein Scheiß-drauf-Moment passiert dann, wenn Sie beschließen, dass die Dinge nicht mehr schlechter werden können. Dann kollidieren kognitive Verzweiflung und emotionale Erschöpfung. Sie sehen sich Ihrem drohenden Versagen gegenüber (wie auch immer Sie das definieren). Alles ist schiefgegangen oder geht schief, aber trotzdem stehen Sie noch. Ob es am Pech liegt, an schlechter Vorbereitung oder daran, dass Sie total überfordert sind – Ihnen ist in diesem Moment einfach alles scheißegal. Vielleicht vergessen Sie Ihre Radschuhe und müssen dann 40 Kilometer in Laufschuhen fahren, oder Sie haben zwei Platten oder bekommen zwei Windschatten-Strafen. Vielleicht sind Sie so deklassiert, unterlegen und überhaupt unterirdisch, dass Sie beschließen, es einfach spaßeshalber durchzuziehen. Wen schert's, wenn Sie nur 11 Minuten durchhalten? Statt mental aufzugeben, denken Sie: »Scheiß drauf, jetzt kann ich es genauso gut probieren.« (»Es« ist dann ein taktisch unerhörter Zug oder eine Mutig-trifft-dumm-Leistung).

Sie können durch Erschöpfung oder Verzweiflung an diesen Punkt gelangen, Sie können sich aber auch freiwillig dazu entschließen. Sie können sogar ein Rennen als eine Scheiß-drauf-Erfahrung planen, um die Strategie auszuprobieren. Wir bezeichnen das dann als Moment des Durchbruchs. Wie Janis Joplin schon sagte: »Freiheit ist nur ein anderes Wort dafür, dass man nichts mehr zu verlieren hat.« Es ist eines der befreiendsten und spannendsten Dinge, die man als Sportler machen kann, aber es braucht Eier, um es mit Absicht zu tun. Das kann ausnahmsweise mal nur der Pseudo-Weisheits-Quatsch gut erklären: Um einen Scheiß-drauf-Moment zu finden, darf man keinen Scheiß mehr haben, den man noch geben könnte.

Das sieht dann ungefähr so aus: Bei den 2011er XTERRA-Triathlon-Weltmeisterschaften kam Lesley als Vierte aus dem Wasser – eine perfekte Position, um von dort aus eine starke 30-Kilometer- Mountainbike-Fahrt und einen 10-Kilometer-Trailrun anzugehen. Das würde ihr Jahr sein! Doch dann passierte es: Nach 200 Metern beim Radrennen hatte sie einen Platten. Schnell füllte sie den Reifen mit dem Inhalt ihrer CO_2-Flasche auf. Es hielt. Dann fiel ihre Kette ab und verkeilte sich zwischen Tretlager und Kettenblatt. Zwei Minuten waren nun schon verstrichen und Lesley stand am Streckenrand und fluchte wie ein Rohrspatz. Endlich hatte sie das Teil repariert und konnte weiterfahren. Dann hatte der andere Reifen einen Platten. Wieder reparieren. Ihr erster Gedanke war: »Darf doch wohl nicht wahr sein!« Sie war auf Rang 10 zurückgefallen und lag 11 Minuten zurück, und das zu einem Zeitpunkt, als gerade mal ein Zehntel des Rennens absolviert war. Ihre Siegchancen waren dahin. Sie war sicher, dass das Rennen für sie gelaufen war und dachte: »Scheiß drauf, ich geb jetzt Vollgas und gehe über meine Grenzen hinaus, selbst wenn es mich dabei zerreißt!« Sie ging als Sechste in die zweite Wechselzone und hatte noch den 10-Kilometer-Lauf vor sich, lag aber noch 6 Minuten hinten. Ihr war jetzt alles scheißegal. Kein Druck. Sie war eh schon abgeschrieben. Lesley war so locker und entspannt, dass sie den schnellsten 10-Kilometer-Trailrun ihres Lebens lief. Im letzten Kilometer übernahm sie die Führung und wurde Weltmeisterin. Dieser eine Moment hat sie als Sportlerin für immer verändert. Nicht nur weil er ihr die Zuversicht gab, weiterzumachen, sondern weil sie endlich spürte, wie es sich anfühlt, völlig befreit zu laufen – losgelöst von Erwartungen, Sorgen und Druck. Sie trat im Jahr 2012 erneut an, und wir stellten dieselbe Einstellung wieder her. Sie gewann wieder, dieses Mal mit 4 Minuten Vorsprung. Sie hatte einen Vorteil aufgedeckt.

Warum auch immer es so ist, Lesleys Rennkarriere ist voller Scheiß-drauf-Momente. Sie hatte sich einen Tag vor einem Wettkampf in Costa Rica die Schulter gebrochen und beschlossen, trotzdem anzutreten. Sie schwamm mit einem Arm, der andere war an ihre Hüfte geschnallt, und sie kam mit einer Viertelstunde Rückstand aus dem Wasser. Es war ihr scheißegal. Die flache Radrennstrecke bedeutete, dass Sie sich auf einen Arm stützen konnte, und sie schaffte es, sich beim Radrennen auf den dritten Platz vorzuarbeiten. Beim Laufen übernahm sie die Führung und gewann das Rennen mit mehr als zwei Minuten Vorsprung.

War es unklug, mit einer gebrochenen Schulter zu schwimmen, zu fahren und zu rennen? Vielleicht. War es gefährlich? Nein. War es eine Chance, diesen Ort wiederzufinden und »befreit zu kämpfen»? Auf jeden Fall! Lesley hat gelernt, ihre Scheiß-drauf-Momente zu lieben.

AM WETTKAMPFTAG STEHE ICH VÖLLIG NEBEN MIR
Chronische Wettkampfangst bekämpfen

Sie haben Elliot am Anfang dieses Kapitels kennengelernt: Er war von Stress und Angst gelähmt und fühlte einen extremen Leistungsdruck, weil er so viel Zeit und Geld in den Sport gesteckt hatte. Er saß jetzt in der Falle. Auf der einen Seite hatte er die Schnauze voll von seiner Angst vor dem Rennen, auf der anderen Seite wollte er aus den genannten Gründen den Sport aber auch nicht aufgeben.

Das Erste, was wir bei Elliot machten, war, ihn zu fragen, warum er Triathlet war. Wir versuchten herauszufinden, ob seine Motive für das Training und die Rennen zwar noch stark waren, aber von einem verängstigten, tyrannisierenden Schimpansen getrübt wurden. In seiner Stimme lag kein Zögern: Er liebte seinen Sport immer noch. Er sprach voller Enthusiasmus und Leidenschaft darüber. Hätte er uns gesagt, dass er das Training oder den Lebensstil nicht mehr genoss oder Probleme damit hatte, sich zu motivieren, hätte unsere Arbeit mit ihm nicht nur Angstmanagement beinhaltet. Interessanterweise war Elliot nicht allgemein ängstlich, er hasste einfach nur die Tage vor dem Rennen. Wir sprachen über die Psychologie hinter der Stressreaktion und darüber, was Druck eigentlich ist. Er akzeptierte, dass er nicht wirklich unter Stress oder Druck stand. Seine Familie machte sich nicht wirklich etwas daraus, wie er abschnitt; seine Frau wollte nur, dass er seinen Sport genoss, und seine Teamkollegen waren zu sehr mit ihren eigenen Rennen beschäftigt, um sich darüber Gedanken zu machen. Es lagen keine Sponsoren- oder Vertragsverhandlungen vor ihm. Er wollte einfach nur der Beste sein, der er sein konnte, und es war ihm ein bisschen peinlich zuzugeben, dass ihm die Anerkennung gefiel, weil er der örtliche Superheld war.

Um seine Vorlieben beim problem- oder emotionsbasierten Umgang mit Angst zu identifizieren, fragten wir ihn, wie er mit Stress in anderen Lebenssituationen umging. Wir arbeiteten uns anschließend detailliert Schritt für Schritt durch den Ausbruch seiner Symptome, angefangen bei einer Woche vor dem Rennen bis zum Rennstart. Wir verwendeten seine Beschreibungen, um vorhandene Signale in seiner Umgebung zu finden, die wir als Auslöser für eine neue Routine verwenden konnten, damit er wusste, wann er körperliche Entspannungsstrategien und wann mentale vorziehen sollte. Elliot sagte uns, dass er keine feste Routine vor einem Rennen habe, außer einer schnellen mentalen Überprüfung seines Rads und der Ausrüstungstasche am Vorabend und am Morgen des Rennens.

Zunächst konzentrierten wir uns darauf, Elliot zwei Jedi-Professoren-Fähigkeiten (Steuerung der Sensoren und Zeitmanagement) und zwei Ringen-mit-dem-Schimpansen-Fähigkeiten (Muskelanspannung sowie Atmung steuern und Kopfraum schaffen) beizubringen. Elliot verbrachte vier Wochen damit, die Grundlagen der Strategien zu erlernen, wozu er eine Kombination aus Lektüre und zwei Apps (Headspace und Breathing Zone) einsetzte. Er begann, Kapuzenpullover und Kopfhörer vor dem Gruppentraining zu tragen, und plante Zeit in seinem Terminkalender ein, in der er sich über das bevorstehende Rennen sorgen durfte. Er erlernte eine Kurzform der progressiven Muskelentspannung (PME), die er bei der Arbeit am Schreibtisch täglich sechs Minuten lang ausübte. Wenn er von der Arbeit nach Hause kam, konzentrierte er sich fünf Minuten lang auf eine kontrollierte Atmung und meditierte danach für zehn Minuten. Er erzählte uns, dass ihm das auch beim Wechsel vom Arbeitsleben ins Familienleben half.

Dennoch hatte Elliot zuerst Probleme mit dem Meditationstraining, denn obwohl er seine »zehnminütige Auszeit« (wie er es nannte) genoss, hatte er kein Vertrauen, dass ihm diese Technik dabei helfen würde, mit der Heftigkeit der Erfahrungen, die er an einem Renntag hatte, umzugehen. Der Gedanke daran, dass er meditieren sollte, während er sich eigentlich übergeben wollte, war nicht gerade attraktiv. Wir ermutigten Elliot dazu, trotzdem weiter zu üben und sein Bedürfnis nach sofortigen Ergebnissen aufzuschieben, bis er insgesamt mindestens drei Stunden geübt hatte.

Damit die Meditationen für ihn greifbarer und umsetzbarer wurden, verbanden wir seine Atemtechnik mit der Konzentration auf das Hier und Jetzt in der Meditation, indem wir eine zusätzliche zweiminütige »Spannungsauflöser«-Übung entwickelten. Wir baten ihn, diese Spannungsauflösung täglich vor dem Frühstück und einmal am Tag während der Arbeit zu üben. Sie sollte auch zu seiner unmittelbaren Routine vor dem Rennen werden: Er sollte sie einmal durchführen, nachdem er das Auto geparkt hatte, aber noch nicht ausgestiegen war, und dann erneut am Strand während des Wartens auf den Start. Sie lief wie folgt ab:

Beginn mit Mantra, um den Schimpansen zu streicheln: »Na los, Panik, zeig mir, was du draufhast!«
Atemkontrolle: Dreimal 7-Sekunden-Atemzüge (4 Sekunden einatmen, 3 Sekunden ausatmen)
Muskelentspannung: Einmal Mini-PME (5 Sekunden anspannen, dann Nacken, Schultern, Hintern und Hüften entspannen)
30 Sekunden konzentrieren auf das Hier und Jetzt: Passiv die Geräusche und Gedanken wahrnehmen, ohne zu reagieren
Atemkontrolle: Dreimal 7-Sekunden-Atemzüge (4 Sekunden einatmen, 3 Sekunden ausatmen)
Mit Mantra abschließen: »Ich bin im Frieden, ich bin ruhig und ich bin bereit.«

Schließlich integrierten wir die vier Strategien in eine Routine vor dem Rennen. Das erzeugte die notwendige Struktur und Verantwortlichkeit und schuf eine Verhaltensroutine, die er vor dem Rennen praktizieren konnte. (Strategie 2 in Kapitel 12 beschreibt detailliert, wie das geht.) Dass er ein konkretes Ritual vor dem Rennen hatte, half Elliot dabei, seine Aufmerksamkeit ausschließlich auf die Dinge zu richten, die für die Ausführung seines Jobs wichtig waren. Das

Ritual war eine Checkliste zeitspezifischer Aktivitäten, die in den 36 Stunden vor dem Rennen durchgeführt werden mussten. Abschließend halfen wir Elliot dabei, ihm vor dem Rennen trotz unruhigen Magens ausreichend Kalorien zuzuführen, indem wir sein Frühstück von einem Bagel und Orangensaft auf einen 800-Kalorien-Smoothie bestehend aus Müsli, Obst, Joghurt und Maltodextrinpulver umstellten, den er leichter und langsamer zu sich nehmen konnte, während er letzte Vorbereitungen traf.

Elliot benötigte vier Monate durchgehender Übung (inklusive drei Rennen), bis er endlich das Gefühl hatte, seine Angst vor dem Rennen unter Kontrolle zu haben. Er hat zwar immer noch eine Stressreaktion, aber seine Freude am Rennen ist nicht mehr getrübt. Er meditiert mittlerweile 30 Minuten täglich, und das ist so sehr zu einer Routine für ihn geworden, dass er sich darauf verlässt, um seinen Kopf zu »resetten«, und er das Gefühl hat, alles unter Kontrolle zu haben. Weiter so, Elliot!

EPILOG

Es gibt keine schnelle Lösung für eine bedeutsame Veränderung oberhalb des Halses. Das menschliche Gehirn ist wie ein Vater – er nörgelt viel und mag keine Veränderungen. Doch er hat auch Recht, wenn er skeptisch ist, dass Veränderungen in zwölf schnellen Schritten, sieben Gewohnheiten oder fünf Tipps aus einer Zeitschrift oder einem Blog geschehen können. Veränderungen tun weh. Das ist einer der Gründe dafür, warum das Gehirn eine »unendliche Weite« in der Sportwissenschaft ist. Und mit unendlicher Weite meinen wir nicht, dass wir uns auf einer aufregenden Reise befinden, um herauszufinden, was alles in diesem Gehirn steckt. Wir meinen, dass es ein dunkler und verwirrender Ort ist, in den die meisten Trainer am liebsten keinen Schritt setzen. Daran hat niemand Schuld. Schließlich ist das menschliche Gehirn ein rätselhaftes und unberechenbares Miasma aus Widersprüchen, Unsicherheiten und zweifelhafter Entscheidungsfindung. Und das ist nur der Montag. Für viele Menschen – auch Trainer – ist der Gedanke daran, in den Kopf eines anderen Menschen zu blicken, wie das Vorbeifahren an einem Unfall auf der Autobahn: eine morbide Faszination trifft auf den Gedanken »Ich hoffe, es ist niemandem etwas passiert«, gefolgt von »Schnell weg hier!«. Ein Teil des Problems bei dem Versuch, unsere psychologische Welt (und die von anderen) zu verstehen, liegt darin, dass uns das passende Werkzeug fehlt, um diese Aufgabe zu erledigen. Wir haben nur unsere selbst gebastelten Werkzeuge – die Kleinkindvariante, also meistens einen Plastikhammer, mit dem wir auf Sachen einschlagen können: »Ich muss nur härter an mir arbeiten«, »Klär deinen Scheiß«, »Ich habe keine Ahnung, warum sie nicht einfach zur Sache kommen«, »Hör auf, zu viel nachzudenken«, »Ich kann dir nicht helfen, wenn du nicht bereit bist, etwas zu geben« …

Wir wollten Ihnen mit diesem Buch mehr als nur einen Hammer geben. Vielleicht ist es immer noch Plastikwerkzeug, aber es ist ein Anfang. Das geistige Modell, das wir erstellt haben (der Schimpanse, der Professor und der Computer) ist unser Ansatz, um Ihnen dabei zu helfen, über Ihre Gedanken und Gefühle auf eine neue Art nachzudenken. Wenn Sie erkennen, dass Ihre Gedanken und Gefühle das Resultat eines internen Kampfs zwischen Teilen Ihres Gehirns sind, die unterschiedliche Sprachen sprechen und die von verschiedenen Dingen angeregt werden und mit windigen Tricks versuchen, Ihre Aufmerksamkeit zu erlangen, ist der erste Schritt hin zur Wiedererlangung der Kontrolle schon getan.

Denken Sie daran: Sie sind nicht Ihre Gedanken und Gefühle – die sind wie Schachfiguren, die von einem wahnsinnigen Schimpansen, einem ernsthaften Professor und einem seelenlosen Computer vor Sie gestellt wurden. Ob es Ihnen bewusst ist oder nicht, Sie haben die Kontrolle darüber, wie Sie die Figuren auf dem Schachbrett anordnen. Im Leben sind Sie der Schachspieler. Wenn Sie Ihre Gedanken und Gefühle in einen Rahmen zwängen, ist es einfacher, sie davon abzuhalten, sich gegen Ihre Versuche, ein tapferes Leben zu führen, zu verschwören.

Ungewollte Erkenntnisse und Emotionen versuchen Sie davon zu überzeugen, eine bestimmte Geschichte über sich und Ihr Leben zu glauben – im Gegenzug können diese Gedanken und Gefühle Ihnen keine freie Wahl lassen oder Sie anfällig für ein Verhalten machen, das zu dieser Geschichte passt. Der Handlungsablauf dieser Geschichte ist risikoscheu und maximiert Ihre Chancen auf körperliches Überleben, minimiert aber gleichzeitig die Wahrscheinlichkeit, dass Sie sich verlegen, gedemütigt, unzulässig oder abgelehnt fühlen. Das hört sich nach einer sinnvollen Strategie für das Glücklichsein an. Das Problem ist nur, dass Ihnen hier Fake-News von einem naiven und oft unehrlichen Gehirn verkauft werden. Ihr Leben ist bei Weitem nicht so oft in Gefahr, wie Ihr Gehirn Sie gerne glauben machen würde, und die mysteriöse Macht dessen, was andere Leute von Ihnen denken, ist nicht nur hochgradig irrelevant, sondern auch fast nie vorhanden. Deswegen ist es wichtig, sich diesem Bockmist entgegenzustellen.

Ein tapferes Leben als Sportler anzustreben, ist viel lohnenswerter für die geistige Gesundheit und auf jeden Fall viel spannender als ein Leben in der Komfortzone. Wenn Sie sich zu diesem Leben bekennen und handeln, obwohl Sie ein bisschen Angst haben; wenn Sie Hindernisse und Rückschläge umgehen oder über sie klettern (egal wie ungeschickt); wenn Sie sich dem Unbehagen stellen, um aus dem Leiden zu lernen und nicht trotz des Leidens; wenn Sie Ihre Welt nach kleinen Erinnerungen an Dinge in Ihrem Leben, für die Sie dankbar sein können, durchforsten – dann sind Sie auf dem richtigen Weg. Das ist das Leben, das danach strebt, sich zu entwickeln und zu gedeihen, nicht nur zu überleben.

> Die wahre Herausforderung ist,
> dass Sie sich *ein tapferes Leben* verdienen müssen,
> nicht nur etwas darüber lernen oder es sich wünschen.

Selbsthilfebücher zu lesen, Arbeitsblätter auszufüllen, anderen zuzuhören oder angetrieben zu werden, kann Sie nur bis zu einem gewissen Punkt bringen. Dann müssen Sie selbst aktiv werden. Bitte verstehen Sie das jetzt nicht falsch, aber wir hoffen, dass Sie scheitern – am besten grandios scheitern – zumindest am Anfang. Warum? Weil, wie wir Ihnen in diesem Buch erklärt haben, dass die wirksamste Art, Tapferkeit aufzubauen, die ist, Rückschläge einzustecken, sich mit ihnen auseinanderzusetzen und sie zu überleben. Denken Sie daran, dass Selbstbewusstsein die Superdroge eines Sportlers ist, und der beste Weg, es zu entwickeln, beginnt mit einer persönlichen Erfolgsgeschichte, auf die Sie sich stützen können. Mit Erfolg ist hier nicht das Siegen gemeint oder Ihnen einen einwandfreien Arschtritt zu verpassen, sondern wieder aufzustehen, wenn Sie ganz unten sind. Sich immer wieder aufzurappeln, ist die Goldmedaille der mentalen Stärke.

Dieses Buch durchgearbeitet zu haben, ist nicht das Ende Ihrer Kopfprobleme, sondern der Beginn einer metakognitiven Reise. Zu verstehen, wie Ihr Hirn funktioniert, ist wichtig, wenn Sie jemals das »Kopf-Nirvana« erreichen möchten: dazu in der Lage zu sein, gleichzeitig Ihren Schimpansen zu streicheln und Ihrem Professor zuzuhören. Und das, liebe Sportler, ist der rote Teppich zur verdammten Ruhe und mentalen Stärke.

ÜBER DIE AUTOREN

Dr. Simon Marshall leitet die Gehirne von Ausdauersportlern und Fitnessenthusiasten an, zur Ruhe zu kommen und glücklicher und mental belastbarer zu werden. Bevor er sich in Vollzeit dem Ringen mit Sportlergehirnen widmete, war er Professor für Verhaltensmedizin an der University of California in San Diego und Professor für Sportpsychologie an der San Diego State University. Er hat über 100 wissenschaftliche Artikel veröffentlicht, war Empfänger von über 25 Millionen Dollar an Forschungsgeldern und wurde in der wissenschaftlichen Literatur über 10 000 Mal zitiert. Er hat als Berater für die  Wissenschaft der Verhaltensänderung an folgenden Institutionen fungiert: National Institutes of Health, Centers for Disease Control and Prevention, American Cancer Society (ACS) und British Heart Foundation. Aktuell ist er der Perfomance-Psychologe des BMC-Racing-Teams, einem professionellen WorldTour-Rennteam. Dr. Marshall hat einen Bachelor-Abschluss in Sportwissenschaft, einen Master-Abschluss in Kinesiologie und einen Doktortitel in Sportpsychologie mit einem Postgraduiertenstipendium für Verhaltenswissenschaften. Er ist mit Lesley Paterson verheiratet, dem Godzilla der mentalen Stärke, und sie leben mit den liebenden Familienmitgliedern Carbon, Gummi und Lycra zusammen.

 **Lesley Paterson** ist dreifache Offroad-Triathlon-Weltmeisterin, Ironman-Triathlon-Meisterin, professionelle Mountainbikerin, Ausdauertrainerin und ein schottisches Mädel mit losem Mundwerk. Sie ist in Schottland aufgewachsen, wo sie als einziges Mädchen in einem Verein mit 250 Jungen Rugby spielte. Als sie Brüste entwickelte, durfte sie nicht mehr mit den Jungen spielen, also begann sie an Lauf- und Triathlonwettkämpfen teilzunehmen. Lesley gewann die Nationalmeisterschaften im Cross Country und mauserte sich zu einer international erfolgreichen Triathletin.

Während ihrer 25-jährigen Karriere im Ausdauersport wurde sie von einigen der weltbesten Ausdauerköpfen im Schwimmen, Radfahren und Laufen trainiert. Leider waren viele Coaches, mit denen sie arbeitete, keine wirklichen Trainer, sondern »Trainingsverschreibungsexperten« – meistens Sportphysiologen ohne formale Ausbildung in Psychologie oder Pädagogik, ganz abgesehen von dem Einfühlungsvermögen, das man braucht, um die psychologische und emotionale Welt der Sportler zu verstehen. Ihr wurde ständig eingebläut, sie sei nicht talentiert genug, zu klein, zu langsam, zu dick, zu emotional, zu unorganisiert oder einfach zu großmäulig, um im Spitzenbereich des Triathlons wettbewerbsfähig zu sein. Doch das hat ihre Entschlossenheit nur gefestigt. Lesleys sportlerische Reise ist geprägt von Leidenschaft, Courage, Zähigkeit und einem unerschütterlichen Braveheart-Geist, und sie lebt vor, wie man seine Ängste überwindet, Hindernisse aus dem Weg räumt und sich mit positiven und unterstützenden Menschen umgibt. Lesley setzt ihren Bachelor-Abschluss in Schauspiel und Ihren Master-Abschluss im Theaterschauspiel dazu ein, ein besseres Verständnis dafür zu entwickeln, wie die emotionale Reise eines Sportlers aussieht und wie wichtig die Erschaffung der Sportlerpersönlichkeit, zu der man werden möchte, ist.

Lesley Paterson und Simon Marshall sind Eigentümer von Braveheart Coaching (www.braveheartcoach.com), einer in San Diego ansässigen Firma, die Körper und Geist trainiert und Ausdauersportlern auf der ganzen Welt dabei hilft, schneller, widerstandfähiger, selbstbewusster, motivierter und glücklicher in ihrem Sport und im Leben zu werden.

STIMMEN ZU LESLEY UND SIMON

»Lesley Paterson ist eine der mental stärksten Profisportlerinnen, die ich kenne, und Simon Marshall kennt den Grund dafür. Ihre ganz spezielle Rezeptur dafür ist nun für alle erhältlich, und die Strategien, die sie in diesem Buch bieten, werden Sportlern mit den unterschiedlichsten Begabungsstufen helfen, sich wirklich zu verbessern.«

Tim Don, Weltmeister im Triathlon

»Die Zeiten kleiner Gewinne sind vorbei: Dr. Simon Marshall hat das wichtigste Problem der Leistung geknackt: das Hirn des Sportlers. Sein Fachwissen ist von unschätzbarem Wert für Sportler, um ihre Kompetenz zu steigern.«

Dr. David Bailey, Leiter der Performance Science Division des BMC-Racing-Teams

»Meine Trainingsmethoden und meine Trainingsphilosophie haben sich durch Lesleys Coaching und Simons mentale Anschubser enorm weiterentwickelt.«

Jessica Cerra, Profiradsportlerin

»Seit zwei Jahrzehnten bewundere ich bereits Dr. Simon Marshalls Talent als Wissenschaftler und Kommunikator. In diesem Buch rückt er dieses Talent in den Fokus, indem er psychologische Wissenschaft in sinnvolle Strategien umwandelt, die Sportlern dabei helfen, selbstbewusster zu werden, motivierter und ruhiger.«

Dr. Kirsten Davison, Professorin für Gesundheitswesen,
Harvard Universität

»Dieses Buch wird Sie tief in Ihr Innerstes führen, sodass Sie erkennen, wo Sie sich gedankliche Grenzen setzen, und diese Barrieren mit Lesleys und Simons Hilfe zerschlagen können.«

Bob Babbitt, Moderator bei Babbittville Radio, Triathlet,
vertreten in der USA Triathlon Hall of Fame

»Simon und Lesley bringen das auf den Punkt, was es ausmacht, ein guter Sportler zu sein. Es geht darum, sich eine Denkweise anzueignen, die sich für dich einsetzt und nicht gegen dich ist. Dieses Buch ist eine wertvolle Hilfe, um den Kopf klar zu bekommen. Und es ist lustig. Verdammt lustig!«

Flora Duffy, Weltmeisterin im Triathlon

»Marshall und Paterson sind auf ihre eigene Art ein Western-Duo, das Wyatt Earp und Doc Holliday portraitiert. Nur dass die Pistolen und der Whiskey durch Doktor- und Weltmeistertitel ersetzt werden. Mit diesem Buch fordern sie den Leser dazu heraus, auf dem psychischen Schlachtfeld des Sports in den Kampf zu ziehen, würzen dies aber mit viel Fröhlichkeit und Leidenschaft.«

Scott Tinley, zweifacher Ironman-Weltmeister, Autor, Trainer

»Simon und Lesley führen jahrelanges Training in verschiedenen Sportarten auf Weltklasseniveau mit jahrelanger wissenschaftlicher Arbeit zusammen – und das alles in der realen Welt.«

Janel Holcomb, Profiradsportlerin und Trainerin

»Ich habe während der Rennen immer mit meinem inneren Selbst und meinen Dämonen gekämpft. Simon hat mir beigebracht, wie ich nicht einfach nur mit diesen Dämonen umgehen, sondern sie so beeinflussen kann, dass meine Rennen auf ein ganz neues Niveau gehoben werden.«

Kyle Hummel, Weltmeister beim Ironman 70.3

»Lesley hat mir gezeigt, wie ich mithilfe der Strategien aus diesem Buch die bestmögliche Leidenskraft entwickeln kann. Dank dieser Fähigkeit kommen nun weder mein Sport noch meine Familie zu kurz, und ich habe endlich das dringend notwendige Gleichgewicht in meinem Leben gefunden.«

Brandon Mills, Mountainbiker

»Die Formel, die hinter diesem Buch steckt, ist ein absoluter Volltreffer. Sie kann auf jede Herausforderung im Leben angewandt werden.«

Dr. Jacqueline Kerr, Professorin für Familienmedizin und Gesundheitswesen, University of California, San Diego

»Mit Lesley und Simon zusammenzuarbeiten, war für mich eine der Erfahrungen, die mein Leben am nachhaltigsten verändert haben.«

Mauricio Méndez, XTERRA-Weltmeister und Ironman-70.3-Gewinner

DANKSAGUNG

Dies ist unser erstes Buch und das merkt man wahrscheinlich. Wir haben es in 7 Ländern, 22 Coffeeshops, 9 Stimmungen und 271 sauberen Unterhosen geschrieben. Diese Details mögen trivial erscheinen, doch die Flut an Borreliose-Symptomen, die Lesley ertragen musste, während wir schrieben, machte alles unter 300 Unterhosen zu einem kleinen Wunder.

Unser größter Batzen an Dankbarkeit geht an die Menschen, die uns zu diesem Buch inspiriert haben: Paul Peterson (Braveheart-Athlet #001) und der Clan der Braveheart-Sportler in der ganzen Welt, die sich nicht nur die Seele aus dem Leib schwimmen, rennen und fahren, sondern uns auch mit ihren Schimpansen bekannt gemacht haben. Ihr habt uns eure Geheimnisse verraten, eure Schwächen aufgedeckt und wart erfrischend ehrlich hinsichtlich der Gedanken und Gefühle, von denen ihr die Schnauze gestrichen voll habt. Wir hoffen, wir sind euch und euren Geschichten, euren Kämpfen und eurer Offenheit gerecht geworden. Keine Sorge, wir haben eure Namen natürlich geändert. Außer deinem, Tony Schilling. Du schuldest uns immer noch 1500 Dollar. Bezahl, und du kannst dich wieder in Margaret verwandeln.

Danke an Tanja Fichera, die jedes einzelne Wort gelesen hat, bevor wir uns getraut haben, das Buch an den Verleger zu schicken. Du hast das ganze Ding dann noch einmal gelesen, als es zurückkam. Deine Vorschläge waren immer durchdacht und häufig sachdienlich. Und danke für das Erdulden solcher Sätze wie dem letzten.

Danke an Leigh-Ann und Tracy Webster, die öfter, als es gesund ist, ihr Haus für Braveheart-Blödsinn aufgegeben haben. Egal wie oft ihr umzieht, wir werden euch immer finden!

Danke an unsere geduldige Herausgeberin bei VeloPress, Renee Jardine, der wir dankbar dafür sind, dass sie unsere losen Mundwerke und durcheinandergeworfen Metaphern erduldet hat und nur im Geheimen mit den Augen gerollt hat. Sie hat unser Feuer, wie ein großartiger Coach, immer in die richtige Richtung gelenkt, ohne dabei jemals zu verlangen, dass wir uns ändern.

Simon: Danke an die Sportpsychologen, die mich gelehrt, betreut oder einfach nur toleriert haben: Die Professoren Dennis Selder, Thom McKenzie, Bob Nideffer, Brent Rushall, Stuart Biddle und

Alison Pope-Rhodius. Wie Sie anhand dieser Seiten erkennen können, bleibt Ihr hohes Ansehen intakt, denn mir ist meine Ausbildung eindeutig nicht zu Kopf gestiegen. Danke an Viv, Andy, Joe und Heather, an meine Eltern und Stiefeltern, die lange leiden mussten. Danke, dass ihr mich immer unterstützt habt, wenn ich einem Job hingeschmissen habe, und dafür, dass ihr 42 Exemplare dieses Buchs gekauft habt, obwohl ihr keine Ahnung habt, worum es geht, und immer noch nicht wisst, womit ich eigentlich mein Geld verdiene.

Lesley: Danke an die Trainer, die mich ausgewählt und wieder aufgebaut haben, mir zugehört, mich motiviert und an mich geglaubt haben: John Lafferty, Carol und Stuart Trower, Rod Curtis, Fiona Lothian, John Lunn, Bryan und Sean Hill, Jonathan Pierce, Jenny Caine und, der Großvater aller Trainer, Vince Fichera. Dank an meine Trainingspartner in San Diego, die sich das ganze Jahr über mit mir abplagen und damit leben, dass ich überall meinen Dreck hinterlasse: Brandon Mills, Kyle Hummel, Jess Cerra und meine Beste, Tammy Tabeek – Mann, was haben wir schon zusammen durchgemacht! Danke an meinen Schreibpartner, Versorgungswagenfahrer und Betreuer Ian Stokell, der hinter mir herfährt und dabei über Manuskripte redet. Und schließlich danke ich Alistair Paterson, der mich im Alter von 10 Jahren auf lange Läufe über die Ochil Hills mitgenommen und mir beigebracht hat, mich verdammt noch mal wie ein echter Schotte abzuhärten. Danke an meine Mutter Fiona Paterson, die immer schon die heiße Badewanne für mich vorbereitet hatte, meine blutigen Knie versorgt und meinen unstillbaren Appetit für Buttercreme geweckt hat. Ich bin nur wegen euch die Sportlerin, die ich bin.

Undanksagungen

Lesley: An die unzähligen beschissenen Trainer, die ich hatte, die zwar viele Diplome, aber kein Einfühlungsvermögen hatten, und die es beinahe geschafft hätten, mich mit ihren dämlichen Psychospielchen meiner Persönlichkeit und meiner Empfindungsfähigkeit zu berauben. Fickt euch! Das funktioniert niemals!

Simon: An meinen Highschool-Lehrer (ein totaler Wichser), der in mir solch ein Gefühl der Unfähigkeit gepflanzt hat, dass es volle 20 Jahre gedauert hat, bis ich meine Behauptung, dass Humor tatsächlich die Gleitcreme des Lernens ist, wiederbeleben konnte.

QUELLEN

1. Jha, Alok: »Human Brain Result of ›Extraordinarily Fast‹ Evolution«. IN: *The Guardian*, 28.12.2004, http://www.theguardian.com/science/2004/dec/29/evolution.science
2. Wanjek, Christopher: »Left Brain vs. Right: It's a Myth, Research Finds«. IN: *Live Science*, 03.09.2013, http://www.livescience.com/39373-left-brain-right-brain-myth.html
3. Scharf, Caleb A.: »In Defense of Metaphors in Science Writing«. In: *Scientific American*, 09.07.2013, https://blogs.scientificamerican.com/life-unbounded/in-defense-of-metaphors-in-science-writing/
4. Vielen Dank an Dr. Steve Peters für die Bereitstellung der Vorlage für diesen Hirnkampf. »Optimising the *Performance* of the Human Mind: Steve Peters at TEDxYouth@Manchester 2012«, https://www.youtube.com/watch?v=R-KI1D5NPJs
5. Haidt, Jonathan: *Die Glückshypothese: Was uns wirklich glücklich macht*. Kirchzarten: VAK, 2014
6. Kahneman, Daniel: *Schnelles Denken, langsames Denken*. München: Penguin Verlag, 2016
7. Peters, Steve: *The Chimp Paradox: The Mind Management Program to Help You Achieve Success, Confidence, and Happiness*. New York: TarcherPerigee, 2013
8. Ebd.
9. »List of Cognitive Biases,« Rational Wiki, *www.rationalwiki.org/wiki/List_of_cognitive_biases*
10. B. W. Brewer, J. L. Van Raalte und D. E. Linder: »Athletic Identity: Hercules' Muscles or Achilles Heel?«. In: *International Journal of Sport Psychology* 24 (1993), S. 237–254
11. S. A. Nasco und W. M. Webb: »Towards an Expanded Measure of Athletic Identity: The Inclusion of Public and Private Dimensions«. In: *Journal of Sport and Exercise Psychology* 28 (2006), S. 434–453
12. B. W. Brewer und A. E. Cornelius: »Norms and Factorial Invariance of the Athletic Identity Measurement Scale (AIMS)«. In: *Academic Athletic Journal* (Herbst 2002), S. 103–113. T. J. Curry und J. S. Weaner: »Sport Identity Salience, Commitment, and the Involvement of Self in Role: Measurement Issues«. In: *Sociology of Sport Journal* 4 (1987), S. 280–288
13. Berne, E.: *Transactional Analysis in Psychotherapy*. New York: Ballantine Books, 1986. Dana R. Carney et al.: »Review and Summary of Research on the Embodied Effects of Expansive (vs. Contractive) Nonverbal Displays«. In: *Psychological Science* 26, Ausgabe 5 (Mai 2015), S. 657–663. A. J. Cuddy et al.: »Preparatory Power Posing Affects Nonverbal Presence and Job Interview Performance«. In: *Journal of Applied Psychology* 100, Ausgabe 4 (Juli 2015), S. 1286–1295
14. Entgegen der landläufigen Meinung gleichen großspurige Narzissten mit ihrem Verhalten keine Defizite aus. Sie besitzen ein extrem hohes Selbstwertgefühl, weil ihnen von klein auf beigebracht wurde, dass ihre Scheiße nicht stinkt. Großspurige Narzissten besitzen kein emotionales Feingefühl und rächen sich häufig an Menschen, die ihre Überlegenheit nicht anerkennen. Im Gegensatz dazu sind verletzliche Narzissten emotional viel feinfühliger, fühlen sich aber hilflos, ängstlich und ungerecht behandelt, wenn andere ihre Überlegenheit nicht anerkennen. Verletzliche Narzissten sind ebenfalls selbstsüchtig, kompensieren damit aber die Angst vor Zurückweisung und vor dem Verlassenwerden. Verletzlicher Narzissmus entwickelt sich häufig als Bewältigungsmechanismus bei Vernachlässigung, Missbrauch oder Ablehnung durch die Eltern. Unter 100 Menschen ist meist einer ein wütender Narzisst, und dieser ist zu 75 Prozent ein Mann. Wenn Sie eine Frau sind, wussten Sie das wahrscheinlich schon.
15. Wie die meisten Metaphern hält auch diese einer eingehenden Prüfung nicht stand. Sie hilft uns aber, eine Vorstellung davon zu bekommen, dass unser Selbstbeurteilungssystem hierarchisch aufgebaut ist: Je tiefer das Problem liegt, desto tiefer stecken wir im Schlamassel.

16. Bandura, A.: *Self-Efficacy: The Exercise of Control*. New York: Freeman, 1997
17. D. Feltz, S. Short und P. Sullivan: *Self-Efficacy in Sport: Research and Strategies for Working with Athletes, Teams, and Coaches*. Champaign-Urbana, IL: Human Kinetics, 2008
18. Dweck, C.: *Mindset: The New Psychology of Success*. New York: Ballantine Books, 2006
19. »Self Tests«, *Psychology Today*, http://psychologytoday.tests.psychtests.com/
20. Das haben wir erfunden, es erscheint uns aber sinnvoll, gemessen daran, was wir anhand der psychologischen Studien zum Thema Zielsetzung gelernt haben.
21. Niedenthal, P. M.: »Embodying Emotion«. In: *Science* 316, Ausgabe 5827 (2007), S. 1002–1005
22. M. Heckmann et al.: »Pharmacologic Denervation of Frown Muscles Enhances Baseline Expression of Happiness and Decreases Baseline Expression of Anger, Sadness, and Fear« In: *Journal of the American Academy of Dermatology* 49, Ausgabe 2 (2003), S. 213–216
23. D. R. Carney, A. J. Cuddy und A. J. Yap: »Power Posing: Brief Nonverbal Displays Affect Neuroendocrine Levels and Risk Tolerance«. In: *Psychological Science* 21, Ausgabe 10 (2010), S. 1363–1368
24. A. M. Wood, J. J. Froh and A. W. Geraghty: »Gratitude and Well-Being: A Review and Theoretical Integration«. In: *Clinical Psychology Review* 30, Ausgabe 7 (2010), S. 890–905
25. R. A. Emmons und M. E. McCullough: »Counting Blessings Versus Burdens: An Experimental Investigation of Gratitude and Subjective Well-Being in Daily Life«. In: *Journal of Personality and Social Psychology* 84, Ausgabe 2 (2003), S. 377–389
26. Ebd.
27. Branden, N.: *The Psychology of Self-Esteem*. San Francisco: Jossey-Bass, 1969
28. In der Praxis sieht es, bewusst vereinfacht gesagt, so aus, dass motiviertes Verhalten zum Teil ein Produkt von Verhandlungen zwischen dem präfrontalen Kortex (dem Professorenhirn) und dem Hippocampus (dem Schimpansenhirn) ist. Der präfrontale Kortex hat vielleicht einen gut ausgearbeiteten Plan, doch der Hippocampus kontrolliert die Erinnerungsdatenbanken und berechnet, ob das erwartete Ergebnis dem tatsächlichen Ergebnis entspricht. Er handelt also wie ein schwerbewaffneter Ratgeber. Dazu prüft er unsere Erfahrungen (oder die Erinnerungen an unsere Erfahrungen) und sendet dann Signale an den präfrontalen Kortex, welche die Wahrscheinlichkeit zur Durchführung entweder stärken oder schwächen. Vgl. R. Numan: »A Prefrontal-Hippocampal Comparator for Goal-Directed Behavior: The Intentional Self and Episodic Memory«. In: *Frontiers in Behavioral Neuroscience* 9 (2015), S. 323
29. E. Simpson, H. Balsam und D. Peter (Hrsg.): *The Behavioral Neuroscience of Motivation: An Overview of Concepts, Measures, and Translational Applications*. Cham, Switzerland: Springer, 2016
30. Für die Wissenschaftsfreaks unter Ihnen: Der metaanalytische Zusammenhang zwischen Absicht und Verhalten liegt bei vielen verschiedenen Arten von Handlungen bei ~ r = 0,2 (also ziemlich mies). Es wird noch schlimmer, wenn man Studien hinzuzieht, die von den Probanden einen Beweis gefordert haben, dass diese das Verhalten tatsächlich durchgeführt haben, statt nur ihren Aussagen zu trauen. Vgl. C. Armitage und M. Conner: »The Efficacy of the Theory of Planned Behavior: A Meta-analytic Review«. In: *British Journal of Social Psychology* 40 (2001), S. 471–499
31. Für diese häufig zitierte Statistik gibt es keine empirischen Beweise. Sie ist wahrscheinlich nur eine fundierte Annahme.
32. J. D. Salamone et al.: »Mesolimbic Dopamine and the Regulation of Motivated Behavior«. In: *Current Topics in Behavioral Neuroscience* 27 (2016), S. 231–257
33. Dopamin wird im Körper hydroxiliert und bildet Noradrenalin, was wiederum den Sympathikus stimuliert.
34. A. Hase, S. E. Jung und M. Rot: »Behavioral and Cognitive Effects of Tyrosine Intake in Healthy Human Adults«. In: *Pharmacology of Biochemical Behavior* 133 (Juni 2015), S. 1–6
35. Duhigg, C.: *The Power of Habit: Why We Do What We Do in Life and Business*. New York: Random House, 2014
36. Scott, S. J.: *Habit Stacking: 97 Small Life Changes That Take Five Minutes or Less*. Cranbury, NJ: Oldtown Publishing; 2nd ed. Amazon Digital Publishing, 2014
37. K. A. Martin Ginis, M. Lindwall und H. Prapavessis: »Who Cares What Other People Think? Self-Presentation in Exercise and Sport«. In *Handbook of Sport Psychology*, Gershon Tenenbaum and Robert C. Eklund (Hrsg.), 3. Auflage (Hoboken, NJ: John Wiley and Sons, 2007), S. 136—157
38. Leary, M.: *Self-Presentation: Impression Management and Interpersonal Behavior*, Boulder, CO: Westview Press, 1996
39. In der Praxis ist das viel komplizierter. Es gibt Theorien, die zeigen, dass Impression-Management zwei Komponenten umfasst: die Motivation, sich um seine Selbstdarstellung zu sorgen (»Impression-Motivation«), und die Art, wie man tatsächlich dabei vorgeht (»Impression-Construction«). Wir werden der Einfachheit halber nicht zwischen diesen beiden Komponenten unterscheiden.
40. Aus evolutionärer Sicht ist die Bedeutung der sexuellen Anziehungskraft für das Paarungsverhalten am wichtigsten zu dem Zeitpunkt, an dem man sich fortpflanzen kann – was höflich ausgedrückt nichts anderes bedeutet, als dass junge Leute sich am meisten darum bemühen, sexy auszusehen.
41. Der ausgezeichnete Evolutionsbiologe Richard Dawkins, Autor von *The Selfish Gene*, hat festgestellt, dass Selbstsucht und Selbstdarstellung genetisch kodiert sind und zu einem Verhalten führen, das in unserem eigenen Inter-

esse liegt, außer vielleicht wenn Menschen miteinander verwandt sind. Nach seiner Theorie sorgt Selbstlosigkeit unter genetisch verwandten Individuen dafür, dass die Wahrscheinlichkeit steigt, dass die gemeinsamen Gene überleben, nicht unbedingt die des einzelnen Individuums. Das wird von der aktuellen Evolutionsforschung bestätigt. Und lustigerweise (zumindest für dieses Buch) hat Dawkins den Begriff »Meme« verwendet, um zu beschreiben, dass kulturelle »Instanzen« (das heißt Vorstellungen und Normen) sich durch Gruppen vervielfältigen und durch sie übermittelt werden, was ihr Überleben sichert. Es ist also wahrscheinlich, dass Selbstlosigkeit und andere Charaktereigenschaften mithilfe biologischer und kultureller Unterstützung bewahrt werden.

42. Die Ice-Bucket Challenge hat das Internet im Jahr 2014 im Sturm erobert. Ziel war es, einen Eimer voller eiskaltem Wasser und Eiswürfel über sich selbst oder jemand anderem auszuschütten, um auf die Krankheit ALS (Amyotrophe Lateralsklerose) aufmerksam zu machen.
43. M. Cikara und S. T. Fiske: »Their Pain, Our Pleasure: Stereotype Content and Schadenfreude«. In: *Annals of the New York Academy of Sciences* 1299 (2013), S. 52–59
44. Nietzsche, F.: *Zur Genealogie der Moral. Eine Streitschrift.* 1887
45. A. Nadkarni und S. G. Hofmann: »Why Do People Use Facebook?«. In: *Personality and Individual Differences* 52, Ausgabe 3 (2012), S. 243–249. V. Barash et al.: »Faceplant: Impression (Mis)management in Facebook Status Updates«, Proceedings of the Fourth International AAAI Conference on Weblogs and Social Media 2010, S. 207–210
46. Wenn Sie daran interessiert sind und sich umfassender informieren möchten, empfehlen wir: Walther, J. B.: »Selective Self-Presentation in Computer-Mediated Communication: Hyperpersonal Dimensions Of Technology, Language, and Cognition«. In: *Computers in Human Behavior* 23 (2007), S. 2538–2557
47. A. Nadkarni und S. G. Hofmann: »Why Do People Use Facebook?«. In: *Personality and Individual Differences* 52, Ausgabe 3 (2012), S. 243–249
48. N. A. Christakis und J. H. Fowler: *Connected. The Surprising Power of Our Social Networks and How They Shape Our Lives: How Your Friends' Friends' Friends Affect Everything You Feel, Think, and Do.* New York: Back Bay Books, 2011
49. H. T. Chou und N. Edge: »They Are Happier and Having Better Lives Than I Am: The Impact of Using Facebook on Perceptions of Others' Lives«. In: *Cyberpsychology, Behavior and Social Networking* 15, Ausgabe 2 (2012), S. 117–121
50. P. Verduyn et al.: »Passive Facebook Usage Undermines Affective Well-Being: Experimental and Longitudinal Evidence«. In: *Journal of Experimental Psychology General* 144, Ausgabe 2 (2015), S. 480–488
51. M. N. Steers, R. E. Wickham und L. K. Acitelli: »Seeing Everyone Else's Highlight Reels: How Facebook Usage Is Linked to Depressive Symptoms«. In: *Journal of Social and Clinical Psychology* 33 (2014), S. 701–731
52. Eine Liste und Beschreibung finden Sie auf: https://betterhumans.coach.me/cognitive-bias-cheat-sheet-55a47 2476b18#.ax0cpydmr
53. Mehr Information über Orthorexia nervosa finden Sie unter: www.nationaleatingdisorders.org/orthorexia-nervosa (auf Englisch) und https://www.gesundheit.de/ernaehrung/essstoerungen/erscheinungsformen/orthorexie-wenn-gesundes-essen-krank-macht (auf Deutsch).
54. S. Grabe und J. S. Hyde: »Ethnicity and Body Dissatisfaction Among Women in the United States: A Meta- analysis«. In: *Psychological Bulletin* 132 (2006), S. 622–640
55. E. D. Rosen und B. M. Spiegelman: »What We Talk About When We Talk About Fat«. In: *Cell* 156, Nr. 1–2 (2014): 20–44. McKinley, N. M.: »Resisting Body Dissatisfaction: Fat Women Who Endorse Fat Acceptance«. In: *Body Image* 1, Ausgabe 2 (2004), S. 213–219
56. R. Pingitore, B. Spring und D. Garfield: »Gender Differences in Body Satisfaction«. In: *Obesity Research* 5 (September 1997), S. 402–409
57. R. Salk und R. Engeln-Maddox: »›If You're Fat, Then I'm Humongous!‹ Frequency, Content, and Impact of Fat Talk Among College Women«. In: *Psychology of Women Quarterly* 35, Ausgabe 1 (März 2011), S. 18–28. H. Sharpe et al.: »Is Fat Talking a Causal Risk Factor for Body Dissatisfaction? A Systematic Review and Meta-analysis«. In: *International Journal of Eating Disorders* 46, Ausgabe 7 (November 2013), S. 643–652
58. Koenraad Cuypers et al.: »Being Normal Weight but Feeling Overweight in Adolescence May Affect Weight Development into Young Adulthood: An 11-Year Follow-Up: The HUNT Study, Norway«. In: *Journal of Obesity* (2012), 601872
59. A. F. Corning, M. M. Bucchianeri und C. M. Pick: »Thin or Overweight Women's Fat Talk: Which Is Worse for Other Women's Body Satisfaction?«. In: *Eating Disorders* 22, Ausgabe 2 (2014), S. 121–135
60. S. Bratland-Sanda und J. Sundgot-Borgen: »Eating Disorders in Athletes: Overview of Prevalence, Risk Factors and Recommendations for Prevention and Treatment«. In: *European Journal of Sport Science* 13, Ausgabe 5 (2013), S. 499–508
61. Die aktuelle Forschung geht davon aus, dass rund 55 zusammenhängende Faktoren für die Art des Umgangs mit Verletzungen verantwortlich sind. Betrachtet man diese in einem Diagramm mit kausativen Pfaden, sieht dies aus wie das hervorgewürgte Gewölle einer Katze. Vgl. D. M. Wiese-Bjornstal et al.: »An Integrated Model of Response to Sport Injury: Psychological and Sociological Dynamics«. In: *Journal of Applied Sport Psychology* 10 (1998), S. 46–69
62. N. Walker, J. Thatcher und D. Lavallee: »Psychological Responses to Injury in Competitive Sport: A Critical Review«. In: *Journal of the Royal Society for the Promotion of Health* 127, Ausgabe 4 (2007), S. 174–180

63. Den Begriff »ernsthafte Verletzung« zu definieren, kommt dem Stich in ein Wespennest gleich, wie ich Ihnen versichern kann.
64. N. Walker, J. Thatcher und D. Lavallee: »Psychological Responses to Injury in Competitive Sport: A Critical Review«. In: *Journal of the Royal Society for the Promotion of Health* 127, Ausgabe 4 (2007), S. 174–180
65. Kübler-Ross, Elisabeth: *Über den Tod und das Leben danach.* Güllesheim: Silberschnur Verlag, 2012
66. A. Ivarsson et al.: »Psychosocial Factors and Sport Injuries: Meta-analyses for Prediction and Prevention«. In: *Sports Medicine*, 12. Juli 12 2016
67. »Self-Diagnosing Online Yields Mostly Irrelevant Results, Researchers Say«, Science Alert, Zugriff am 28.11.2016, http://www.sciencealert.com/self-diagnosing-online-yields-mostly-irrelevant-results-researchers-say
68. Die Sandwich-Kritik ist eine Kritik, die zwischen zwei positive Rückmeldungen (das »Brot«) gepackt wird: Leute, die sie erhalten, bezeichnen sie im US-amerikanischen Sprachgebrauch auch als »Shit-Sandwich«. Die Methode ist ziemlich ineffektiv. Vgl. James, I. A.: »The Rightful Demise of the Sh*t Sandwich: Providing Effective Feedback«. In: *Behavioral and Cognitive Psychotherapy* 43, Ausgabe 6 (2015), S. 759–766
69. American Psychiatric Association: *Diagnostic and Statistical Manual of Mental Disorders*, 5. Auflage. Arlington, VA: American Psychiatric Publishing, 2013
70. E. I. Garland et al.: »Upward Spirals of Positive Emotions Counter Downward Spirals of Negativity: Insights from the Broaden-and-Build Theory and Affective Neuroscience on the Treatment of Emotion Dysfunctions and Deficits in Psychopathology«. In: *Clinical Psychologist Reviews* 30, Ausgabe 7 (2010), S. 849–864
71. R. A. Emmons und M. E. McCullough: »Counting Blessings Versus Burdens: An Experimental Investigation of Gratitude and Subjective Well-Being in Daily Life«. In: *Journal of Personality and Social Psychology* 84, Ausgabe 2 (2003), S. 377–389
72. A. Grecucci et al.: »Mindful Emotion Regulation: Exploring the Neurocognitive Mechanisms Behind Mindfulness«. In: *Biomedical Research International*, 670724, Epub 7. Juni 2015
73. N. Geschwind et al.: »Mindfulness Training Increases Momentary Positive Emotions and Reward Experience in Adults Vulnerable to Depression: A Randomized Controlled Trial«. In: *Journal of Consulting and Clinical Psychology* 79, Ausgabe 5 (2011), S. 618–628
74. Wenn Sie Sportmediziner oder Trainer sind und beim Lesen das Bedürfnis verspüren, sich auf ein moralisch hohes Ross zu setzen, und Aussagen wie »Sportler sollten es niemals so weit kommen lassen!« oder »Wenn du mit Schmerzen trainierst, bist du ein Idiot!« zu Ihrem Repertoire gehören, könnten Sie ein Teil des Problems sein. Die Wahrheit ist, dass Sportler grundsätzlich Dinge tun, die Sie ihnen verbieten, und ihr Verhalten ändert sich nicht dadurch, dass Sie ihnen den Dudu-Finger zeigen oder mit den Augen rollen (das ist eine evidenzbasierte Aussage), sondern es ermutigt sie nur dazu, das Auftreten von Symptomen und deren Schwere noch mehr vor Ihnen zu verstecken (auch eine evidenzbasierte Aussage). Das bedeutet nicht, dass wir schlechte Entscheidungen und das dazugehörige Verhalten unterstützen müssen, aber wir müssen die Einstellung, die dahintersteckt, verstehen und Fähigkeiten entwickeln, die eine noch größere Selbstsabotage verhindern. Schließlich können Sie einem Sportler nicht bei seinen Verdrängungsproblemen helfen, wenn Sie nicht die psychologischen Gründe für diese Verleugnung aufdecken.
75. Das ist keine wissenschaftlich bestätigte Messung, sondern ein heuristisches Werkzeug, das wir einsetzen, um die psychologische Anpassungsfähigkeit an Verletzungen einzuschätzen.
76. D. Forsdyke et al.: »Psychosocial Factors Associated with Outcomes of Sports Injury Rehabilitation in Competitive Athletes: A Mixed Studies Systematic Review«. In: *British Journal of Sports Medicine* 50, Ausgabe 9 (2016), S. 537–544
77. T. Field et al.: »Cortisol Decreases and Serotonin and Dopamine Increase Following Massage Therapy«. In: *International Journal of Neuroscience* 115, Ausgabe 10 (2005), S. 1397–1413
78. »Übermäßiges Training« erfasst das Problem nicht hinreichend, ist aber leichter zu sagen und zu verstehen.
79. *American Psychiatric Association, Diagnostic and Statistical Manual of Mental Disorders*, 5. Auflage. Arlington, VA: American Psychiatric Publishing, 2013
80. Grant, J. E.: »Introduction to Behavioral Addictions«. In: *American Journal of Drug and Alcohol Abuse* 36, Ausgabe 5 (2010), S. 233–241
81. Falls Sie daran aber Interesse haben, empfehlen wir: A. Weinstein und Y. Weinstein: »Exercise Addiction: Diagnosis, Bio-Psychological Mechanisms and Treatment Issues«. In: *Current Pharmaceutical Design* 20, Ausgabe 25 (2014), S. 4062–4069
82. H. Hausenblas und D. Symons-Downs: »Exercise Dependence: A Systematic Review«. In: *Psychology of Sport and Exercise* 3 (2002), S. 89–123
83. Anorexia athletica ist vom *DSM-5* noch nicht anerkannt. M. Freimuth, S. Moniz und S. R. Kim: »Clarifying Exercise Addiction: Differential Diagnosis, Co-occurring Disorders, and Phases of Addiction«. In: *International Journal of Environmental Research and Public Health* 8 (2011), S. 4069–4081
84. *American Psychiatric Association, Diagnostic and Statistical Manual of Mental Disorders*, 5. Auflage. Arlington, VA: American Psychiatric Publishing, 2013
85. Ebd.

86. K. Berczik et al.: »Exercise Addiction: Symptoms, Diagnosis, Epidemiology and Etiology«. In: *Substance Use & Misuse* 47, Ausgabe 4 (2012), S. 403–417
87. M. J. Blaydon und K. J. Lindner: »Eating Disorders and Exercise Dependence in Triathletes«. In: *Eating Disorders* 10, Ausgabe 1 (2002), S. 49–60
88. H. A. Slay et al.: »Motivations for Running and Eating Attitudes in Obligatory Versus Nonobligatory Runners«. In: *International Journal of Eating Disorders* 23, Ausgabe 3 (1998), S. 267–275
89. J. McNamara und M. P. McCabe: »Striving for Success or Addiction? Exercise Dependence Among Elite Australian Athletes«. In: *Journal of Sports Science* 30, Ausgabe 8 (2012), S. 755–766
90. Die vorherige Statistik zu Verbreitung der Sportsucht bei Elitesportlern basierte auf herkömmlichen Diagnosekriterien.
91. Coakley, Jay: »Positive Deviance in Sports – An Explanation«. 2014, https://www.academia.edu/7982733/ Positive_Deviance_in_Sports_-_An_Explanation
92. So hat beispielsweise eine Studie herausgefunden, dass das Medikament Quetiapin dabei helfen könnte, den Trainingszwang zu reduzieren. Quetiapin ist ein Antipsychotikum und blockiert Dopamin-D1- und D2-Rezeptoren sowie die 1- und 2-Adrenozeptoren und hemmt die Wirkung des Serotonins als Antagonist am 5-HT1A- und 5-HT2-Rezeptor. Vgl. M. Di Nicola et al.: »Quetiapine As Add-On Treatment for Bipolar I Disorder with Comorbid Compulsive Buying and Physical Exercise Addiction«. In: *Progress in Neuro-Psychopharmacology and Biological Psychiatry* 34 (2010), S. 713–714
93. Ach, verdammte, verrückte Liebe!
94. Zum Beispiel: http://www.shape.com/lifestyle/mind-and-body/how-one-woman-overcame-her-exercise-addiction (auf Englisch)
95. https://www.patientenberatung.de, https://www.therapie.de/psychotherapie/-schwerpunkt-/sucht/, http://www.psychotherapiesuche.de
96. I. Mujika und S. Padilla: »Scientific Bases for Precompetition Tapering Strategies«. In: *Medicine and Science in Sports and Exercise* 35, Ausgabe 7 (2003), S. 1182–1187
97. Ebd.
98. A. A. Berlin, W. J. Kop und P. A. Deuster: »Depressive Mood Symptoms and Fatigue After Exercise Withdrawal: The Potential Role of Decreased Fitness«. In: *Psychosomatic Medicine* 68, Ausgabe 2 (2006), S. 224–230
99. D. H. Zald et al.: »Midbrain Dopamine Autoreceptor Availability Is Inversely Associated with Novelty Seeking Traits in Humans«. In: *Journal of Neuroscience* 28 (2008), S. 14372–14378
100. K. Blum et al.: »The Addictive Brain: All Roads Lead to Dopamine«. In: *Journal of Psychoactive Drugs* 44, Ausgabe 2 (April–Juni 2012), S. 134–143
101. S. J. Russo et al.: »Neurobiology of Resilience«. In: *Nature Neuroscience* 15, Ausgabe 11 (2012), S. 1475–1484
102. Ein großartiger Einstieg in die aktuelle Wissenschaft der Entscheidungsfindung ist Daniel Kahnemans *Schnelles Denken, langsames Denken*.
103. V. N. Salimpoor et al.: »Anatomically Distinct Dopamine Release During Anticipation and Experience of Peak Emotion to Music«. In: *Nature Neuroscience* 14, Ausgabe 2 (2011), S. 257–262
104. Baumeister, R. F.: »Ego Depletion: Is the Active Self a Limited Resource?« In: *Journal of Personality and Social Psychology* 74 (1998), S. 1252–1265
105. J. P. Weir et al.: »Is Fatigue All in Your Head? A Critical Review of the Central Governor Model«. In: *British Journal of Sports Medicine* 40, Ausgabe 7 (2006), S. 586
106. »Part III: Pain Terms: A Current List with Definitions and Notes on Usage«. In: *Classification of Chronic Pain*, 2. Auflage, H. Merskey und N. Bogduk (Hrsg.). Seattle: IASP Press, 1994, S. 209–214
107. J. Tesarz et al.: »Pain Perception in Athletes Compared to Normally Active Controls: A Systematic Review with Meta-Analysis«. In: *Pain* 153, Ausgabe 6 (Juni 2012), S. 1253–1262
108. H. S. Jones et al.: »Physiological and Psychological Effects of Deception on Pacing Strategy and Perfomance: A Review«. In: *Sports Medicine* 43, Ausgabe 12 (2013), S. 1243–1257
109. Mark. A. Lumley et al.: »Pain and Emotion: A Biopsychosocial Review of Recent Research«. In: *Journal of Clinical Psychology* 67, Ausgabe 9 (2011), S. 942–968
110. Alister McCormick et al.: »Psychological Determinants of Whole-Body Endurance Performance«. In: *Sports Medicine* 45, Ausgabe 7 (Juli 2015), S. 997–1015
111. J. A. Walker und I. Daum: »Mental Time Travel: The Neurocognitive Basis of Future Thinking«. In: *Fortschritte der Neurologie-Psychiatrie* 76, Ausgabe 9 (September 2008), S. 539–548
112. D. Birrer and G. Morgan: »Psychological Skills Training as a Way to Enhance an Athlete's Performance in High-Intensity Sports«. In: *Scandinavian Journal of Medicine and Science in Sports*, Anhang 2 (20. Oktober 2010), S. 78–87
113. https://goo.gl/qst3wE
114. E. E. Smith und J. Jonides: »Storage and Executive Processes in the Frontal Lobes«. In: *Science* 283, Ausgabe 5408 (March 12, 1999), S. 1657–1661

115. M. I. Posner: »Attention: The Mechanisms of Consciousness«. In: *Proceedings of the National Academy of Sciences 91*, Ausgabe 16 (2. August 1994), S. 7398–7403
116. Nideffer, R. M.: »Test of Attentional and Interpersonal Style«. In: *Journal of Personality and Social Psychology* 34 (1976), S. 394–404
117. R. Leech und D. J. Sharp: »The Role of the Posterior Cingulate Cortex in Cognition and Disease«. In: Brain: A *Journal of Neurology*, 18. Juli 2013, http://dx.doi.org/10.1093/brain/awt162
118. Wells, a.: *Emotional Disorders and Metacognition: Innovative Cognitive Therapy*. New York: John Wiley and Sons, 2000. F. Moen und K. Firing: »Experiences from Attention Training Techniques Among Athletes«. In: *Sport Journal* (13. März 2015), S. 1–17. Ziegler, S. G.: »The Effects of Attentional Shift Training on the Execution of Soccer Skills: A Preliminary Investigation«. In: *Journal of Applied Behavioral Analysis* 27, Ausgabe 3 (1994), S. 545–552
119. A. Moore und P. Malinowski: »Meditation, Mindfulness and Cognitive Flexibility«. In: *Conscious Cognition* 18, Ausgabe 1 (März 2009), S. 176–186
120. D. Birrer und G. Morgan: »Psychological Skills Training as a Way to Enhance an Athlete's Performance in High-Intensity Sports«. In: *Scandinavian Journal of Medical Science Sports* 20, Suppl. 2 (Oktober 2010), S. 78–87. L. Haase et al.: »A Pilot Study Investigating Changes in Neural Processing After Mindfulness Training in Elite Athletes«. In: *Frontiers in Behavioral Neuroscience*, 9 (27. August 2015), S. 229
121. Flath, D.: *A Clear Blue Mind*. Bloomington, IN: Balboa Press, 2016
122. Leider ist der Grund dafür, warum sie negative Emotionen hervorrufen müssen, meisten kompliziert, oftmals in Kindheitserfahrungen verwurzelt und nicht förderlich für ein lang anhaltendes positives Wohlbefinden. Es kann sie zu besseren Athleten machen, aber nicht zu besseren Menschen.
123. Wir werden negativ, weil das Schimpansenhirn zur Selbsterhaltung und Aufmerksamkeitsvoreingenommenheit verkabelt ist – eine mentale Abkürzung, die uns dabei hilft, uns auf die relevanten Informationen für die Herausforderung zu konzentrieren – und dabei Informationen, die weniger relevant erscheinen, ignoriert.
124. Aus diesem Grund beruhigt uns das Atmen in eine Tüte. Man stellt den pH-Wert des Bluts wieder her, doch es war immer ausreichend Sauerstoff im Blut.
125. Obwohl die Wissenschaft immer noch nicht genau weiß, was der Fasciculus uncinatus macht, wissen wir, dass er Teile des limbischen Systems (Schimpanse) mit Teilen des Frontallappen (Professor) verbindet und als Kommunikationskanal für Aufgaben, die Gefühle und Erinnerungen erfordern, zwischen den beiden dient. Vgl. R. J. von der Heide et al.: «Dissecting the uncinate fasciculus: disorders, controversies and a hypothesis». In: *Brain* 136, Ausgabe 6 (2013), S. 1692–1707
126. J. S. Stevens und S. Hamann: »Sex Differences in Brain Activation to Emotional Stimuli: A Meta-Analysis of Neuroimaging Studies«. In: *Neuropsychologia* 50, Ausgabe 7 (2012), S. 1578–1593
127. C. P. McLeana und E. R. Anderson: »Brave Men and Timid Women? A Review of the Gender Differences in Fear and Anxiety«. In: *Clinical Psychology Review* 29, Ausgabe 6 (2009), S. 496–505
128. H. Weisinger und J. P. Pawliw-Fry: *Performing Under Pressure: The Science of Doing Your Best When It Matters*. New York: Crown Business, 2015
129. S. Beilock, Choke: *What the Secrets of the Brain Reveal About Getting It Right When You Have To*. New York: Simon & Schuster, 2015
130. Falsche Antworten: gewinnen, aufs Treppchen kommen, sich platzieren, ein Ergebnis erzielen, in der Rangliste aufsteigen, einen Titel verteidigen, die Sponsoren glücklich machen, einen neuen Vertrag bekommen, die Konkurrenz schlagen. Richtige Antwort: einen Prozess so fehlerfrei wie möglich ausführen.
131. T. D. Borkovec et al.: »Stimulus Control Applications to the Treatment of Worry«. In: *Behavior Research and Therapy* 21, Ausgabe 3 (1983), S. 247–251
132. Andy Puddicombe ist der Gründer und Besitzer von Headspace, einem Meditationstrainingsprogramm, das wir lieben.
133. S. M. Coulon, C. M. Monroe und D. S. West: »A Systematic, Multi-Domain Review of Mobile Smartphone Apps for Evidence-Based Stress Management«. In: *American Journal of Preventive Medicine* 51, Ausgabe 1 (2016), S. 95–105.
134. B. Khoury et al.: »Mindfulness-Based Stress Reduction for Healthy Individuals: A Meta-Analysis«. In: *Journal of Psychosomatic Research* 78, Ausgabe 6 (2015), S. 519–528
135. M. Boccia, L. Piccardi und P. Guariglia: »The Meditative Mind: A Comprehensive Meta-Analysis of MRI Studies«. In: *BioMed Research International* (2015)

STICHWORTVERZEICHNIS

Abhängigkeit 188, 190, 191, 194
Abhängigkeit vom Training 191
Abhärtung 12, 241
Ablehnung 292
Ablenkung 165
Absicht, bewusste 94
Abwärtsspirale 169
Acetylcholin 27
Achtsamkeit 250, 304
Achtsamkeitsmeditation 274
Achtsamkeitstechnik 243
Achtsamkeitstraining 172, 251, 252, 264, 274, 309
Adrenalin 227, 285, 286
Adrenalinjunkie 213
Aktivität, neurologische 19
Akzeptanz 161, 252
Alter Ego 58
Alter Ego, sportlerisches 58
Amygdala 23, 25, 32, 236, 274, 280, 284, 306
Analyse 25
Angst 11, 25, 212, 213
    Steuerung 219
Angstbarriere 6, 211, 222
Angsterfahrung 220
Angst, kognitive 288
Angst, sekundäre 289
Angst, somatische 288
Angststörung 146, 171, 291
Angst vor erneuter Verletzung 174
Angst vor Symptomen 174
Anorexia athletica 187
Anorexie 145
Anstrengungsempfinden 243
Anteilnahme 119
Anteriorer cingulärer Kortex 25
Antrieb 227

Arbeitsgedächtnis 297, 304
Atemtechnik 308
    Breathing Zone 308
    Paced Breathing 308
Atmung 286
Atmungsrate 286
Aufgeben 228
Aufgeben, falsches 229
Aufgeben, legitimes 229
Aufgebensresistenz 235
Aufmerksamkeit 256, 304
Aufmerksamkeitsbereich 256
Aufmerksamkeitsblindheit 258
Aufmerksamkeitsbreite 260
Aufmerksamkeitsdefizit 257
Aufmerksamkeitsfähigkeit 273
Aufmerksamkeitsfehler 259
Aufmerksamkeitsflexibilität 259, 268, 302
Aufmerksamkeitsfokus 262
Aufmerksamkeitskanal 178, 261, 267, 268, 270
    Wechseln 271
Aufmerksamkeitskontrolle 268, 274
Aufmerksamkeitsprobleme 258
Aufmerksamkeitsrichtung 260
Aufmerksamkeitssteuerung 256, 257, 259
Aufmerksamkeitssteuerungstraining 274, 309
Aufmerksamkeitsverarbeitung 259
Aufmerksamkeitsvoreingenommenheit 287, 295
Aufpralltrauma 162
Aufwärtsspirale 172
Ausdauersportler 129, 298
Ausdauertraining 8, 230
Auslöser 99, 105, 136

Auslöser-Ritual-Belohnung-Technik 300
Auszeit 196

Bedenkenträger 288, 289, 299
Bedrohung 27
Belastbarkeit, körperliche 243
Belastungsschmerz 281
Belohnung 96, 99, 102, 213
Belohnung, antizipatorische 98
Belohnung, natürliche 198
Belohnungssystem 120, 198
Bestätigung von außen 120
Beurteilung 292
Beurteilungssystem, kognitives 207
Bewältigung, emotionsorientierte 299
Bewältigung, problemorientierte 299
Bewältigung von Angst und Druck 281
Bewältigung von Stress, Angst und Druck 299
Bewertungsmechanismus 160
Bewusstein, soziales 24
Bewusstsein, kinästhethisches 264
Bewusstwerdung 142
Biomechanik 307
Biorhythmus 235
Botschaft, chemische 213
Bulimie 145

Central-Governor-Modell 242
CO_2-Wert im Blut 286
Computerhirn 29, 32, 69, 160, 195, 287
    Virus 30
Core-Training 109
Cortisol 81, 179, 284, 285, 295, 307

Dankbarkeit 85, 142, 155, 172
Dankbarkeitsprotokoll 87
Dankbarkeitstraining 172, 182
Darmentleerung 287
Daten, sensorische 269
Daumenklopfen 250
Demütigung 292
Denken 24
Denken, rationales 25
Denken, vorausschauendes 219
Depression 291
Depression, klinische 171
Desensibilisierung, systematische 304
Dissonanz, kognitive 160, 228
Dissonanzreduktionsstrategie 229
Dopamin 27, 80, 85, 96, 102, 179, 213, 232, 248, 307
Dopaminsystem 213
Dorsaler anteriorer Gyrus cinguli 121, 123
Dorsolateraler präfrontaler Kortex 23, 25, 235, 280
Druck 291
Drucksituation 305
Dunning-Kruger-Effekt 232
Dysmorphophobie 130, 145, 146
Diagnose und Symptome 146

Echsenhirn 24
Eigenmotivation 95
Eigenschaftsangst 288, 299
Eindruck 24, 134
Einfluss, soziokultureller 132
Einfühlungsvermögen 180
Ein-Prozent-Regel 303
Einschätzung, verzerrte 161
Einstellung, fixierte 73
Einstellung, positive 142, 156, 172
Einstellung, wachstumsorientierte 73
Embodiment 80
Emotion, negative 171
Emotion, positive 172
Empathie 24, 180
Endokrines System 284
Endorphin 102, 307
Energie 25
Energiebedarf 131
Energieversorgung 285
Entlüftung 305
Entscheidung 25
Entscheidungsfindung 198, 259
Entscheidung, spontane 217
Entspannungstechnik 80, 307
Enttäuschung 119, 295
Entzugserscheinung 189
Epinephrin 285, 286, 307

Erfahrung 12, 216
Erfahrung, transformative 222
Erinnerung 25, 29, 195
Erkrankung, psychische 132
   Diagnose 132
Ermutigung, verbale 79
Ernährung 130
Ernährungsstörung 145
Erniedrigung 214, 280
Erregungsgrad 266
Erregung, synaptische 305
Erscheinungsbild 129, 130, 147
Erschöpfung, emotionale 309
Erstbegutachtung 158, 164, 182
Erwartung, falsche 219
Erwartungsdruck 295
Essgewohnheit 131, 137
Essgewohnheit, schlechte 139
Essstörung 130, 145, 147, 148
   Diagnose und Symptome 145
Essstörung, klinische 133
Essstörung, subklinische 146
Essverhalten 131
Essverhalten, gestörtes 146
Eustress 283
Evolution 17
Evolutionsbiologie 18
Expositionstherapie 305
Extremsportler 213
Eye-Tracking 259

Facebook 120
Facebook-Aktivität 121
Facebook-Nutzung 120
Fakten 24, 27, 306
Fasciculus uncinatus 22, 23, 25, 289
Feedforward 219, 243, 245
Fehlen eines erforschenden Verhaltens 163
Fehler im Betriebssystem 30
Flucht-Kampf-Starre-Mechanismus 27
Folgeverletzung 177
Fremdeinschätzung 129
Fremdwahrnehmung 117
Freude 213
Frontallappen 21, 23, 25, 134, 213
FTP-Test 292
FTP-Wert 48
Funktionelle Magnetresonanztomografie (fMRT) 19, 259
Funktionsleistungsschwelle 48
Funktionsmodell des Gehirns 20

Gedächtnis 25
Gedächtnis, prozedurales 297, 304
Gedanke 133
Gedanke, automatischer 200

Gefahr 11, 213
Gefahrensignal 291
Gefühl 24, 25, 134
Gefühle der Freude 97
Gefühl, positives 190
Gefühlsphase 155
Gefühlsschwankung 154
Gehirn 17
   Anatomie 20
   Funktionsweise 20
Gehirnhälfte 20
Gehirnleistung 18
Gehirn, modernes 19
Gelassenheit 230
Genesung 155, 157, 169, 173, 176, 177, 180
Geschwindigkeitsregler, mentaler 216
Gesundheitsbetriebsamkeit, investigative 161
Gewichtszunahme 139
Gewinnerpose 81
Gewohnheit 95, 99, 122, 214, 230, 270, 297, 300
Gewohnheit, gute 104
Gewohnheit, neue 105
Gewohnheit, schlechte 105, 106
Gewohnheitsentwicklung 95
Gewohnheitserwerb 96, 219, 230
Gewohnheitsschleife 108
Gewohnheitsstapel 105
Gleichgültigkeit 154
Glücksgefühl 97
Glukose 19, 286
Großhirn 20
Grundeinstellung, gesunde 13
Gruppentraining 237
Gyrus cinguli 23, 25

Halo-Effekt 124
Handlungskanal 267
Harndrang 287
Headspace 274, 309
Heilungsprozess 154
Herausforderung 212
Herzfrequenz 286
Herzleistung 286
Hierarchie, soziale 114
Hindernis 13
Hinterhauptlappen. Siehe Okzipitallappen
Hippocampus 23, 25
Hirnlappen 21
Hirnregion 24
Hoffnung, falsche 157
Hormon 285
Hyperventilation 286, 308
Hypophyse 284

Hypothalamus 25, 284
Hypothalamus-Hypophysen-Nebennierenrinden-Achse (HPAXE) 284

Ice-Bucket Challenge 118
Ich, definierbares 49, 54
Identität
    Bedrohung 161
Identität, alternative 58
Identität, ausgeschlossene 47
Identität, frühere 46
Identitätsausschluss 47
Identitätsproblem 50
Identität, sprunghafte 46
Immunabwehr 295
Immunreaktion 285
Impression-Management 39, 116, 121, 123, 126
Impulsivität 217
Impulskontrolle 25
Information, sensorische 27
Information, sensorische 284
Instinkt 24, 25, 27
Interview, klinisches 191
Irrationalität 219

Jedi-Professoren-Fähigkeiten 300

Kalender-App 302
Kalorienwert 131
Kampf, innerer 13
Katastrophendenken 167
Kleinhirn 18, 20, 297
Kobold 216, 219
    Identifikation 218
Kobolde im Erstbegutachtungssystem 163
Kobolde im Zweitbegutachtungssystem 169
Komfortbarriere 212
Komfortzone 212, 214, 220
    Verlassen der 217
Kommunikation, nonverbale 81
Kompensationsverhalten 165
Konflikt, innerer 13
Konfrontation 82
Kontingenzmanagement 198
Kontrolle 217, 268, 281
Kontrolle über Gedanken und Gefühle 280
Konzentration 263
Konzentrationsfähigkeit 6, 255, 279
Körperbeherrschung 80
Körperbild 5, 129
Körperfunktion 25
Körpergewicht 140
Körperhaltung 81

Körpersprache 80
Körperwahrnehmung 129, 130, 131, 134
Körperwahrnehmung, destruktive 142
Körperwahrnehmung, verzerrte 194
Krankheitsverarbeitung 162
Kultur des Belohnungsanspruchs 86

Langweile 216
Laune 25
Lebenseinstellung 269
Leid anderer Menschen 119
Leiden 241, 242
Leidenschaft 13
Leidensdruck 139, 158
Leidenserfahrung 246
Leidensfähigkeit 241, 243
Leid, soziales 292
Leistungsdaten 212
Leistungsprofilanalyse 174
Leistungsroutine 275
Leistungsvergleich 115
    im Ausdauersport 115
Leistungswahrnehmung 295
Limbisches System 23, 24, 32, 134, 213
Logik 24, 25, 27, 306
Loslassen 50
Loslösung 139, 142

Magersucht. Siehe Anorexie
Medien, soziale 118, 170
Meditation 139, 252, 274, 308, 309
Metakognition 21, 49, 230
Mikroerfolg 76
Mikrowahrnehmung 177
Mitgefühl 12, 180
Mitleid 119
Modell der kognitiven Einschätzung 158
Modell der Trauerphasen 155, 156
Motivation 13, 96, 227, 236
Motivationsspruch 213
Muskelanspannung 307
Muskelentspannung, progressive (PME) 308
Muster 99, 138, 232
    biomechanisches 178
    neurologisches 178
Mut 11

Nahrungsaufnahme, unregelmäßige 130
Narzissmus 64, 121
Nebennierendrüsen 284
Nebenziel 303
Negativität 171
Negativität, emotionale 295

Neid 123
Nervensystem, sympathisches 286, 306
Netzwerk, soziales 121
    für Sportler 121
Neuausrichtung von Gedanken und Gefühlen 55
Neugier 251
Neurobiologie 18
Neuroplastizität 12, 216
Neurotizismus 121
Neurotransmitter 26, 80, 96, 102, 206, 307
Neurowissenschaft 20, 26, 80
Noradrenalin 27, 285, 286, 307
Notfallplan 219

Obsession 130, 161, 177, 188, 191
Okzipitallappen 21
Orbitofrontaler Kortex 23, 25, 280
Orthorexia nervosa 130
Oxytocin 27, 102, 307

Parietallappen 21
Partner von verletzten Sportlern 180
Passiver-Patient-Syndrom 154
Passivität 169
Patient, aktiver 169
Patient, passiver 169
Peinlichkeit 292
Persönlichkeitsbaum 69
Pessimismus 169
Planung und Analyse 94
Post-Its 302
Präfrontaler Kortex 98, 242, 249, 259, 289
Prägung 66
Prinzip der passiven Aufmerksamkeit 140
Professorenhirn 26, 27, 32, 69, 94, 134, 160, 180, 195, 213, 279, 287, 289, 297
Profisportler 191
Prozesstraining 304
Pseudobeziehung 122
Psychologie der Komfortzone 213
Psychologie, kognitive 26

Rationalisierung 165
Ratschlag 213
Reaktionszeit 285
Reduzierung von Ängsten 301
Referenzpunkt 115
Reframing 82
Regulation, antizipatorische 235, 243, 245
Regulierung, emotionale 280

Regulierung, instrumentale emotionale 280
Rehabilitation 154, 157, 169, 173, 176, 177
Rehabilitationsplan 182, 223, 237
Reptilienhirn 24
Rhythmus 250
Risikofaktor 146, 158
Risikovermeidung 295
Ritual 99, 102
Ritualisierung einer Handlung 101
Routine 98, 214, 270, 297
Routine vor dem Rennen 270
Rückschlag 13, 216

Sauerstoff 19, 286
Schadenfreude 119
Schaden, körperlicher 213
Schaden, psychologischer 214
Scheiß drauf-Moment 309
Scheitellappen. Siehe Parietallappen
Scheitern 216
Schimpansenhirn 26, 32, 69, 94, 134, 160, 180, 195, 213, 258, 279, 287, 289, 297
Schimpansen-Niederschlagung 274
Schimpansen-Reinigung 305
Schläfenlappen. Siehe Temporallappen
Schleife, neurologische 99
Schmerz 25, 241, 242
    Umgang 165
Schmerzakzeptanz 245
Schmerzempfindung 252
Schmerzgrenze 242, 243
Schmerz, guter 242
Schmerz, körperlicher 13
Schmerz, schlechter 242
Schmerztoleranz 242
Schweißreaktion 286
Segmentierung 236, 248
Selbstachtung 70, 71, 86, 121, 123
    Förderung 82
Selbstachtungsbewegung 71
Selbstakzeptanz 134, 142
Selbstbelohnung 179
Selbstbeschreibung 52
Selbstbestätigung 80
Selbstbetrug 39
Selbstbeurteilung 65, 69
Selbstbeurteilungsproblem 74
Selbstbeurteilungssystem 67, 69, 122, 123
    Analyse 77
Selbstbeweihräucherung 65
Selbstbewertung
    Bedrohung der 116

Selbstbewusstsein 64, 72, 81, 281
    Aufbau 219
    Förderung 81
Selbstbild 214
Selbstdarstellung 116, 120, 121, 123
    Schummelei 118
Selbstdarstellung bei Facebook 120
Selbstdarstellung, gesunde 122
Selbstdisziplin 264
Selbsteinschätzung
    Bedrohung 123
Selbst, emotionales 142
Selbsterkenntnis 216
Selbstgefälligkeit 216
Selbstgeißelungssystem 85
Selbstgespräch 80, 133, 178
Selbstgespräch, destruktives 167
Selbsthass 142
Selbsthilfestrategie 139
Selbstinszenierung 120, 121
Selbstkonzept 41, 173
Selbstkritik 64, 126, 130
Selbstmedikation 162
Selbstschema 41, 173, 179
    Justierung 55
    Reparatur 48
Selbstschema, inneres 45
Selbstschema, sportlerisches 42
Selbstschema, sportliches 130
Selbsttäuschung 229
Selbstvertrauen 63, 222
Selbstwahrnehmung 117, 118
    Bedrohung der 119
Selbstwahrnehmung, positive 119
Selbstwert 70, 121, 123
    Förderung 82
Selbstwertgefühl 70
Selbstwirksamkeit 72
    Förderung 75
Selbstwirksamkeitsproblem 74, 75
Selbstzweifel 126
Serotonin 27, 85, 97, 102, 179, 307
Sicherheit 27, 213, 214
Signal 256
Signatur, neurale 261
Sinneseindruck 283
Situation, bedrohliche 213
Sorgen 263
Sportart, ästhetische 129
Sportleridentität 5, 37, 40, 50, 173, 222
    Aufbau 41
    Bedrohung 177
    Probleme 45
    Verlust 173
Sportleridentität, äußere 41

Sportleridentität durch Täuschung 58
Sportleridentität, gereifte 40
Sportleridentität, innere 41
Sportleridentität, reife 41, 50
Sportsucht 5, 185, 187
    Behandlung 194, 205
    Diagnose und Symptome 187
    Hilfestellung 202
    Selbsttest 191
    Strategien zur Bekämpfung 199
    Umgang 194
    Verbreitung 190
Sportsucht bei Profisportlern 191
Sportsucht, primäre 190, 194
Sportsucht, sekundäre 190, 194
Sportverletzung 154
    Behandlung 172
Stammhirn 20
Stärke, mentale 216, 252
Status, sozialer 116, 118, 120, 123
    Verbesserung 120
Stellvertretererfahrung 79, 219
Steuerung der Sensoren 300
Stimmungsinduktion 305
Stimmungsschwankung 169
Stimmungsstörung 171
Stimulation, negative emotionale 291
Stimulationsfähigkeit 243
Stimuluskontrolle 303
Stirnlappen. Siehe Frontallappen
Stolz 227
Störung der Impulskontrolle 189
Störung, emotionale 131
Störung, klinische 145
Störung, krankhafte 130
Störung, mentale 132
Strategie, dissonanzreduzierende 233
Strava 118
Stress 214, 263, 267, 283
    Umgang 290
Stressbewältigung 279, 301
    emotionsorientierte Bewältigung 290
    problemorientierte Bewältigung 290
Stressbewältigungsstrategie 290
Stressdesensibilisierung 219
Stresserfahrung 287
Stressfaktor 284, 288, 290
Stresshormon 179, 284
Stress, moderner 287
Stress, natürlicher 285
Stressreaktion 283, 285
Striatum 98, 119
Substanzabhängigkeit 188

Sucht 188, 191
Sufferfest 241
Superkraft, emotionale 142, 144
Symptom-Hypervigilanz 177

Talent 12
Tapering 206
Tapferkeit 11
Täuschungstrichter 165, 181
Temporallappen 21
Testosteron 81, 285
Thalamus 32
The Diagnostic and Statistical Manual of Mental Disorders 132
Therapiegespräch 82
Tick, motorischer 189
Training 187
Training am Morgen 235
Training Peaks 288
Trainingsentzug 206
Trainingsgewohnheit 187, 189, 194, 198
Trainingsgewohnheit, ungesunde 186
Trainingsintensität Erhöhung 241
Trainingsmenge 187
Trainingspensum 189
Trainingsreiz 187
Trainingswillkür 194
Training, übermäßiges 186, 187, 194
Trait-Anxiety. Siehe Eigenschaftsangst
Triangulation 172, 176
Trieb 24, 27
Tyrosin 97

Überbeanspruchung 163
Überlebensinstinkt 25
Überlegenheit, illusorische 74
Umdeutung 82, 165
Umgang mit Angst und Stress 250
Unbehagen 227
Unbehagen, anstrengendes 241
Unbehagen, geistiges 233, 244

Unbehagen, körperliches 233, 244
Unbehaglichkeitsquote 233
Ungleichgewicht 66
Ungleichgewicht der Identitäten 45
Unsicherheit 292, 295
Unsicherheit, chronische 295
Unterdrückung von Emotionen 299
Unterstützung, soziale 236
Unzufriedenheit 123, 129
Unzufriedenheit mit dem Körper 129, 134, 139
Unzulänglichkeit 119, 122, 123, 214, 292
Unzulässigkeit 280
Urteilsvermögen, moralisches 24
Ventromedialer präfrontaler Kortex 23, 25, 280

Verfügbarkeitsheuristik 124
Vergleich, sozialer 5, 113, 114, 119
   durch Statistik 115
   im Wettkampfsport 115
   Jagd nach 116
Verhalten, motiviertes 94
Verhalten, passives 169
Verhalten, proaktives 169
Verhaltensabhängigkeit 188, 205
Verhaltensdroge 206
Verhaltensgedächtnis 297
Verhaltensmuster 122
Verhaltenspersistenz 245
Verhaltenstherapie, kognitive 205, 271
Verhaltensverstärker 307
Verhaltensweise, ungesunde 130
Verhalten, zwanghaftes 147
Verhältnis zum Essen 131
Verlegenheit 214, 280
Verletzung 241, 280
   durch Überbeanspruchung 165
   mentale Einschätzung 158
   mentaler Umgang 153
   normaler Umgang 155
   Trauerreaktion 156
   Warnsignal 165

Verletzung, chronische 157, 162, 174
Verletzung, degenerative 162
Verletzungsart 162
Verletzungsbewertung 181
Verletzungserfahrung 178
Verletzungsgrund 163
Verletzungshistorie 158
Verleugnungsmechanismus 217
Versagen 216
Verschwiegenheit, selektive 121
Verstärkung, negative 188
Verzerrung, kognitive 39, 74, 124, 167
Verzweiflung, kognitive 309
Visualisierung 220, 283
Vorbereitung auf das Leiden 244
Vorbereitung, kognitive 232
Voreingenommenheit, negative 169, 170
Vorhersehbarkeit 214
Vorstellungskraft 214, 289
Vorteil, sozialer 118
Vorurteil 219

Wahrheit 29
Wahrnehmung 133, 284
Wahrnehmung der Zeit 263
Wahrnehmungsverschiebung 139
Wahrnehmung von Anstrengung 243
Warnsignal 166, 181
Wendepunkt, emotionaler 165, 166
Wendepunkt, kognitiver 165, 166
Wettbewerbsdruck 295
Wettkampfangst 279, 280
Wichtigkeit 292
Worst-Case-Szenario 219, 221

Zeitmanagement 302
Zielanpassung 217
Zielsetzung 76, 92, 176, 301
Zielsetzung, bewusste 94
Zielsetzung, sportliche 94
Zutrauen 211
Zwang 188, 191
Zwangsstörung 189
Zweitbegutachtung 158, 182

192 Seiten
20,00 € (D) | 20,60 € (A)
ISBN 978-3-7423-1773-5

Alexandra Albert
Dr. Susanne Droste
Mentaltraining für Sportler
Mit neurowissen-schaftlichen Strategien Emotionen steuern, Motivation und Konzentration fördern und Bestleistung erreichen

Mentale Stärke ist für jeden Sportler essenziell – sie kann über Sieg oder Niederlage entscheiden. Mit gezieltem Mentaltraining lernt man jedoch, sich in entscheidenden Momenten zu entspannen, zu motivieren, zu konzentrieren oder Emotionen zu regulieren. Das Gehirn spielt bei der Steuerung von Gedanken, Emotionen und Bewegung eine wichtige Rolle, daher haben die Mentaltrainerin Alexandra Albert und die Neurowissenschaftlerin Dr. Susanne Droste eine innovative Methode entwickelt, um mentale Prozesse zu steuern: von progressiver Muskelrelaxation über Meditation und Atemtechniken bis hin zu Übungen für den Vagusnerv. Eine Vielzahl an praktischen Übungen, gepaart mit fundiertem Hintergrundwissen, erleichtert das Verständnis körperlicher Prozesse und damit den Zugang zum Mentaltraining.